일본어 구어역 요한복음의 언어학적 분석 Ⅳ

A Linguistic Anlaysis of the Colloquial Japanese Version of the Gospel of John Ⅳ

이성규

『이 저서는 인하대학교의 지원에 의하여 연구되었음』
『This work was supported by INHA UNIVERSITY Research Grant』

일본어 구어역 요한복음의 언어학적 분석 IV
A Linguistic Anlaysis of the Colloquial Japanese Version of the Gospel of John IV

이성규

머리말

　본 저서는 일본어 구어역(口語訳) 신약성서(新約聖書)의 요한복음(ヨハネによる福音書) 제12장에서 제16장까지를 언어자료로 삼아, 성서학적인 입장에서가 아니라 일본어학적 관점에서 그곳에 사용된 다양한 언어 소재를 분석함으로써 통상 일본어학이나 일본어 교육에서 주제로 삼지 않거나 지면이 제약되어 있는 어휘, 문형, 문법, 경어법까지 연구 대상에 포함하여 검토하는 것을 목적으로 한다.

　일본어 성서에는 (1)日本聖書協会(1954)『聖書』日本聖書協会. (2)日本聖書協会(1978)『新約聖書』共同訳 日本聖書協会. (3)新改訳聖書刊行会(1970)『新改訳聖書』日本聖書刊行会. (4)日本聖書協会(1987)『聖書』(新共同訳) 日本聖書協会. (5)新約聖書翻訳委員会(1995)『岩波翻訳委員会訳』岩波書店. (6)回復訳編集部(2009)『オンライン聖書 回復訳』http://www.recoveryversion.jp/ 등의 소위 협회본(協会本) 및 (7)前田護郎(1983)『新約聖書』中央公論社. (8)柳生直行(1985)『新約聖書』新教出版社. (9)尾山令仁(2001)『現代訳聖書』現代訳聖書刊行会. (10)高橋照男・私家版(2003)『塚本虎二訳 新約聖書・電子版03版』. (11)高橋照男編(2004)『BbB - BIBLE by Bible 聖書で聖書を読む』http://bbbible.com/ 등의 개인번역본이 있다.

　『구어역성서(口語訳聖書)』는 제2차 세계대전 이후 개신교 신자들이 결성한 일본성서협회(日本聖書協会)가 히브리어의 구약성서와 그리스어의 신약성서를 처음으로 일본어 구어체(口語体)로 발행한 성서이다.

　메이지(明治) 이후 일본에서는 선교사 등의 기독교 신자 등이 성서를 문어체(文語体) 일본어로 번역한 「문어역성서(文語訳聖書)」를 발행했지만, 제2차 세계대전 이후에는 구어체 즉 현대어에 의한 일본어 번역이 뒤를 이었다. 그 중에서도 「구어성서(口語聖書)」 「구어역성서(口語訳聖書)」 혹은 성서에 관해 단순히 「구어역(口語訳)」이라고 하면, 제일 먼저 가리키는 것이 「구어역성서(口語訳聖書)」이다. 신약성서는 1954년에, 구약성서는 1955년에 완성되는데, 제이외전(第二外典)은 포함되어 있지 않다.[1]

　구어역 성서는 문어역 성서보다 이해하기 쉬워졌다고 하는 호평도 있지만, 한편으로 독자에 대한 호소력이나 논리적 명쾌성, 나아가 문장으로서의 기품 그리고 특히 문체(文体)에 관해서는 악평도 존재한다. 그밖에 인칭대명사를 부자연스럽게 통일시킨 점, 대우표현에 있어서의 일관성도 지적되고 있다. 그러나 다른 한편으로 영어 성서 [Revised Standard Version]에 기초하여 번역했다는 점에서 성서 번역의 질적 향상에 크게 기여했다고 긍정적인 평가를 내리는 주장도 있다.

　구어역 신약성서에서는 일본어의 고유어와 한어가 다양하게 사용되고 있는데, 그 의미·용법에 있어서는 현대어와 일치하는 것도 있지만 그 중에는 고전어적인 어감을 살린 예도 존재한다.

　구어역은 현대어역이기 때문에 그곳에 사용된 문형이나 문법 사항은 대체적으로 현대어와 일치하지만, 구어역에서만 사용되고 있는 예도 산견된다. 특히 조사, 부사, 지시사, 접속사, 조동사, 추론을 나타내는 형식, 연어, 접사어류에 관해서는 졸자가 기 집필한 도서나 관련 서적 그리고 인터넷 검색 등을 통해 다양한 용례를 인용하여 향후 이를 일본어교육에도 원용할 수 있게끔 하였다.

---

1) 出典: フリー百科事典『ウィキペディア(Wikipedia)』https://ja.wikipedia.org/wiki/%E5%8F%A3%E8%AA%9E%E8%A8%B3%E8%81%96%E6%9B%B8에서 인용하여 일부 번역함.

특히 성서에서는 구어역(口語訳)에 국한되지 않고 높여야 할 대상 즉 경의 주체[하나님·예수]가 존재하고 있기 때문에 복수의 존경어 형식이 사용되고 있다. 또한 구어역 성서에서는 동작이나 작용을 분석적으로 표현하기 위해 일반 사전에 탑재되지 않는 복합동사를 포함하여 다양한 유형의 복합동사가 등장하고 있다. 일본어 성서를 적확히 이해하기 위해서는 이들 일본어 복합동사의 의미·용법을 상세히 검토할 필요가 있다.

연구의 최종 결과물은 한국어 번역이란 모습으로 제시되겠지만, 일본어 성서의 한국어 번역이란 점에서 기존의 한국어 성서와는 입장과 서술 내용이 다르기 때문에 색다른 언어 경관이 전개될 것으로 예상된다. 일본어 자료에 기초한 언어학적 관점에서의 결과이기에 접속사나 부사 등에 있어서 동어 반복이나 용장감 등으로 인하여 다소 어색하거나 부자연스러운 면이 있더라도 가능한 한 의역을 피하고 축어역(逐語訳)하는 방식으로 진행했다.

일본과 한국에서는 여러 유형의 성서가 발간되어 있는데, 이들 성서를 대조언어학적 관점에서 조감하여 양자 간의 유사성과 차이점을 살펴보고 의미 있는 내용에 관해서는 번역 단계에서 적극 반영했다.

그리고 본서에 앞서 출판된『일본어 구어역 마가복음의 언어학적 분석Ⅰ』(2018.10)·『일본어 구어역 마가복음의 언어학적 분석Ⅱ』(2019.04)·『일본어 구어역 마가복음의 언어학적 분석Ⅲ』(2019.10)·『일본어 구어역 마가복음의 언어학적 분석Ⅳ』(2020.04)·『일본어 구어역 요한복음의 언어학적 분석Ⅰ』(2021.3)·『일본어 구어역 요한복음의 언어학적 분석Ⅱ』(2021.5)·『일본어 구어역 요한복음의 언어학적 분석Ⅲ』(2021.10)에서 다룬 내용과 반복이 되지 않도록 노력했지만, 본문 해석을 위해 필요한 경우에는 예외로 한다.

2022년 4월

李成圭

[범례(凡例)]

1. 본 저서는 日本聖書協会(1954)에서 간행한『聖書』(口語訳)[pp. (新)1-(新)409]을 저본(底本)을 하되, 표기에 있어서는 일본어학 및 일본어교육의 편익을 도모하고자 본문 비판을 행하고「平仮名」로 되어 있는 부분을 다수「漢字」로 바꾸었다.

2. 저본에서 장절(章節)로 구성되어 있는 본문을 フランシスコ会聖書研究所(1984)에서 간행한『新約聖書』에 따라 단락 구분을 해 두었다.

3. 인명과 지명 등의 고유명사의 한글 표기에 관해서는 대한성서공회(2001)에서 간행한『표준새번역 성경』에 따른다.

Cotents

ヨハネによる福音書(ふくいんしょ)
第12章

- 《56》[ヨハネによる福音書 12:1 – 12:8] ……… 10
- 《57》[ヨハネによる福音書 12:9 – 12:19] ……… 24
- 《58》[ヨハネによる福音書 12:20 – 12:26] …… 41
- 《59》[ヨハネによる福音書 12:27 – 12:36] …… 53
- 《60》[ヨハネによる福音書 12:37 – 12:43] …… 75
- 《61》[ヨハネによる福音書 12:44 – 12:50] …… 91

ヨハネによる福音書(ふくいんしょ)
第13章

- 《62》[ヨハネによる福音書 13:1 – 13:20] ……… 106
- 《63》[ヨハネによる福音書 13:21 – 13:30] …… 139
- 《64》[ヨハネによる福音書 13:31 – 13:35] …… 155
- 《65》[ヨハネによる福音書 13:36 – 13:38] …… 161

ヨハネによる福音書(ふくいんしょ)
第14章

- 《66》[ヨハネによる福音書 14:1 – 14:14] ……… 166
- 《67》[ヨハネによる福音書 14:15 – 14:24] …… 190
- 《68》[ヨハネによる福音書 14:25 – 14:31] …… 203

ヨハネによる福音書(ふくいんしょ)
第15章

⦅69⦆ [ヨハネによる福音書 15:1 – 15:11] ……… 218
⦅70⦆ [ヨハネによる福音書 15:12 – 15:17] …… 235
⦅71⦆ [ヨハネによる福音書 15:18 – 15:25] …… 244
⦅72⦆ [ヨハネによる福音書 15:26 – 15:27] …… 259

ヨハネによる福音書(ふくいんしょ)
第16章

⦅73⦆ [ヨハネによる福音書 16:1 – 16:4a] ……… 263
⦅74⦆ [ヨハネによる福音書 16:4b – 16:15] …… 270
⦅75⦆ [ヨハネによる福音書 16:16 – 16:24] …… 290
⦅76⦆ [ヨハネによる福音書 16:25 – 16:33] …… 310

색인 …………………………………………………………………… 330
참고문헌 일람 ……………………………………………………… 354

ヨハネによる福音書
- 第12章 -

〚56〛[ヨハネによる福音書 12:1 - 12:8][2]

過越(すぎこし)の祭(まつり)の六日(むいか)前(まえ)に、[1]イエスはベタニヤに行(い)かれた。そこは、イエスが[2]死人(しにん)の中(なか)から蘇(よみがえ)らせたラザロのいた所(ところ)である。[ヨハネによる福音書 12:1]
(유월절 엿새 전에 예수께서는 베다니에 가셨다. 거기는 예수가 죽은 자 가운데에서 다시 살린 나사로가 있던 곳이다.[12:1])

[1]イエスはベタニヤに行(い)かれた : 예수께서는 베다니에 가셨다. 「行(い)かれた」는 「行(い)く」의 레루형 경어 「行(い)かれる」의 과거로 <イエス>에 관해 쓰이고 있다.
　[例]イエスはそこを去(さ)って、郷里(きょうり)に行(い)かれたが、弟子(でし)たちも従(したが)って行(い)った。[口語訳 / マルコによる福音書 6:1]
　(예수께서 거기를 떠나 고향에 가셨는데, 제자들도 따라갔다.)[마가복음 6:1][3]

---

2) [フランシスコ会訳(1984)]에 의하면 「본 기사(記事) [ヨハネによる福音書 12:1-12:8]는 마태복음[26:6-13], 마가복음[14:3-9]와 병행하여, 누가복음[7:36-50]은 이들과 유사한 것이다. 그러나 사건의 장소, 등장인물, 상황 묘사 등에 관해서는 상위가 보인다.」고 되어 있다. 이상은 フランシスコ会聖書研究所(1984)『新約聖書』サンパウロ. p. 353 주(1)에 의함.
3) 李成圭(2019a)『일본어 구어역 마가복음의 언어학적 분석Ⅱ』시간의물레. p. 10에서 인용.

さて、イエスは、そこを立(た)ち去(さ)って、ツロの地方(ちほう)に行(い)かれた。そして、だれにも知(し)れないように、家(いえ)の中(なか)に入(はい)られたが、隠(かく)れていることができなかった。[口語訳 / マルコによる福音書 7:24]
(그런데, 예수께서 그곳을 떠나 두로 지역에 가셨다. 그리고 아무에게도 알려지지 않도록 집안에 들어가셨는데 숨어 있을 수가 없었다.)[마가복음 7:24][4)]

[2] 死人(しにん)の中(なか)から蘇(よみがえ)らせた : 죽은 자 가운데에서 다시 살린. 「蘇(よみがえ)らせた」는 「蘇(よみがえ)る」의 사역인 「蘇(よみがえ)らせる」의 과거이다.

[例] イエスがベタニアで埋葬(まいそう)された男(おとこ)を三(さん)、四日後(よっかご)に墓(はか)からよみがえらせるのに成功(せいこう)したという。
(예수가 베다니에서 매장된 남자를 3, 4일 후에 무덤에서 다시 살리는 데에 성공했다고 한다.)

また、彼(かれ)が病(やまい)の者(もの)を癒(いや)し不自由(ふじゆう)な目(め)を治(なお)し、死者(ししゃ)をもよみがえらせたと主張(しゅちょう)する者(もの)がいるかと思(おも)えば、彼(かれ)がたんなる奇術師(きじゅつし)であり、民衆(みんしゅう)を扇動(せんどう)しただけだと言(い)い張(は)る者(もの)もいます。
(그리고 그가 병자를 치유하고 불편한 눈을 고치고 죽은 사람도 다시 살렸다고 주장하는 사람이 있는가 하면 그가 단순한 요술쟁이이며 민중을 선동했을 뿐이라고 우기는 사람도 있습니다.)

多(おお)くの者(もの)が、埋葬(まいそう)されてから三日目(みっかめ)によみがえったと信(しん)じる一方(いっぽう)、別(べつ)の者(もの)たちは彼(かれ)の遺体(いたい)が人々(ひとびと)をあざむくために墓(はか)から盗(ぬす)まれたのだと言(い)うのです。そこで、私(わたし)は古(ふる)い友人(ゆうじん)であるヨセフに、あ

---
4) 李成圭(2019a)『일본어 구어역 마가복음의 언어학적 분석Ⅱ』시간의물레. p. 103에서 인용.

なたと会(あ)う手(て)はずをととのえてくれるよう説(と)きふせたのです。
(많은 사람들이 매장되고 나서 사흘째 날에 다시 살아났다고 믿는 한편, 다른 사람들은 그의 시체가 사람들을 속이기 위해 무덤에서 도난당했다고 말하는 것입니다. 그래서 나는 오랜 친구인 요셉에게 당신을 만날 준비를 준비해 달라고 설복한 것입니다.)

なぜなら、私(わたし)自身(じしん)をよみがえらせること、当時(とうじ)の私(わたし)の自我(じが)をよみがえらせることができないからであった。
(왜냐하면 내 자신을 다시 살리는 것, 당시의 내 자아를 다시 살릴 수 없기 때문이었다.)

イエスのためにそこで[1]夕食(ゆうしょく)の用意(ようい)がされ、[2]マルタは給仕(きゅうじ)をしていた。イエスと一緒(いっしょ)に食卓(しょくたく)についていた者(もの)のうちに、[3]ラザロも加(くわ)わっていた。[ヨハネによる福音書 12:2]
(예수를 위해 거기에서 저녁 식사 준비가 되어서, 마르다는 시중을 들고 있었다. 예수와 함께 식탁에 앉았던 사람 중에 나사로도 끼어 있었다.[12:2])

[1]夕食(ゆうしょく)の用意(ようい)がされ、: 저녁 식사 준비가 되어서.「用意(ようい)がされ」는「用意(ようい)をする」의 수동「用意(ようい)をされる」의 연용중지법이다.
 [例]昭和(しょうわ)三十年頃(さんじゅうねんごろ)から郵送隊(ゆうそうたい)の専用(せんよう)のようになったので、夏(なつ)のうちに付近(ふきん)の雑木(ぞうき)を伐採(ばっさい)して冬(ふゆ)のために充分(じゅうぶん)の用意(ようい)がされ、その費用(ひよう)は郵政局(ゆうせいきょく)がもつようになった。
 (소화 30년경부터 우송대의 전용처럼 되었기 때문에 여름에 부근의 잡목을 벌채해서 겨울을 위해 충분한 준비가 이루어지고, 그 비용은 우정국가 맡게 되었다.)

彼(かれ)らはすべてが前(まえ)もって用意(ようい)されているよう要求(ようきゅう)した。
(그들은 모든 것이 미리 준비되어 있도록 요구했다.)

私(わたし)は将来(しょうらい)自分(じぶん)に何(なに)が用意(ようい)されているか知(し)らない。
(나는 장차 나에게 무엇이 준비되어 있는지 모른다.)

[2] マルタは給仕(きゅうじ)をしていた : 마르다는 시중을 들고 있었다. 「給仕(きゅうじ)をする」는 직역하면 「급사를 하다」가 되나 여기에서는 「식사 시중을 들다」의 뜻으로 해석했다.

[例] そこで彼(かれ)の給仕(きゅうじ)をする若(わか)い女(おんな)が、転生(てんせい)したお貞(さだ)であった。
(거기에서 그의 식사 시중을 드는 젊은 여자가 환생한 오사다였다.)

母親(ははおや)と娘(むすめ)たちは給仕(きゅうじ)をし、弟(おとうと)たちはかまどの火(ひ)のそばで食(た)べた。
(어머니와 딸들은 식사 시중을 들고, 남동생들은 부뚜막 불 옆에서 먹었다.)

[3] ラザロも加(くわ)わっていた : 나사로도 끼어 있었다. 「加(くわ)わる」는 「참가[참여]하다 / 끼다 / 가담하다 / 한패가 되다」에 상당하는 뜻을 나타내는 자동사이다.

[例] 私(わたし)も審査員(しんさいん)に加(くわ)わっていたのですが、何(なん)の相談(そうだん)も受(う)けませんでした。
(나도 심사원에 끼어 있었습니다만, 어떤 상담도 받지 않았습니다.)

実行犯(じっこうはん)と呼(よ)ばれる信者(しんじゃ)グループには、実際(じっさい)いろんな畑(はたけ)の人間(にんげん)が加(くわ)わっていた。
(실행범이라고 불리는 신자 그룹에는 실제로 여러 분야의 인간이 끼여 있었다.)

その時(とき)、マリヤは[1]高価(こうか)で純粋(じゅんすい)な[2]ナルドの香油(こうゆ)[3]一斤(いっきん)を持(も)ってきて、[4]イエスの足(あし)に塗(ぬ)り、[5]自分(じぶん)の髪(かみ)の毛(け)でそれを拭(ふ)いた。すると、[6]香油(こうゆ)の香(かお)りが家(いえ)にいっぱいになった。[ヨハネによる福音書 12:3]
(그때, 마리아는 비싸고 순수한 나드 향유 한 근을 가지고 와서 예수 발에 바르고, 자기 머리카락으로 그것을 닦았다. 그러자 향유의 향이 집에 가득 찼다.[12:3])

[1]高価(こうか)で純粋(じゅんすい)な : 비싸고 순수한. 2개의 형용동사가 단순 접속된「高価(こうか)で純粋(じゅんすい)だ」의 연체형「高価(こうか)で純粋(じゅんすい)な」가 뒤에 오는 명사를 수식하고 있다.

[2]ナルドの香油(こうゆ) : 나드 향유.

[3]一斤(いっきん) : 한 근.
  타 번역본에서는 어떻게 표현되고 있는지 살펴보면 다음과 같다.
    [例]一(いち)リトラ[三百二十八(さんびゃくにじゅうはち)グラム][塚本訳1963]
        (1리트라[328그램])
        三百(さんびゃく)グラム[新改訳1970]
        (300그램)
        一(いち)リトラ[前田訳1978]
        (1리트라)
        一(いち)リトラ[新共同訳1987]
        (1리트라)
        一(いち)リトラ[岩波翻訳委員会訳1995]
        (1리트라)

신약성서에 사용된 무게의 단위를 살펴보면 다음과 같다.[5]

단위	그램	성서개소	문어역	구어역	신개역	신공동역
리트라	328그램	요한복음 19:39	斤(근)	斤(근)	킬로그램	리트라

[4] イエスの足(あし)に塗(ぬ)り、: 예수 발에 바르고. 「塗(ぬ)り、」는 「塗(ぬ)る」의 연용중지법이다.

　[例]最初(さいしょ)に透明(とうめい)なベースコートを塗(ぬ)り、15分間(じゅうごふんかん)ほどおいて渇(かわ)かします。

　　(먼저 투명한매니큐어의 초벌 칠(베이스 코트 ; basecoat)을 바르고, 15분 정도 두고 말립니다.)

　男(おとこ)の髪(かみ)にオイルを塗(ぬ)り、コロンを振(ふ)り、袖口(そでぐち)に糊(のり)づけしたのも娘(むすめ)だ。

　　(남자 머리에 오일을 바르고, 오드콜로뉴(화장수)를 흔들어서 뿌리고 소맷부리에 풀을 먹인 것도 딸이다.)

[5] 自分(じぶん)の髪(かみ)の毛(け)でそれを拭(ふ)いた : 자기 머리카락으로 그것을 닦았다. 「拭(ふ)く」의 예를 들면 다음과 같다.

　[例]秋葉(あきば)は、雨(あめ)で濡(ぬ)れた髪(かみ)をハンカチで拭(ふ)いた。

　　(아키바는 비에 젖은 머리를 손수건으로 닦았다.)

　ソファにかけ、顔(かお)や首(くび)の汗(あせ)をタオルで拭(ふ)いた。

　　(소파에 앉아 얼굴과 목의 땀을 수건으로 닦았다.)

---

5) https://ja.wikipedia.org/wiki/%E8%81%96%E6%9B%B8%E3%81%AE%E5%BA%A6%E9%87%8F%E8%A1%A1#重さ에서 인용하여 일부 번역함.

[6]香油(こうゆ)の香(かお)り : 향유의 향.「香(かお)り」는「香(かお)る ; 향기가 나다 / 좋은 냄새가 풍기다」의 연용형이 전성명사화한 것이다.

[例]陶磁器(とうじき)と銀器(ぎんき)が触(ふ)れ合(あ)う小(ちい)さな音(おと)が聞(き)こえ、かすかにコーヒーの香(かお)りが漂(ただよ)ってきた。
(도자기와 은기가 서로 부딪히는 작은 소리가 들리고, 희미하게 커피 향이 풍겨왔다.)
そのときはタバコの香(かお)りもいいものだなって思いますけど。
(그 때는 담배 향도 좋은 것이라고 생각합니다만.)
木々(きぎ)や草花(くさばな)は、この雨(あめ)の予感(よかん)に喜(よろこ)んで香(かお)りを放(はな)っていたのかも知(し)れません。
(나무들과 화초는 이 비의 예감에 기뻐하며 향을 내뿜고 있었는지도 모릅니다.)

弟子(でし)の一人(ひとり)で、[1]イエスを裏切(うらぎ)ろうとしていたイスカリオテのユダが言(い)った、[ヨハネによる福音書 12:4]
(제자 중의 한 사람으로 예수를 배반하려고 했던 이스가리옷 유다가 말했다.[12:4])

[1]イエスを裏切(うらぎ)ろうとしていた : 예수를 배반하려고 했던.「裏切(うらぎ)ろうとしていた」는「裏切(うらぎ)る」에 화자의 의지를 나타내는「〜うとする」가 접속된 것에,「〜ていた」가 후접한 것이다.

[例]僕(ぼく)が今(いま)、言(い)おうとしていたんだ。
(내가 지금 말하려고 했어.)
私(わたし)は、その山(やま)を登(のぼ)ろうとしていた。
(나는 그 산을 오르려고 하고 있었다.)
「私(わたし)、アルツハイマーなの!」陶子(とうこ)が叫(さけ)んだ。タクシーに乗

(の)り込(こ)もうとしていた輝男(てるお)が振(ふ)り返(かえ)る。

(「나, 알츠하이머야!」 도코가 소리쳤다. 택시를 타려고 하고 있었던 데루오가 뒤돌아본다.)

「なぜこの香油(こうゆ)を[1]三百(さんびゃく)デナリに売(う)って、貧(まず)しい人(ひと)たちに、[2]施(ほどこ)さなかったのか」。[ヨハネによる福音書 12:5]
("왜 이 향유를 삼백 데나리온에 팔아, 가난한 사람들에게 베풀지 않았느냐?"[12:5])

[1]三百(さんびゃく)デナリに売(う)って、: 삼백 데나리온에 팔아.

デナリ(denarius) : 데나리온. 로마의 은화. 무게는 약 3.85그램이며, 따라서 현대의 시가로 74센트(미화)에 상당할 것이다. 카이사르의 초상이 새겨져 있었던 이 은화는 로마 사람들이 유대인들에게 징수한 "인두세 주화"였다. (마 22:19-21) 예수의 지상 봉사 기간에 일반적으로 농장 인부들은 하루 12시간 일한 것에 대해 한 데나리온을 받았다. (마 20:2)[6]

[例]この香油(こうゆ)を三百(さんびゃく)デナリ以上(いじょう)にでも売(う)って、貧(まず)しい人(ひと)たちに施(ほどこ)すことができたのに」。そして女(おんな)を厳(きび)しく咎(とが)めた。[口語訳/マルコによる福音書 14:5]

(이 향유를 3백 데나리온 이상으로 팔아서, 가난한 사람들에게 베풀 수가 있었을 텐데." 그리고 여자를 엄히 책망했다.)[마가복음 14:5][7]

[2]施(ほどこ)さなかったのか : 베풀지 않았느냐?「施(ほどこ)す」의 부정 과거「施(ほどこ)さなかった」에 힐문을 뜻하는「〜のか」가 접속된 것이다.

[例]彼女(かのじょ)が殺(ころ)して途中下車(とちゅうげしゃ)して逃(に)げたとは、思

---

6) http://tip.daum.net/question/60522127에서 인용.
7) [口語訳/マルコによる福音書 14:5]에서 인용.

(おも)わなかったのか?
(그녀가 죽이고 도중에서 하차해서 도망쳤다고는 생각하지 않는가?)
どのような「回答(かいとう)」を出(だ)したのかそれとも出(だ)さなかったのかは御推察(ごすいさつ)にお任(まか)せいたします。
(어떤「회답」을 했는지 그렇지 않으면 하지 않았는지는 추찰에 맡기겠습니다.)
どうして読(よ)まなかったのかは、今(いま)もよく分(わ)かりません。
(어째서 읽지 않았던 것인가는 지금은 잘 모르겠습니다.)

彼(かれ)がこう言(い)ったのは、[1]貧(まず)しい人(ひと)たちに対(たい)する思(おも)いやりがあったからではなく、自分(じぶん)が盗人(ぬすびと)であり、[2]財布(さいふ)を預(あず)かっていて、[3]その中身(なかみ)をごまかしていたからであった。[ヨハネによる福音書 12:6]
(그가 이렇게 말한 것은 가난한 사람들에게 대한 동정심이 있었기 때문이 아니라, 자신이 도둑이고, 회계를 맡고 있어 그 속을 속이고 있기 때문이었다.[12:6])

[1]貧(まず)しい人(ひと)たちに対(たい)する思(おも)いやり: 가난한 사람들에게 대한 동정심.「～に対(たい)する」는 격조사「～に」에 동사「対(たい)する」가 결합하여 그 전체가 연체수식어적 기능을 하고 있는데 한국어의「～에 대한」에 해당한다.
[例]このマタイとマルコの記録(きろく)は、キリスト教会(きょうかい)にとって非常(ひじょう)に重要(じゅうよう)である。なぜなら、地上(ちじょう)の教会(きょうかい)に対(たい)する至上(しじょう)にして最大(さいだい)の命令(めいれい)が含(ふく)まれているからである、それは、宣教(せんきょう)命令(めいれい)である。
(이 마태와 마가의 기록은 기독교로서 대단히 중요하다. 왜냐하면 지상의 교회에 대한 지상이며 최대의 명령이 포함되어 있기 때문이다. 그것은 선

교 명령이다.)

東京(とうきょう)は人(ひと)が多(おお)いため、回(まわ)りの人(ひと)に対(たい)する関心(かんしん)が地方(ちほう)ほど高(たか)くない。
(도쿄는 사람이 많기 때문에 주위 사람에 대한 관심이 지방만큼 높지 않다.)
また、地域(ちいき)社会(しゃかい)の人(ひと)に対(たい)する奉仕(ほうし)活動(かつどう)や児童(じどう)・老人(ろうじん)・傷害者(しょうがいしゃ)に対(たい)する社会(しゃかい)奉仕(ほうし)活動(かつどう)など、社会的(しゃかいてき)活動(かつどう)の内容(ないよう)によっても、行動者率(こうどうしゃりつ)と行動日数(こうどうにっすう)の関係(かんけい)には違(ちが)いがあることがわかる。
(그리고 지역 사회의 사람에 대한 봉사 활동이나 아동·노인·상해자에 대한 사회 봉사 활동 등, 사회적 활동의 내용에 의해서도 행동자률과 행동일수의 관계에는 차이가 있는 것을 알 수 있다.)

그리고「思(おも)いやり」는「思(おも)いやる；동정하다」의 연용형이 전성명사화된 것으로「동정 / 배려」의 뜻을 나타낸다.
[例]子供(こども)には余分(よぶん)すぎる思(おも)いやりがあっても、夫(おっと)には気配(きくば)りをしない女性(じょせい)が増(ふ)えている。
(어린이에게는 지나칠 정도의 필요 이상의 배려가 있어도 남편에게는 배려을 하지 않는 여성이 늘고 있다.)
長(なが)く一緒(いっしょ)にいるようになって、お互(たが)いの嫌(いや)な面(めん)を見(み)るようになっても、お互(たが)いに思(おも)いやりがあればうまくいくと思(おも)うんです。
(오랫동안 함께 있게 되어, 서로의 안 좋은 면을 보게 되어도 서로 배려가 있으면 잘 될 것으로 생각합니다.)
また妻(つま)が不倫(ふりん)をして、その不倫(ふりん)相手(あいて)と結婚(けっこん)したいと言(い)い、子供(こども)を連(つ)れて出(で)て行(い)きました。婚姻

(こんいん)期間中(きかんちゅう)に不貞(ふてい)行為(こうい)はないが、妻(つま)に対(たい)する思(おも)いやりが欠(か)けていたため、妻(つま)が不倫(ふりん)に走(はし)ってしまったときは、どちらの方(ほう)に非(ひ)があると思(おも)いますか。
(또 처가 불륜을 저지르고 그 불륜 상대와 결혼하고 싶다고 말하고, 아이를 데리고 나갔습니다. 혼인 기간 중에 부정행위는 없지만, 처에 대한 배려가 결여되어 있었기 때문에 처가 불륜에 빠지고 말았을 때는 어느 쪽에 잘못이 있다고 생각합니까?)

[2] 財布(さいふ)を預(あず)かっていて、: 회계를 맡고 있어. 「財布(さいふ)を預(あず)かる」는 「지갑을 맡다」「회계를 맡다[책임지다]」에 상당하는 뜻을 나타낸다.
　[例] 盗難(とうなん)を防止(ぼうし)するために、一人(ひとり)の人間(にんげん)が責任(せきにん)を持(も)ってクラス全員(ぜんいん)の財布(さいふ)を預(あず)かる、というものだ。
　(도난을 방지하기 위해, 한 사람이 책임을 지고 반 전원의 지갑을 맡는다는 것이다.)
　そのおかげで、日本(にほん)たばこ産業(さんぎょう)は日本一(にほんいち)の多額(たがく)納税(のうぜい)会社(かいしゃ)となり、一兆(いっちょう)五〇〇〇億円(ごせんおくえん)前後(ぜんご)が日本(にほん)のタバコ関係(かんけい)の税収入(ぜいしゅうにゅう)になっている。日本国(にほんこく)の財布(さいふ)を預(あず)かる大蔵省(おおくらしょう)にとってスモーカーは、足(あし)を向(む)けては眠(ねむ)れない、大切(たいせつ)なお客様(きゃくさま)である。
　(그 덕택에 일본 담배 산업은 일본 제일의 다액 납세 회사가 되고, 1조 5천억 엔 전후가 일본 담배 관계의 조세 수입이 되고 있다. 일본국의 회계를 책임지는 재무성으로서 흡연자는 「그 방향으로는 감히 발을 뻗고 잘 수 없는 ; 감사·존경의 뜻을 나타내는 표현)」소중한 손님이다.)

[3]その中身(なかみ)をごまかしていた : 그 속을 속이고 있다. 「中身(なかみ)・中味(なかみ)」는 「속에 든 것 / 알맹이 / 실속 / 내용」을 나타내고, 「ごまかす[誤魔化す]」는 「속이다 / 거짓을 꾸미다」의 뜻을 나타낸다.
[例]マスコミをごまかしているだけではだめね。
(매스컴을 속이고 있는 것만으로는 안 돼.)
顔(かお)をごまかしているんだから、年齢(ねんれい)だってごまかしていても何(なん)の不思議(ふしぎ)もないよ。
(얼굴을 속이고 있으니까, 나이도 속이고 있어도 전혀 이상하지도 않아.)
そうやって小(ちい)さなところで自分(じぶん)をごまかしているうちに、どんどん本当(ほんとう)の自分(じぶん)が見(み)えにくくなっていく恐(おそ)れがあります。
(그렇게 작은 데에서 자신을 속이고 있는 사이에 점점 진짜 자신을 볼 수 없게 될 우려가 있습니다.)

イエスは言(い)われた、「[1]この女(おんな)のするままにさせておきなさい。[2]わたしの葬(ほうむ)りの日(ひ)のために、[3]それを取(と)っておいたのだから。[ヨハネによる福音書 12:7]
(예수께서 말씀하셨다. "이 여자가 하는 대로 하게끔 내버려 두어라. 내 장례 날을 위해 그것을 간직해 두었으니까.[12:7])

[1]この女(おんな)のするままにさせておきなさい : 이 여자가 하는 대로 하게끔 내버려 두어라.
「するままにさせておきなさい」의「するままにさせておく」는「する」가 형식명사 「〜まま」와 격조사「〜に」가 결합한「〜ままに」에 접속해서 그것에 사역의「させる」가 붙고 그 전체에 보조동사「〜ておく」가 연결된 것이다.
[例]すると、イエスは言(い)われた、「するままにさせておきなさい。なぜ女(おんな)を困(こま)らせるのか。わたしによい事(こと)をしてくれたのだ。[口語訳 / マルコによ

る福音書 14:6]

(그러자 예수께서 말씀하셨다. "[그녀가] 하는 대로 하게끔 내버려 두어라. 왜 여자를 난처하게 만드느냐? 나를 위해 좋은 일을 했다.")[마가복음 14:6][8]

[2]わたしの葬(ほうむ)りの日(ひ) : 내 장례 날. 「葬(ほうむ)り」는 「葬(ほうむ)る ; 매장하다」의 연용형이 전성명사화한 것으로 「매장 / 장례」의 뜻을 나타낸다.

[3]それを取(と)っておいたのだから : 그것을 간직해 두었으니까. 「取(と)っておく」는 「取(と)る」에 접속조사 「～て」를 매개로 하여 보조동사 「おく」가 결합한 것으로 의미적으로는 전체가 단일동사로 쓰이고 있고, 한국어의 「소중히 간직[보관]해 두다」 「준비해 두다[놓다]」 「확보해 놓다」에 해당하는 뜻을 나타낸다.

[例]これも何(なに)かの縁(えん)だろうと思(おも)い、大切(たいせつ)にハガキを取(と)っておくことにした。

(이것도 무슨 인연이라고 생각해서 소중히 엽서를 간직해 두기로 했다.)

やはり上(うえ)の方(かた)がおっしゃるとおり、利用(りよう)控(ひか)えを取(と)っておくのが賢明(けんめい)です。

(역시 윗분이 말씀하신 대로 이용 부본을 보관해 두는 것이 현명합니다.)

PTA(ピーティーエー)は少人数(しょうにんずう)の参加(さんか)では成立(せいりつ)しないので、来(こ)られない人(ひと)からは委任状(いにんじょう)を取(と)っておく。

(육성회(parent-teacher association)는 소 인원수의 참석으로는 성립하지 않기 때문에 오지 못하는 사람으로부터는 위임장을 받아 둔다.)

明日(あした)の夕方(ゆうがた)、新幹線(しんかんせん)を取(と)っておくわ。待(ま)ち合(あ)わせして別々(べつべつ)に行(い)きましょう。

(내일 저녁때 신칸센 표를 준비해 둘 게. 만날 장소를 정하고 따로따로 갑시다.)

---

8) [口語訳 / マルコによる福音書 14:6]에서 인용.

特(とく)に健康保険組合(けんこうほけんくみあい)の場合(ばあい)は、事前(じぜん)に確認(かくにん)を取(と)っておくことが大切(たいせつ)なこととなるでしょう。
(특히 건강보험조합의 경우는 사전에 확인을 해 두는 것이 중요한 일이 될 것이다.)
ヤフーからのメールを取(と)っておくか、URL(ユーアールエル)をお気(き)に入(い)りに保存(ほぞん)しておけば、後(あと)から評価(ひょうか)もできます。
(야후로부터 온 메일을 확보해 두거나 URL을 즐겨찾기에 보존해 두면 나중에 평가도 할 수 있습니다.)

貧(まず)しい人(ひと)たちはいつもあなたがたと共(とも)にいるが、[1]わたしはいつも共(とも)にいるわけではない」。[ヨハネによる福音書 12:8]
(가난한 사람들은 언제나 너희와 함께 있지만, 나는 언제나 함께 있는 것이 아니다."[12:8])

[1]わたしはいつも共(とも)にいるわけではない : 나는 언제나 함께 있는 것이 아니다. 「～わけではない」나 그 축약형인「～わけじゃない」는 부정의 의미를 강조할 때 쓰이는데 한국어로는 「～(이라는) 것은 아니다」에 해당한다. 그리고 「～わけではない」는 「～(という)ことではない」로 바꿔 쓸 수 있다.
[例]貧(まず)しい人(ひと)たちはいつもあなたがたと一緒(いっしょ)にいるから、したいときにはいつでも、よい事(こと)をしてやれる。しかし、わたしはあなたがたといつも一緒(いっしょ)にいるわけではない。[口語訳 / マルコによる福音書 14:7]
(가난한 사람들은 언제나 너희와 함께 있으니, 하고 싶을 때에는 언제라도 좋은 일을 해 줄 수 있다. 그러나 나는 너희와 늘 함께 있는 것은 아니다.)[마가복음 14:7][9)]
まさか、私(わたし)のいた場所(ばしょ)に、もう他(ほか)の人(ひと)がいるわけでは

---

9) [口語訳 / マルコによる福音書 14:7]에서 인용.

ないでしょうね。
(설마 내가 있던 곳에 벌써 다른 사람이 있는 것은 아니겠지요?)
いまのように捜査用(そうさよう)の乗用車(じょうようしゃ)があるわけではない。
(지금과 같이 수사용 승용차가 있는 것은 아니다.)
洗剤(せんざい)は、一定(いってい)の使用(しよう)濃度(のうど)以上(いじょう)になっても、汚(よご)れ落(お)ちがよくなるわけではない。使用(しよう)濃度(のうど)を守(まも)るようにしよう。
(세제는 일정한 사용 농도 이상이 되어도 세정력이 좋아지는 것은 아니다. 사용 농도를 지키도록 하자.)

⟨57⟩ [ヨハネによる福音書 12:9 - 12:19]

大(おお)ぜいのユダヤ人(じん)たちが、そこにイエスのおられるのを知(し)って、[1]押(お)し寄(よ)せて来(き)た。それは[2]イエスに会(あ)うためだけではなく、イエスが死人(しにん)の中(なか)から、蘇(よみがえ)らせたラザロを見(み)るためでもあった。[ヨハネによる福音書 12:9]
(많은 유대인들이 거기에 예수께서 계시는 것을 알고, 몰려왔다. 그것은 예수를 만나기 위해서뿐만 아니라, 예수가 죽은 자 가운데에서 다시 살린 나사로를 보기 위해서이기도 했다.[12:9])

[1]押(お)し寄(よ)せる : 「押(お)す」의 연용형에 「寄(よ)せる」가 결합된 복합동사로「몰려들다 / 밀어닥치다」의 뜻을 나타낸다.
 [例]それは、多(おお)くの人(ひと)をいやされたので、病苦(びょうく)に悩(なや)む者(もの)は皆(みな)イエスにさわろうとして、押(お)し寄(よ)せて来(き)たからである。[口語訳 / マルコによる福音書 3:10]

(그것은 [예수께서] 많은 사람들을 고쳐 주셨기에 병고에 시달리는 사람은 모두 예수에게 손을 대려고 몰려들어 왔기 때문이다.)[마가복음 3:10][10]

[2]イエスに会(あ)うためだけではなく、: 예수를 만나기 위해서뿐만 아니라.「会(あ)うためだけではなく」는「会(あ)う」에 목적을 나타내는「ため」와「だけではなく; 뿐만 아니라」가 접속된 것이다.

[例]歯(は)は「<u>食(た)べる</u>」ためだけではなく、健康(けんこう)に長生(ながい)きするための重要(じゅうよう)な役割(やくわり)を持(も)っているのです。

(이는「먹기」위해서뿐만 아니라, 건강하게 장수하기 위한 중요한 역할을 가지고 있습니다.)

住民(じゅうみん)自治(じち)組織(そしき)の目的(もくてき)・意義(いぎ)は、先(さき)に述(の)べた集落(しゅうらく)の機能(きのう)をただ<u>守(まも)るためだけではなく</u>、防犯(ぼうはん)、防災(ぼうさい)、農地(のうち)保全(ほぜん)、環境(かんきょう)美化(びか)、高齢者(こうれいしゃ)福祉(ふくし)活動(かつどう)など時代(じだい)とともに多様化(たようか)・複雑化(ふくざつか)する地域(ちいき)課題(かだい)を解決(かいけつ)し、自分(じぶん)たちの住(す)んでいる地域(ちいき)を住(す)み良(よ)い地域(ちいき)にしていくことにもあります。

(주민 자치 조직의 목적・의의는 앞에서 말한, 집락의 기능을 단지 지키기 위해서뿐만 아니라 방범, 방재, 농지 보전, 환경 미화, 고령자 복지 활동 등 시대와 더불어 다양화・복잡화해지는 지역 과제를 해결하고, 자기들이 살고 있는 지역을 살기 좋은 지역으로 해 가는 일에도 있습니다.)

そこで祭司長(さいしちょう)たちは、[1]ラザロも殺(ころ)そうと相談(そうだん)した。[ヨハネによる福音書 12:10]
(그래서 대제사장들은 나사로도 죽이려고 의논했다.[12:10])

---

10) 李成圭(2018c)『일본어 구어역 마가복음의 언어학적 분석Ⅰ』시간의물레. p. 124에서 인용.

[1]ラザロも殺(ころ)そうと相談(そうだん)した : 나사로도 죽이려고 의논했다.「殺(ころ)そうと相談(そうだん)した」는「殺(ころ)す」의 미연형에 의지의「〜う」와「〜と相談(そうだん)する」의 과거형이 접속한 것이다.

[例]パリサイ人(びと)たちは出(で)て行(い)って、すぐにヘロデ党(とう)の者(もの)たちと、なんとかしてイエスを殺(ころ)そうと相談(そうだん)しはじめた。[マルコによる福音書 3:6]

(바리새파 사람들은 나가서 곧 바로 헤롯 지지파 사람들과 어떻게 해서라도 예수를 죽이려고 의논하기 시작했다.)[마가복음 3:6][11]

それは、ラザロのことで、多(おお)くのユダヤ人(じん)が[1]彼(かれ)らを離(はな)れ去(さ)って、[2]イエスを信(しん)じるに至(いた)ったからである。[ヨハネによる福音書 12:11]

(그것은 나사로 일로 많은 유대인이 그들을 떨어져 나가서 예수를 믿게 되었기 때문이다. [12:11])

[1]彼(かれ)らを離(はな)れ去(さ)って、 : 그들을 떨어져 나가서.「離(はな)れ去(さ)る」는「離(はな)れる」의 연용형에「去(さ)る」가 결합된 복합동사로,「어떤 장소에서 떨어져 다른 방향으로 향하다」의 뜻을 나타내는데 여기에서는「떨어져 나가다」로 번역해 둔다.

[例]沼沢地(しょうたくち)を通過(つうか)するときは、ひたすら急(いそ)いで、速(すみ)やかに離(はな)れ去(さ)る。

(소택지를 통과할 때는 오로지 서두르고, 재빠르게 지나서 멀어진다.)

二年前(にねんまえ)の秋(あき)—この家(いえ)を訪(おとず)れて、夫妻(ふさい)の保護(ほご)と教導(きょうどう)を乞(こ)うた若(わか)い娘(むすめ)が—この秋(あき)の日(ひ)—離(はな)れ去(さ)ってゆく…。

---

11) 李成圭(2018c)『일본어 구어역 마가복음의 언어학적 분석Ⅰ』시간의물레. p. 119에서 인용.

(2년 전의 가을 – 이 집을 방문해서 부부의 보호와 교도를 청한 젊은 처자가 - 이 가을 날 – 멀어져 간다.)

[2]イエスを信(しん)じるに至(いた)る : 예수를 믿게 되다. 「～に至(いた)る」는 「～에 이르다」의 뜻을 나타내는데, 여기에서는 「믿게 이르다 → 믿게 되다」로 옮겨 둔다.
[例]2005年(にせんごねん)にはアフガニスタンでの軍事(ぐんじ)行動(こうどう)に関(かん)する権限(けんげん)の一部(いちぶ)が、イラク戦争(せんそう)で疲弊(ひへい)した米軍(べいぐん)からNATO(ナトー)に移譲(いじょう)され、NATO(ナトー)軍(ぐん)は初(はつ)の地上軍(ちじょうぐん)による作戦(さくせん)を行(おこな)うに至(いた)った。
(2005년에는 아프가니스탄에서의 군사 행동에 관한 권한 일부가 이라크 전쟁에서 피폐한 미군에서 나토에 이양되고 나토군은 첫 지상군에 의한 작전을 행하게 되었다.)
すなわち、今日(こんにち)の科学(かがく)技術(ぎじゅつ)の進歩(しんぽ)と経済(けいざい)の発展(はってん)は、物質的(ぶっしつてき)な豊(ゆた)かさを生(う)むとともに、情報化(じょうほうか)、国際化(こくさいか)、価値観(かちかん)の多様化(たようか)、核家族化(かくかぞくか)、高齢化(こうれいか)など、社会(しゃかい)の各方面(かくほうめん)に大(おお)きな変化(へんか)をもたらすに至(いた)った。
(즉 오늘날의 과학 기술의 진보와 경제 발전은 물질적인 풍요로움을 만들어냄과 동시에 정보화, 국제화, 가치관의 다양화, 핵가족화, 고령화 등 사회 각 방면에 커다란 변화를 가져오게 되었다.)

その翌日(よくじつ)、[1]祭(まつり)に来(き)ていた大(おお)ぜいの群衆(ぐんしゅう)は、[2]イエスがエルサレムに来(こ)られると聞(き)いて、[ヨハネによる福音書 12:12]
(그 이튿날, 명절에 와 있던 많은 군중은 예수가 예루살렘에 오신다는 말을 듣고, [12:12])

[1]祭(まつり)に来(き)ていた大(おお)ぜいの群衆(ぐんしゅう) : 명절에 와 있던 많은 군중.「来(き)ていた」는「来(く)る」에 과거의 결과의 상태를 나타내는「〜ていた」가 접속된 것이다.

[例]いつのまにかマルセルがそばに来(き)ていた。

(어느 사이에 마르셀이 옆에 와 있었다.)

東京駅(とうきょうえき)に着(つ)くと、美枝(みえ)が迎(むか)えに来(き)ていた。

(도쿄역에 도착하자, 미에가 마중하러 와 있었다.)

その日(ひ)の夜(よる)、約束(やくそく)の場所(ばしょ)には彼(かれ)が先(さき)に来(き)ていた。

(그 날 밤, 약속 장소에는 그가 먼저 와 있었다.)

[2]イエスがエルサレムに来(こ)られる : 예수가 예루살렘에 오시다.「来(こ)られる」는「来(く)る」의 레루형 경어로 <イエス>에 대해 쓰이고 있다.

[例]それから、イエスはまたツロの地方(ちほう)を去(さ)り、シドンを経(へ)てデカポリス地方(ちほう)を通(とお)り抜(ぬ)け、ガリラヤの海(うみ)べに来(こ)られた。[マルコによる福音書 7:31]

(그리고 나서 예수께서는 두로 지역을 떠나 시돈을 거쳐 데가볼리 지역을 통과하여 갈릴리의 바닷가에 오셨다.)[마가복음 7:31][12]

[1]棕櫚(しゅろ)の枝(えだ)を手(て)に取(と)り、[2]迎(むか)えに出(で)て行(い)った。そして叫(さけ)んだ、「[3]ホサナ、[4]主(しゅ)の御名(みな)によって[5]来(きた)る者(もの)に[6]祝福(しゅくふく)あれ、イスラエルの王(おう)に」。[ヨハネによる福音書 12:13][13]

---

12) 李成圭 (2019a)『일본어 구어역 마가복음의 언어학적 분석Ⅱ』시간의물레. p. 112에서 인용.
13) 본절의 후반부는 구어역 신약성서 마가복음[11:9]와 유사하다.
そして、前(まえ)に行(ゆ)く者(もの)も、あとに従(したが)う者(もの)も共(とも)に叫(さけ)びつづけた、「ホサナ、主(しゅ)の御名(みな)によって来(きた)る者(もの)に、祝福(しゅくふく)あれ。[マルコによる福音書 11:9]
(그리고 앞에 가는 사람도 뒤따르는 사람도 함께 계속 외쳤다. "호산나! 주의 이름에 의해 오는 사람에게 축복이 있어라!" [11:9])

(종려나무 가지를 손에 들고, 맞이하기 위해 나갔다. 그리고 외쳤다. "호산나! 주의 이름에 의해 오는 사람에게 축복이 있어라! 이스라엘왕에게."[12:13])

[1] 棕櫚(しゅろ)の枝(えだ) : 종려나무. 타 번역본에서는 「棗椰子(ナツメヤシ)の枝(えだ) ; 대추야자」[塚本訳1963・新共同訳1987・岩波翻訳委員会訳1995]으로 되어 있다.

[2] 迎(むか)えに出(で)る : 맞이하기 위해 나가다. 「迎(むか)える」의 연용형 「迎(むか)え」에 동작의 목적을 나타내는 「〜に」, 그리고 이동동사 「出(で)る」가 접속된 것이다.

[例] すでにイエスの働(はたら)きはガラリヤ全域(ぜんいき)を網羅(もうら)していたので、大勢(おおぜい)の人(ひと)がイエスだとわかり、迎(むか)えに出(で)てきました。
(이미 예수의 활약은 갈릴리 전역을 망라하고 있어, 많은 사람들이 예수라고 알고 맞이하러 나왔습니다.)

大切(たいせつ)な客(きゃく)が来(く)ると聞(き)かされていたのか、玄関(げんかん)の戸口(とぐち)には五人(ごにん)の子供(こども)たちが迎(むか)えに出(で)ていた。
(중요한 손님이 온다고 들은 것인지 현관 출입구에는 5명의 아이들이 마중하러 나와 있었다.)

宮殿(きゅうでん)に着(つ)くと、王子(おうじ)は大喜(おおよろこ)びしてみずからシンデレラを迎(むか)えに出(で)てきて、つきっきりで優(やさ)しい言葉(ことば)をかけてきた。
(궁전에 도착하자, 왕자는 몹시 기뻐하며 직접 신데렐라를 맞이하러 나와서 죽 곁에 붙어 떠나지 않고 상냥한 말을 걸어 왔다.)

[3]ホサナ[hosanna] : 호산나. 하나님을 찬미하는 외침으로 '구하옵나니, 이제 구원하소서'의 뜻을 나타낸다. 히브리어로는 「救(すく)い給(たま)え ; 구원하소서」의 뜻이다. 그리고「ホザンナ」「ホザナ」라고도 한다. 예수 그리스도가 예루살렘에 들어왔을 때, 군중이 축하하며 한 외침으로 신을 찬미하는 말로서 전례(典礼)에서 부른다.[14]

[4]御名(みな) : 성함. 존함. 주의 이름. 「名(な)」에 귀인이나 신불에게 사용하는 존경 접두사 「御(み)」가 접속된 것인데 여기에서는 「主(しゅ)の御名(みな)」로 쓰이고 있다.

[5]来(きた)る : 오다. 다가오다. [「来(き)到(いた)る」의 전화(転化)인가. 「来(き)たる」라고도 표기함]
  [例] 人間(にんげん)は、一時(いちじ)の仮(かり)の世(よ)であるこの世(よ)だけの存在(そんざい)ではなく、はるかなる世界(せかい)に永遠(えいえん)の住(す)み処(か)を持(も)つ存在(そんざい)であり、この地上(ちじょう)に幾度(いくたび)も生(う)まれ変(か)わって来(き)ては、また去(さ)っていき、また<u>来(き)たる</u>存在(そんざい)なのです。
  (인간은 잠시 동안의 임시 세상인 이 세상만의 존재가 아니라, 아득히 먼 세계에 영원의 거처를 지닌 존재이며, 이 지상에 여러 번 환생하고 다시 사라지고 또 오는 존재입니다.)

[6]祝福(しゅくふく)あれ : 축복이 있어라. 「あれ」는 「ある」의 명령형인데 기원문 형식에 사용된다. =「祝福(しゅくふく)があるように」
  [例] 騎士団(きしだん)の兄弟(きょうだい)たちにあまねく<u>栄光(えいこう)と祝福(しゅくふく)あれ</u>。

---

14) [口語訳 / マルコによる福音書 11:9]에서 인용.

(기사단 형제들에게 널리 영광과 축복이 있어라.)

「主(しゅ)の御名(みな)によってきたる王(おう)に、祝福(しゅくふく)あれ。天(てん)には平和(へいわ)、いと高(たか)きところには栄光(えいこう)あれ」。[口語訳 / ルカによる福音書 19:38]

("주의 이름에 의해 오는 왕에게 축복이 있어라!" 하늘에는 평화, 가장 높은 곳에는 영광이 있어라!")[누가복음 19:38][15]

イエスは、[1]驢馬(ろば)の子(こ)を見(み)つけて、[2]その上(うえ)に乗(の)られた。それは[ヨハネによる福音書 12:14]
(예수께서는 새끼 나귀를 찾아 그 위에 타셨다. 그것은.[12:14]])

[1]驢馬(ろば)の子(こ)を見(み)つけて、: 「見(み)つける」는 「찾다 / 찾아내다 / 발견하다」의 뜻을 나타내는데, 여기에서는 「찾다」로 번역해 둔다.

[2]その上(うえ)に乗(の)られた : 그 위에 타셨다. 「乗(の)られた」는 「乗(の)る」의 レル형 경어「乗(の)られる」의 과거로 <イエス>에 관해 쓰이고 있는데, 구어역 신약성서에서는 본 절의 예가 유일하다.

그리고「乗(の)る」의 경어에는 ナル형 경어「お乗(の)りになる」도 있는데, 구어역 신약성서에서는 마태복음[21:7], 마가복음[11:7], 요한복음[6:22]와 같이 총 3회 등장한다.

[例]そこで、弟子(でし)たちは、その驢馬(ろば)の子(こ)をイエスのところに引(ひ)いて来(き)て、自分(じぶん)たちの上着(うわぎ)をそれに投(な)げかけると、イエスはその上(うえ)にお乗(の)りになった。[口語訳 / マルコによる福音書 11:7]
(그래서 제자들은 그 새끼 나귀를 예수에게 끌고 와서 자기들의 겉옷을

---

15) [口語訳 / マルコによる福音書 11:9]에서 인용.

그것에 던져 걸치자, 예수께서 그 위에 타셨다.[마가복음 11:7][16]

「[1]シオンの娘(むすめ)よ、[2]恐(おそ)れるな。[3]見(み)よ、あなたの王(おう)が驢馬(ろば)の子(こ)に乗(の)って[4]おいでになる」と書(か)いてあるとおりであった。[ヨハネによる福音書 12:15]
("시온의 딸아, 두려워하지 마라! 보아라! 네 왕이 새끼 나귀를 타고 오신다."라고 쓰여 있는 대로였다.[12:15])[17]

[1]シオンの娘(むすめ)よ、: 시온의 딸아.

　시온[Zion] : '요새'라는 뜻. 예루살렘 성이 세워진 해발 약 790m의 산. 원래 구약 시대에는 여부스 족속의 거주지였으나(삼하 5:6-9) 다윗이 이곳을 점령하여 성곽을 쌓고 다윗 성이라 불렀다. 다윗은 법궤를 시온 산(아브라함 당시 모리아산)으로 옮겨왔으며(삼하 6:10-12), 나중에 솔로몬은 이곳에 성전을 세웠다. 이후로 시온은 거룩한 산(시 2:6), 여호와의 산(미 4:2), 거룩한 자의 시온(사 60:14), 왕의 성(시 48:2) 등으로 불렸다. 또 시온은 예루살렘 전체를 가리키는 말로도 사용되었으며(왕하 19:21; 시 48편; 69:35; 133:3; 사 1:8), 이스라엘 회중이나 국가에 대해 사용되었고(시 126:1; 129:5; 사 33:14; 34:8; 49:14; 52:8), 영적으로는 세상 마지막 날 신천신지(新天新地)에 세워질 새 예루살렘, 즉 천국을 상징한다(히 12:22; 계 14:1).

　성경에 사용된 '시온'의 다양한 의미들을 살펴보면, 예루살렘 사람(아 3:11; 사 10:32; 렘 51:35; 애 4:2; 슥 1:17; 마 21:5; 요 12:15), 이스라엘 백성(시 126:1; 렘 4:31; 6:23; 31:12; 롬 9:33; 벧전 2:6), 하나님을 의지하는 자(시 125:1), 하나님의 거룩한 이름이 선포되는 곳(렘 51:10), 하나님이 계신 도성(시 48:2), 거룩한 산(시

---

16) [口語訳 / マルコによる福音書 11:7]에서 인용.
17) その日(ひ)、人々(ひとびと)はエルサレムに向(む)かって言(い)う、「シオンよ、恐(おそ)れるな。あなたの手(て)を弱々(よわよわ)しくたれるな。[口語訳 / ゼパニヤ書 3:16]
　　(그 날 사람들은 예루살렘을 향해 말한다, "시온아, 두려워하지 마라! 너의 손을 연약하게 늘어뜨리지 마라!)[스바냐 3:16] 참조.

2:6), 하나님께서 택하신 장소(시 9:11), 하나님의 성소(시 20:2), 구원의 처소(시 20:2), 찬양과 예배의 처소(시 9:14), 하나님께서 통치하시는 곳(사 24:23), 천국(계 14:1), 피난처(사 16:1, 4) 등이다. [네이버 지식백과] 시온1 [Zion] (라이프성경사전, 2006. 8. 15., 생명의말씀사)[18]

[2] 恐(おそ)れるな : 두려워하지 마라! 「恐(おそ)れる」에 부정 명령(금지)을 나타내는 종조사 「～な」가 접속된 것이다.

[例] また、からだを殺(ころ)しても、魂(たましい)を殺(ころ)すことのできない者(もの)どもを恐(おそ)れるな。むしろ、からだも魂(たましい)も地獄(じごく)で滅(ほろ)ぼす力(ちから)のある方(かた)を恐(おそ)れなさい。[口語訳 / マタイによる福音書 10:28]

(그리고 몸을 죽여도 영혼을 죽이지 못하는 자들을 두려워하지 말라. 오히려 몸도 영혼도 지옥에서 멸망시키는 힘 있는 분을 두려워해라.)[마태복음 10:28]

[3] 見(み)よ、: 보아라! 「見(み)る」의 문장체적 명령형.

[例] さて、ヘロデが死(し)んだのち、見(み)よ、主(しゅ)の使(つかい)がエジプトにいるヨセフに夢(ゆめ)で現(あらわ)れて言(い)った、[口語訳 / マタイによる福音書 2:19]

(헤롯이 죽은 뒤에, 봐라! 주의 천사가 이집트에 있는 요셉에게 꿈에 나타나서 말했다.)[마태복음 2:19]

[4] おいでになる : 오시다. 「来(く)る」의 특정형 경어로 「あなたの王(おう)」에 관해 쓰이고 있다.

[例] 彼(かれ)は宣(の)べ伝(つた)えて言(い)った、「わたしよりも力(ちから)のある方

---

18) https://terms.naver.com/entry.nhn?docId=2394286&cid=50762&categoryId=51387에서 인용.

(かた)が、後(あと)からおいでになる。わたしはかがんで、そのくつのひもを解(と)く値(ね)うちもない。[口語訳 / マルコによる福音書 1:7]

(그는 선포하며 말했다. "나보다도 능력이 있는 분께서 나중에 오신다. 나는 몸을 굽혀 신발 끈을 풀 자격도 없다.)[마가복음 1:7][19]

弟子(でし)たちは初(はじ)めには[1]このことを悟(さと)らなかったが、[2]イエスが栄光(えいこう)を受(う)けられた時(とき)に、このことがイエスについて[3]書(か)かれてあり、またそのとおりに、人々(ひとびと)がイエスに対(たい)してしたのだということを、[4]思(おも)い起(おこ)した。[ヨハネによる福音書 12:16]
(제자들은 처음에는 이 일을 깨닫지 못했지만, 예수께서 영광을 받으셨을 때, 이 일이 예수에 관해 쓰여 있고, 또 그대로 사람들이 예수에게 대해 한 것이라고 하는 것을 생각해 냈다.[12:16])

[1]このことを悟(さと)らなかったが、: 이 일을 깨닫지 못했지만.「悟(さと)る」는「깨닫다 / 알아채다 / 눈치 채다]의 뜻을 나타내는데, 본 절에서는「悟(さと)らなかった」와 같이 부정 과거로 쓰이고 있다.

[例]自己(じこ)の内(うち)に汚(よご)れがありながら、それを悟(さと)らない者(もの)に、聖(せい)なる生涯(しょうがい)は決(けっ)してあり得(え)ない。
(자기 안에 더러움이 있으면서도 그것을 깨닫지 못하는 사람에게 성스러운 생애는 결코 있을 수 없다.)

人間(にんげん)というものは、自分(じぶん)の運命(うんめい)は自分(じぶん)で作(つく)っていけるものだということをなかなか悟(さと)らないものである。
(인간이라는 것은 자기 운명은 자기가 만들어 갈 수 있는 것이라는 것을 좀처럼 깨닫지 못하는 법이다.)

---

19) 李成圭(2018c)『일본어 구어역 마가복음의 언어학적 분석Ⅰ』시간의물레. P. 16에서 인용.

[2] イエスが栄光(えいこう)を受(う)けられた時(とき)に、: 예수께서 영광을 받으셨을 때. 「栄光(えいこう)を受(う)けられた」는 「栄光(えいこう)を受(う)ける」의 レル형 경어 「栄光(えいこう)を受(う)けられる」의 과거로 <イエス>를 높이기 위해 사용되고 있는데, 구어역 신약성서에서는 본 절의 예가 유일하다.

[3] 書(か)かれてあり、: 쓰여 있고. 「書(か)かれる」는 「書(か)く」의 수동으로 본 절에서는 「書(か)かれており」와 같이 「書(か)かれている」의 연용중지법이 쓰이고 있다.
　[例] 辞令(じれい)にはワーナーと訓練(くんれん)を共(とも)にすることも書(か)かれており、ボンはリンダへ手紙(てがみ)を書(か)いてから、ワーナーに会(あ)ってみることにした。
　(사령에는 워너와 훈련을 함께 할 것도 쓰여 있고, 본은 린다에게 편지를 쓰고 나서 워너를 만나 보기로 했다.)
　遺書(いしょ)には「こんな世(よ)の中(なか)がつくづくいやになった。どうしてこの世(よ)にいじめがあるの」と書(か)かれており、いじめを苦(く)にしての自殺(じさつ)とみられる。
　(유서에는 「이런 세상이 정말 싫어졌다. 어째서 이 세상에 괴롭힘이 있나?」라고 쓰여 있어, 괴롭힘을 걱정해서 자살한 것으로 보인다.)
　日記(にっき)の中(なか)に、「太(ふと)っている」「生(い)きるのがいやになった」「死(し)にたい」などと書(か)かれており、太(ふと)っていると思(おも)い込(こ)んで悲観(ひかん)したためではないかと見(み)ている。
　(일기 속에 「살이 쪘다」「사는 것이 싫어졌다」「죽고 싶다」 등이라고 쓰여 있고, 살쪘다고 생각하고 비관했기 때문은 아닌가 보고 있다.)

[4] 思(おも)い起(お)こした : 「思(おも)い起(お)こす」는 「思(おも)う」의 연용형에 「起(お)こす」가 결합된 복합동사로 「상기하다 / 생각해 내다」의 뜻을 나타낸다.
　[例] 私(わたし)は、父(ちち)と一緒(いっしょ)に礼拝(れいはい)に出席(しゅっせき)した

時(とき)のことを思(おも)い起(お)こす。
(나는 아버지와 함께 예배에 출석했을 때의 일을 상기한다.)
浅見(あさみ)は、昨日(さくじつ)見(み)たばかりの新聞(しんぶん)の記事(きじ)を思(おも)い起(お)こした。
(아사미는 어제 본 지 얼마 안 되는 신문 기사를 상기했다.)
宮浦(みやうら)は編集局長(へんしゅうきょくちょう)の言葉(ことば)を思(おも)い起(お)こした。彼(かれ)はまったく正(ただ)しかった。
(미야우라는 편집국장의 말을 생각해 냈다. 그는 아주 곧았다.)

また、[1]イエスがラザロを墓(はか)から呼(よ)び出(だ)して、死人(しにん)の中(なか)から蘇(よみがえ)らせたとき、イエスと一緒(いっしょ)にいた群衆(ぐんしゅう)が、その証(あか)しをした。[ヨハネによる福音書 12:17]
(그리고 예수가 나사로를 무덤에서 불러내어 죽은 자 가운데에서 다시 살렸을 때, 예수와 함께 있던 군중이 그 증언을 했다.[12:17])

[1]イエスがラザロを墓(はか)から呼(よ)び出(だ)して、: 예수가 나사로를 무덤에서 불러내어. 「呼(よ)び出(だ)す」는 「呼(よ)ぶ」의 연용형에 「出(だ)す」가 결합한 복합동사로 「불러내다」의 뜻을 나타낸다.

[例]彼(かれ)らの一人(ひとり)が少年(しょうねん)に誰(だれ)かを呼(よ)び出(だ)すべきだと言(い)う。それは一種(いっしゅ)の祈祷(きとう)を意味(いみ)している。
(그들 중의 한 사람이 소년에게 누군가를 불러내야 한다고 말한다. 그것은 일종의 기도를 의미한다.)

午後(ごご)九時(くじ)半(はん)ごろ、光葉(みつは)は伊野部(いのべ)のケータイに電話(でんわ)をして彼(かれ)を船室(せんしつ)に呼(よ)び出(だ)す。
(오후 9시 반쯤 미쓰하는 이노베의 휴대전화에 전화를 해서 그를 선실에 불러낸다.)

とにかく、俺(おれ)はある人(ひと)を呼(よ)び出(だ)したかったのだが、いざ呼(よ)び出(だ)すとなると、一体(いったい)どこへ呼(よ)び出(だ)していいものか、皆目(かいもく)見当(けんとう)も付(つ)かなかったのである。
(여하튼 나는 어떤 사람을 불러내고 싶었지만, 막상 불러내게 되면 도대체 어디로 불러내야 좋을지 전혀 감이 안 잡혔다.)

群衆(ぐんしゅう)がイエスを迎(むか)えに出(で)たのは、[1]イエスがこのようなしるしを行(おこな)われたことを、[2]聞(き)いていたからである。[ヨハネによる福音書 12:18]
(군중이 예수를 맞이하러 나온 것은 예수께서 이와 같은 표적을 행하셨다는 것을 들었기 때문이다.[12:18]]

[1]イエスがこのようなしるしを行(おこな)われたことを、: 예수께서 이와 같은 표적을 행하셨다는 것을. 「しるしを行(おこな)われた」의 「行(おこな)われた」는 「行(おこな)う」의 레루形 경어 「行(おこな)われる」의 과거로 <イエス>를 높이기 위해 쓰인 것으로, 구어역 신약성서에서는 본 절의 예가 유일하다.
[例]いよいよ中曾根(なかそね)総理(そうり)は明後日(みょうごにち)訪米(ほうべい)の途(と)につかれ、国連(こくれん)で記念講演(きねんこうえん)を行(おこ)なわれると承(うけたまわ)っており、引(ひ)き続(つづ)き世界(せかい)首脳(しゅのう)会談(かいだん)が行(おこ)なわれ、レーガン大統領(だいとうりょう)との会談(かいだん)も予定(よてい)されていると承知(しょうち)をいたしております。
(드디어 나카소네 총리는 모레 방미 길에 올라, 유엔에서 기념공연을 하신다고 듣고 있고, 이어서 세계 정상회담이 열리고 레이건 대통령과의 회담도 예정되어 있다고 알고 있습니다.)
日本(にほん)に永住(えいじゅう)される方々(かたがた)が快適(かいてき)な生活(せいかつ)を行(おこ)なわれるような方途(ほうと)に努力(どりょく)していきたいと

こう思(おも)っておりますけれども、現状(げんじょう)は今(いま)の法案(ほうあん)が、この改正法(かいせいほう)が最善(さいぜん)のぎりぎりだということで、ひとつ関(せき)委員(いいん)にも御理解(ごりかい)願(ねが)い、安永(やすなが)先生(せんせい)にもぜひそういうような点(てん)を御理解(ごりかい)願(ねが)っておきたい、こう思(おも)います。

(일본에 영주하시는 분들이 쾌적한 생활을 하시는 그런 방도에 노력해 나가고 싶다고 이렇게 생각하고 있습니다만, 현상은 지금의 방안이, 이 개정법이 최선의 한도라는 것으로, 부디 세키 위원께서도 이해해 주시기를 부탁드리고, 야스나가 선생님께서도 부디 그런 점을 이해해 주시기를 부탁드리고 싶다고 이렇게 생각합니다.)

[2] 聞(き)いていたからである : 들었기 때문이다. 「聞(き)いていた」는 「聞(き)く」에 「～ていた」가 접속되어 과거에 있어서의 동작의 진행을 나타내기 때문에 직역하면 「듣고 있다」가 되나 여기에서는 「들었다」로 번역해 둔다.

　일본어 애스펙트 형식 중에서 특히 과거 시점에 있어서의 동작의 진행[聞(き)いていた]이나 결과의 상태[死(し)んでいた]가 원인이나 이유를 나타내는 부사절에 쓰일 경우, 한국어에서는 과거로 중화되는 경우가 있다.

[例] ドナクさんは「ＪＡＮＴ」社(しゃ)に出向(でむ)き、戦時中(せんじちゅう)の労働(ろうどう)について補償(ほしょう)を求(もと)めた。「米国(べいこく)やオーストラリアが戦時中(せんじちゅう)の労働(ろうどう)について補償(ほしょう)したのを聞(き)いていたから、日本(にほん)も払(はら)ってくれると思(おも)った」とドナクさんは語(かた)る。

(도나크 씨는 「ＪＡＮＴ」사에 가서, 전시 중의 노동에 관해 보상을 청구했다. 「미국이나 호주가 전시 중의 노동에 관해 보상했다는 것을 들었기 때문에 일본도 지불해 줄 것이라고 생각했다.」고 도나크 씨는 말한다.)

それでは率直(そっちょく)に申(もう)し上(あ)げます。最初(さいしょ)に営業(えいぎょう)担当者(たんとうしゃ)たちに会(あ)った瞬間(しゅんかん)に、『これは、まず

い』と思(おも)いました。彼(かれ)らの『目(め)』が死(し)んでいたからです。何人(なんにん)かをつかまえて二人(ふたり)だけで話(はなし)をしたところ、原因(げんいん)がよく分(わ)かりました。
(그러면 솔직히 말씀드리겠습니다. 먼저 영업 담당자들을 만난 순간,『이것은 곤란해』라고 생각했습니다. 그들의 눈이 죽었기(얼빠지고 패기가 모양) 때문입니다. 몇 명을 붙잡아서 둘이서만 이야기를 했더니 원인을 잘 알았습니다.)

そこで、パリサイ人(びと)たちは互(たが)いに言(い)った、「[1]何(なに)をしても無駄(むだ)だった。[2]世(よ)を挙(あ)げて[3]彼(かれ)のあとを追(お)って行(い)ったではないか」。[ヨハネによる福音書 12:19]
(그래서 바리새파 사람들은 서로 말했다. "어떤 일을 해도 소용이 없었다. 세상 사람들이 모두 그 사람 뒤를 따라갔지 않느냐?"[12:19])

[1]何(なに)をしても無駄(むだ)だった : {어떤 일을 해도 / 무엇을 해도} 소용이 없었다. 「無駄(むだ)だった」는 형용동사 「無駄(むだ)だ : 소용없다 / 보람이 없다 / 쓸데없다 / 헛되다」의 과거로 본 절에서는 「소용이 없었다」의 뜻을 나타낸다.
　[例]何(なに)を言(い)っても無駄(むだ)だった。黙(だま)れ、お前(まえ)らみんな俺(おれ)に指図(さしず)をするな。
　(무슨 말을 해도 소용없었다. 입 다물고 있어. 너희들 모두 내게 지시하지 마.)
　彼(かれ)は何(なに)を言(い)っても反論(はんろん)した。議論(ぎろん)しても無駄(むだ)だった。
　(그는 무슨 말을 해도 반론했다. 토론해도 소용없었다.)
　どんなに激(はげ)しく抵抗(ていこう)しても無駄(むだ)だった。庭(にわ)には、ライフル銃(じゅう)を持(も)った六人(ろくにん)の兵士(へいし)がいた。
　(아무리 거세게 저항해도 소용없었다. 뜰에는 라이플총을 든 여섯 명의

병사가 있었다.)

[2] 世(よ)を擧(あ)げて : 세상 사람들이 전원. 세상 사람들이 모두. 세상 사람들이 일치해서.

[例] 今(いま)、世(よ)を擧(あ)げて経済復興(けいざいふっこう)、景気回復(けいきかいふく)に夢中(むちゅう)である。

(지금 세상 사람들이 모두 경제 부흥, 경기 회복에 몰두하고 있다.)

「国語(こくご)の特質(とくしつ)と国民性(こくみんせい)」では、非常時(ひじょうじ)日本(にほん)を如何(いか)にして打開(だかい)するか。その解決策(かいけつさく)は今(いま)や世(よ)を擧(あ)げての懸案(けんあん)である。

(「국어의 특질과 국민성」에서는 비상시 일본을 어떻게 해서 타개할 것인가. 그 해결책은 바야흐로 세상 사람들 모두의 현안 문제이다.)

[3] 彼(かれ)のあとを追(お)って行(い)った : 그 사람 뒤를 따라갔지 않느냐?「追(お)って行(い)く」는「쫓아가다 → 따라가다」의 뜻을 나타낸다.

[例] ところで、大杉(おおすぎ)さんの方(ほう)はあの二人(ふたり)を追(お)って行(い)ったあと、どうなったんですか。

(그런데 오스기 씨 쪽은 그 두 사람을 쫓아간 다음 어떻게 되었습니까?)

今度(こんど)は飛石(とびいし)を踏(ふ)んで奥(おく)のほうへ行(い)く。彼(かれ)も辰五郎(たつごろう)の後(あと)を追(お)って行(い)った。

(이번에는 징검돌을 밟고 안쪽으로 간다. 그도 다쓰고로 뒤를 쫓아갔다.)

吉次(きちじ)と二人(ふたり)、店(みせ)に残(のこ)される不安(ふあん)に耐(た)えきれなくなったのか、娘(むすめ)も這(は)うようにして職人(しょくにん)のあとを追(お)って行(い)った。

(기치지와 두 사람, 가게에 남겨지는 불안을 참을 수 없게 되었는지 말도기는 듯이 해서 장인의 뒤를 따라갔다.)

《58》[ヨハネによる福音書 12:20 - 12:26]

祭(まつり)で[1]礼拝(れいはい)するために[2]上(のぼ)って来(き)た人々(ひとびと)のうちに、[3]数人(すうにん)のギリシヤ人(じん)がいた。[ヨハネによる福音書 12:20]
(명절에서 예배하기 위해 올라온 사람들 중에 그리스인이 몇 명 있었다.[12:20])

[1]礼拝(れいはい)するために : 예배하기 위해.「礼拝(れいはい)する」에 목적을 나타내는「〜ために」가 접속된 것.

　[例]この場合(ばあい)の幕屋(まくや)というのは、放浪(ほうろう)の民(たみ)、イスラエルの人々(ひとびと)が、神(かみ)を礼拝(れいはい)するために建(た)てた幕屋(まくや)を意味(いみ)するわけであります。
　(이 경우의 장막이라고 하는 것은 방랑의 민족, 이스라엘 사람들이 하나님을 예배하기 위해 세운 장막을 의미하는 것입니다.)
　キリストがご自身(じしん)を捧(ささ)げられたのは、われわれが生(い)きた供(そな)え物(もの)をもって生(い)ける神(かみ)を礼拝(れいはい)するために、自由(じゆう)に聖書(せいしょ)に近(ちか)づくことができるようになるためである
　(그리스도가 자신을 바치는 것은 우리가 살아 있는 제물로 살아 있는 하나님을 예배하기 위해 자유롭게 성서에 가까이 할 수 있게 되기 위해서이다.)

[2]上(のぼ)って来(き)た人々(ひとびと)のうちに、: 올라온 사람들 중에.「上(のぼ)る」는 예루살렘에 오는 것을 의미한다. 반대로 예루살렘에서 내려가는 것은「下(くだ)る」라고 한다.
　[例]彼(かれ)らはイエスがガリラヤにおられたとき、そのあとに従(したが)って仕(つか)えた女(おんな)たちであった。なおそのほか、イエスと共(とも)にエルサレムに上(の

ぼ)って来(き)た多(おお)くの女(おんな)たちもいた。[マルコによる福音書 15:41]
(그들은 예수께서 갈릴리에 있었을 때, 그 뒤를 따라다니며 섬겼던 여자들이었다. 또한 그밖에 예수와 함께 예루살렘에 올라온 많은 여자들도 있었다.)[마가복음 15:41][20]

堀(ほり)も京都(きょうと)に上(のぼ)って来(き)た。
(호리도 교토에 올라왔다.)

[3]数人(すうにん)のギリシヤ人(じん)がいた: 그리스인이 몇 명 있었다. 「数人(すうにん)のギリシヤ人(じん)」는 일본어 수량사 구문의 특성에 기인하는 것으로 직역하면 「몇 명의 그리스인」이지만, 여기에서는 「그리스인이 몇 명」으로 번역해 둔다.
[例]明(あか)るい照明(しょうめい)の下(した)、数人(すうにん)の男女(だんじょ)が待(ま)っていた。
(밝은 조명 아래, 남녀 몇 명이 기다리고 있었다.)
加藤(かとう)は数人(すうにん)の幹部(かんぶ)の名前(なまえ)を挙(あ)げて、説明(せつめい)をした。
(가토는 간부 몇 명의 이름을 들며 설명을 했다.)
彼女(かのじょ)のマンションの前(まえ)にも数人(すうにん)の記者(きしゃ)が張(は)っていて、コメントを求(もと)めて、しつこく付(つ)きまとってきた。
(그녀의 맨션 앞에도 기자 몇 명이 진을 치고 코멘트를 구하며 집요하게 따라다녔다.)

彼(かれ)らはガリラヤのベツサイダ出(で)であるピリポのところに来(き)て、「[1]君(きみ)よ、[2]イエスにお目(め)にかかりたいのですが」と言(い)って[3]頼(たの)んだ。[ヨハネによる福音書 12:21]

---

20) [マルコによる福音書 15:41]에서 인용.

(그들은 갈릴리의 뱃새다 출신인 빌립에게 와서 "선생님이여, 예수를 만나 뵙고 싶습니다만"라고 말하며 부탁했다.[12:21])

[1]君(きみ)よ、: 선생님이여. 현대어의「君(きみ)」는 남성이 경어적 동위자나 하위자에게「君(きみ)、一緒(いっしょ)に行(い)こう；자네 함께 가자」와 같이 사용하는 인칭대명사인데, 상대(上代)에서는 여자가 남자에 대해서, 중고 이후에는 그 구별 없이「그대」의 같이 경애(敬愛)의 뜻을 담아 상대를 말하는 말로 쓰였었다. 여기에서는「선생님」으로 번역해 둔다. 타 번역본에서는 어떻게 표현하고 있는지 살펴보면 다음과 같다.

　[例]君(きみ)よ、[文語訳1917]
　　　(선생님이여,)
　　　君(きみ)、[塚本訳1963]
　　　(선생님,)
　　　先生(せんせい)。[新改訳1970]
　　　(선생님.)
　　　お願(ねが)いします。[前田訳1978]
　　　(부탁합니다.)
　　　お願(ねが)いです。[新共同訳1987]
　　　(부탁입니다.)
　　　あの、[岩波翻訳委員会訳1995]
　　　(저,)

[2]イエスにお目(め)にかかりたいのですが」: 예수를 만나 뵙고 싶습니다만.「お目(め)にかかりたい」는「会(あ)う」의 특정형 겸양어I「お目(め)にかかる」에 희망의「〜たい」가 접속된 것으로 <イエス>에 대해 사용되고 있습니다.

　[例]支店長(してんちょう)、稲川(いながわ)という方(かた)が支店長(してんちょう)に

お目(め)にかかりたいと言(い)って見(み)えていますが…。
(지점장님, 이나가와라는 분께서 지점장님을 만나 뵙고 싶다고 말하고 와 계십니다만….)
その娘(むすめ)さんがサラさんで、ぜひお目(め)にかかりたいと申(もう)しております。
(그 따님이 사라 씨로 꼭 만나 뵙고 싶다고 말하고 있습니다.)
わたしがお目(め)にかかりたいと思(おも)ったのはあなたさまなんでございますからねえ。
(내가 만나 뵙고 싶다고 생각한 것은 귀하이니까요.)

[3]頼(たの)んだ : 부탁했다. 「頼(たの)む」는 「부탁하다 / 청하다」의 뜻을 나타내는 동사인데 한국어로는 「願(ねが)う」와 구별이 안 된다.
　[例]そこで元(もと)秘書官(ひしょかん)が、若築建設(わかちくけんせつ)に資金(しきん)援助(えんじょ)を頼(たの)んだ。
(그래서 전 비서관이 와카치쿠건설에 자금 원조를 부탁했다.)
亀井(かめい)が、すぐ電話局(でんわきょく)に逆探知(ぎゃくたんち)を、頼(たの)んだ。
(가메이가 곧바로 전화국에 역탐지를 부탁했다.)
小売店(こうりてん)に無料(むりょう)で置(お)いて回(まわ)り、実際(じっさい)に点灯(てんとう)実験(じっけん)をしてみせ、結果(けっか)がよければ売(う)って下(くだ)さいと頼(たの)んだ。
(소매점에 무료로 두고 돌아다니며 실제로 점등 실험을 해 보이고 결과가 좋으면 팔아 주세요 라고 부탁했다.)

ピリポはアンデレのところに行(い)ってそのことを話(はな)し、アンデレとピリポは、[1]イエスのもとに行(い)って伝(つた)えた。[ヨハネによる福音書 12:22]

(빌립은 안드레에게 가서 그 일을 이야기하고, 안드레와 빌립은 예수에게 가서 전했다.[12:22])

[1]イエスのもとに行(い)って伝(つた)えた : 예수에게 가서 전했다. 「伝(つた)える」는 「〜に〜を伝(つた)える ; 〜에게 〜을 전하다」의 문형을 취하는 3항 술어이다.

[例]怪訝(けげん)な顔(かお)をした柳井(やない)に、萬田(まんだ)はその会社(かいしゃ)の名前(なまえ)を伝(つた)えた。

(의안해하는 얼굴을 한 야나이에게, 만다는 그 회사의 이름을 전했다.)

彼(かれ)は園芸(えんげい)係長(かかりちょう)に女性(じょせい)の意向(いこう)を伝(つた)えた。係長(かかりちょう)はこれを承諾(しょうだく)し、その部分(ぶぶん)は捨(す)てないで残(のこ)して置(お)くと約束(やくそく)してくれた。

(그는 원예계장에게 여성의 의향을 전했다. 계장은 이것을 승낙하고 그 부분은 버리지 않고 남겨 두겠다고 약속해 주었다.)

またある日(ひ)、加藤(かとう)は井深(いぶか)にこう伝(つた)えた。

(그리고 어느 날 가토는 이부카에게 이렇게 전했다.)

すると、イエスは答(こた)えて言(い)われた、「[1]人(ひと)の子(こ)が栄光(えいこう)を受(う)ける時(とき)が来(き)た。[ヨハネによる福音書 12:23]
(그러자, 예수께서 대답하여 말씀하셨다. "인자가 영광을 받을 때가 왔다.[12:23])

[1]人(ひと)の子(こ)が栄光(えいこう)を受(う)ける時(とき)が来(き)た : 인자가 영광을 받을 때가 왔다. 「栄光(えいこう)を受(う)ける」는 요한복음 [11:4][12:23]에서 2회 <人(ひと)の子(こ)>에 관해 쓰이고 있고, 그밖에 데살로니가후서[1:12], 디모데후서[2:10]에서는 다음과 같이 쓰이고 있다.

[例]それは、わたしたちの神(かみ)と主(しゅ)イエス・キリストとの恵(めぐ)みによって、

わたしたちの主(しゅ)イエスの御名(みな)があなたがたの間(あいだ)であがめられ、あなたがたも主(しゅ)にあって栄光(えいこう)を受(う)けるためである。[口語訳 / テサロニケ人への第二の手紙 1:12]
(그것은 우리 하나님과 주 예수 그리스도의 은혜로, 우리 주 예수의 이름이 너희 가운데서 우러러 받들어지고, 너희도 주 안에서 영광을 받기 위해서이다.)[데살로니가후서 1:12]

それだから、わたしは選(えら)ばれた人(ひと)たちのために、一切(いっさい)のことを耐(た)え忍(しの)ぶのである。それは、彼(かれ)らもキリスト・イエスによる救(すく)いを受(う)け、また、それと共(とも)に永遠(えいえん)の栄光(えいこう)を受(う)けるためである。[口語訳 / テモテへの第二の手紙 2:10]
(그러므로 나는 하나님께서 택한 사람들을 위해, 모든 것을 참고 견딘다. 이것은 그들도 그리스도 예수에 의한 구원을 받고, 그것과 함께 영원한 영광을 받기 위해서이다.)[디모데후서 2:10]

よくよくあなたがたに言(い)っておく。[1]一粒(ひとつぶ)の麦(むぎ)が地(ち)に落(お)ちて[2]死(し)ななければ、それはただ一粒(ひとつぶ)のままである。しかし、[3]もし死(し)んだなら、[4]豊(ゆた)かに実(み)を結(むす)ぶようになる。[ヨハネによる福音書 12:24]
(분명히 너희에게 말해 둔다. 밀 한 알이 땅에 떨어져 죽지 않으면, 그것은 단지 한 알 그대로이다. 그러나 만일 죽으면 풍성하게 열매를 맺게 된다.[12:24])

[1]一粒(ひとつぶ)の麦(むぎ) : 밀 한 알.「一粒(ひとつぶ)の麦(むぎ)」를 직역하면, 「한 알의 밀」이 되는데, 여기에서는 「밀 한 알」로 번역해 둔다.

[2] 死(し)ななければ、: 죽지 않으면.「死(し)ななければ」는「死(し)ぬ」의 부정「死(し)なない」의 가정형으로「죽지 않으면」의 뜻을 나타난다.

[例] おろかな人(ひと)である。あなたの蒔(ま)くものは、死(し)ななければ、生(い)かされないではないか。[口語訳 / コリント人への第一の手紙 15:36]

(어리석은 사람이다. 네가 뿌리는 것은 죽지 않으면 살아나지 못하지 않느냐?)[고린도전서 15:36]

人(ひと)は必(かなら)ず死(し)にます。そうわかれば、ガンで死(し)ななければ、治(なお)ったことと同(おな)じなのです。

(사람은 반드시 죽습니다. 그렇게 알면 암으로 죽지 않으면 나은 것과 마찬가지입니다.)

母親(ははおや)が死(し)ななければ、もしかしたら自分(じぶん)もこうした青春(せいしゅん)を送(おく)っていたかもしれない。

(어머니가 죽지 않으면 혹시 자기도 이러한 청춘을 보내고 있었는지 모른다.)

[3] もし死(し)んだなら、: 만일 죽으면.「死(し)んだなら」는「死(し)ぬ」의 과거「死(し)んだ」에 가정의「～なら」가 접속된 것이다.

[例] もし学校(がっこう)で死(し)んだなら、おれが一番(いちばん)だったとおふくろに伝(つた)えてくれ。

(만일 학교에서 죽으면, 내가 1등이었다고 어머니에게 전해 줘.)

すなわち、イエス・キリストを信(しん)じていない人(ひと)は、もし死(し)んだなら、天国(てんごく)に入(はい)ることはできません。

(즉, 예수 그리스도를 믿고 있지 않는 사람은 만일 죽으면 천국에 들어갈 수는 없습니다.)

逆(ぎゃく)に、どんなに完璧(かんぺき)に見(み)える、すばらしい人(ひと)でも、アダムの罪(つみ)をもったままで死(し)んだなら、死後(しご)に裁(さば)かれ、永遠

(えいえん)に地獄(じごく)で罰(ばっ)せられなければならないのです。

(역으로 아무리 완벽하게 보이는, 멋진 사람이라도 아담의 죄를 가진 채로 죽으면 사후에 심판을 받아 영원히 지옥에서 벌을 받아야 합니다.)

[4]豊(ゆた)かに実(み)を結(むす)ぶようになる : 풍성하게 열매를 맺게 된다. 「実(み)を結(むす)ぶようになる」는 「実(み)を結(むす)ぶ」에 자연스러운 상태변화를 나타내는 「～ようになる」가 접속된 것이다.

[例]ひとは自分(じぶん)のためよりもだれか自分(じぶん)以外(いがい)の人(ひと)のために生(い)きたいと思(おも)うようになる。

(사람은 자기를 위해서보다도 누군가 자기 이외의 사람을 위해 살고 싶다고 생각하게 된다.)

嘆(なげ)いてはならない。泣(な)いてはならない。お前(まえ)たちは自分(じぶん)の罪(つみ)のゆえに衰(おとろ)え、互(たが)いに嘆(なげ)くようになる。

(한탄해서는 안 된다. 울어서는 안 된다. 너희는 자기 죄 때문에 쇠퇴되고 서로 한탄하게 된다.)

ゆっくり休(やす)んで、なにか食(た)べるといい。そうすりゃ、また頭(あたま)が働(はたら)くようになる。

(푹 쉬고 무엇인가 먹으면 된다. 그렇게 하면 다시 머리가 기능하게 된다.)

[1]自分(じぶん)の命(いのち)を愛(あい)する者(もの)はそれを失(うしな)い、この世(よ)で[2]自分(じぶん)の命(いのち)を憎(にく)む者(もの)は、[3]それを保(たも)って[4]永遠(えいえん)の命(いのち)に至(いた)るであろう。[ヨハネによる福音書 12:25]

(자기 목숨을 사랑하는 사람은 그것을 잃고, 이 세상에서 자기 목숨을 미워하는 사람은 그것을 보존하며 영생에 이를 것이다.[12:25])

[1] 自分(じぶん)の命(いのち)を愛(あい)する者(もの)は : 자기 목숨을 사랑하는 사람은. 「命(いのち)を愛(あい)する ; 목숨을 사랑하다」는 「命(いのち)を憎(にく)む : 목숨을 미워하다」와 쌍을 이루고 있다.

[例] 自然(しぜん)を愛(あい)する気持(きも)ちに国境(こっきょう)はない。
(자연을 사랑하는 기분에 국경은 없다.)

人生(じんせい)を愛(あい)することは、今(いま)の私(わたし)にも、まだ、むずかしい、ただ、ゆっくり、ゆっくり、前向(まえむ)きで。
(인생을 사랑하는 것은 지금의 내게도 아직 어렵다. 다만 천천히, 천천히 긍정적으로.)

[2] 自分(じぶん)の命(いのち)を憎(にく)む者(もの)は、: 자기 목숨을 미워하는 사람은. 「憎(にく)む」의 예를 살펴보면 다음과 같다.

[例] 座(すわ)り込(こ)んで自分(じぶん)では何(なに)も作(つく)らないやつは、最後(さいご)には世界(せかい)を憎(にく)むようになるんだ。
(주저앉아 움직이지 않고 스스로는 아무 것도 만들지 않는 녀석은 마지막에는 세계를 미워하게 된다.)

ところで、神(かみ)の目(め)から見(み)て特(とく)に憎(にく)むべき罪(つみ)はどんな罪(つみ)でしょうか。
(그런데 하나님의 눈에서 봐서 특히 미워해야 할 죄는 어떤 죄일까요?)

相手(あいて)の成功(せいこう)した姿(すがた)を憎(にく)むのではなく、相手(あいて)を自分(じぶん)の理想像(りそうぞう)として見(み)なければいけないのです。
(상대의 성공한 모습을 미워하는 것이 아니라, 상대를 자기의 이상의 모습으로 보아야 합니다.)

[3] それを保(たも)って : 그것을 보존하며. 「保(たも)つ」는 「보존하다」「유지하다」의 뜻을 나타낸다.

[예]薬(くすり)と注射(ちゅうしゃ)で命(いのち)を保(たも)っているかと思(おも)うほどであったが、頭(あたま)のよいことはまた特別(とくべつ)であった。
(약과 주사로 생명을 유지하고 있는 것이 아닌가 생각할 정도였지만, 머리가 좋은 것은 또 특별했다.)

先進国(せんしんこく)も発展途上国(はってんとじょうこく)も、またエネルギーの生産者(せいさんしゃ)も消費者(しょうひしゃ)も、そしてそれによって生命(せいめい)を保(たも)っている生活者(せいかつしゃ)も真剣(しんけん)に考(かんが)えていかなければならない時期(じき)に来(き)ていると考(かんが)えています。
(선진국도 발전도상국도 또 에너지 생산자도 소비자도 그리고 그것에 의해 생명을 유지하고 있는 생활자도 진지하게 생각해 나가지 않으면 안 되는 시기에 와 있다고 생각하고 있습니다.)

[4] 永遠(えいえん)の命(いのち)に至(いた)るであろう : 영생에 이를 것이다. 「永遠(えいえん)の命(いのち)に至(いた)る」는 명사「永遠(えいえん)の命(いのち)」가「〜に至(いた)る;〜에 이르다」에 접속된 것이다.

[예]わたしが与(あた)える水(みず)はその人(ひと)の内(うち)で泉(いずみ)となり、永遠(えいえん)の命(いのち)に至(いた)る水(みず)がわき出(で)る。
(내가 주는 물은 그 사람 속에서 샘물이 되고, 영생에 이르는 물이 솟아난다.)

既(すで)に、刈入(かりい)れる人(ひと)は報酬(ほうしゅう)を受(う)け、永遠(えいえん)の命(いのち)に至(いた)る実(み)を集(あつ)めている。
(이미 거두어들이는 사람은 보수를 받고, 영생에 이르는 열매를 모으고 있다.)

古代(こだい)から現代(げんだい)に至(いた)るまで人間(にんげん)の考(かんが)えることは変(か)わらない。
(고대에서 현대에 이르기까지 인간이 생각하는 것은 변하지 않는다.)

もし[1]わたしに仕(つか)えようとする人(ひと)があれば、その人(ひと)は[2]わたしに従(したが)って来(く)るがよい。そうすれば、[3]わたしのおる所(ところ)に、わたしに仕(つか)える者(もの)もまた、[4]おるであろう。もしわたしに仕(つか)えようとする人(ひと)があれば、その人(ひと)を[5]父(ちち)は重(おも)んじて下(くだ)さるであろう。[ヨハネによる福音書 12:26]
(만일 나를 모시려고 하는 사람이 있다면, 그 사람은 나를 따라오너라. 그렇게 하면 내가 있는 곳에 나를 모시는 사람도 또한 있을 것이다. 만일 나를 모시려고 하는 사람이 있다면, 그 사람을 아버지께서는 중히 여겨 주실 것이다.[12:26])

[1]わたしに仕(つか)えようとする人(ひと)があれば、: 나를 모시려고 하는 사람이 있다면. 「人(ひと)があれば」와 같이 사람의 존재에 대해 「ある」동사의 가정형이 쓰이고 있다.
　[例]もしこの手紙(てがみ)に記(しる)したわたしたちの言葉(ことば)に聞(き)き従(したが)わない人(ひと)があれば、そのような人(ひと)には注意(ちゅうい)をして、交際(こうさい)しないがよい。彼(かれ)が自(みずか)ら恥(は)じるようになるためである。[口語訳/テサロニケ人への第二の手紙 3:14]
　(만일 이 편지에 담긴 우리의 말을 듣고 따르지 않는 사람이 있으면, 그와 같은 사람에게는 주의를 해서, 교제하지 마라. 그가 스스로 부끄러움을 느끼게 되기 위해서이다.)[데살로니가후서 3:14]

[2]わたしに従(したが)って来(く)るがよい : 나를 따라오너라. 「従(したが)って来(く)るがよい」의 「〜がよい」는 「〜하는 것이 좋다」에서 「〜하라」와 같이 동사의 명령으로 쓰이고 있다.
　[例]イスラエルの王(おう)キリスト、今(いま)十字架(じゅうじか)から下(お)りてみるがよい。それを見(み)たら信(しん)じよう」。また、一緒(いっしょ)に十字架(じゅうじ

か)につけられた者(もの)たちも、イエスを罵(ののし)った。[口語訳 / マルコによる福音書 15:32]

(이스라엘의 왕 그리스도, 지금 십자가에서 내려와 봐라. 그것을 보면 믿겠다." 또 함께 십자가에 매달린 자들도 예수를 매도했다.)[마가복음 15:32][21]

女(おんな)は静(しず)かにしていて、万事(ばんじ)につけ従順(じゅうじゅん)に教(おしえ)を学(まな)ぶがよい。[口語訳 / テモテへの第一の手紙 2:11]

(여자는 조용히 하고 있으면서, 모든 일에 순종하고 가르침을 배워라.)[디모데전서 2:11]

[3]わたしのおる所(ところ)に, : 내가 있는 곳에.「わたしのおる」의「おる」는 겸양어Ⅱ(정중어)로 쓰인 것이고 구어역 신약성서에서「わたしのおる所(ところ)に」는 본 절과 [14:3], 총 2회 쓰이고 있다.

[4]おるであろう : 있을 것이다.「おるであろう」는 겸양어Ⅱ(정중어)로 쓰인「おる」에 추측의「~だろう」의 문장체인「~であろう」가 쓰이고 있다.
[例]なんでこんなとこに白馬(しろうま)がおるであろう。
(어째서 이런 곳에 백마가 있을까?)

[5]父(ちち)は重(おも)んじて下(くだ)さるであろう :「重(おも)んじて下(くだ)さる」는「重(おも)んずる·重(おも)んじる ; 중히 여기다 / 존중하다」에 수수표현「~て下(くだ)さる」가 접속된 것이다.
[例]もしも、あなたがたが、人々(ひとびと)の過(あやま)ちを許(ゆる)すならば、あなたがたの天(てん)の父(ちち)も、あなたがたを許(ゆる)して下(くだ)さるであろう。[口語訳 / マタイによる福音書 6:14]

---

21) [口語訳 / マルコによる福音書 15:32]에서 인용.

(만일 너희가 사람들의 잘못을 용서해 주면, 너희의 하늘 아버지께서도 너희를 용서해 주실 것이다.)[마태복음 6:14]

そうすれば、神(かみ)はあなたを完全(かんぜん)に清(きよ)めて尊(とうと)い神(かみ)の器(うつわ)とし、主(しゅ)は共(とも)にあってあなたを守(まも)り、聖(せい)なる生涯(しょうがい)を全(まっと)うさせてくださるであろう。
(그렇게 하면 하나님은 당신을 완전히 깨끗하게 해서 고귀한 하나님의 그릇으로 만들어, 주께서 함께 있어 당신을 지키고 성스러운 생애를 다하게 해 주실 것이다.)
大変(たいへん)に本日(ほんじつ)はおめでとうございました。牧口(まきぐち)先生(せんせい)も、そして、恩師(おんし)戸田(とだ)先生(せんせい)も、この教育部(きょういくぶ)の姿(すがた)をご覧(らん)になったならば、どれほど喜(よろこ)んでくださるであろうかと、さきほどから思(おも)っておりました。
(정말 오늘은 축하합니다. 마키구치 선생님도 그리고 은사 도다 선생님도 이 교육부의 모습을 보셨다면 얼마나 기뻐하실 것인지 하고 조금 전부터 생각하고 있었습니다.)

((59)) [ヨハネによる福音書 12:27 - 12:36]

今(いま)[1]わたしは心(こころ)が騒(さわ)いでいる。わたしは[2]何(なん)と言(い)おうか。父(ちち)よ、この時(とき)から[3]わたしをお救(すく)い下(くだ)さい。しかし、わたしはこのために、この時(とき)に至(いた)ったのです。[ヨハネによる福音書 12:27]
(지금 나는 마음이 동요하고 있다. 나는 뭐라고 할까? 아버지여, 이때로부터 저를 구해 주십시오. 그러나 나는 이를 위해 이때에 이른 것이다.[12:27])

[1]わたしは心(こころ)が騒(さわ)いでいる : 나는 마음이 동요하고 있다.「騒(さわ)ぐ」는 ①「떠들다 / 소동 피우다」, ②「허둥대다 / 동요하다 / 설레다」, ③「세간의 주목을 받다」의 뜻을 나타내는데, 본 절에서는 ②의 용법으로 쓰이고 있다.

[例]しかし、どうして心(こころ)が騒(さわ)ぐのか彼(かれ)にはわからなかった。

(그러나 어째서 마음이 동요하는지 그는 알지 못했다.)

心(こころ)が騒(さわ)ぐときは騒(さわ)ぐんです。かーっとなるときはかーっとなる。

(마음이 동요할 때는 동요하는 것이다. 발끈 화가 날 때는 발끈 화를 낸다.)

くだらぬ事(こと)に騒(さわぐ)な、落(お)ち着(つ)け。

(쓸데없는 일에 동요하지 마라. 침착해라.)

今(いま)になって騒(さわ)いでも始(はじ)まらない。

(지금에 와서 떠들어도 소용없다.)

[2]何(なん)と言(い)おうか : 뭐라고 할까?「言(い)おうか」는「言(い)う」의 미연형에 의지의「〜う」와 질문의「〜か」가 접속된 것이다.

[例]それでは、これらのことについて、何(なん)と言(い)おうか。

(그러면, 이런 것에 관해 뭐라고 할까?)

高貴(こうき)なる社会的(しゃかいてき)責務(せきむ)とでも言(い)おうか、相互扶助(そうごふじょ)や隣人愛(りんじんあい)の精神(せいしん)と言(い)おうか。

(고귀한 사회적 책무라도 할까? 상호부조나 이웃에 대한 사랑의 정신이라고 할까?)

オリバーに何(なん)と言(い)おうかと幾度(いくど)も考(かんが)えた。ところがあたしときたら。

(올리버에게 뭐라고 할까 하고 몇 번이나 생각했다. 그런데 나로 말할 것 같으면.)

[3]わたしをお救(すく)い下(くだ)さい : 저를 구해 주십시오.「お救(すく)い下(くだ)さい」

는 「救(すく)う」에 의뢰표현 형식인 「お~下(くだ)さい」가 접속된 것으로 「お·ご~下(くだ)さい」는 「~て下(くだ)さい」에 비해 경의도가 높다.

[例]ところが、群衆(ぐんしゅう)の中(なか)にいた、あるパリサイ人(びと)たちがイエスに言(い)った、「先生(せんせい)、あなたの弟子(でし)たちをお叱(しか)り下(くだ)さい」。[口語訳 / ルカによる福音書 19:39]

(그런데 군중 속에 있던, 어느 바리새파 사람들이 예수에게 말했다. "선생님, 선생님의 제자들을 꾸짖어 주십시오."[누가복음 19:39]

主(しゅ)よ、私(わたし)に答(こた)えてください。私(わたし)はあなたの掟(おきて)を守(まも)ります。あなたを呼(よ)びます、お救(すく)いください。

(주님, 제게 대답해 주십시오. 저는 주님의 계명을 지키겠습니다. 주님을 부릅니다. 구원해 주십시오.)

いや、女性(じょせい)労働者(ろうどうしゃ)をどうして外(はず)しているんですか。端的(たんてき)にお答(こた)えください。

(아니, 여성 노동자를 어째서 배제하고 있습니까? 단적으로 대답해 주십시오.)

[1]父(ちち)よ、み名(な)があがめられますように」。すると天(てん)から声(こえ)があった、「[2]わたしはすでに栄光(えいこう)を現(あら)わした。[3]そして、更(さら)にそれを現(あら)わすであろう」。[ヨハネによる福音書 12:28]

(아버지여, 이름을 거룩하게 하옵시며." 그러자, 하늘에서 소리가 있었다. "나는 이미 영광을 나타냈다. 그리고 더욱 그것을 나타낼 것이다."[12:28])

[1]父(ちち)よ、み名(な)があがめられますように : 아버지여, 이름을 거룩하게 하옵시며. 이 표현은 구어역 신약성서에서 본 절의 예를 포함하여 총 3회 쓰이고 있다.

나머지를 예를 들면 다음과 같다.

[例]だから、あなたがたはこう祈(いの)りなさい、天(てん)にいますわれらの父(ちち)よ、御名(みな)があがめられますように。[口語訳 / マタイによる福音書 6:9]

(그러므로 너희는 이렇게 기도해라. "하늘에 계신 우리 아버지여, 이름을 거룩하게 하옵시며.)[마태복음 6:9]

そこで彼(かれ)らに言(い)われた、「祈(いの)るときには、こう言(い)いなさい、『父(ちち)よ、御名(みな)があがめられますように。御国(みくに)がきますように。[口語訳 / ルカによる福音書 11:2]

(그러자 그들에게 말씀하셨다. "기도할 때에는 이렇게 말하라. '아버지여, 이름을 거룩하게 하옵시며. 나라가 임하옵시며.)[누가복음 11:2]

[2]わたしはすでに栄光(えいこう)を現(あら)わした : 나는 이미 영광을 나타냈다. 타 번역본에서는 이 부분을 어떻게 묘사하고 있는지 살펴보자.

[例]わたしは(あなたの業(わざ)で)すでに(わたしの)栄光(えいこう)をあらわした。[塚本訳1963]

(나는 (너의 일로) 이미 (나의) 영광을 나타냈다.)

わたしは栄光(えいこう)をすでに現(あら)わしたし、[新改訳1970]

(나는 영광을 이미 나타냈고,)

わたしは栄化(えいか)[22]したし、[前田訳1978]

(나는 영화했고,)

わたしは既(すで)に栄光(えいこう)を現(あらわ)した。[新共同訳1987]

(나는 이미 영광을 나타냈다.)

私(わたし)は栄光(えいこう)を現(あら)わした。[岩波翻訳委員会訳1995]

---

22) 영화(栄化 ; えいか)는 구원이 완성된 상태를 말합니다. 성서가 가르치는 「구원의 3요소」의 하나. http://seishonyumon.com/glossary/%E6%95%91%E3%81%84%E3%81%AE%E8%A6%81%E7%B4 %A0/에서 인용하여 번역함.

(나는 영광을 나타냈다.)

[3]そして、更(さら)にそれを現(あら)わすであろう : 그리고 더욱 그것을 나타낼 것이다. 타 번역본에서는 당해 내용을 어떻게 표현하고 있는지 들면 다음과 같다.

  [例](今(いま))また(あなたの苦(くる)しみによって)栄光(えいこう)をあらわすであろう。

    [塚本訳1963]

    ((지금) 또 (너의 괴로움으로 인해) 영광을 나타낼 것이다.)

    またもう一度(いちど)栄光(えいこう)を現(あら)わそう。[新改訳1970]

    (그리고 다시 한 번 영광을 나타낼 것이다.)

    また栄化(えいか)しよう[前田訳1978]

    (다시 영화하겠다.)

    再(ふたた)び栄光(えいこう)を現(あらわ)そう。[新共同訳1987]

    (다시 영광을 나타낼 것이다.)

    また現(あら)わすことになる。[岩波翻訳委員会訳1995]

    (다시 나타내게 된다.)

すると、そこに立(た)っていた群衆(ぐんしゅう)がこれを聞(き)いて、「[1]雷(かみなり)が鳴(な)ったのだ」と言(い)い、ほかの人(ひと)たちは、「[2]御使(みつかい)が彼(かれ)に話(はな)しかけたのだ」と言(い)った。[ヨハネによる福音書 12:29]
(그러자, 거기에 서 있던 군중이 이것을 듣고, "천둥이 울렸다"고 말하고, 다른 사람들은 "천사가 그에게 말을 걸었다"고 했다.[12:29])

[1]雷(かみなり)が鳴(な)ったのだ : 천둥이 울렸다. 「雷(かみなり)が鳴(な)ったのだ」는 「雷(かみなり)が鳴(な)る ; 천둥이 울리다」의 과거 「雷(かみなり)が鳴(な)った」에 「~のだ」가 접속된 것이다.

[예]我(わ)が家(や)の愛犬(あいけん)は雷(かみなり)が苦手(にがて)で、雷(かみなり)が鳴(な)るたびに家中(うちじゅう)を駆(か)け回(まわ)り、お風呂場(ふろば)に行(い)ったりしています。
(우리 집의 애완견은 천둥을 무서워해서, 천둥이 칠 때마다 온 집안을 뛰어 다니며 목욕탕에 들어가거나 합니다.)

「スッポンは一度(いちど)噛(か)み付(つ)いたら、雷(かみなり)が鳴(な)るまで離(はな)れない」と昔(むかし)から言(い)われるほど、しつこい動物(どうぶつ)とされている。
(「자라는 한번 물면 천둥이 칠 때까지 떨어지지 않는다」고 옛날부터 이야기할 정도로 집요한 동물로 되어 있다.)

[2] 御使(みつかい)が彼(かれ)に話(はな)しかけたのだ : 천사가 그에게 말을 걸었다. 「話(はな)しかける」는 「話(はな)す」의 연용형에 공간적 이동을 나타내는 「かける」가 결합한 복합동사로서 「말[이야기]을 걸다」의 뜻을 나타낸다.

[예]だが、先生(せんせい)は思(おも)いついたことがあったようで、フィリップにまた話(はな)しかけた。
(그러나 선생님은 무슨 생각이 떠오른 듯, 필립에게 다시 말을 걸었다.)

不安(ふあん)に顔(かお)を曇(くも)らせた父(ちち)が母(はは)に話(はな)しかける。いつもなら母(はは)には口(くち)もきかない父(ちち)が話(はな)しかけたのだ。
(불안하게 어두운 표정을 지은 아버지가 어머니에게 말을 건다. 여느 때라면 어머니에게 말도 하지 않는 아버지가 말을 거는 것이었다.)

心配(しんぱい)した母(はは)が父(ちち)に話(はな)しかける。いつもなら父(ちち)には口(くち)もきかない母(はは)が話(はな)しかけたのだ。
(걱정한 어머니는 아버지에게 말을 건다. 여느 때라면 아버지에게는 말도 안 하는 어머니가 말을 거는 것이었다.)

イエスは答(こた)えて言(い)われた、「[1]この声(こえ)があったのは、わたしのためではなく、あなたがたのためである。[ヨハネによる福音書 12:30]
(예수께서 대답하여 말씀하셨다. "이 소리가 난 것은 나를 위해서가 아니라, 너희를 위해서다.[12:30]")

[1]この声(こえ)があったのは、: 이 소리가 난 것은.「この声(こえ)があったのは」를 직역하면「이 소리가 있었던 것은」이 되나, 여기에서는「이 소리가 난 것은」으로 번역해 둔다.
  [例]優(やさ)しく嗜(たしな)める女(おんな)の声(こえ)があった。
    (상냥하게 나무라는 여자의 소리가 났다.)
    その直後(ちょくご)、「船隊長(せんたいちょう)!」と船尾(せんび)方向(ほうこう)から叫(さけ)ぶ声(こえ)があった。
    (그 직후,「선대장!」이라고 선미 방향에서 외치는 소리가 났다.)

  그리고 타 번역본에서는 어떻게 묘사되어 있는지 살펴보자.
  [例]あの声(こえ)がきこえてきたのは、[塚本訳1963]
    (그 소리가 들려 온 것은,)
    この声(こえ)が聞(きこ)えたのは、[新改訳1970]
    (이 소리가 들린 것은,)
    この声(こえ)が聞(きこ)えたのは、[新共同訳1987]
    (이 소리가 들린 것은,)
    あの声(こえ)がしたのは[前田訳1978]
    (그 소리가 난 것은)
    この声(こえ)がしたのは[岩波翻訳委員会訳1995]
    (이 소리가 난 것은,)

今(いま)は[1]この世(よ)が裁(さば)かれる時(とき)である。今(いま)こそ[2]この世(よ)の君(きみ)は[3]追(お)い出(だ)されるであろう。[ヨハネによる福音書 12:31]

(지금은 이 세상이 심판받을 때이다. 지금이야 말로 이 세상의 지배자가 쫓겨날 것이다.[12:31])

[1]この世(よ)が裁(さば)かれる時(とき)である : 이 세상이 심판받을 때이다. 「裁(さば)かれる」는 「裁(さば)く」의 수동으로 한국어의 「심판받다」에 해당한다.

  [例]そのとき、すべての死者(ししゃ)の魂(たましい)は、現世(げんせ)での生(い)き方(かた)によって裁(さば)かれる。この審判(しんぱん)において、人(ひと)は肉体(にくたい)を取(と)り戻(もど)し、永遠(えいえん)の命(いのち)を与(あた)えられる。

  (그 때, 모든 사자의 영혼은 현세에서의 삶의 방식에 따라 심판받는다. 이 심판에서 사람은 육체를 되찾고 영생을 받는다.)

  とすると、それは何(なん)という華(はな)やかな審判(しんぱん)であろう。私(わたし)が、何(なん)のために裁(さば)かれるのか、それはわからない。私(わたし)は、裁(さば)かれるためにのみ、裁(さば)かれる。

  (그러면 그것은 이 얼마나 화려한 심판일까? 내가 무엇을 위해 심판받는가? 그것은 모른다. 나는 심판받기 위해서만 심판받는다.)

  結局(けっきょく)、わたしたちは、わたしたちが裁(さば)くように裁(さば)かれるのです。ですから、他人(たにん)に対(たい)して常(つね)に善意(ぜんい)をいだいておれば、全世界(ぜんせかい)の人(ひと)をも友(とも)にすることが出(で)きるのです。

  (결국 우리는 우리가 심판하도록 심판받는 것입니다. 따라서 타인에 대해 항상 선의를 가지고 있으면 전 세계의 사람들도 친구로 할 수 있습니다.)

[2]この世(よ)の君(きみ) : 이 세상의 지배자. 「君(きみ)」는 본 절처럼 명사로 쓰이면 ①「한 나라의 군주 / 천황 / 천자」, ②「자기가 모시고 있는 사람 / 주군 / 주인」의 뜻

을 나타내는데, 여기에서는 ①의 용법으로 간주하여「지배자」로 번역해 둔다.

[例]この追(お)い出(だ)される敵(てき)、サタンに関(かん)して上記(じょうき)ヨハネ伝(でん)の記述(きじゅつ)は、「この世(よ)を支配(しはい)する者(もの)」となっています。KJVでは、この世(よ)の君(きみ)です。

(이 쫓겨나는 적, 사탄에 관해 상기 요한복음서의 기술은「이 세상을 지배하는 사람」으로 되어 있습니다. 제임즈왕/흠정역(欽定訳)[KJV, The King James Version]에서는 이 세상의 지배자입니다.)

主(しゅ)イエスの時代(じだい)、神(かみ)につくべき、神(かみ)の民(たみ)のその中枢(ちゅうすう)に至(いた)る迄(まで)、この世(よ)の君(きみ)が支配(しはい)していた、

(주 예수의 시대, 하나님을 따라야 하는, 하나님의 백성의 그 중추에 이르기까지, 이 세상의 지배자가 지배하고 있었다.)

このことは、事実(じじつ)です。当時(とうじ)のユダヤ教(きょう)、またラビ、パリサイ人(びと)たちの教(おし)えは神(かみ)からの教(おし)えでなく、この世(よ)の教(おし)えなのです。

(이것은 사실입니다. 당시의 유대교, 또 랍비, 바리새파 사람들의 가르침은 하나님으로부터의 가르침이 아니고 이 세상의 가르침입니다.)

그리고 타 번역본에서는 어떻게 설명하고 있는지 살펴보자.

[例]この世(よ)の君(きみ)が[前田訳1978]

　　(이 세상의 지배자가)

　　この世(よ)の支配者(しはいしゃ)(悪魔(あくま))が[塚本訳1963]

　　(이 세상의 지배자(악마)가)

　　この世(よ)を支配(しはい)する者(もの)は[新改訳1970]

　　(이 세상을 지배하는 사람은)

　　この世(よ)の支配者(しはいしゃ)が[新共同訳1987]

61

(이 세상의 지배자가)

この世(よ)の支配者(しはいしゃ)が[岩波翻訳委員会訳1995]

(이 세상의 지배자가)

[3]追(お)い出(だ)されるであろう : 쫓겨날 것이다.「追(お)い出(だ)される」는 복합동사「追(お)い出(だ)す」의 수동으로 그 밖의 예를 들면 다음과 같다.

[例]この国(くに)の子(こ)らは外(そと)のやみに追(お)い出(だ)され、そこで泣(な)き叫(さけ)んだり、歯(は)がみをしたりするであろう」。[口語訳 / マタイによる福音書 8:12]

(이 나라의 아들들은 바깥 어두운 데로 쫓겨나서, 거기에서 울부짖거나 이를 갈거나 할 것이다.")[마태복음 8:12]

しかし、主(しゅ)が来(こ)られたとき、この世(よ)の君(きみ)は追(お)い出(だ)され、神(かみ)の民(たみ)の集(あつ)まりから、この世(よ)的(てき)な教(おし)え、考(かんが)え、教理(きょうり)は一掃(いっそう)されました。

(그러나 주께서 오셨을 때, 이 세상의 지배자는 쫓겨나고 하나님의 백성의 모임에서 이 세상적인 가르침, 생각, 교리는 일소되었습니다.)

教授(きょうじゅ)に逆(さか)らう者(もの)は、大学(だいがく)から追(お)い出(だ)されるのはおろか、教授(きょうじゅ)の息(いき)のかかった病院(びょういん)ではけっして雇(やと)ってもらえない。

(교수에게 거역하는 사람은 대학에서 쫓겨나는 것은 고사하고 교수의 입김이 닿는 병원에서는 결코 취직할 수 없다.)

그리고「追(お)い出(だ)される」는 복합동사「追(お)い出(だ)す」의 레루형 경어로도 쓰인다.

[例]イエスは、さまざまの病(やまい)を患(わずら)っている多(おお)くの人々(ひとびと)をいやし、また多(おお)くの悪霊(あくれい)を追(お)い出(だ)された。また、悪霊

(あくれい)どもに、物言(ものい)うことをお許(ゆる)しにならなかった。彼(かれ)らがイエスを知(し)っていたからである。[口語訳 / マルコによる福音書 1:34]
(예수께서는 온갖 병을 앓고 있는 많은 사람들은 고치고 또한 많은 악령들을 내쫓으셨다. 그리고 악령들에게 말하는 것을 허락하지 않으셨다. 그들이 예수를 알고 있었기 때문이다.)[마가복음 1:34][23]

〔週(しゅう)の初(はじ)めの日(ひ)の朝(あさ)早(はや)く、イエスは甦(よみがえ)って、まずマグダラのマリヤに御自身(ごじしん)を現(あら)わされた。イエスは以前(いぜん)に、この女(おんな)から七(なな)つの悪霊(あくれい)を追(お)い出(だ)されたことがある。[口語訳 / マルコによる福音書 16:9]
(주의 첫날 아침 일찍 예수께서는 다시 살아나셔, 먼저 막달라 마리아에게 자신을 드러내셨다. 예수께서는 이전에 이 여자들로부터 일곱 악령을 쫓아내신 적이 있다.)[마가복음 16:9][24]

そして、[1]わたしがこの地(ち)から上(あ)げられる時(とき)には、[2]すべての人(ひと)をわたしのところに引(ひ)き寄(よ)せるであろう」。[ヨハネによる福音書 12:32]
(그리고 내가 이 땅에서 올라갈 때에는, 모든 사람들을 내게 끌어당길 것이다.[12:32])

[1]わたしがこの地(ち)から上(あ)げられる時(とき)には、: 내가 이 땅에서 올라갈 때에는.「上(あ)げられる」는「上(あ)げる」의 수동인데, 직역하면 부자연스럽기 때문에 여기에서는 자동으로 바꿔서「올라가다」로 번역해 둔다.
[例]さて、イエスが天(てん)に上(あ)げられる日(ひ)が近(ちか)づいたので、エルサレ

---

23) [口語訳 / マルコによる福音書 1:34]에서 인용.
24) [口語訳 / マルコによる福音書 16:9]에서 인용.

ムへ行(い)こうと決意(けつい)して、その方(ほう)へ顔(かお)を向(む)けられ、[口語訳 / ルカによる福音書 9:51]
(그런데 예수가 하늘에 올라갈 날이 가까워져서, 예루살렘에 가고자 결의하고, 그 쪽으로 얼굴을 돌리시고,)[누가복음 9:51]

お選(えら)びになった使徒(しと)たちに、聖霊(せいれい)によって命(めい)じたのち、天(てん)に上(あ)げられた日(ひ)までのことを、ことごとく記(しる)した。[口語訳 / 使徒行伝 1:2]
(택하신 사도들에게 성령으로 명한 후, 하늘에 올라간 날까지의 일을 모두 기록했다.)[사도행전 1:2]

まだまだ先行(さきゆ)き不透明(ふとうめい)であるかに見(み)えるこの対決(たいけつ)だが、はたして軍配(ぐんばい)はどちらに上(あ)げられるのだろうか。
(아직도 전망이 불투명한 것처럼 보이는 이 대결이지만, 과연 어느 쪽이 승부에서 이길 것인가?)

[2]すべての人(ひと)をわたしのところに引(ひ)き寄(よ)せるであろう: 모든 사람들을 내게 끌어당길 것이다. 「引(ひ)き寄(よ)せる」는 「引(ひ)く」의 연용형에 「寄(よ)せる」가 결합한 복합동사로 「가까이 (끌어)당기다」의 뜻을 나타낸다.
  [例]しかもあからさまに、この事(こと)を話(はな)された。すると、ペテロはイエスをわきへ引(ひ)き寄(よ)せて、諫(いさ)めはじめたので、[口語訳 / マルコによる福音書 8:32]
  (게다가 드러내 놓고 이 일을 이야기하셨다. 그러자 베드로가 예수를 옆으로 끌어당겨 간하기 시작했기 때문에,)[마가복음 8:32][25]

---

25) 李成圭(2019a)『일본어 구어역 마가복음의 언어학적 분석Ⅱ』시간의물레. p. 163에서 인용.

私(わたし)は足(あし)でカバンを引(ひ)き寄(よ)せると、中(なか)からスーツを出(だ)してやる。
(나는 발로 가방을 끌어당기고 안에서 양복을 꺼내 준다.)
日本(にほん)に限(かぎ)らず米国(べいこく)においてもそうであるが、小売業(こうりぎょう)というビジネスは大(おお)きく二(ふた)つのモデルに分(わ)けられる。「お客(きゃく)に歩(あゆ)み寄(よ)るモデル」と「お客(きゃく)を引(ひ)き寄(よ)せるモデル」だ。
(일본에 한정되지 않고 미국에서도 그렇지만 소매업이라는 비즈니스는 크게 두 개의 모델로 나누어진다.「손님에게 다가서는 모델」과「손님을 끌어당기는 모델」이다.)

イエスはこう言(い)って、自分(じぶん)が[1]どんな死(し)に方(かた)で[2]死(し)のうとしていたかを、[3]お示(しめ)しになったのである。[ヨハネによる福音書 12:33]
(예수께서 이렇게 말하고 자기가 어떤 식(의 죽음)으로 죽으려고 했던가를 보여 주셨다.[12:33])

[1]どんな死(し)に方(かた)で : 어떤 죽는 방식으로. 어떤 식의 죽음으로.「死(し)に方(かた)」는「死(し)ぬ」의 연용형「死(し)に」에 방식이나 방법을 나타내는 명사화 접사「方(かた)」가 접속된 것으로「죽는 방식 / 죽는 방법」또는「죽을 때의 상태나 태도」의 뜻을 나타낸다.
[例]しかし、ああいう死(し)に方(かた)をしたとはいえ、葬儀(そうぎ)の参列者(さんれつしゃ)は多(おお)かった。
(그러나 그런 식으로 죽었다고 하더라도 장례식에 참석하는 사람들은 많았다.)
生(う)まれたら死(し)ぬという運命(うんめい)にあるのだ。とすると、死(し)ぬの

が怖(こわ)いとか死(し)ぬのがどうだと、死(し)に方(かた)を一所懸命(いっしょけんめい)考(かんが)えるよりも、「死(し)ぬまで一所懸命(いっしょけんめい)に生(い)きるほうがいいのではないか」という。

(태어나면 죽는다고 하는 운명에 있는 것이다. 그러면 죽는 것이 무섭다든가 죽는 것이 어쨌다고, 죽는 방식을 열심히 생각하는 것보다도「죽을 때까지 열심히 사는 쪽이 좋지 않을까?」라고 한다.)

見苦(みぐ)るしい死(し)に方(かた)はしたくない。

(볼썽사나운 죽음을 하고 싶지는 않다.)

庶民(しょみん)は、どんなひどい人生(じんせい)の末(すえ)にいかに惨(みじ)めな死(し)に方(かた)をしても、幽霊(ゆうれい)、怨霊(おんりょう)となって祟(たた)る力(ちから)がまったくないと考(かんが)えられていました。

(서민은 아무리 힘든 인생을 살다가 아무리 비참하게 죽어도 유령이나 원령이 되어 앙얼 입는 힘이 전혀 없다고 생각하고 있었습니다.)

[2] 死(し)のうとしていたかを、: 죽으려고 했던가를.「死(し)のうとしていた」는「死(し)ぬ」의 미연형에 화자의 의지를 나타내는「～うとする」가 접속되고, 그 전체에「～ていた」가 후접된 것이다.

[例] 叫(さけ)んでも無駄(むだ)ですよ。あなたはもう、死(し)ぬんです。いいでしょう。初(はじ)めは死(し)のうとしていたんですから! もう、諦(あきら)めてください。

(큰 소리로 외쳐도 소용없습니다. 당신은 이제 죽습니다. 됐지요? 처음에는 죽으려고 했으니까요! 이제 포기하세요.)

堺(さかい)で初(はじ)めて血(ち)を吐(は)いた時(とき)、私(わたし)はその血(ち)に自分(じぶん)の罪(つみ)を見(み)た。私(わたし)は犯(おか)した罪(つみ)と同(おな)じ色(いろ)を吐(は)いて、死(し)のうとしていた。

(사카이에서 처음 피를 토했을 때, 나는 그 피에 자신의 죄를 보았다. 나는 범한 죄와 같은 색을 토하고 죽으려고 했다.)

運命(うんめい)が、一日(いちにち)遅(おく)れてわずかに姿(すがた)を変(か)えて訪(おとず)れたのだということも、こうなったのが、ある男(おとこ)の顔(かお)からサングラスの落(お)ちるところを見(み)てしまったためだということも知(し)らないまま、死(し)のうとしていた。
(운명이 하루 늦게 약간 모습을 바꾸고 찾아온 것이라고 하는 것도, 이렇게 된 것이, 어떤 남자의 얼굴에서 선글라스가 떨어지는 곳을 보고 말았기 때문이라고 하는 것도 모르는 채, 죽으려고 했다.)

[3]お示(しめ)しになったのである : 보여 주셨다. 「お示(しめ)しになった」는 「示(しめ)す」의 ナル형 경어 「お示(しめ)しになる」의 과거로 <イエス>에 관해 사용되고 있다.
[例]神(かみ)の前(まえ)に招(まね)き、神(かみ)の心(こころ)をお示(しめ)しになることによって、人(ひと)が人(ひと)として生(い)きることが出来(でき)る。
(하나님의 앞에 불러서 하나님의 마음을 보여 주심으로써 사람이 사람으로 살 수가 있다.)

この状態(じょうたい)が、さっきお示(しめ)しになったように十年(じゅうねん)経(た)ったら、そういう地獄(じごく)が待(ま)って、しかも将来(しょうらい)ずっと続(つづ)くわけです。
(이 상태가 아까 보여 주신 것처럼 10년 지나면 그런 지옥이 기다려서 게다가 장차 죽 계속되는 것입니다.)

政府(せいふ)が君(きみ)が代(よ)に対(たい)する見解(けんかい)をお示(しめ)しになった。また、今(いま)若(わか)い日本(にほん)の国民(こくみん)の皆(みな)さんやあるいは一般(いっぱん)の国民(こくみん)の皆(みな)さんの中(なか)にある君(きみ)が代(よ)に対(たい)する印象(いんしょう)と私(わたし)が持(も)っている印象(いんしょう)とは違(ちが)うということをこの間(あいだ)申(もう)し上(あ)げたんです。
(정부가「君(きみ)が代(よ) ; 국가」에 대한 견해를 보이셨다. 그리고 지금 일본의 젊은 국민 여러분과 혹은 일반 국민의 여러분 중에 있는 국가에 대한

인상과, 내가 가지고 있는 인상은 다르다고 하는 것을 요전에 말씀드린 것입니다.)

すると、群衆(ぐんしゅう)はイエスに向(む)かって言(い)った、「わたしたちは[1]律法(りっぽう)によって、[2]キリストはいつまでも生(い)きておいでになるのだ、と聞(き)いていました。それだのに、[3]どうして人(ひと)の子(こ)は上(あ)げられねばならないと、[4]言(い)われるのですか。その人(ひと)の子(こ)とは、だれのことですか」。[ヨハネによる福音書 12:34]
(그러자, 군중은 예수를 향해 말했다. "우리는 율법에 의해 그리스도는 언제까지나 살아 계신다고 들었습니다. 그런데 어째서 인자는 올라가야 한다고 말씀하십니까? 그 인자란 누구를 말합니까?")

[1]律法(りっぽう)によって、: 율법에 의해. 「～によって」는 격조사 「～に」에 동사 「よる」의 テ형인 「よって」가 결합된 복합조사로, 본 절에서는 동작·작용의 근거를 나타내는 용법으로 쓰이고 있다.

[例] 人(ひと)によって体質(たいしつ)や病歴(びょうれき)などが違(ちが)うからです。
(사람에 따라 체질이나 병력 등이 다릅니다.)

しかしながら、行政(ぎょうせい)指導(しどう)は法律(ほうりつ)によって行(おこ)なうものではございませんから、その行政(ぎょうせい)指導(しどう)が実情(じつじょう)に合(あ)わないということであれば、その行政(ぎょうせい)指導(しどう)を強行(きょうこう)するということは困難(こんなん)になる。
(그러나 행정 지도는 법률에 의해 행하는 것이 아니기 때문에 그 행정 지도가 실정에 맞지 않는다면 그 행정 지도를 강행한다는 것은 곤란해진다.)

まずは相手(あいて)の都合(つごう)を第一(だいいち)にして日時(にちじ)の調整(ちょうせい)を依頼(いらい)し、その結果(けっか)によって、自分(じぶん)の仕事(しごと)の手順(てじゅん)は自分自身(じぶんじしん)で調整(ちょうせい)すべきでしょう。

(먼저 상대의 형편을 무엇보다도 우선적으로 하여 일시 조정을 의뢰하고 그 결과에 따라 자기 일의 수순은 직접 조정해야 할 것이다.)

[2]キリストはいつまでも生(い)きておいでになる : 그리스도는 언제까지나 살아 계시다. 「生(い)きておいでになる」는 「生(い)きている」의 특정형 경어인데, 「〜ておられる」는 구어역 신약성서에서는 <神(かみ)>에 대해서는 「離(はな)れておられる」[사도행전 17:27] 「愛(あい)しておられる」[요한복음 16:27]과 같이, <キリスト=人(ひと)の子(こ)=イエス>에 대해서는 「立(た)っておられる」[사도행전 7:55] 「生(い)きておられる」[요한복음 12:34]와 같이 총 4회 사용되고 있다.

[3]どうして人(ひと)の子(こ)は上(あ)げられねばならないと、 : 어째서 인자는 올라가야 한다고 말씀하십니까. 「上(あ)げられねばならない」는 「上(あ)げる」의 수동인 「上(あ)げられる」에 의무・필요를 나타내는 「ねばならない」가 접속한 것으로 구어역 신약성서에서는 본 절에서의 예가 유일하다.

[예]家族(かぞく)は破壊(はかい)された。それに代(かわ)って、自由(じゆう)意志(いし)によって結(むす)ばれた新(あたら)しい共同体(きょうどうたい)、いきいきとした共生(きょうせい)の可能(かのう)な共同体(きょうどうたい)が作(つく)られねばならない。

(가족이 파괴되었다. 그것을 대신해서 자유의지에 의해 맺어진 새 공동체, 생동적인 공생이 가능한 공동체가 만들어져야 한다.)

以上(いじょう)が、日本(にほん)と朝鮮(ちょうせん)の家族制度(かぞくせいど)の類似(るいじ)する点(てん)である。分家(ぶんけ)慣行(かんこう)に関(かん)するその他(た)の面(めん)では、この二国間(にこくかん)には、ある程度(ていど)の相違(そうい)があることは認(みと)められねばならない。

(이상이 일본과 조선의 가족제도의 유사한 점이다. 분가 관행이 관한 그 밖의 면에서는 이 두 나라 사이에는 어느 정도의 차이가 있는 것은 인정되

어야 된다.)

1920(せんきゅうひゃくにじゅう)年代(ねんだい)と30年代(さんじゅうねんだい)の間(あいだ)に横(よこ)たわっている「全体(ぜんたい)構造(こうぞう)の質的(しつてき)変化(へんか)」は、党(とう)と国家(こっか)の関係(かんけい)のうちにではなく、「党(とう)＝国家(こっか)制度(せいど)」と「社会(しゃかい)」の関係(かんけい)のうちに<u>探(さぐ)られねばならない</u>のである。

(1920년대와 30년대 사이에 가로 놓여 있는 「전체 구조의 질적 변화」는 당과 국가의 관계 속에가 아니라, 「당=국가 제도」와 「사회」관계 속에 탐구되어야 한다.)

[4]言(い)われるのですか : 말씀하십니까?「言(い)われるのですか」는「言(い)う」의 레루형 경어인「言(い)われる」에 질문을 나타내는「〜のですか」가 접속된 것이다.

[例]中高層(ちゅうこうそう)ならだめで、三井(みつい)不動産(ふどうさん)が坪(つぼ)四十万(よんじゅうまん)で一般(いっぱん)の分譲(ぶんじょう)住宅(じゅうたく)を売(う)るなら適当(てきとう)だ、こういうふうに<u>言(い)われるのですか</u>。

(중고층이라면 안 되고, 미쓰이부동산이 평당 40만에 일반 분양 주택을 판다면 적당하다, 이런 식으로 말씀하시는 것입니까?)

しかし、それなら他(た)の何十(なんじゅう)、何百(なんびゃく)の娘(むすめ)たちの死体(したい)、現(げん)司祭(しさい)が埋葬(まいそう)を断(こと)わり、庭(にわ)や畑(はたけ)に埋(う)めたり城(しろ)の堀(ほり)に沈(しず)めたという、これらの死体(したい)はいったい何(なん)だと<u>言(い)われるのですか</u>?

(그러나, 그러면 다른 몇 십, 몇 백의 딸들의 시체, 현 사제가 매장을 거부하거나 뜰이나 밭에 묻거나 성의 해자에 가라 앉혔다고 하는, 이들 시체는 도대체 무엇이라고 말씀하시는 것입니까?)

そこでイエスは彼(かれ)らに言(い)われた、「[1]もうしばらくの間(あいだ)、光(ひかり)はあなたがたと一緒(いっしょ)にここにある。[2]光(ひかり)がある間(あいだ)に歩(ある)いて、[3]闇(やみ)に追(お)い付(つ)かれないようにしなさい。[4]闇(やみ)の中(なか)を歩(ある)く者(もの)は、自分(じぶん)がどこへ行(い)くのかわかっていない。[ヨハネによる福音書 12:35]

(그러자 예수께서 그들에게 말씀하셨다. "이제 잠시 동안, 빛은 너희와 함께 여기에 있다. 빛이 있는 동안에 다니고, 어둠에 따라잡히지 않도록 하라. 어둠 속을 다니는 사람은 자기가 어디에 가는지 알지 못한다.[12:35])

[1]もうしばらくの間(あいだ)、: 이제 잠시 동안. 「〜間(あいだ)」는 「〜동안 / 〜사이」를 뜻하는 형식명사로 기간 전체를 의미한다.

[例]イエスは四十日(よんじゅうにち)の間(あいだ)、荒野(あらの)にいて、サタンの試(こころ)みにあわれた。そして獣(けもの)もそこにいたが、御使(みつかい)たちはイエスに仕(つか)えていた。[口語訳 / マルコによる福音書 1:13]
(예수께서 40일 동안 광야에 있으면서 사탄의 시험을 받으셨다. 그리고 짐승들도 거기에 있었는데, 천사들은 예수를 모시고 있었다.)[마가복음 1:13][26]

さて、一同(いちどう)はゲツセマネという所(ところ)に来(き)た。そしてイエスは弟子(でし)たちに言(い)われた、「わたしが祈(いの)っている間(あいだ)、ここに座(すわ)っていなさい」。[口語訳 / マルコによる福音書 14:32]
(그런데 일행은 겟세마네라고 하는 곳에 왔다. 그리고 예수께서는 제자들에게 말씀하셨다. "내가 기도하고 있을 동안에 여기에 앉아 있어라.")[마가복음 14:32][27]

---

26) 李成圭(2018c)『일본어 구어역 마가복음의 언어학적 분석 I』시간의물레. p. 22에서 인용.
27) [口語訳 / マルコによる福音書 14:32]에서 인용.

[2] 光(ひかり)がある間(あいだ)に歩(ある)いて、: 빛이 있는 동안에 다니고.「～間(あいだ)に」는「동안」또는「사이」를 나타내는 형식명사「間(あいだ)」에 시점을 나타내는「～に」가 접속된 것으로 한국어의「～하는 동안에」「～하는 사이에」에 해당한다.「～間(あいだ)」는 기간 전체를 의미하며「～間(あいだ)に」는 전체 기간 중의 어느 특정 시점을 의미하기 때문에 앞뒤 문장의 의미관계에 따라 어느 한 쪽만이 쓰이는 경우도 있다.

[예] 夜昼(よるひる)、寝起(ねお)きしている間(あいだ)に、種(たね)は芽(め)を出(だ)して育(そだ)っていくが、どうしてそうなるのか、その人(ひと)は知(し)らない。[口語訳 / マルコによる福音書 4:27]
(늘 자고 일어나는 동안에 씨는 싹을 내고 자라지만, 어째서 그렇게 되는지 그 사람은 모른다.)[마가복음 4:27][28]

彼(かれ)が名刺(めいし)を眺(なが)めている間(あいだ)に、ビールを飲(の)んだ。
(그가 명함을 바라다보고 있는 동안에 맥주를 마셨다.)
獄中(ごくちゅう)にある間(あいだ)に、息子(むすこ)が面会(めんかい)にやってきた。事情(じじょう)はどうあれ、獄中(ごくちゅう)で子供(こども)の面会(めんかい)を受(う)けることが親(おや)にとってどんなにつらいか、想像(そうぞう)がつく。
(옥중에 있는 동안에 자식이 면회하러 찾아왔다. 사정은 어찌 되었든 옥중에서 아이의 면회를 받는 것이 부모로서 얼마나 힘들지 상상이 간다.)

[3] 闇(やみ)に追(お)い付(つ)かれないようにしなさい : 어둠에 따라잡히지 않도록 하라.「追(お)い付(つ)かれないように」는 복합동사「追(お)い付(つ)く: 따라붙다 / 따라잡다」의 수동인「追(お)い付(つ)かれる」의 부정「追(お)い付(つ)かれない」에 목적을 나타내는「～ように」가 접속된 것이다.

---

28) 李成圭(2018c)『일본어 구어역 마가복음의 언어학적 분석 I』시간의물레. p. 175에서 인용.

[4]闇(やみ)の中(なか)を歩(ある)く者(もの)は、: 어둠 속을 다니는 사람은.「闇(やみ)の中(なか)を歩(ある)く」의「~を」는 동작의 대상이 아니라, 동작이 이루어지는 장소를 의미하며 이때의「歩(ある)く」는 자동사로 판정된다.

[例]先頭(せんとう)を歩(ある)く彼(かれ)を信(しん)じて、ひたすら前(まえ)へ進(すす)んでいく。

(선두를 걷는 그를 믿고 오로지 앞에 나아간다.)

再(ふたた)び暗闇(くらやみ)の中(なか)を歩(ある)くことになりましたが、行(い)けば行(い)くほど道(みち)は険(けわ)しく、山(やま)はいよいよ深(ふか)くなってまいります。

(다시 어둠 속을 걷게 되었습니다만, 가면 갈수록 길은 험하고 산은 점점 깊어갑니다.)

彼(かれ)が乗(の)ったのが、アエリアルトラムだった。座(すわ)っているだけで森(もり)の上空(じょうくう)を飛(と)ぶが如(ごと)くに見(み)せてくれる。

(그가 탄 것이 공중 케이블이었다. 앉아 있기만 해도 숲의 상공을 나는 것처럼 보여준다.)

下流(かりゅう)には何(なに)か施設(しせつ)があり、川(かわ)を渡(わた)る橋(はし)もあります。

(하류에는 무엇인가 시설이 있고, 강을 건너는 다리도 있습니다.)

光(ひかり)のある間(あいだ)に、[1]光(ひかり)の子(こ)となるために、光(ひかり)を信(しん)じなさい」。イエスは[2]これらのことを話(はな)してから、そこを立(た)ち去(さ)って、彼(かれ)らから[3]身(み)をお隠(かく)しになった。[ヨハネによる福音書 12:36]

(빛이 있는 동안에, 빛의 자녀가 되도록 빛을 믿어라." 예수께서는 이런 말씀을 하고 나서, 거기를 떠나 그들로부터 몸을 숨기셨다.[12:36])

[1] 光(ひかり)の子(こ)となるために、: 빛의 자녀가 되도록. 「光(ひかり)の子(こ)となるために」는 「光(ひかり)の子(こ)になる;빛의 자녀가 되다」의 문장체적 표현인 「光(ひかり)の子(こ)となる」에 동작의 목적을 나타내는 「~ために」가 접속된 것이다.

[例] わたしたちが天(てん)の家族(かぞく)の一員(いちいん)となるために、キリストはこの世(よ)の家族(かぞく)の一員(いちいん)となられたのである。

(우리가 하늘의 가족의 일원이 되기 위해 그리스도는 이 세상의 가족의 일원이 되신 것이다.)

マサイ族(ぞく)の少年(しょうねん)が一人前(いちにんまえ)の男(おとこ)となるために、割礼(かつれい)を受(う)けなければならないことは、以前(いぜん)から知(し)っていた。

(마사이족의 소년이 제 구실을 하는 남자가 되기 위해서 할례를 받아야 하는 것은 전부터 알고 있다.)

後期(こうき)高齢者(こうれいしゃ)医療(いりょう)制度(せいど)の被保険者(ひほけんしゃ)となるために、何(なに)か手続(てつづ)きは必要(ひつよう)なの? 特別(とくべつ)の手続(てつづ)きは必要(ひつよう)ありません。

(후기 고령자 의료 제도의 피보험자가 되기 위해 무슨 수속이 필요한가? 특별한 수속은 필요 없습니다.)

[2] これらのことを話(はな)してから、: 이런 말씀을 하고 나서. 「話(はな)してから」는 「話(はな)す」에 복합조사 「~てから; ~하고 나서 / ~한 다음」이 접속되어 순차동작을 나타내고 있다.

[例] 町(まち)に入(はい)ってからは、二人(ふたり)はゆっくり歩(ある)いた。しばらく行(い)ってから、おじさんが言(い)った。

(마을에 들어가고 나서는 두 사람은 천천히 걸었다. 잠시 간 다음, 아저씨가 말했다.)

彼(かれ)は今井(いまい)にそう言(い)ってから、さっきの電話(でんわ)のことを話

(はな)した。
(그는 이미이에게 그렇게 말하고 나서 아까 전화에 관해 이야기했다.)
しばらく話(はな)してから、男(おとこ)は一人(ひとり)で戻(もど)ってくるのだった。
(잠시 이야기하고 나서 남자는 혼자서 돌아오는 것이었다.)

[3] 身(み)をお隠(かく)しになった : 몸을 숨기셨다. 「お隠(かく)しになった」는 「隠(かく)す」의 ナル형 경어 「お隠(かく)しになる」의 과거로 <イエス>에 관해 쓰이고 있다. 그리고 구어역 신약성서에서는 「隠(かく)す」의 レル형 경어 「隠(かく)される」는 등장하지 않고 「隠(かく)される」는 수동으로만 사용되고 있다.

[例] いやいや、いまさらお隠(かく)しにならずとも判(わか)っておりますとも
(아니 아니, 지금 와서 숨기지 않으셔도 알고 있지 말고요.)
わたしは本気(ほんき)で真実(しんじつ)を突(つ)き止(と)めます。みなさんがいくらお隠(かく)しになっても、見(み)つけ出(だ)さずにはおきません。
(나는 진심으로 진실을 밝혀내겠습니다. 여러분이 아무리 숨기셔도 찾아내지 않고는 그냥 두지 않겠습니다.)
家政婦(かせいふ)紹介所(しょうかいじょ)から来(き)ました……あらっ、だんなさまったらあんなところに金塊(きんかい)をお隠(かく)しになっているわ。
(가정부 소개소에서 왔습니다. 어머, 주인 양반은 저런 곳에 금괴를 숨기시고 있네.)

《60》 [ヨハネによる福音書 12:37 - 12:43]

[1] このように多(おお)くのしるしを [2] 彼(かれ)らの前(まえ)でなさったが、彼(かれ)らはイエスを信(しん)じなかった。[ヨハネによる福音書 12:37]
(이와 같이 많은 표적을 그들 앞에서 하셨지만, 그들은 예수를 믿지 않았다.[12:37])

[1]このように多(おお)くのしるし : 이와 같이 많은 표적. 「[[このように+[多(おお)くの]]＋[しるし]」와 같이 「このように」가 연체수식어인 「多(おお)くの」를 수식하고 그 전체가 다시 뒤의 명사를 연결되는 구조를 이루고 있다. 그리고 「このように」는 연체사 「この」에 불확실한 단정을 나타내는 「～ようだ」의 연용형 「～ように」가 결합해서 부사화한 것으로 「{この·その·あの·どの}ように」와 같이 계열을 이루고 있다.

[例]このように多(おお)くの場面(ばめん)で、計量器(けいりょうき)を使(つか)い、重(おも)さなどを計(はか)っています。

(이와 같이 많은 장면에서 계량기를 사용해서 무게 등을 재고 있습니다.)

本(ほん)はそのようにたくさんの人(ひと)たちの様々(さまざま)な思(おも)いを吸(す)い取(と)って、形(かたち)を成(な)していくのであろう。

(책은 그와 같이 많은 사람들의 다양한 생각을 흡수해서 형태를 만들어 가는 것일까?)

松下氏(まつしたし)が、あのように多(おお)くの人(ひと)に慕(した)われ続(つづ)けた理由(りゆう)は、彼(かれ)の「人間観(にんげんかん)」にあること。

(마쓰시타 씨를 그와 같이 많은 사람이 계속해서 따르는 이유는 그의 「인간관」에 있는 것.)

人々(ひとびと)は、森林(しんりん)とどのようにかかわり合(あ)って生(い)きているのでしょうか。

(사람들은 삼림과 어떻게 서로 관련을 맺고 살아 있는 것일까요?)

[2]彼(かれ)らの前(まえ)でなさったが、: 그들 앞에서 하셨지만. 「なさった」는 「する」의 특정형 경어 「なさる」의 과거로 <イエス>에 대해 쓰이고 있다.

[例]先生(せんせい)は、クロテールが質問(しつもん)されたときにするような顔(かお)をなさったが、泣(な)き出(だ)しはしなかった。

(선생님께서는 클로테르가 질문을 하셨을 때에 하는 그런 얼굴을 하셨지

만, 울음을 터뜨리지는 않았다.)

そして、診断(しんだん)を下(くだ)すでもなく、ただ一言(ひとこと)「すぐさま入院(にゅういん)なさるがいい」とのこと。

(그리고 진단을 내리는 것도 아니고, 단지 한 마디「곧 바로 입원하시는 것이 좋다」고 한다.)

家(いえ)を建(た)てる者(もの)たちの見捨(みす)てた石(いし)。それが礎(いしずえ)の石(いし)になった[29]。これは主(しゅ)のなさったことだ。私(わたし)たちの目(め)には、不思議(ふしぎ)なことである。

(집을 짓는 사람들이 버린 돌. 그것이 주춧돌이 되었다. 이것은 주께서 하신 것이다. 우리 눈에는 이상한 일이다.)

それは、預言者(よげんしゃ)イザヤの次(つぎ)の言葉(ことば)が[1]成就(じょうじゅ)するためである、「主(しゅ)よ、わたしたちの説(と)くところを、[2]だれが信(しん)じたでしょうか。また、[3]主(しゅ)のみ腕(うで)はだれに示(しめ)されたでしょうか」。[ヨハネによる福音書 12:38]

(그것은 예언자 이사야가 한 다음의 말이 이루어지기 위해서다. "주님, 우리가 설명하는 것을 누가 믿었을까요? 또 주의 팔이 누구에게 나타난 것일까요?"[12:38])

[1] 成就(じょうじゅ)するためである、:「成就(じょうじゅ)する」는 자타양용동사로 한국어로는「성취하다[타동사 용법] / 성취되다[자동사 용법·수동 용법]」에 대응하는데 본 절에서는 자동사 용법으로 쓰이고 있다.

[例]「わたしたちにお話(はな)しください。いつ、そんなことが起(お)こるのでしょうか。

---

29) 구어역 신약성서 마가복음 [12:10]과 유사하다.
[2]家(いえ)造(つく)りらの捨(す)てた石(いし)が[3]隅(すみ)の[4]頭石(かしらいし)になった。[口語訳 / マルコによる福音書 12:10]
(집을 짓는 사람들의 버린 돌이 집 모퉁이의 머릿돌이 되었다.) [마가복음 12:10]

またそんなことがことごとく成就(じょうじゅ)するような場合(ばあい)には、どんな前兆(ぜんちょう)がありますか」。[口語訳 / マルコによる福音書 13:4]
("저희에게 말씀해 주십시오. 언제 그런 일이 일어날까요? 또 그런 일이 모두 성취되는그런 경우에는 어떤 전조가 있습니까?")[마가복음 13:4][30]

そして、その大願(だいがん)が成就(じょうじゅ)した記念(きねん)の日(ひ)だったからである。
(그리고 그 큰 소원이 성취된 기념의 날이었기 때문이다.)

[2] だれが信(しん)じたでしょうか : 누가 믿었을까요? 「信(しん)じたでしょうか」는 「信(しん)じる」의 과거 「信(しん)じた」에 추측 질문을 나타내는 「〜でしょうか」가 접속한 것이다.

[例] さて、ゲームはどうなったでしょうか?
(그런데 게임은 어떻게 되었을까요?)
どの政党(せいとう)が郵便(ゆうびん)事業(じぎょう)に対(たい)しては民間(みんかん)参入(さんにゅう)させようと言(い)ったでしょうか。
(어느 정당이 우편 사업에 대해서는 민간 참여를 시키겠다고 말했을까요?)
そのとき、彼(かれ)がもし病院(びょういん)へ行(い)かなければ、四日後(よっかご)に死(し)ぬであろうというようなことをいったい予知(よち)できたでしょうか。
(그 때, 그가 만일 병원에 가지 않으면 나흘 후에 죽을 것이라고 하는 그런 것을 도대체 예지할 수 있었을까요?)

[3] 主(しゅ)のみ腕(うで)はだれに示(しめ)されたでしょうか : 주의 팔이 누구에게 나타난 것일까요? 「み腕(うで)」는 「腕(うで)」에 존경의 접두사 「み」가 접속된 것으로 <主(しゅ)>의 소유자 경어로 쓰이고 있다. 그리고 「だれに示(しめ)されたでし

---

30) [口語訳 / マルコによる福音書 13:4]에서 인용.

ようか」の「示(しめ)された」는 「示(しめ)す」의 수동 「示(しめ)される」의 과거인데, 직역이 부자연스럽기에 여기에서는 능동 자동으로 번역해 둔다.

[例]ここに示(しめ)された「人間(にんげん)」の性質(せいしつ)に関(かん)する否定的(ひていてき)な見解(けんかい)は、マキアヴェッリの考(かんが)えの基本(きほん)の一(ひと)つであろう。

(여기에 제시된「인간」의 성질에 관한 부정적인 견해는 마키아벨리[Machiavelli]의 생각의 기본의 하나일 것이다.)

しかしながら、アラブ側(がわ)がイスラエルに、国連(こくれん)分割案(ぶんかつあん)に示(しめ)された国境(こっきょう)までの撤退(てったい)を要求(ようきゅう)したのに対(たい)して、イスラエルはエジプト、レバノンとの国境(こっきょう)は委任(いにん)統治(とうち)時代(じだい)の国境(こっきょう)とすること、トランス・ヨルダンとの国境(こっきょう)は休戦(きゅうせん)ラインとすることを主張(しゅちょう)し、安全(あんぜん)保障(ほしょう)を理由(りゆう)にそれ以上(いじょう)の撤退(てったい)を行(おこ)なう姿勢(しせい)は示(しめ)さなかった。

(그러나, 아랍 측이 이스라엘에 유엔 분할 안에 제시된 국경까지의 철퇴를 요구한 것에 대해 이스라엘은 이집트, 레바논과의 국경은 위임 통치 시대의 국경으로 할 것, 트란스요르단[Transjordan]과의 국경은 휴전선으로 할 것을 주장해서, 안전 보장을 이유로 더 이상의 철퇴를 할 자세를 보이지 않았다.)

[1]こういうわけで、[2]彼(かれ)らは信(しん)じることができなかった。イザヤはまた、[3]こうも言(い)った、[ヨハネによる福音書 12:39]
(이런 까닭에 그들은 믿을 수가 없었다. 이사야는 또 이렇게도 말했다.[12:39])

[1]こういうわけで、: 이런 까닭에. 「こういうわけで」는 지사 연체사 「こういう」에 「わけで」

79

가 접속되어 「이런 {연유에 / 까닭에}」에 상당하는 뜻을 나타낸다.

[例] こういうわけで、あなたがたに会(あ)って語(かた)り合(あ)いたいと願(ねが)っていた。事実(じじつ)、わたしは、イスラエルの抱(いだ)いている希望(きぼう)のゆえに、この鎖(くさり)につながれているのである」。[口語訳 / 使徒行伝 28:20]
(이런 연유로, 너희를 만나 서로 이야기하고 싶다고 바라고 있었다. 사실 나는 이스라엘이 품고 있는 희망 때문에 이 쇠사슬에 매여 있는 것이다.) [사도행전 28:20]

こういうわけで、今(いま)やキリスト・イエスにある者(もの)は罪(つみ)に定(さだ)められることがない。[口語訳 / ローマ人への手紙 8:1]
(이런 까닭에 이제는 그리스도 예수 안에 있는 사람들은 정죄되지 않는다.) [로마서 8:1]

그리고 「こういうわけで」는 「そういうわけで・ああいうわけで・どういうわけで」와 하나의 계열을 이루고 있다.

[例] 兄弟(きょうだい)たちよ。そういうわけで、神(かみ)のあわれみによってあなたがたに勧(すす)める。あなたがたのからだを、神(かみ)に喜(よろこ)ばれる、生(い)きた、聖(せい)なる供(そな)え物(もの)として捧(ささ)げなさい。それが、あなたがたのなすべき霊的(れいてき)な礼拝(れいはい)である。[口語訳 / ローマ人への手紙 12:1]
(형제들이여. 그러므로 하나님의 자비로움으로 인하여 너희에게 권한다. 너희 몸을 하나님께서 기뻐하는, 살아 있는, 성스러운 제물로서 바쳐라. 이것이 너희가 해야 할 영적인 예배이다.) [로마서 12:1]

読(よ)み方(かた)がそうわかっても、どこのだれで、どういうわけで、一冊(いっさつ)の本(ほん)の主人公(しゅじんこう)になるのか、まったく五里霧中(ごりむちゅ

う)なことに変(か)わりはない。

(독음은 그렇게 알아도, 어디에 사는 누가 어떤 연유로 한 권의 책의 주인공이 될 것인가, 정말 오리무중이라는 데에는 변함이 없다.)

[2]彼(かれ)らは信(しん)じることができなかった : 그들은 믿을 수가 없었다. 「信(しん)じることができなかった」는 「信(しん)じる」에 우언적(迂言的) 가능을 나타내는 「~ことができる」의 부정 과거가 접속된 것이다.

[例]打撃陣(だげきじん)は、1回(いっかい)、2回(にかい)といずれも走者(そうしゃ)を出(だ)しながらも得点(とくてん)を挙(あ)げることができなかった。

(타격 진은 1회, 2회 모두 주자를 내보내면서도 득점을 올릴 수가 없었다.)

しかし、彼(かれ)はどうしても酒(さけ)を止(や)めることができなかった。

(그러나 그는 아무리 하여도 술을 끊을 수가 없었다.)

裁判所(さいばんしょ)では、何(なに)がどうなっているのか、さっぱり理解(りかい)することができなかった。

(재판소에서는 무엇이 어떻게 되었는지 전혀 이해할 수 없었다.)

[3]こうも言(い)った : 이렇게도 말했다. 「こうも」는 지시부사 「こう」에 부조사 「~も」가 접속되어 「이렇게도」의 뜻을 나타내는데, 「そうも·ああも」와 함께 하나의 계열을 이루고 있다.

[例]彼(かれ)はこうも言(い)った、「当市(とうし)の市長(しちょう)はどうして自動車(じどうしゃ)なんかに乗(の)るのだろう。地下鉄(ちかてつ)も自転車(じてんしゃ)もあるというのに!」

(그는 이렇게도 말했다. 「우리 시의 시장은 어째서 자동차 같은 것을 타는 것일까? 지하철도 자전거도 있는데!」

お前(まえ)はどう思(おも)っているか知(し)らないが、私(わたし)たちが同(おな)じ遺族(いぞく)であることには、変(か)わりがないんだ。父(ちち)は、そうも言(い)った。

(너는 어떻게 생각하고 있는지 모르지만, 우리들이 같은 유족인 것에는 변함이 없다. 아버지는 그렇게도 말했다.)

新兵器(しんへいき)を用(もち)いて、難攻不落(なんこうふらく)と称(しょう)されたマジノ線(せん)を、ああも簡単(かんたん)に、ああも天才的(てんさいてき)に突破(とっぱ)することは出来(でき)なかったであろう。

(신병기를 사용해서 난공불락이라고 칭해진 마지노선을 그렇게도 쉽게, 그렇게도 천재적으로 돌파할 수는 없었을 것이다.)

神(かみ)は[1]彼(かれ)らの目(め)をくらまし、[2]心(こころ)を頑(かたく)なになさった。それは、彼(かれ)らが[3]目(め)で見(み)ず、[4]心(こころ)で悟(さと)らず、[5]悔(く)い改(あらた)めて[6]いやされることがないためである」。[ヨハネによる福音書 12:40]

(하나님께서는 그들의 눈을 멀게 하고, 마음을 완고하게 하셨다. 그것은 그들이 눈으로 보지 못하고 마음으로 깨닫지 못하고 회개해도 고쳐지지 않게 하기 위해서이다.[12:40])

[1] 彼(かれ)らの目(め)をくらまし、: 그들의 눈을 멀게 하고. 「くらます[暗ます·眩ます]」의 기본적인 의미는 ①「어둡게 하다 / 보이지 않게 하다」인데 본 절에서는 ①의 용법으로 쓰이고 있다. 현대어에서는 ②「{姿(すがた)·行方(ゆくえ)}を暗(くら)ます;{모습·행방}을 감추다」, ③「人(ひと)の目(め)を暗(くら)まして逃(に)げる;남의 눈을 속이고 도망치다」의 용법으로 많이 쓰인다.

[2] 心(こころ)を頑(かたく)なになさった : 마음을 완고하게 하셨다. 「頑(かたく)なに」는 형용동사 「頑(かたく)なだ;완고하다 / 마음이 비뚤어지고 고집이 세다」의 연용형인데 본 절에서는 부사법으로 쓰이고 있다.
[例] なんにせよ、頑(かたくな)なにはならなくていいと思(おも)います。

(어떻든 완고하게 되지 않아 좋다고 생각합니다.)

彼(かれ)の母親(ははおや)は頑(かたく)なに態度(たいど)を変(か)えなかった.

(그의 어머니는 완고하게 태도를 바꾸지 않았다.)

しかしながら、彼(かれ)らを頑(かたく)なにし、ついには「罪人(つみびと)たち」やすべての貧(まず)しい人々(ひとびと)に彼(かれ)らを対立(たいりつ)させ、彼(かれ)らを不正(ふせい)な者(もの)にしたのである.

(그러나, 그들을 완고하게 만들고, 결국에는 「죄인들」이나 모든 가난한 사람들에게 그들을 대립시켜, 그들을 부정한 사람으로 만든 것이다.)

[3] 目(め)で見(み)ず、: 눈으로 보지 못하고. 「目(め)で見(み)ず」의 「見(み)ず」는 「見(み)る」의 미연형에 부정의 「〜ず」가 접속한 것으로 「눈으로 보지 않고 → 눈으로 보지 못하고」의 뜻을 나타낸다.

[4] 心(こころ)で悟(さと)らず、: 마음으로 깨닫지 못하고. 「心(こころ)で悟(さと)らず」의 「悟(さと)らず」는 「悟(さと)る」의 미연형에 부정의 「〜ず」가 접속한 것으로 「마음으로 깨닫지 않고 → 마음으로 깨닫지 못하고」의 뜻을 나타낸다.

[5] 悔(く)い改(あらた)めて : 회개해도. 「悔(く)い改(あらた)めて」의 「〜て」는 본 절에서는 소위 역접의 용법으로 쓰이고 있다.

[6] いやされることがないためである : 고쳐지지 않게 하기 위해서이다. 「いやす」의 수동 「いやされる」에 동사를 부정화하는 「〜ことがない」가 접속되어 「いやされることがない」는 「고쳐지지 않다」의 뜻을 나타내는데, 여기에 동작의 목적을 나타내는 「〜ために」가 접속된 것이다.

[例] 助言(じょげん)又(また)は勧告(かんこく)を受(う)け入(い)れるためには設計(せっけい)変更(へんこう)等(など)の時間(じかん)が必要(ひつよう)となることから、

時間不足(じかんぶそく)を原因(げんいん)として助言(じょげん)又(また)は勧告(かんこく)が受(う)け入(い)れられないことがないよう、密集(みっしゅう)市街地(しがいち)における防災街区(ぼうさいがいく)の整備(せいび)の促進(そくしん)に関(かん)する法律等(ほうりつと)を参考(さんこう)に30日(さんじゅうにち)以前(いぜん)としたものである。
(조언 또는 권고를 받아들이기 위해서는 설계 변경 등의 시간이 필요해지기 때문에 시간 부족을 원인으로서 조언 또는 권고가 받아들여지지 않도록 밀집 시가지에 있어서의 방재가구의 정비 촉진에 관한 법률 등을 참고로 30일 이전으로 한 것이다.)

타 번역본에서는 이 부분을 어떻게 묘사하고 있는지 살펴보자.
[例]わたし(主(しゅ)キリスト)に直(なお)されないようにするためである。[塚本訳1963]
　(나(주 그리스도)에게 고쳐지지 않도록 하기 위해서이다.)
　そしてわたしが彼(かれ)らをいやす、ということがないためである。[新改訳1970]
　(그리고 내가 그들을 고친다고 하는 일이 없기 위해서이다.)
　わたしが彼(かれ)らをいやすことのないためである[前田訳1978]
　(내가 그들을 고치는 일이 없게 하기 위해서이다.)
　わたしは彼(かれ)らをいやさない。[新共同訳1987]
　(나는 그들을 고치지 않는다.)
　私(わたし)が彼(かれ)らを癒(いや)すことのないように。[岩波翻訳委員会訳1995]
　(내가 그들을 고치는 일이 없도록.)

イザヤがこう言(い)ったのは、[1]イエスの栄光(えいこう)を見(み)たからであって、[2]イエスのことを語(かた)ったのである。[ヨハネによる福音書 12:41]
(이사야가 이렇게 말한 것은 예수의 영광을 보았기 때문이고 예수에 관해 이야기했기 때문이다.[12:41])

[1]イエスの栄光(えいこう)を見(み)たからであって、: 예수의 영광을 보았기 때문이고.「イエスの栄光(えいこう)を見(み)た」에 원인·이유를 나타내는「~からである」의 テ형이 접속되어 문을 일단 중지하고 있다.

[例]人(ひと)が誰(だれ)かを理解(りかい)するのはしかるべき時期(じき)が来(き)たからであって、その誰(だれ)かが相手(あいて)に理解(りかい)してほしいと望(のぞ)んだからではない。

(사람이 누군가를 이해하는 것은 그에 상당하는 시기가 왔기 때문이고, 그 누군가가 상대에게 이해해 주었으면 하고 바랐기 때문은 아니다.)

「南方(なんぽう)の諸民族(しょみんぞく)が独立(どくりつ)したのは日本(にほん)が負(ま)けたからであって、日本(にほん)が占領中(せんりょうちゅう)に独立(どくりつ)させたものではない」と私(わたし)は書(か)いた。

(「남방의 여러 민족이 독립한 것은 일본이 졌기 때문이고, 일본이 점령 중에 독립시킨 것은 아니다.」라고 나는 썼다.)

[2]イエスのことを語(かた)ったのである: 예수에 관해 이야기했기 때문이다.「イエスのことを語(かた)った」에 어떤 일이나 사건의 배후에 있는 이유나 진상을 설명하는「~のである」가 접속되어 전건의「~からであって」와 호응하고 있다.

[例]彼(かれ)らがこの民族(みんぞく)に対(たい)する神(かみ)の審判(しんぱん)を人々(ひとびと)に通告(つうこく)するまでには、国家(こっか)の諸状況(しょじょうきょう)、外国(がいこく)の情勢(じょうせい)、過去(かこ)の歴史的(れきしてき)出来事(できごと)の省察(せいさつ)を必要(ひつよう)とし、集積(しゅうせき)された知識(ちしき)と諸判断(しょはんだん)を前提(ぜんてい)して、彼(かれ)らの知的(ちてき)・批判的(ひはんてき)精神(せいしん)が働(はたら)くのである。それによって神(かみ)の厳(きび)しい意志(いし)が聞(き)き取(と)られる。予言者(よげんしゃ)はそれを神(かみ)の言葉(ことば)として語(かた)ったのである。

(그들이 이 민족에 대한 하나님의 심판을 사람들에게 통고할 때까지는 국

가의 여러 상황, 외국의 정세, 과거의 역사적 사건의 성찰을 필요로 하고, 집적된 지식과 여러 판단을 전제하여 그들의 지적·비판적 정신이 기능하는 것이다. 그것에 의해 하나님의 엄한 의지가 이해된다. 예언자는 그것을 하나님의 말로 이야기했던 것이다.)

聖職者(せいしょくしゃ)となった彼(かれ)は、その前(まえ)から、未来(みらい)を知(し)っているかのようなものの言(い)い方(かた)をすることがあった。人為的(じんいてき)、および自然(しぜん)の災害(さいがい)が来(く)ることを予告(よこく)し、その後(ご)の世界(せかい)の有(あ)り様(さま)を語(かた)ったのである。そうしてもっぱら、祈(いの)ること、神(かみ)に立(た)ち返(かえ)ることを説(と)いた。

(성직자가 된 그는 그 전부터 미래를 알고 있는 듯한 말씨를 하는 경우가 있었다. 인위적, 및 자연 재해가 올 것을 예고하고, 그 후의 세계의 상태를 이야기했던 것이다. 그래서 오로지 기도하는 것, 하나님에게 되돌아오는 것을 설명했다.)

彼(かれ)は会社(かいしゃ)の仕事(しごと)の面(めん)ではせいぜい人並(ひとな)みのことしかできなかったが、同期(どうき)でたった一人(ひとり)しかなれなかった取締役(とりしまりやく)に昇進(しょうしん)したのである。

(그는 회사 일의 면에서는 기껏 해서 남들과 같은 일밖에 하지 못했지만, 동기 중에서 단 한 사람밖에 되지 못했던 이사에 승진한 것이다.)

しかし、[1]役人(やくにん)たちの中(なか)にも、イエスを信(しん)じた者(もの)が多(おお)かったが、[2]パリサイ人(びと)を憚(はばか)って、[3]告白(こくはく)はしなかった。[4]会堂(かいどう)から追(お)い出(だ)されるのを恐(おそ)れていたのである。[ヨハネによる福音書 12:42]

(그러나 관리들 중에도 예수를 믿은 사람이 많았지만, 바리새파 사람들을 꺼려 고백은 하지 않았다. 회당에서 쫓겨나는 것을 두려워하고 있었기 때문이다.[12:42])

[1]役人(やくにん)たちの中(なか)にも、: 관리들 중에도.「役人(やくにん)」은「관리 / 공무원」에 해당하는데, 타 번역본 등에서는 다음과 같이 여러 명칭으로 등장한다.

[例](最高法院(さいこうほういん)の)役人(やくにん)たちのうちにも、[塚本訳1963]

((최고법원의) 관리들 중에도)

司(つかさ)たちの中(なか)にも[前田訳1978]

(관리들 중에도)

議員(ぎいん)の中(なか)にも[新共同訳1987]

(의원 중에도)

指導者(しどうしゃ)たちの中(なか)にも[新改訳1970]

(지도자들 중에도)

指導者(しどうしゃ)たちの中(なか)からも[岩波翻訳委員会訳1995]

(지도자들 중에서도)

[2]パリサイ人(びと)を憚(はばか)って、: 바리새파 사람들을 꺼려.「憚(はばか)る」는「거리끼다 / 꺼리다」의 뜻을 나타내는 동사로 본 절에서는 テ형으로 쓰이고 있다.

[例]それでも私(わたし)が娘(むすめ)を憚(はばか)って、彼女(かのじょ)の来(き)た日(ひ)はＦを訪(たず)ねないばかりでなく、電話(でんわ)をかけず、私(わたし)の身辺(しんぺん)に隠見(いんけん)するＦの気配(けはい)をできる限(かぎ)り娘(むすめ)に覚(さと)らせないように努(つと)めるのは、娘(むすめ)の心(こころ)を傷(きず)つけたあげく、ひょっと無分別(むふんべつ)な行為(こうい)に追(お)いやりはしまいかと怕(おそ)れるせいにほかならなかった。

(그래도 내가 딸을 꺼려, 그녀가 온 날은 Ｆ를 방문하지 않을 뿐 아니라 전화를 걸지 않고, 내 신변에 은견하는 Ｆ의 기색을 가능한 한 딸이 알아채지 않도록 노력하는 것은 다름이 아니라 딸의 마음에 상처를 입힌 끝에 자칫 무분별한 행위로 몰아넣는 것은 아닐까 하고 두려워하기 때문이었다.)

なぜここまで伝統(でんとう) 歴史(れきし)や国体(こくたい)について、堂々(どうどう)と無知(むち)でいて憚(はばか)らないのですか?

(어찌하여 이렇게까지 전통과 역사와 국체에 관해 당당하게 무지한 상태로 있으면서 거리끼지 않는 것입니까?)

[3]告白(こくはく)はしなかった : 고백은 하지 않았다. 한어동사「告白(こくはく)する」의 한어 어기와「する」사이에 계조사「～は」가 삽입되어 한어 어기를 강조하고 있다.

[例]「事故(じこ)が起(お)きた模様(もよう)」といい、断定(だんてい)はしなかった。

(「사고가 일어난 것 같다.」고 하며 단정은 하지 않았다.)

「で、解決(かいけつ)はしなかったの。」「解決(かいけつ)はしなかった。でも一(ひと)つだけ想像(そうぞう)はできたよ」

(「그런데 해결은 되지 않았나?」「해결은 되지 않았다. 하지만 하나만 상상은 할 수 있었어.」)

超一流(ちょういちりゅう)の男(おとこ)たちが、毛穴(けあな)から噴(ふ)き出(だ)す殺気(さっき)に圧倒(あっとう)されてきた。だが、そこで萎縮(いしゅく)はしなかった。

(초일류의 남자들이 털구멍에서 내뿜는 살기에 압도당했다. 하지만 그래서 위축은 되지 않았다.)

[4]会堂(かいどう)から追(お)い出(だ)されるのを恐(おそ)れていたのである : 회당에서 쫓겨나는 것을 두려워하고 있었기 때문이다.「追(お)い出(だ)される」는 복합동사「追(お)い出(だ)す」의 수동이다.

[例]あの子供(こども)たちの半分(はんぶん)が来週(らいしゅう)にもアパートを追(お)い出(だ)されるのを知(し)っているのかしら?

(그 어린이들의 절반이 다음 주에도 집에서 쫓겨나는 것을 알고 있을까?)

私(わたし)も手伝(てつだ)おうと思(おも)い、台所(だいどころ)へ行(い)ったが、

「テレビを見(み)ていなさい」と追(お)い出(だ)される。

(나도 도우려고 생각해서 부엌에 갔지만,「텔레비전을 보고 있어라」라고 쫓겨난다.)

セミョーノフ自身(じしん)は、その後(ご)このような調査(ちょうさ)旅行(りょこう)はしなかった。何百年(なんびゃくねん)も前(まえ)からここで暮(く)らしている家族(かぞく)たちがこの土地(とち)を追(お)い出(だ)されるのを黙(だま)って見(み)ていろって言(い)うのか?

(세묘노프 자신은 그 후 이와 같은 조사 여행은 하지 않았다. 몇 백 년 전이나 전부터 여기에서 살고 있는 가족들이 이 토지에서 쫓겨나는 것을 잠자코 보고 있으라고 말하는가?)

彼(かれ)らは[1]神(かみ)の誉(ほま)れよりも、[2]人(ひと)の誉(ほま)れを好(この)んだからである。[ヨハネによる福音書 12:43]

(그들은 하나님의 영예보다도 사람의 영예를 좋아했기 때문이다. [12:43])

[1]神(かみ)の誉(ほま)れよりも、: 하나님의 영예보다도.「誉(ほま)れ」는「명예 / 영예 / 자랑거리」에 상당하는 뜻을 나타내는데, 본 절에서는「神(かみ)の誉(ほま)れ」와「人(ひと)の誉(ほま)れ」가 대비되고 있다.

  [例]善(ぜん)を行(おこな)うすべての人(ひと)には、ユダヤ人(じん)をはじめギリシヤ人(じん)にも、光栄(こうえい)と誉(ほま)れと平安(へいあん)とが与(あた)えられる。[口語訳 / ローマ人への手紙 2:10]

  (선을 행하는 모든 사람에게는 유대인을 비롯하여 그리스인에게도 영광과 영예와 평안이 주어진다.)[로마서 2:10]

かえって、隠(かく)れたユダヤ人(じん)がユダヤ人(じん)であり、また、文字(もん

じ)によらず霊(れい)による心(こころ)の割礼(かつれい)こそ割礼(かつれい)であって、その誉(ほま)れは人(ひと)からではなく、神(かみ)から来(く)るのである。[口語訳 / ローマ人への手紙 2:29]

(오히려 숨은 유대인이 유대 사람이며, 또 글자에 의하지 않고, 성령에 의한 마음의 할례야 말로 할례이고, 그 영예는 사람에게서가 아니라, 하나님에게서 오는 것이다.)[로마서 2:29]

[2] 人(ひと)の誉(ほま)れを好(この)んだからである : 사람의 영예를 좋아했기 때문이다. 「好(この)んだからである」는 「好(この)む ; 좋아하다 / 바라다」의 과거 「好(この)んだ」에 원인·이유를 나타내는 「〜からである」가 접속된 것이다. 「好(この)む」의 예를 들면 다음과 같다.

[例] 王(おう)は非常(ひじょう)に困(こま)ったが、いったん誓(ちか)ったのと、また列座(れつざ)の人(ひと)たちの手前(てまえ)、少女(しょうじょ)の願(ねが)いを退(しりぞ)けることを好(この)まなかった。[口語訳 / マルコによる福音書 6:26]

(왕은 몹시 난처했지만, 일단 맹서한 것과 그 자리에 죽 앉아 있는 사람들이 보고 있는지라 소녀의 부탁을 거절하는 것을 원치 않았다.)[마가복음 6:26][31]

初(はじ)めて憧(あこが)れた相手(あいて)が絵(え)を描(か)く人(ひと)だった。とてもすてきな人(ひと)だった。その人(ひと)が好(この)むことは、何(なん)でも知(し)りたくて、いつのまにか絵画(かいが)には一通(ひととお)り詳(くわ)しくなった。

(처음 동경한 상대가 그림을 그리는 사람이었다. 무척 멋진 사람이었다. 그 사람이 좋아하는 것은 무엇이든지 알고 싶어서 어느 사이엔가 회화에는 대략 자세한 지식이 생기게 되었다.)

それは沖縄(おきなわ)が、好(この)むと好(この)まざるとに関(かか)わらず、受(う)け入(い)れなければならなかった他文化(たぶんか)との歴史(れきし)が、背景

---

31) 李成圭 (2019a) 『일본어 구어역 마가복음의 언어학적 분석 II』 시간의물레. p. 37에서 인용.

(はいけい)にあることとつながっています。

(그것은 오키나와가, 좋아하든 좋아하지 않든 간에 상관없이 받아들이지 않으면 안 되었던 타문화와 역사가 배경에 있는 것과 연결되어 있습니다.)

《61》[ヨハネによる福音書 12:44 - 12:50]

イエスは大声(おおごえ)で言(い)われた、「わたしを信(しん)じる者(もの)は、[1]わたしを信(しん)じるのではなく、わたしを遣(つか)わされた方(かた)を信(しん)じるのであり、[ヨハネによる福音書 12:44]
(예수께서는 큰소리로 말씀하셨다. "나를 믿는 사람은 나를 믿는 것이 아니라, 나를 보내신 분을 믿는 것이고,[12:44])

[1]わたしを信(しん)じるのではなく、: 나를 믿는 것이 아니라. 「わたしを信(しん)じるのではなく」는 「わたしを信(しん)じる」에 어떤 사실이 틀림없다고 단정하는 「~のである」의 テ형인 「~のではなく、」가 접속된 것으로 후속절의 「~のであり、」에 대비되고 있다.

[例]冷(つめ)たく感(かん)じるけれど、これは皮膚(ひふ)で感(かん)じるのではなく、心(こころ)で感(かん)じているのです。
(차갑게 느끼지만, 이것은 피부로 느끼는 것이 아니라, 마음으로 느끼고 있는 것입니다.)

具体的(ぐたいてき)な状況(じょうきょう)の中(なか)で、生(い)きる力(ちから)を持(も)つ素人(しろうと)が必要(ひつよう)とされる。演(えん)じるのではなく、生(い)きるのだ。
(구체적인 상황 속에서 살아 있는 힘을 지닌 초보자가 필요하게 된다. 연기를 하는 것이 아니라, 사는 것이다.)

自然体(しぜんたい)に任(まか)せて放置(ほうち)し、問題(もんだい)が生(しょう)じてから対策(たいさく)を講(こう)じるのではなく、今(いま)のうちから10年(じゅうねん)先(さき)を見据(みす)えて財政(ざいせい)立(た)て直(なお)しの抜本策(ばっぽんさく)を練(ね)る必要(ひつよう)があると考(かんが)えます。
(자연체에 맡기고 방치해서 문제가 생기고 나서 대책을 강구하는 것이 아니라, 지금부터 10년 후를 감안하여 재정 재건의 발본적인 대책을 짤 필요가 있다고 생각합니다.)

[2] わたしを遣(つか)わされた方(かた)を信(しん)じるのであり、: 나를 보내신 분을 믿는 것이고. 「わたしを遣(つか)わされた方(かた)を信(しん)じるのであり、」는 「わたしを遣(つか)わされた方(かた)を信(しん)じる」에 어떤 사실이 틀림없다고 단정하는 「~のである」의 연용중지법인 「~のであり、」가 접속된 것이다.

[例] あなたがたに聞(き)き従(したが)う者(もの)は、<u>わたしに聞(き)き従(したが)うのであり</u>、あなたがたを拒(こば)む者(もの)は、わたしを拒(こば)むのである。そしてわたしを拒(こば)む者(もの)は、わたしをお遣(つか)わしになった方(かた)を拒(こば)むのである」。[口語訳 / ルカによる福音書 10:16]
(너희 말을 듣고 따르는 사람은, 내 말을 듣고 따르는 것이요, 너희를 배척하는 사람은 나를 배척하는 것이다. 그리고 나를 배척하는 사람은, 나를 보내신 분을 배척하는 것이다."[누가복음 10:16]

天才(てんさい)は解決(かいけつ)しなくてはいけない問題(もんだい)に<u>直面(ちょくめん)しているのであり</u>、問題(もんだい)が多(おお)いからこそ、その問題(もんだい)を解(と)かなくてはいけないという要請(ようせい)に応(こた)えて才能(さいのう)が生(う)まれる、という論理(ろんり)である。
(천재는 해결하지 않으면 안 되는 문제에 직면하고 있는 것이고, 문제가 많다고 해서 그 문제를 풀지 않으면 안 된다고 하는 요청에 부응해서 재능

이 탄생한다고 하는 논리이다.)

また、わたしを見(み)る者(もの)は、[1]わたしを遣(つか)わされた方(かた)を見(み)るのである。[ヨハネによる福音書 12:45]
(또 나를 보는 사람은 나를 보내신 분을 보는 것이다.[12:45])

[1]わたしを遣(つか)わされた方(かた)を見(み)るのである : 나를 보내신 분을 보는 것이다.「わたしを遣(つか)わされた方(かた)を見(み)る」에 어떤 사실이 틀림없다고 확언하는「～のである」가 접속된 것이다.

[例]女(おんな)の子(こ)もまた、夢(ゆめ)の中(なか)でかなこに出会(であ)い、苦(くる)しい夢(ゆめ)を見(み)るのである。
(여자 아이도 또 꿈속에서 가나코를 만나 괴로운 꿈을 꾸는 것이다.)

この腐敗(ふはい)の根源(こんげん)を、彼(かれ)は、今日(こんにち)の産業(さんぎょう)文明(ぶんめい)の根底(こんてい)にある合理性(ごうりせい)のなかに見(み)るのである。
(이 부패의 근원을 그는 오늘날의 산업 문명의 근저에 있는 합리성 안에 찾는 것이다.)

我々(われわれ)はこの「インマヌエル」にも救(すく)いとともに審(さば)きが含(ふく)まれていることを知(し)るのであり、神(かみ)がともにいますことは信(しん)じない者(もの)にはかえって審(さば)きをきたらす。このような逆説(ぎゃくせつ)はイザヤの特徴(とくちょう)で我々(われわれ)はここにもそれを見(み)るのである。
(우리는 이「임마누엘[Immanuel]」에게도 구원과 함께 심판이 포함되어 있는 것을 아는 것이고, 하나님께서 함께 계시는 것은 믿지 않는 사람에게는 오히려 심판을 초래한다. 이와 같은 역설은 이사야의 특징으로 우리는 여기에도 그것을 보는 것이다.)

[1]わたしは光(ひかり)としてこの世(よ)に来(き)た。それは、わたしを信(しん)じる者(もの)が、[2]闇(やみ)のうちにとどまらないようになるためである。[ヨハネによる福音書 12:46]
(나는 빛으로 이 세상에 왔다. 그것은 나를 믿는 사람이 어둠 속에 머물지 않도록 되기 위해서이다.[12:46])

[1]わたしは光(ひかり)としてこの世(よ)に来(き)た : 나는 빛으로 이 세상에 왔다.「光(ひかり)として」の「〜として」は格助詞「〜と」に「する」のテ形である「〜して」が結合した複合助詞として자격이나 입장을 나타낸다.

[例]ヨシヒロは廃虚(はいきょ)の長崎(ながさき)に希望(きぼう)をもたらす<u>復興(ふっこう)の光(ひかり)として</u>登場(とうじょう)させた。
(요시히로는 폐허의 나가사키에 희망을 가져오는 부흥의 빛으로 등장시켰다.)

天使(てんし)たちが天上界(てんじょうかい)の存在(そんざい)であることを考(かんが)えると、彼(かれ)らが<u>あふれんばかりの光(ひかり)として</u>描(えが)かれるのもよく理解(りかい)できる。
(천사들이 천상계의 존재인 것을 생각하면, 그들이 금방이라도 넘칠 듯한 빛으로 묘사되는 것도 잘 이해할 수 있다.)

主(しゅ)よ、あなたが私(わたし)を、私(わたし)さえも闇(やみ)の世(よ)に<u>輝(かがや)く光(ひかり)として</u>お用(もち)いくださるとは、なんという喜(よろこ)び、なんという感謝(かんしゃ)でしょう。
(주여, 주님께서 저를 저까지도 암흑의 세상에 빛나는 빛으로 사용해 주시다니, 이 얼마나 큰 기쁨이고 이 얼마나 큰 감사일까요?)

[2]闇(やみ)のうちにとどまらないようになるためである : 어둠 속에 머물지 않도록 되기 위해서이다.「とどまらないようになるためである」는「とどまる」의 부정「とどまらない」

에 자연스러운 상태변화를 나타내는「~ようになる」가 접속되고 그 전체에 동작의 목적을 나타내는「~ためである」가 접속된 것이다. 타 번역본에서는 이 부분을 어떻게 묘사하고 있는지 살펴보자.

[例]暗闇(くらやみ)の中(なか)に留(とま)っていないようにするためである。[塚本訳1963]

(암흑 속에 머물러 있지 않도록 하기 위해서이다.)

闇(やみ)の中(なか)にとまらないためである。[前田訳1978]

(어둠 속에 머물지 않기 위해서이다.)

やみの中(なか)にとどまることのないためです。[新改訳1970]

(어둠 속에 머물지 않기 위해서입니다.)

暗闇(くらやみ)の中(なか)にとどまることのないように、[新共同訳1987]

(암흑 속에 머물지 않도록,)

闇(やみ)の中(なか)に留(とど)まることのないよう、[岩波翻訳委員会訳1995]

(어둠 속에 머물지 않도록,)

たとい、わたしの言(い)うことを聞(き)いて[1]それを守(まも)らない人(ひと)があっても、わたしはその人(ひと)を裁(さば)かない。[2]わたしが来(き)たのは、この世(よ)を裁(さば)くためではなく、この世(よ)を救(すく)うためである。[ヨハネによる福音書 12:47]

(설령 내가 하는 말을 듣고 그것을 지키지 않는 사람이 있어도, 나는 그 사람을 심판하지 않는다. 내가 온 것은 이 세상을 심판하기 위해서가 아니라 이 세상을 구하기 위해서이다.[12:47])

[1]それを守(まも)らない人(ひと)があっても、: 그것을 지키지 않는 사람이 있어도. 「人(ひと)があっても」는「人(ひと)がある」에 역접의 접속조사「~ても」가 후접한 것이다.

[例]ここへぼくのことを聞(き)きに来(く)る人(ひと)があっても、出入(でい)りしていることは言(い)わないでください。

(여기로 나에 관해 물으러 오는 사람이 있어도 출입하고 있는 것은 말하지 마세요.)

まるでガラクタを始末(しまつ)するような今(いま)の考(かんが)え方(かた)に、いささかの疑問(ぎもん)を感(かん)ずる人(ひと)があっても、不思議(ふしぎ)ではなかろう。

(마치 잡동사니를 처분하는 그런 지금의 사고방식에 다소의 의문을 느끼는 사람이 있어도 이상하지 않을 것이다.)

本文(ほんぶん)だけ読(よ)んで時々(ときどき)注(ちゅう)を眺(なが)めるだけで自分(じぶん)の源氏物語論(げんじものがたりろん)を書(か)く人(ひと)があっても、それはそれでかまわない。そういう人(ひと)は後(うし)ろの補注(ほちゅう)などうるさいから見(み)ない。

(본문만 읽고 가끔 주를 바라다볼 뿐 자기의 겐지모노가타리론을 쓰는 사람이 있어도 그것은 그것으로 상관없다. 그런 사람은 뒤의 보주 등 귀찮다고 보지 않는다.)

[2] わたしが来(き)たのは、この世(よ)を裁(さば)くためではなく、この世(よ)を救(すく)うためである : 내가 온 것은 이 세상을 심판하기 위해서가 아니라 이 세상을 구하기 위해서이다. 이 구절은 「わたしは、この世(よ)を裁(さば)くためではなく、この世(よ)を救(すく)うために来(き)たのである」에 상당하는 문이 형식명사 「〜の」를 이용하여 강조구문으로 사용된 것이다. 타 번역본에서는 이를 어떻게 다루고 있는지 살펴보자.

[例]わたしが来(き)たのは世(よ)を裁(さば)くためでなく、世(よ)を救(すく)うためであるから。[前田訳1978]

(내가 온 것은 세상을 심판하기 위해서가 아니라, 세상을 구하기 위해서

이기 때문에.)

なぜなら、わたしは世(よ)を罰(ばっ)するために来(き)たのでなく、世(よ)を救(すく)うために来(き)たのだから。[塚本訳1963]

(왜냐하면 나는 세상을 벌주기 위해 온 것이 아니라, 세상을 구하기 위해 온 것이기 때문에.)

わたしは世(よ)をさばくために来(き)たのではなく、世(よ)を救(すく)うために来(き)たからです。[新改訳1970]

(나는 세상을 심판하기 위해 온 것이 아니라, 세상을 구하기 위해 왔기 때문이다.)

わたしは、世(よ)を裁(さば)くためでなく、世(よ)を救(すく)うために来(き)たからである。[新共同訳1987]

(나는 세상을 심판하기 위해서가 아니라, 세상을 구하기 위해 왔기 때문이다.)

私(わたし)は世(よ)をさばくためではなく、世(よ)を救(すく)うために来(き)たのだからである。[岩波翻訳委員会訳1995]

(나는 세상을 심판하기 위해서가 아니라, 세상을 구하기 위해 왔기 때문이다.)

[1]わたしを捨(す)てて、わたしの言葉(ことば)を受(う)け入(い)れない人(ひと)には、[2]その人(ひと)を裁(さば)くものがある。わたしの語(かた)ったその言葉(ことば)が、終(おわ)りの日(ひ)にその人(ひと)を裁(さば)くであろう。[ヨハネによる福音書12:48]

(나를 버리고 내 말을 받아들이지 않는 사람에게는 그 사람을 심판할 사람이 있다. 내가 이야기한 그 말이 마지막 날에 그 사람을 심판할 것이다.[12:48])

[1]わたしを捨(す)てて、: 나를 버리고. 타 번역본에서는 다음과 같은 표현이 등장한다.

[例](だが、)わたしを排斥(はいせき)し、[塚本訳1963]

((하지만,) 나를 배척하고,)

わたしをしりぞけ、[前田訳1978]

(나를 멀리하고,)

わたしを拒(こば)み、[新改訳1970]

(나를 거부하고,)

わたしを拒(こば)み、[新共同訳1987]

(나를 거부하고,)

私(わたし)を拒(こば)み、[岩波翻訳委員会訳1995]

(나를 거부하고,)

[2]その人(ひと)を裁(さば)くものがある: 그 사람을 심판할 사람이 있다. 구어역 신약성서에는 「さばく者(もの); 심판할 사람」「さばくもの; 심판할 자(사람)」「さばくかた; 심판한 분」과 같이 3가지 유형이 쓰이고 있는데, 본 절에서는 「裁(さば)くもの」가 쓰이고 있다.

타 번역본에서는 어떻게 표현하고 있는지 살펴보자.

[例]わたしの言葉(ことば)を受(う)け入(い)れない者(もの)を罰(ばっ)する者(もの)が(ほかに)ある。[塚本訳1963]

(내 말을 받아들이지 않는 자를 벌주는 사람이 (따로) 있다.)

その人(ひと)をさばくものがあります。[新改訳1970]

(그 사람을 심판하는 사람이 있습니다.)

それを裁(さば)くものがある。[前田訳1978]

(그것을 심판하는 사람이 있다.)

わたしの言葉(ことば)を受(う)け入(い)れない者(もの)に対(たい)しては、裁(さ

ば)くものがある。[新共同訳1987]

(내 말을 받아들이지 않는 사람에 대해서는 심판하는 사람이 있다.)

その人(ひと)をさばくものがある。[岩波翻訳委員会訳1995]

(그 사람을 심판하는 사람이 있다.)

わたしは自分(じぶん)から語(かた)ったのではなく、わたしを遣(つか)わされた父(ちち)ご自身(じしん)が、[1]わたしの言(い)うべきこと、語(かた)るべきことを[2]お命(めい)じになったのである。[ヨハネによる福音書 12:49]
(나는 스스로 이야기하는 것이 아니고, 나를 보내신 아버지 자신께서 내가 말해야 할 것, 이야기해야 할 것을 명령하신 것이다.[12:49])

[1] わたしの言(い)うべきこと、語(かた)るべきことを : 내가 말해야 할 것, 이야기해야 할 것을. 「〜べきだ」는 고전어 조동사 「〜べし」의 연체형 「〜べき」에 「だ」가 접속된 것으로 동사의 종지형에 접속되어 ① 「마땅히 그렇게 〜해야 한다 / 〜해야 한다」, ② 「적절하다 / 바람직하다」, ③ 「〜할 만한 [+명사]」와 같은 뜻을 나타내는데 본 절에서는 당위성을 나타내는 ①의 용법으로 쓰이고 있다.[32]

본 절에서는 「言(い)うべき」와 「語(かた)るべき」와 같이 발화동사의 의미에 따라 이를 구별하여 사용하고 있다. 타 번역본에서는 이 부분을 어떻게 표현하고 있는지 살펴보자.

[例]何(なに)を言(い)い、何(なに)を話(はな)すべきかを[塚本訳1963]

(무엇을 말하고, 무엇을 이야기해야 할 것인가를,)

何(なに)を言(い)い、何(なに)を話(はな)すべきかを[新改訳1970]

(무엇을 말하고, 무엇을 이야기해야 할 것인가를,)

わたしに何(なに)をいい、何(なに)を語(かた)るべきかを[前田訳1978]

(내게 무엇을 말하고, 무엇을 이야기해야 할 것인가를,)

---

32) 李成圭(2018c)『일본어 구어역 마가복음의 언어학적 분석Ⅰ』시간의물레. p. 101에서 인용.

わたしの言(い)うべきこと、語(かた)るべきことを[新共同訳1987]

(내가 말해야 할 것, 이야기해야 할 것을,)

何(なに)を話(はな)し、何(なに)を語(かた)るかは、[岩波翻訳委員会訳1995]

(무엇을 말하고, 무엇을 이야기하는가는,)

[言(い)う・しゃべる・語(かた)る・話(はな)す・述(の)べる]

1. 공통된 의미 : 생각하는 것을 말로 해서 표현한다.

2. 사용법

■ 言(い)う

[例]言(い)うは易(やす)く行(おこな)うは難(かた)し。

(말하기는 쉬워도 행하기는 어렵다.)

言(い)うに言(い)われない事情(じじょう)がある

(말 못할 사정이 있다.)

用件(ようけん)を言(い)いなさい。

(용건을 말해요.)

■ しゃべる

[例]よくしゃべる人(ひと)。

(말이 많은 사람.)

何(なに)もしゃべらない。

(아무 것도 말하지 마라.)

■ 語(かた)る

[例]身振(みぶ)りをまじえて語(かた)る。

(몸짓을 섞어 이야기하다.)

心(こころ)の内(うち)を語(かた)り尽(つ)くせない。

(마음속에 있는 말을 다 이야기할 수 없다.)

■ 話(はな)す

[例] 人前(ひとまえ)で話(はな)すのは苦手(にがて)だ。

(사람들 앞에서 이야기하는 것은 자신이 없다.)

今日(きょう)あったことを母(はは)に話(はな)す。

(오늘 있었던 일을 어머니에게 이야기하다.)

■ 述(の)べる

[例] 自分(じぶん)の考(かんが)えを述(の)べる。

(자기 생각을 말하다.)

詳細(しょうさい)は第二章(だいにしょう)で述(の)べる。

(상세한 것은 제2장에서 서술하겠다.)

3. 사용상의 구별

(1) 「言(い)う」는 생각한 것을 말로 표현하는 뜻이지만, 정리된 내용을 표현하는 경우뿐만 아니라 반사적으로 작은 외침 소리를 내는 그런 경우나 문장 표현 등에도 사용되는 등 사용 범위가 넓다.

(2) 「しゃべる」는 「話(はな)す」의 스스럼없는 말씨로 잡담처럼 내용이 가벼운 것에 대해 사용하는 경우가 많다.

(3) 「語(かた)る」는 듣고자 하는 청자에게 정리된 내용을 들려주는 뜻을 나타낸다.

(4) 「話(はな)す」「しゃべる」「語(かた)る」에는 상대와 대화를 한다고 하는 뜻도 있다.

(5) 「述(の)べる」「語(かた)る」는 문장체적인 다소 딱딱한 말씨로. 「述(の)べる」에는, 문장에 써서 표현하는 뜻도 있다.[33]

---

33) https://dictionary.goo.ne.jp/thsrs/10727/meaning/m0u/에서 인용하여 적의 번역함.

[2]お命(めい)じになったのである : 명령하신 것이다. 「お命(めい)じになった」는 「命(めい)ずる・命(めい)じる」의 ナル형 경어 「お命(めい)じになる」의 과거인데 구어역 신약성서에서 「お命(めい)じになる」가 <神(かみ)>와 <イエス>에 모두 쓰이고 있다.

1. <神(かみ)>를 높이는 경우.
   [例]言(い)った、「もしあなたが神(かみ)の子(こ)であるなら、下(した)へ飛(と)び降(お)りてごらんなさい。『神(かみ)はあなたのために御使(みつかい)たちにお命(めい)じになると、あなたの足(あし)が石(いし)に打(う)ちつけられないように、彼(かれ)らはあなたを手(て)で支(ささ)えるであろう』と書(か)いてありますから」。[口語訳 / マタイによる福音書 4:6]
   (말했다. "만일 네가 하나님의 아들이라면, 아래로 뛰어내려 보아라. '하나님이 너를 위해 자기 천사들에게 명하시면 너의 발이 돌에 부딪치지 않도록 그들이 너를 손으로 떠받칠 것이다.' 라고 쓰여 있으니까.")[마태복음 4:6]

   それから、イエスご自身(じしん)が生者(せいじゃ)と死者(ししゃ)との審判者(しんぱんしゃ)として神(かみ)に定(さだ)められた方(かた)であることを、人々(ひとびと)に宣(の)べ伝(つた)え、また証(あか)しするようにと、神(かみ)はわたしたちにお命(めい)じになったのです。[口語訳 / 使徒行伝 10:42]
   (그리고 예수 자신이 살아 있는 사람들과 죽은 사람들의 심판자로서 하나님에 의해 정해진 분인 것을 사람들에게 선포하고 또 증언하라고 하나님께서 우리에게 명하신 것입니다.)[사도행전 10:42]

2. <イエス>를 높이는 경우.
   [例]イエスは、群衆(ぐんしゅう)が自分(じぶん)のまわりに群(むら)がっているのを見(み)て、向(む)こう岸(ぎし)に行(い)くようにと弟子(でし)たちにお命(めい)じ

になった。[口語訳 / マタイによる福音書 8:18][예수를 따르려면]
(예수께서 군중이 자기 둘레에 군집해 있는 것을 보고, 건너편으로 가도록 제자들에게 명하셨다.)[마태복음 8:18]

弟子(でし)たちは出(で)て行(い)って、イエスがお命(めい)じになったとおりにし、[口語訳 / マタイによる福音書 21:6]
(제자들이 나가서 예수께서 명하신 대로 하고,)[마태복음 21:6]

わたしは、この命令(めいれい)が永遠(えいえん)の命(いのち)であることを知(し)っている。[1]それゆえに、わたしが語(かた)っていることは、[2]わたしの父(ちち)がわたしに仰(おお)せになったことを、そのまま語(かた)っているのである」。[ヨハネによる福音書 12:50]
(나는 이 명령이 영원한 생명이라는 것을 안다. 그런 고로 내가 이야기하고 있는 것은 내 아버지께서 내게 말씀하신 것을 그대로 이야기하고 있다.[12:50])

[1]それゆえに : 「それゆえに[それ故に]」는 「(それ)だから」의 격식을 차리는 딱딱한 말씨로 「그런 고로 / 그러하므로 / 그러니까 / 그 때문에」에 상당한다.

  [例]それゆえに、人(ひと)はその父母(ふぼ)を離(はな)れ、[口語訳 / マルコによる福音書 10:7]
  (그러므로 사람은 그 부모를 떠나,)[마가복음 10:70][34]

それゆえに、あなたがたは行(い)って、すべての国民(こくみん)を弟子(でし)として、父(ちち)と子(こ)と聖霊(せいれい)との名(な)によって、彼(かれ)らにバプテスマを施(ほどこ)し、[口語訳 / マタイによる福音書 28:19]

---

34) [口語訳 / マルコによる福音書 10:7]에서 인용.

(그러므로 너희는 가서, 모든 백성을 제자로 삼아서, 아버지와 아들과 성령의 이름으로 그들에게 세례를 주고,)[마태복음 28:19]

それゆえに、次(つぎ)のことを認識(にんしき)すること以上(いじょう)に甘美(かんび)で快(こころよ)いことがあるでしょうか。すなわち、イエスよ、われわれはあなたのうちに、われわれの本性(ほんせい)のうちに存在(そんざい)する万物(ばんぶつ)を見出(みいだ)します。
(그러므로, 다음의 것을 인식하는 것 이상으로 감미롭고 유쾌한 일이 있을까요? 즉, 예수여, 우리는 예수님 안에 우리의 본성 안에 존재하는 만물을 발견합니다.)

[2]わたしの父(ちち)がわたしに仰(おお)せになったことを、: 내 아버지께서 내게 말씀하신 것을.

「仰(おお)せになる」는「言(い)う」의 존경어인「仰(おお)す」의 연용형「仰(おお)せ」에 다시「～になる」가 접속하여, 존경의 의미가 강조된 형태이다. 「仰(おお)せになる」는 ナル형 경어로「仰(おお)す」의 미연형「仰(おお)せ」에 존경의 조동사「～れる」가 접속한 レル형 경어「仰(おお)せられる」에 대응하고 있다.[35]

구어역 신약성서에서 [지문]에서, 경어 주체가 ＜神(かみ)＝主(しゅ)＝父(ちち)＞＜신적 예수＝主(しゅ)＞이고, 당해 발화 행위가 심대하고 추상도가 높고 또한 대규모적인 사항을 나타낼 경우에는 최고위경어「仰(おお)せになる」가 사용된다.[36]

[例]ダビデ自身(じしん)が聖霊(せいれい)に感(かん)じて言(い)った、『主(しゅ)はわが主(しゅ)に仰(おお)せになった、あなたの敵(てき)をあなたの足(あし)もとに置

---

35) 李成圭(2018b)「発話動詞〈言う〉の尊敬語の使用実態 – 日本語口語訳新約聖書を対象として –」『日本言語文化』第43輯, 韓国日本言語文化学会. p. 107에서 인용하여 적의 번역함.

36) 李成圭(2018b)「発話動詞〈言う〉の尊敬語の使用実態 – 日本語口語訳新約聖書を対象として –」『日本言語文化』第43輯, 韓国日本言語文化学会. p. 113에서 인용하여 적의 번역함.

(お)くときまでは、わたしの右(みぎ)に座(ざ)していなさい』。[口語訳 / マルコによる福音書 12:36]
(다윗 자신이 성령에 감동받아 말했다. '주께서 내 주께 말씀하셨다. 네 적을 네 발밑에 둘 때까지는 내 오른쪽에 앉아 있어라')[마가복음 12:36]

仰(おお)せになった、『あなたの土地(とち)と親族(しんぞく)から離(はな)れて、あなたに指(さ)し示(しめ)す地(ち)に行(い)きなさい』。[口語訳 / 使徒行伝 7:33]
(말씀하셨다. '너의 땅과 친척을 떠나, 네게 지시하는 땅에 가라.)[사도행전 7:3]

神(かみ)はこう仰(おお)せになった、『彼(かれ)の子孫(しそん)は他国(たこく)に身(み)を寄(よ)せるであろう。そして、そこで四百年(よんひゃくねん)の間(あいだ)、奴隷(どれい)にされて虐待(ぎゃくたい)を受(う)けるであろう』。[口語訳 / 使徒行伝 7:6]
(하나님께서는 이렇게 말씀하셨다. '그의 자손은 타국에 몸을 의탁할 것이다. 그리고 거기에서 사백 년 동안 노예가 되어 학대를 받을 것이다.')[사도행전 7:6]

それから、さらに仰(おお)せになった、『彼(かれ)らを奴隷(どれい)にする国民(こくみん)を、わたしは裁(さば)くであろう。その後(のち)、彼(かれ)らはそこから逃(のが)れ出(で)て、この場所(ばしょ)でわたしを礼拝(れいはい)するであろう』。[口語訳 / 使徒行伝 7:7]
(그리고 또 말씀하셨다. '그들을 노예로 삼는 백성을 나는 심판할 것이다. 그 뒤에 그들은 거기에서 도망쳐 나와 이곳에서 나를 예배할 것이다')[사도행전 7:7]

ヨハネによる福音書
- 第13章 -

⦅62⦆ [ヨハネによる福音書 13:1 - 13:20]

過越(すぎこし)の祭(まつり)の前(まえ)に、イエスは、この世(よ)を去(さ)って[1]父(ちち)の御許(みもと)に行(い)くべき自分(じぶん)の時(とき)が来(き)たことを知(し)り、世(よ)にいる自分(じぶん)の者(もの)たちを愛(あい)して、[2]彼(かれ)らを最後(さいご)まで愛(あい)し通(とお)された。[ヨハネによる福音書 13:1](유월절 전에 예수께서는 이 세상을 떠나 아버지께로 가야 할 자기의 때가 온 것을 알고, 세상에 있는 자기 사람들을 사랑하고 그들을 마지막까지 끝까지 사랑하셨다.[13:1])

[1]父(ちち)の御許(みもと)に行(い)くべき自分(じぶん)の時(とき)が来(き)たことを知(し)り、: 아버지께로 가야 할 자기의 때가 온 것을 알고.

「御許(みもと)」の「御(み)〜」は尊敬の接頭辞で、主に固有語名詞に付いてそれが神仏(神仏)・天皇(天皇)・貴人(貴人)と같이 존경해야 할 사람에 속한 것이라는 뜻을 나타내는데, 본 절에서는 <父(ちち)>의 소유자 경어로 사용되고 있다.

[例]この御使(みつかい)は、わたしを御霊(みたま)に感(かん)じたまま、大(おお)きな高(たか)い山(やま)に連(つ)れて行(い)き、聖都(せいと)エルサレムが、神(かみ)

の栄光(えいこう)のうちに、神(かみ)の御許(みもと)を出(で)て天(てん)から下(くだ)って来(く)るのを見(み)せてくれた。[口語訳 / ヨハネの黙示録 21:10]
(이 천사는, 나를 성령에 느낀 채, 크고 높은 산에 데리고 가서, 성도 예루살렘이 하나님의 영광 속에서 하나님의 곁을 나와서 하늘에서 내려오는 것을 보여 주었다.)[요한계시록 21:10]

그리고 「行(い)くべき自分(じぶん)の時(とき)」는 「行(い)く」에 당위성을 나타내는 「〜べき」가 접속되어 그 전체가 뒤의 「自分(じぶん)の時(とき)」를 수식하고 있다.

[예]もう少(すこ)し強(つよ)い男(おとこ)になってから行(い)くべき地(ち)と思(おも)われる。
(좀 더 강한 남자가 되고 나서 가야 할 땅이라고 생각된다.)
どこかへ行(い)かなければと思(おも)いましたが、行(い)くべきところが思(おも)いつきません。
(어딘가 가지 않으면 안 된다고 생각했습니다만, 가야 할 곳이 떠오르지 않습니다.)

[2]彼(かれ)らを最後(さいご)まで愛(あい)し通(とお)された : 그들을 마지막까지 끝까지 사랑하셨다.「愛(あい)し通(とお)された」는 「愛(あい)する」의 연용형에 완수를 나타내는 후항동사「通(とお)す : (끝까지 계속해서) 하다」가 결합한 복합동사「愛(あい)し通(とお)す」의 레르형 경어의 과거로 <イエス>에 관해 쓰이고 있다.
「〜通(とお)す」의 복합동사를 예로 들면 다음과 같다.

- 押(お)し通(とお)す : 끝까지 해내다[관철하다]. 끝까지 버티다.
  [예]このように自(みずか)ら押(お)し通(とお)すやり方(かた)は、無駄(むだ)で余計(よけい)な行(おこな)いである。

107

(이와 같이 스스로 끝까지 해내는 방식은 쓸데없고 무익한 행위이다.)

- 見通(みとお)す : ①처음부터 끝까지 모두 보다. ②내다보다. ③멀리까지 한눈에 보다.

  [例]楽(たの)しみ方(かた)も分(わ)からないままでしたが、前編(ぜんぺん)から後編(こうへん)までの約(やく)3時間(さんじかん)を、眠(ねむ)ることなく見通(みとお)しました。

  (즐기는 방법도 모르는 채였습니다만, 전편에서 후편까지의 약 3시간을 자지 않고 끝까지 모두 보았다.)

- 読(よ)み通(とお)す : 끝까지 다 읽다. 통독하다.

  [例]八歳(はっさい)のとき、わたしは百科事典(ひゃっかじてん)の第一巻(だいいっかん)を読(よ)みはじめた。一巻(いっかん)ごとに最初(さいしょ)から最後(さいご)まで読(よ)み通(とお)す決意(けつい)だった。

  (8세 때 나는 백과사전의 제1권을 읽기 시작했다. 한 권마다 처음부터 끝까지 통독할 결의였다.)

- 刺(さ)し通(とお)す : 찔러 꿰뚫다.

  [例]そしてこれらのうその罪人(ざいにん)たちには、熱(あつ)い鉄(てつ)の針(はり)で唇(くちびる)と舌(した)を刺(さ)し通(とお)す、あるいは熱(あつ)い鉄(てつ)ばさみで舌(した)を抜(ぬ)く、という刑罰(けいばつ)が加(くわ)えられる。

  (그리고 이들 거짓말 죄인들에게는 뜨거운 쇠바늘로 입술과 혀를 찔러 꿰뚫거나 혹은 뜨거운 쇠 가위로 혀를 뽑는다고 하는 형벌이 가해진다.)

- 守(まも)り通(とお)す : 끝까지 지키다.

  [例]私(わたし)は約束(やくそく)は控(ひか)えめにして、いったん約束(やくそく)し

타 것은 守(まも)り通(とお)す。

(나는 약속은 되도록 적게 하고 일단 약속한 일은 끝까지 지킨다.)

- 張(は)り通(とお)す : 뻗대다.
  [例]ついに一時間(いちじかん)にしろ、二時間(にじかん)にしろ、駄々(だだ)っ子(こ)みたいに我(が)を張(は)り通(とお)す熱(あつ)い衝動(しょうどう)をゆっくり冷(さま)し、宥(なだ)めて行(い)くのだった。

  (결국 1시간이든 2시간이든 응석받이처럼 고집을 부리는 뜨거운 충동을 천천히 식히고 달래 가는 것이었다.)

- 突(つ)き通(とお)す : ①내뚫다. ②꿰뚫다. ③끝까지…하다.
  [例]矛(ほこ)と盾(たて)を売(う)る者(もの)が、この矛(ほこ)はどんな盾(たて)でも突(つ)き通(とお)す事(こと)が出来(でき)るし、この盾(たて)はどんな矛(ほこ)でも防(ふせ)げる、と言(い)ったところ、見物客(けんぶつきゃく)から、それじゃあその矛(ほこ)でその盾(たて)を突(つ)いたらどうなるのか?と訊(き)かれて返答(へんとう)に窮(きゅう)したという話(はなし)でしょう?

  (창과 방패를 파는 사람이 이 창은 어떤 방패도 꿰뚫을 수 있고, 이 방패는 어떤 창도 막을 수 있다고 말했더니, 구경꾼이, 그럼 그 창으로 그 방패를 찌르면 어떻게 되는가? 하고 질문을 하자 대답을 하지 못했다고 하는 이야기이지요?)

- 隠(かく)し通(とお)す : 끝까지 숨기다.
  [例]どんな小(ちい)さな秘密(ひみつ)でも隠(かく)し通(とお)すことは不可能(ふかのう)なのだ。

  (어떤 작은 비밀도 끝까지 숨기는 것은 불가능하다.)

- 駆(か)け通(とお)す : 전속력으로 끝까지 뛰다[달리다].
  [例]自分(じぶん)にはとてもできないことだと思(おも)った。四十三里(よんじゅうさんり)を馬(うま)で駆(か)け通(とお)すなどということは肉体的(にくたいてき)に不可能(ふかのう)だ。
  (나는 도저히 할 수 없는 일이라고 생각했다. 430리를 말로 전속력으로 끝까지 달린다는 것 등은 육체적으로 불가능하다.)

- やり通(とお)す : 끝까지 해내다.
  [例]うまく、今(いま)の役割(やくわり)をやり通(とお)すことに、必死(ひっし)だった。
  (잘 지금의 역할을 끝까지 해내는 것에 필사적이었다.)

- 走(はし)り通(とお)す : 끝까지 달리다.
  [例]歩(ある)いて10分(じゅっぷん)ぐらいの距離(きょり)を走(はし)り通(とお)して、ルイは銀行(ぎんこう)のまえで息(いき)をついた。
  (걸어서 10분 정도의 거리를 끝까지 달려 루이는 은행 앞에서 숨을 쉬었다.)

- 泣(な)き通(とお)す : 쉬지 않고 계속 울다. 내내 울다.
  [例]彼(かれ)が生(う)まれたことで堰(せき)を切(き)ったように涙(なみだ)が流(なが)れ、母(はは)はひもすがら泣(な)き通(とお)していたということです。
  (그가 태어난 것으로 쌓이고 쌓인 감정을 터뜨리는 것처럼 눈물이 흐르고, 어머니는 온종일 내내 울었다고 합니다.)

- 歩(ある)き通(とお)す : 끝까지 걷다. 내내 걷다.
  [例]夏休(なつやす)みを利用(りよう)して、巡礼(じゅんれい)の道(みち)を徒歩(とほ)で歩(ある)き通(とお)す父子(ふし)にも会(あ)った。

(여름방학을 이용해서 순례의 길을 도보로 내내 걷는 부자도 만났다.)

- 拒(こば)み通(とお)す : 끝까지 거부하다.
  [例]座(すわ)り込(こ)んで拒(こば)み通(とお)すこともできた。それをしなかたのは夜(よる)のせいかもしれない。
  (농성하며 끝까지 거부할 수도 있었다. 그것을 하지 않았던 것은 밤 탓인지도 모른다.)

- 立(た)て通(とお)す : 끝까지 견지하다. 끝까지 굽히지 않다.
  [例]一般(いっぱん)に言(い)へば女性(じょせい)だと年頃(としごろ)になつたりすると家庭(かてい)の事情(じじょう)や何(なに)かで、どうしても初志(しょし)を立(た)て通(とお)すことが難(むずか)しくなり易(やす)いやうです。
  (일반적으로 말하면 여성이라면 적령기가 되거나 하면, 가정 사정이나 무엇인가 때문에 아무리 해도 초지를 끝까지 견지하는 것이 어렵게 되기 쉬운 것 같습니다.)

- 言(い)い通(とお)す : 끝까지 우기다. 우겨대다.
  [例]彼女(かのじょ)は、「日本(にほん)の政府(せいふ)はミカンをリンゴと言(い)い通(とお)す状況(じょうきょう)にあります。しかし、それはミカンですよ、とはっきり指摘(してき)できない市民(しみん)がいる」と指摘(してき)する。
  (그녀는 「일본 정부는 귤을 사과라고 우겨대는 상황에 있습니다. 그러나 그것은 귤이에요, 라고 확실히 지적할 수 없는 시민이 있다.」고 지적한다.)

- 頑張(がんば)り通(とお)す : 끝까지 버티다. 내버티다.
  [例]自分(じぶん)の意見(いけん)に対(たい)する反対(はんたい)が多(おお)けれ

ば多(おお)いほど、あくまで頑張(がんば)り通(とお)すという価値観(かちかん)のようなものをもっていました。

(자기 의견에 대한 반대가 많으면 많을수록 끝까지 내버틴다고 하는 가치관과 같은 것을 가지고 있었습니다.)

그리고 타 번역본에서는 다음과 같은 복합동사도 등장하고 있다.

[例]この世(よ)で愛(あい)された弟子(でし)たちを、最後(さいご)の瞬間(しゅんかん)まで愛(あい)しぬかれた。[塚本訳1963]

(이 세상에서 사랑하신 제자들을 마지막 순간까지 끝까지 사랑하셨다.)

世(よ)にいる弟子(でし)たちを愛(あい)して、この上(うえ)なく愛(あい)し抜(ぬ)かれた。[新共同訳1987]

(세상에 있는 제자들을 사랑하고 더 없이 끝까지 사랑하셨다.)

世(よ)にあるおのがものを愛(あい)して、彼(かれ)らを最後(さいご)まで愛(あい)しつくされた。[前田訳1978]

(세상에 있는 자기 것을 사랑하고 그들을 마지막까지 사랑하셨다.)

この人々(ひとびと)を極(きわ)みまで愛(あい)した。[岩波翻訳委員会訳1995]

(이 사람들을 마지막까지 사랑했다.)

夕食(ゆうしょく)のとき、[1]悪魔(あくま)はすでにシモンの子(こ)イスカリオテのユダの心(こころ)に、[2]イエスを裏切(うらぎ)ろうとする思(おも)いを入(い)れていたが、[ヨハネによる福音書 13:2]

(저녁 식사 때, 악마는 이미 시몬의 아들인 이스가리옷 유다의 마음에 예수를 배반하려고 하는 생각을 집어넣고 있었는데,[13:2])

[1]悪魔(あくま) : 악마. 구어역 신약성서에서「悪魔(あくま)」는 총 39회 출현한다.

[例]彼(かれ)は、悪魔(あくま)でありサタンである龍(りゅう)、すなわち、かの年(とし)を

経(へ)たへびを捕(とら)えて千年(せんねん)の間(あいだ)つなぎおき、[口語訳 / ヨハネの黙示録 20:2]

(그는 악마이고 사탄인 용, 즉 바로 그 해를 거친 뱀을 붙잡아 천 년 동안 묶어 놓고,)[요한계시록 20:2]

そして、彼(かれ)らを惑(まど)わした悪魔(あくま)は、火(ひ)と硫黄(いおう)との池(いけ)に投(な)げ込(こ)まれた。そこには、獣(けもの)もにせ預言者(よげんしゃ)もいて、彼(かれ)らは世々(よよ)限(かぎ)りなく日夜(にちや)、苦(くる)しめられるのである。[口語訳 / ヨハネの黙示録 20:10]

(그리고 그들을 미혹했던 악마는 불과 유황의 연못에 던져졌다. 거기에는 짐승도 거짓예언자도 있고 그들은 대대로 끝없이 밤낮으로 고통을 당하는 것이다.)[요한계시록 20:10]

[2]イエスを裏切(うらぎ)ろうとする思(おも)いを入(い)れていたが、: 예수를 배반하려고 하는 생각을 집어넣고 있었는데.「思(おも)いを入(い)れる; 생각을 집어넣다」의「思(おも)い」는「思(おも)う」의 연용형이 전성명사화한 것이다.

[例]しかし、わたしには受(う)けねばならないバプテスマがある。そして、それを受(う)けてしまうまでは、わたしはどんなにか苦(くる)しい思(おも)いをすることであろう。[口語訳 / ルカによる福音書 12:50]

(그러나 내게는 받아야 할 세례가 있다. 그리고 그것을 다 받을 때까지는 나는 얼마나 괴로운 생각을 할 것인가?)[누가복음 12:50]

だから、この悪事(あくじ)を悔(く)いて、主(しゅ)に祈(いの)れ。そうすればあるいはそんな思(おも)いを心(こころ)にいだいたことが、ゆるされるかも知(し)れない。[口語訳 / 使徒行伝 8:22]

(그러므로 이 악행을 후회하고, 주께 기도하라. 그러면 혹은 그런 생각을

마음속에 품은 것이 용서받을지도 모른다.)[사도행전 8:22]

그리고 이 부분을 타 번역본에서는 어떻게 기술하고 있는지 살펴보자.

[例]イエスを売(う)ろうとする思(おも)いを入(い)れていたが、[新改訳1970]
　　(예수를 팔려고 하는 생각을 집어넣고 있었는데,)
　　イエスを売(う)ろうとする考(かんが)えを吹(ふ)き込(こ)んだ。[塚本訳1963]
　　(예수를 팔려고 하는 생각을 불어넣었다.)
　　イエスにそむくという考(かんが)えを吹(ふ)き込(こ)んだ。[前田訳1978]
　　(예수를 배반한다는 생각을 불어넣었다.)
　　彼(かれ)を渡(わた)そうという考(かんが)えを吹(ふ)き込(こ)んでいたのだったが、
　　(그를 넘기려고 하는 생각을 불어넣고 있었는데,)
　　[岩波翻訳委員会訳1995]
　　イエスを裏切(うらぎ)る考(かんが)えを抱(いだ)かせていた。[新共同訳1987]
　　(예수를 배반하는 생각을 품게 하였다.)

イエスは、[1]父(ちち)がすべてのものを自分(じぶん)の手(て)にお与(あた)えになったこと、また、自分(じぶん)は神(かみ)から出(で)て来(き)て、[2]神(かみ)に帰(かえ)ろうとしていることを思(おも)い、[ヨハネによる福音書13:3]
(예수께서는 아버지가 모든 것을 자기 손에 주신 것과 또 자기는 하나님에게서 나와서 하나님에게 돌아가려고 하는 것을 생각하고,[13:3])

[1]父(ちち)がすべてのものを自分(じぶん)の手(て)にお与(あた)えになったこと、: 아버지가 모든 것을 자기 손에 주신 것.「お与(あた)えになった」는「与(あた)える」의 ナル형 경어「お与(あた)えになる」의 과거로 <父(ちち)>를 높이는 데에 사용하고 있다. 그리고 구어역 신약성서에서는 レル형 경어「与(あた)えられる」도 쓰이는데, ナル형 경어가 경의도가 높다.

[例]群衆(ぐんしゅう)はそれを見(み)て恐(おそ)れ、こんな大(おお)きな権威(けんい)を人(ひと)にお与(あた)えになった神(かみ)をあがめた。[口語訳 / マタイによる福音書 9:8]

(군중은 이것을 보고 두려워서 이런 커다란 권세를 사람에게 주신 하나님을 우러러 받들었다.)[마태복음 9:8]

そして、神(かみ)はアブラハムに、割礼(かつれい)の契約(けいやく)をお与(あた)えになった。こうして、彼(かれ)はイサクの父(ちち)となり、これに八日目(ようかめ)に割礼(かつれい)を施(ほどこ)し、それから、イサクはヤコブの父(ちち)となり、ヤコブは十二人(じゅうににん)の族長(ぞくちょう)たちの父(ちち)となった。[口語訳 / 使徒行伝 7:8]

(그리고 하나님께서는 아브라함에게 할례의 계약을 주셨다. 그리하여 그는 이삭의 아버지가 되고, 그에게 여드레째 되는 날에 할례를 행하고, 그리고 이삭은 야곱의 아버지가 되고, 야곱은 열두 명의 족장들의 아버지가 되었다.)[사도행전 7:8]

[2]神(かみ)に帰(かえ)ろうとしていることを思(おも)い、: 하나님에게 돌아가려고 하는 것을 생각하고. 「帰(かえ)ろうとしている」는 「帰(かえ)る」에 화자의 의지를 나타내는 「〜うとする」에 다시 「〜ている」가 후접된 것이다.

[例]ガールフレンドでも待(ま)っているのか、店(みせ)の片付(かたづ)けを美保(みほ)に任(まか)せて帰(かえ)ろうとしている。

(여자 친구라도 기다리고 있는 것인가, 가게 정리를 미호에게 맡기고 돌아가려고 하고 있다.)

ウソみたいな話(はなし)だけど、もし本当(ほんとう)だったら、ぼくたちは生(う)まれ故郷(こきょう)に帰(かえ)ろうとしているのかもしれないな。

(거짓말 같은 이야기이지만 만일 정말이라면 우리들은 태어난 고향에 돌

아가려고 하고 있는 것인지도 모른다.)

ある日(ひ)、三人(さんにん)が自分(じぶん)たちの村(むら)のうちへ歩(ある)いて帰(かえ)うとしていると、夜(よる)になって、あたりが暗(くら)くなり、先(さき)へ道(みち)を行(い)けなくなりました。

(어느 날, 3명이 자기들 마을의 집으로 걸어서 돌아가려고 하고 있을 때, 밤이 되어 주위가 어두워지고 앞으로 길을 갈 수가 없게 되었습니다.)

夕食(ゆうしょく)の席(せき)から立(た)ち上(あ)がって、[1]上着(うわぎ)を脱(ぬ)ぎ、[2]手(て)ぬぐいをとって[3]腰(こし)に巻(ま)き、[ヨハネによる福音書 13:4]
(저녁 식사 자리에서 일어나서 겉옷을 벗고 수건을 집어 허리에 두르고,[13:4])

[1]上着(うわぎ)を脱(ぬ)ぎ、: 겉옷을 벗고.「上着(うわぎ)を脱(ぬ)ぐ ; 겉옷을 벗다」의 예를 들면 다음과 같다.

[例]中年(ちゅうねん)看護婦(かんごふ)に言(い)われるまま、ぼくはもそもそと上着(うわぎ)を脱(ぬ)ぎ、寝台(しんだい)に横(よこ)になった。
(중년 간호부가 말하는 대로 나는 느릿느릿하게 겉옷을 벗고 침대에 누웠다.)
濡(ぬ)れた上着(うわぎ)を脱(ぬ)ぎ捨(す)て、スーツケースから別(べつ)の上着(うわぎ)を取(と)り出(だ)して着込(きこ)んだ。
(젖은 겉옷을 벗어 버리고 여행 가방에서 다른 겉옷을 꺼내서 껴입었다.)

[2]手(て)ぬぐいをとって : 수건을 집어.「手(て)ぬぐい」는「手(て)」에「ぬぐう」의 연용형「ぬぐい」가 결합된 복합명사로 한국어의「수건」에 해당한다.

[例]暑(あつ)い日(ひ)は麦藁帽子(むぎわらぼうし)に首(くび)に手(て)ぬぐいを巻(ま)いて、自分(じぶん)の花壇(かだん)に水(みず)をかけていた。
(더운 날에는 밀짚모자에 목에 수건을 감고 자기 화단에 물을 뿌리고 있

었다.)

さよは手(て)ぬぐいと糠袋(ぬかぶくろ)を使(つか)って手足(てあし)も拭(ふ)き、手(て)ぬぐいをすすぎ直(なお)して、首(くび)すじと手足(てあし)を再度(さいど)ぬぐった。
(사요는 수건과 겨 주머니를 사용해서 손발을 닦고 수건을 다시 헹구고 목덜미와 손발을 닦았다.)

[3]腰(こし)に巻(ま)き、: 허리에 두르고.「腰(こし)に巻(ま)く」의 예를 추가로 들면 다음과 같다.

[例]わたしは彼女(かのじょ)にベルトを与(あた)えた。彼女(かのじょ)はそれを腰(こし)に巻(ま)き、ワンダーウーマンさながら意気揚々(いきようよう)と歩(ある)いた。
(나는 그녀에게 벨트를 주었다. 그녀는 그것을 허리에 두르고, 마치 원더우먼처럼 의기양양하게 걸었다.)

やがて彼(かれ)はバス・タオルを腰(こし)に巻(ま)き、ベッドに身(み)を投(な)げ出(だ)して、数分間(すうふんかん)目(め)をつぶってから、フロント係(がかり)に電話(でんわ)をした。
(이윽고 그는 목욕 수건을 허리에 두르고 침대에 몸을 던지고 수 분간 눈을 감고 나서 프런트 담당에게 전화를 했다.)

それから[1]水(みず)をたらいに入(い)れて、[2]弟子(でし)たちの足(あし)を洗(あら)い、腰(こし)に巻(ま)いた[3]手(て)ぬぐいで拭(ふ)き始(はじ)められた。[ヨハネによる福音書 13:5]
(그리고 물을 대야에 담아, 제자들의 발을 씻고, 허리에 두른 수건으로 닦기 시작하셨다.[13:5])

[1]水(みず)をたらいに入(い)れて、: 물을 대야에 담아.「盥(たらい)に入(い)れる」는

「대야에 넣다」, 「대야에 담다」의 뜻을 나타낸다.

[例]彼(かれ)を相手(あいて)にぬるま湯(ゆ)を桶(おけ)や盥(たらい)に入(い)れ、肌(はだ)をぬぐったり、傷口(きずぐち)を湿(しめ)して、体(からだ)をきれいにしながら、「お前(まえ)さん、しっかりしておくれ、先生(せんせい)が焼酎(しょうちゅう)で拭(ふ)くから、この手拭(てぬぐ)いを噛(か)んでいておくれ。」

(그를 상대로 미지근한 물을 나무통과 대야에 담아 피부를 닦거나 상처 부위를 적시고 몸을 깨끗하게 하면서 「이봐 정신을 차려! 선생님께서 소주로 닦을 테니 이 수건을 물고 있어.」)

[2]弟子(でし)たちの足(あし)を洗(あら)い、: 제자들의 발을 씻고. 「{足(あし)·手足(てあし)}を洗(あら)う; {발·손발}을 닦다」의 예를 들면 다음과 같다.

[例]彼(かれ)は井戸端(いどばた)に行(い)き、手足(てあし)を洗(あら)い、軀(からだ)を拭(ふ)いた。

(그는 우물가에 가서 손발을 씻고 몸을 닦았다.)

桃介(ももすけ)本人(ほんにん)は家(いえ)がとても貧(まず)しくて、下駄(げた)を買(か)う金(かね)もなく、裸足(はだし)で学校(がっこう)に行(い)き、学校(がっこう)の井戸(いど)で足(あし)を洗(あら)い教室(きょうしつ)に入(はい)り、帰(かえ)りもまた裸足(はだし)だった。

(모모스케 자신은 집이 무척 가난해서 나막신을 살 돈도 없고, 맨발로 학교에 가서 학교 우물에서 발을 씻고 교실에 들어가서 돌아올 때도 다시 맨발이었다.)

小(ちい)さい頃(ころ)からパパの足(あし)を洗(あら)ってあげていたし、いまも、できるときはそうしている。

(어릴 때부터 아버지의 발을 씻겨 주고 있었고, 지금도 할 수 있을 때는 그렇게 하고 있다.)

[3]手(て)ぬぐいで拭(ふ)き始(はじ)められた : 「拭(ふ)き始(はじ)められた」는 「拭(ふ)く」의 연용형에 개시상을 나타내는 「始(はじ)める」가 결합한 복합동사 「拭(ふ)き始(はじ)める」의 레루형 경어 「拭(ふ)き始(はじ)められる」의 과거형으로 <イエス>에 관해 쓰이고 있다.

こうして、[1]シモン・ペテロの番(ばん)になった。すると彼(かれ)はイエスに、「主(しゅ)よ、あなたが[2]わたしの足(あし)をお洗(あら)いになるのですか」と言(い)った。[ヨハネによる福音書 13:6]
(이렇게 해서 시몬 베드로 차례가 되었다. 그러자 그는 예수에게 "주님, 주님께서 제 발을 씻으시는 것입니까?"라고 말했다.[13:6])

[1]シモン・ペテロの番(ばん)になった : 시몬 베드로 차례가 되었다. 「番(ばん)」은 「순서 / 차례」의 뜻을 나타낸다.
　[例]自分(じぶん)の番(ばん)を待(ま)つ。
　　　(자기 차례를 기다리다.)
　　　自分(じぶん)の番(ばん)が回(まわ)ってくるかもしれないしね。
　　　(자기 차례가 돌아올지도 몰라.)
　　　意見(いけん)交換会(こうかんかい)だから、一人(ひとり)ずつ指名(しめい)していき、山田(やまだ)みつ子(こ)の番(ばん)になったら、ボソボソと話(はな)しはじめた。
　　　(의견 교환회이어서, 한 사람씩 지명해서 야마다 미쓰코의 순서에 되자 소곤소곤 이야기하기 시작했다.)

[2]わたしの足(あし)をお洗(あら)いになるのですか : 제 발을 씻으시는 것입니까? 「お洗(あら)いになるのですか」는 「洗(あら)う」의 나루형 경어 「お洗(あら)いになる」에 어떤 일의 배후에 있는 진상이나 이유를 요구하는 「~のですか」가 접속된 것이다.

타 번역본에서는 이 부분이 어떻게 다루어지고 있는지 살펴보자.

[例]あなたが洗(あら)われるのですか。[塚本訳1963]

(주님께서 씻으시는 것입니까?)

あなたが私(わたし)の足(あし)を洗(あら)われる〔という〕のですか。[岩波翻訳委員会訳1995]

(주님께서 제 발을 씻으신다고 하는 것입니까?)

あなたが、私(わたし)の足(あし)を洗(あら)ってくださるのですか。[新改訳1970]

(주님께서 제 발을 씻어 주신다는 것입니까?)

あなたがわたしの足(あし)を洗(あら)ってくださるのですか。[新共同訳1987]

(주님께서 제 발을 씻어 주시는 것입니까?)

あなたがわたしの足(あし)をお洗(あら)いですか」と。[前田訳1978]

(주님께서 내 발을 씻으시는 것입니까?)

イエスは彼(かれ)に答(こた)えて言(い)われた、「[1]わたしのしていることは今(いま)あなたにはわからないが、[2]あとでわかるようになるだろう」。[ヨハネによる福音書 13:7]

(예수께서는 그에게 대답하여 말씀하셨다. "내가 하고 있는 일은 지금 너는 알지 못하지만 나중에 알게 될 것이다."[13:7])

[1]わたしのしていることは : 내가 하고 있는 일은. 「わたしのしている」의 「～の」는 연체수식절 내의 주격 역할을 하고 있고, 「わたしのしている」는 뒤에 오는 「～こと」는 수식・한정하고 있다.

[例]考(かんが)えて見(み)ると、私(わたし)たちのしていることは不思議(ふしぎ)なことだらけである。

(생각해 보니, 우리가 하고 있는 것은 이상한 일투성이다.)

でも、そんなことはかまいはしない。自分(じぶん)のしていることはちゃんとわかっ

ている。

(하지만, 그런 것은 상관없다. 내가 하고 있는 일은 잘 알고 있다.)

従(したが)って、自分(じぶん)のしていることを評価(ひょうか)してほしい、努力(どりょく)していることを褒(ほ)めてほしいと両親(りょうしん)に求(もと)めています。

(따라서 자기가 하고 있는 일을 평가해 주었으면 한다, 노력하고 있는 것을 칭찬해 주었으면 한다고 부모에게 요구하고 있습니다.)

[2] あとでわかるようになるだろう : 나중에 알게 될 것이다. 「わかるようになる」는 가능동사 「わかる」에 자연스러운 상태변화를 나타내는 「〜ようになる」가 접속된 것이다.

[例] そうなると、自分(じぶん)に活力(かつりょく)が蘇(よみがえ)ってくるのがわかるようになる。

(그렇게 되면 자신에게 활력이 되살아나는 것을 알게 된다.)

わたしのように政治(せいじ)の世界(せかい)に長(なが)くいれば、人(ひと)はかならずいつか裏切(うらぎ)るものだとわかるようになる。

(나처럼 정치 세계에 오래 있으면 사람은 반드시 언젠가 배반하는 법이라고 알게 된다.)

科学(かがく)の発展(はってん)や事態(じたい)の推移(すいい)によって、はじめはわからなかったことがわかるようになる場合(ばあい)もある。

(과학 발전이나 사태의 추이에 의해 처음에는 몰랐던 것을 알게 되는 경우도 있다.)

ペテロはイエスに言(い)った、「わたしの足(あし)を[1]決(けっ)して洗(あら)わないで下(くだ)さい」。イエスは彼(かれ)に答(こた)えられた、「もしわたしが[2]あなたの足(あし)を洗(あら)わないなら、あなたはわたしと[3]何(なん)の係(かか)わりもなくなる」。[ヨハネによる福音書 13:8]

(베드로는 예수에게 말했다. "제 발을 절대로 씻지 말아 주십시오." 예수께서 그에게 대답하셨다. "만일 내가 네 발을 씻지 않는다면 너와 나는 아무런 상관도 없게 된다."[13:8])

[1]決(けっ)して洗(あら)わないで下(くだ)さい : 절대로 씻지 말아 주십시오.「決(けっ)して」는「결코 / 절대로」의 뜻을 나타내는 진술부사로 본 절의「洗(あら)わないで下(くだ)さい」와 같이 뒤에 부정어를 수반한다.

[例]しかし、それは決(けっ)して不快(ふかい)な気分(きぶん)ではない。
(그러나 그것은 결코 불쾌한 기분은 아니다.)
それは法律(ほうりつ)も常識(じょうしき)も決(けっ)して関与(かんよ)できないものでもある。
(그것은 법률도 상식도 결코 관여할 수 없는 것이기도 한다.)
菌(きん)が付(つ)いてるので、決(けっ)して生(なま)で食(た)べないで下(くだ)さい。
(균이 묻어 있으니, 절대로 날 것으로 먹지 마세요.)
いただくときは冷蔵庫(れいぞうこ)で自然(しぜん)解凍(かいとう)し、鍋(なべ)に入(い)れて温(あたた)めます。電子(でんし)レンジでは決(けっ)して温(あたた)めないでください。
(드실 때에는 냉장고에서 자연해동하고 냄비에 넣어 데웁니다. 전자레인지에서는 절대로 데우지 마십시오.)

[2]あなたの足(あし)を洗(あら)わないなら、: 네 발을 씻지 않는다면.「洗(あら)わないなら」는「洗(あら)う」의 부정「洗(あら)わない」에 가정조건을 나타내는「～なら」가 접속된 것이다.

[例]特(とく)にやりたいことが見(み)つからないなら、公務員(こうむいん)でいいと思(おも)います。
(특별히 하고 싶은 것을 찾지 못하면 공무원으로 충분하다고 생각합니다.)

無抵抗(むていこう)、無反応(むはんのう)、無表情(むひょうじょう)、機械化(きかいか)したあなたに、「行(い)かないなら、お母(かあ)さん死(し)んでやる。行(い)かないなら、施設(しせつ)に入(い)れてやる。行(い)ないなら、捨(す)ててやる。行(い)かないなら、この包丁(ほうちょう)で殺(ころ)す」。
(무저항, 무반응, 무표정, 기계화된 당신에게 「가지 않으면, 어머니 죽겠다. 가지 않으면, 시설에 집어넣겠다. 가지 않으면, 버리겠다. 가지 않으면 이 부엌칼로 죽이겠다.」)

[3] 何(なん)の係(かか)わりもなくなる : 아무런 상관도 없게 되다. 「係(かか)わり」는 「係(かか)わる ; 관계되다 / 관계가 있다 / 상관하다」의 연용형이 전성명사화된 것이다.
 [예] 彼(かれ)は、森田(もりた)亜紀子(あきこ)という若(わか)い女性(じょせい)の生活(せいかつ)と深(ふか)い係(かか)わりを持(も)っていて、その係(かか)わりの故(ゆえ)に彼女(かのじょ)を手(て)にかけた。
 (그는 모리타 아키코라는 젊은 여성의 생활과 깊은 관련을 맺고 있고 그 관계 때문에 그녀를 죽였다.)
 核爆弾(かくばくだん)と無関係(むかんけい)であろうと、大体(だいたい)の推測(すいそく)がついた。もし係(かか)わりがあるとしたら、そんな反応(はんのう)ではないからだ。
 (핵폭탄과 무관계일 것이라고 대략적인 추측은 했다. 만일 관계가 있다고 하면, 그런 반응은 아니기 때문이다.)
 生(い)きることが、そのまま他者(たしゃ)へ意味(いみ)を伝(つた)えることであり、逆(ぎゃく)に、他者(たしゃ)との係(かか)わりを通(とお)して自分(じぶん)の生(い)きる意味(いみ)も生(う)まれてくるのです。
 (사는 것이 그대로 타자에게 의미를 전달하는 것이고 역으로 타자와의 관계를 통해 자신이 사는 의미도 생겨나는 것입니다.)

シモン・ペテロはイエスに言(い)った、「主(しゅ)よ、では、足(あし)だけではなく、[1]どうぞ、手(て)も頭(あたま)も」。[ヨハネによる福音書 13:9]
(시몬 베드로는 예수에게 말했다. "주님, 발뿐만 아니라 부디 손도 머리도 씻겨 주십시오."[13:9])

[1]どうぞ、手(て)も頭(あたま)も : 부디 손도 머리도 씻겨 주십시오. 「手(て)も頭(あたま)も」뒤에「洗(あら)って下(くだ)さい」에 상당하는 내용이 생략되어 있다.

イエスは彼(かれ)に言(い)われた、「すでに体(からだ)を洗(あら)った者(もの)は、[1]足(あし)のほかは洗(あら)う必要(ひつよう)がない。[2]全身(ぜんしん)がきれいなのだから。あなたがたはきれいなのだ。しかし、みんながそうなのではない[37]」。[ヨハネによる福音書 13:10]
(예수께서 그에게 말씀하셨다. "이미 몸을 씻은 사람은 발 이외에는 씻을 필요가 없다. 전신이 깨끗하기 때문이다. 너희는 깨끗하다. 그러나 모두가 그런 것은 아니다."[13:10])

[1]足(あし)のほかは洗(あら)う必要(ひつよう)がない : 발 이외에는 씻을 필요가 없다. 「洗(あら)う必要(ひつよう)がない」는「洗(あら)う」에「必要(ひつよう)がない」가 접속되어 불필요를 나타낸다.

[例]そのために新(あたら)しいスタッフを雇(やと)う必要(ひつよう)がない。

(그 때문에 새 스텝을 고용할 필요가 없다.)

それゆえに、おみやげをわざわざ買(か)っていく必要(ひつよう)がない。

(그러므로 선물을 일부러 사 갈 필요가 없다.)

アメリカの悪(わる)い点(てん)は学(まな)ぶ必要(ひつよう)がない。

---

37) [フランシスコ会訳(1984)]에서는「유대에서는 초대받은 손님은 나가기 전에 자기 집에서 전신을 씻고 초대받은 자리에 앉기 전에 발만을 씻는 습관이 있었다.」고 설명하고 있다. 이상은 フランシスコ会聖書研究所(1984)『新約聖書』サンパウロ. p. 359 주(4)에 의함.

(미국의 나쁜 점은 배울 필요가 없다.)

[2] 全身(ぜんしん)がきれいなのだから : 전신이 깨끗하기 때문이다. 「きれいなのだから」는 「きれいだ」의 연체형 「きれいな」에 「〜のだから」가 접속된 것이다.

「〜のだから」의 의미・용법

「〜のだから」는 「〜のだ」에 「〜から」가 접속된 것인데 「〜から」와는 성격이 크게 달라서 후건(後件, 주절)에는 화자의 의지가 강하게 나타나는 문은 오지 않는다.

(1) *お金(かね)がないのだから、行(い)かなかった。

「〜のだから」는 화자의 판단・평가・감정이나 명령・희망과 같은 태도를 야기하는 원인을 의외라고 생각하거나, 비난, 당연함, 강조의 기분을 가미하여 나타낼 때 쓴다.

(2) まだ子供(こども)なのだから、分(わ)からなくても仕方(しかた)がないでしょう。
(아직 어린아이니까, 몰라도 어쩔 수 없겠지요.)

「〜のだから」는 선행하는 절(節)을 받아, 거기에서 서술된 내용이 사실이라고 인정하고, 그 사실이 원인・이유가 되어 그 다음에 오는 사항이 도출되는 것을 나타낸다. 예를 들어, (2)는 어린아이라고 하는 사실은 인정하고 나서, 그것을 근거로 몰라도 어쩔 수 없다고 하는 판단을 도출하고 있다. 이에 대해

(3) まだ子供(こども)だから、分(わ)からないのだろう。
(아직 어린아이니까 모르겠지.)

의 경우는 모르는 것은 어린아이이기 때문일 것이라고 그 이유를 추측하고 있다. 「～のだから」는 회화체에서는 「～んだから」가 되는 경우가 많다.

(4) ここまで来(き)たのだから、あともう一息(ひといき)です。
    (여기까지 왔으니까 이제 조금만 힘내면 됩니다.)

(5) わたしでもできたのだから、あなたにできないはずがない。
    (저도 할 수 있으니까, 당신이 못 할 리가 없다.)

(6) 若(わか)いんだから、自分(じぶん)の夢(ゆめ)に挑戦(ちょうせん)したい。
    (젊으니까, 자신의 꿈에 도전하고 싶다.)

(7) あした出発(しゅっぱつ)するんだから、今日中(きょうじゅう)に準備(じゅんび)しておいたほうがいい。
    (내일 출발하니까, 오늘 중에 준비해 두는 게 좋다.)[38]

[1]イエスは自分(じぶん)を裏切(うらぎ)る者(もの)を知(し)っておられた。それで、「みんながきれいなのではない」と言(い)われたのである。[ヨハネによる福音書 13:11]
(예수께서는 자기를 배반할 사람을 알고 계셨다. 그래서 "모두가 깨끗한 것은 아니다."라고 말씀하신 것이다.[13:11])

[1]イエスは自分(じぶん)を裏切(うらぎ)る者(もの)を知(し)っておられた : 예수께서는 자기를 배반할 사람을 알고 계셨다. 「知(し)っておられた」는 「知(し)ってしる」의

---

38) 李成圭·権善和(2006e)『현대일본어 문법연구IV』시간의물레. pp. 197-198에서 인용하여 일부 수정함.

レル형 경어 「知(し)っておられる」의 과거로 <イエス>에 관해 쓰이고 있다.

[例]どうして私(わたし)の顔(かお)を知(し)っておられたのであろうか。五百名(ごひゃくめい)に及(およ)ぶ多数(たすう)の隊員(たいいん)のなか、しかも今年(ことし)入隊(にゅうたい)した初年兵(しょねんへい)の私(わたし)を。

(어째서 제 얼굴을 알고 계셨을까? 500명에 이르는 다수의 대원 중에, 게다가 금년에 입대한 초년병인 저를.)

また、主人(しゅじん)が亡(な)くなった事件(じけん)は新聞(しんぶん)かテレビのニュースを見(み)て知(し)っておられたと思(おも)われるのに、お悔(くや)みの電話(でんわ)もございませんでした。

(그리고 남편이 죽은 사건은 신문이나 텔레비전 뉴스를 보고 알고 계셨으리라고 생각되었는데, 애도의 전화도 없었습니다.)

こうして[1]彼(かれ)らの足(あし)を洗(あら)ってから、[2]上着(うわぎ)を着(つ)け、ふたたび席(せき)にもどって、彼(かれ)らに言(い)われた、「わたしがあなたがたにしたことがわかるか。[ヨハネによる福音書 13:12]

(이렇게 그들의 발을 씻고 나서 겉옷을 걸치고 다시 자리에 돌아와서 그들에게 말씀하셨다. "내가 너희에게 한 것을 알겠느냐?"[13:12])

[1]彼(かれ)らの足(あし)を洗(あら)ってから、: 그들의 발을 씻고 나서. 「足(あし)を洗(あら)ってから」는 「足(あし)を洗(あら)う」에 순차동작을 나타내는 「〜てから」가 접속된 것이다.

[例]そうそうお布団(ふとん)をたたんだあと、きちんと着替(きが)え、顔(かお)を洗(あら)ってから、朝(あさ)のご挨拶(あいさつ)をしました。

(총총히 이불을 갠 다음, 똑바로 옷을 갈아입고, 세수를 하고 나서 아침 인사를 했습니다.)

お風呂(ふろ)に入(はい)って、髪(かみ)の毛(け)を洗(あら)ってから石鹸(せっけ

ん)で顔(かお)をもう一度(いちど)洗(あら)い、シャワーで洗顔料(せんがんりょう)を洗(あら)い流(なが)しています。

(목욕을 하고 머리를 감고 나서 비누로 얼굴을 다시 한 번 씻고 샤워로 세안제를 씻어냅니다.)

[2] 上着(うわぎ)を着(つ)け、: 겉옷을 걸치고. 「着(つ)ける」는 「걸치다 / 입다」 또는 「{イヤリング・バッジ・名札(なふだ)・花(はな)}をつける ; {귀고리・배지・명찰・꽃}을 달다」의 뜻을 나타내는 착용동사이다.

[例] {服(ふく)・洋服(ようふく)・衣服(いふく)・和服(わふく)・制服(せいふく)・衣装(いしょう)}を着(つ)ける。

({옷・옷・의복・일본 옷・제복・의상}을 걸치다.)

ホタルは、バンコクの高級(こうきゅう)ブティックの服(ふく)を着(つ)けているが、それはみるからにみすぼらしい。

(호타루는 방콕의 고급 부티크의 옷을 걸치고 있지만, 그것은 보기에 초라하다.)

でも、人前(ひとまえ)に出(で)る時(とき)は大体(だいたい)ブラ、洋服(ようふく)を着(つ)けていると思(おも)いますので、その状態(じょうたい)でシルエットがキレイならそれでいいと思(おも)います。

(하지만, 남 앞에 나갈 때는 대개 브라자, 옷을 걸치고 있다고 생각하기 때문에 그 상태에서 실루엣이 아름다우면 그것으로 충분하다고 생각합니다.)

> あなたがたはわたしを教師(きょうし)、また主(しゅ)と呼(よ)んでいる。[1]そう言(い)うのは正(ただ)しい。わたしはそのとおりである。[ヨハネによる福音書 13:13]
>
> (너희는 나를 선생님, 또는 주님이라고 부르고 있다. 그렇게 말하는 것은 옳다. 나는 사실 그러하다. [13:13])

[1]そう言(い)うのは正(ただ)しい。わたしはそのとおりである：그렇게 말하는 것은 옳다. (왜냐하면) {나는 그대로이기 때문에. / 나는 사실 그러하니까}. 「わたしはそのとおりである」뒤에 「〜から」와 같은 원인·이유를 나타내는 조사를 보완해서 번역해 둔다.

　타 번역본에서는 어떻게 표현하고 있는지 살펴보자.

[例]そのように言(い)うのは正(ただ)しい。わたしはそうである。[新共同訳1987]

　　(그와 같이 말하는 것은 옳다. 사실 나는 그러하다.)

　　そう言(い)うのは正(ただ)しい。その通(とお)りだから。[塚本訳1963]

　　(그렇게 말하는 것은 옳다. 사실 그 대로이니까.)

　　あなたがたがそう言(い)うのはよい。わたしはそのような者(もの)だからです。[新改訳1970]

　　(너희가 그렇게 말하는 것은 좋다. 사실 나는 그와 같은 사람이니까요.)

　　それは正(ただ)しい。わたしはそのとおりだから。[前田訳1978]

　　(그것은 옳다. 사실 나는 그대로이니까.)

　　それは正(ただ)しい。そうなのだから。[岩波翻訳委員会訳1995]

　　(그것은 옳다. 사실 그러니까.)

しかし、主(しゅ)であり、また教師(きょうし)であるわたしが、[1]あなたがたの足(あし)を洗(あら)ったからには、あなたがたもまた、[2]互(たが)いに足(あし)を洗(あら)い合(あ)うべきである。[ヨハネによる福音書 13:14]
(그러나 주이며 또 선생인 내가 너희 발을 씻었으니, 너희도 또 서로 발을 씻어 주어야 한다.[13:14])

[1]あなたがたの足(あし)を洗(あら)ったからには、: 너희 발을 씻은 이상. 너희 발을 씻었으니. 「〜からには」는 용언의 종지형에 붙어 「〜{하는·한} 이상에는 / 〜으니까」에 상당하는 뜻을 나타내는데, 본 절에서는 「洗(あら)ったからには」와 같

129

이 동사의 과거에 후접하여 쓰이고 있다.

[例]でも、「いけません」と言(い)ったからには、理由(りゆう)を説明(せつめい)しなければならないと思(おも)った.

(하지만,「안 됩니다.」라고 말한 이상, 이유를 설명하지 않으면 안 된다고 생각했다.)

たぶん、こうなったからには、結婚(けっこん)したかったんだろう。

(아마 이렇게 된 이상, 결혼하고 싶었을 것이다.)

けれども、こうして生(う)まれてきたからには、その生(せい)を遂(と)げるようにしなくてはならない。

(하지만 이렇게 태어난 이상, 그 생을 마치도록 해야 한다.)

[2] 互(たが)いに足(あし)を洗(あら)い合(あ)うべきである : 서로 발을 씻어 주어야 한다. 「足(あし)を洗(あら)う」는「발을 씻다」로 전후 문맥에서 주체와 대상이 특정화되어 있지 않으면「발을 씻어 주다」와 같이 한국어로는 수수표현을 보충할 필요가 생긴다.

그리고「洗(あら)い合(あ)う ; 서로 씻어 주다」는 상호 동작[서로 상대에게 작용하면서 어떤 동작을 하거나 따로따로였던 것이 함께 되는 것을 나타낸다]를 나타내는 복합동사인데, 일본어에서는「互(たが)いに ; 서로」와 같이 부사와 호응한다.

「～べきである」는「～해야 한다」와 같은 당위성을 나타내는「～べきだ」의 문장체적 표현이다.

[例]あべこべですわ!あたくしたちは、お互(たが)いに話(はな)し合(あ)い、助(たす)け合(あ)うべきですのよ。

(뒤죽박죽이에요. 우리들은 서로 대화하고 서로 도와야 해요.)

神(かみ)がこのようにわたしたちを愛(あい)されたのですから、わたしたちも互(たが)いに愛(あい)し合(あ)うべきです。

(하나님께서 이와 같이 우리를 사랑하셨으니, 우리도 서로 사랑해야 합니다.)
プライバシーの尊重(そんちょう)は親子(おやこ)が共(とも)に配慮(はいりょ)し合(あ)うべきことだ。
(프라이버시 존중은 부모와 자식이 함께 서로 배려해야 한다.)
誰(だれ)にでもあるといわれる「嫉妬(しっと)」という感情(かんじょう)と、私(わた)したちはいかに向(む)き合(あ)うべきか―。
(누구에게나 있다고 하는「질투」라는 감정과 우리들은 어떻게 마주 대해야 하는 것인가?)

わたしがあなたがたにしたとおりに、あなたがたもするように、[1]わたしは手本(てほん)を示(しめ)したのだ。[ヨハネによる福音書 13:15]
(내가 너희에게 한 대로 너희도 하도록, 나는 본보기를 보여 준 것이다.[13:15])

[1]わたしは手本(てほん)を示(しめ)したのだ : 나는 본보기를 보여 준 것이다. 「手本(てほん)を示(しめ)す」는 「模範(もはん)を示(しめ)す」의 유의어로, 「{모범·본보기}를 보여주다」의 뜻을 나타낸다.
  [例]リーダーとして、リーダーシップを発揮(はっき)するには、まず自(みずか)らが率先(そっせん)して実行(じっこう)し手本(てほん)を示(しめ)すことが極(きわ)めて重要(じゅうよう)である。
  (리더로서 리더십을 발휘하기 위해서는 우선 자신이 솔선해서 실행하고 모범을 보여주는 것이 극히 중요하다.)
  子供(こども)の規範(きはん)意識(いしき)を形成(けいせい)するためには、「大人(おとな)が良(よ)き手本(てほん)を示(しめ)すことが大切(たいせつ)である」というのが、「セカンドステップ―生(い)きる力(ちから)と心(こころ)を育(はぐく)む教育(きょういく)プログラム」が提唱(ていしょう)していることの一(ひと)つである。

(어린이의 규범의식을 형성하기 위해서는 「어른이 좋은 본보기를 보여주는 것이 중요하다」고 하는 것이 「세컨드 스텝 – 살아 있는 힘과 마음을 키우는 교육 프로그램」이 제창하고 있는 것의 하나이다.)

よくよくあなたがたに言(い)っておく。[1]僕(しもべ)はその主人(しゅじん)に勝(まさ)るものではなく、遣(つか)わされた者(もの)は遣(つか)わした者(もの)に勝(まさ)るものではない。[ヨハネによる福音書 13:16]
(분명히 너희에게 말해 둔다. 종은 그 주인보다 더 뛰어난 것이 아니고, 보내진 사람은 보낸 사람보다 더 뛰어난 것이 아니다.[13:16])

[1]僕(しもべ)はその主人(しゅじん)に勝(まさ)るものではなく、遣(つか)わされた者(もの)は遣(つか)わした者(もの)に勝(まさ)るものではない : 종은 그 주인보다 더 뛰어난 것이 아니고, 보내진 사람은 보낸 사람보다 더 뛰어난 것이 아니다. 본 절에서는 「종과 그 주인」, 「보내진 사람과 보낸 사람」을 이용하여 대구법이 사용되고 있다. 「勝(まさ)る」는 「～보다 더 {뛰어나다 / 낫다}」의 뜻을 나타낸다.

타 번역본에서는 이 부분이 어떻게 등장하고 있는지 살펴보자.

[例]しもべはその主人(しゅじん)にまさらず、遣(つか)わされた者(もの)は遣(つか)わした者(もの)にまさるものではありません。[新改訳1970]
(종은 그 주인보다 더 뛰어나지 않고, 보내진 사람은 보낸 사람보다 더 뛰어난 것은 아닙니다.)

僕(しもべ)は主人(しゅじん)にまさらず、遣(つか)わされた者(もの)は遣(つか)わした者(もの)にまさりはしない。[新共同訳1987]
(종은 주인보다 더 뛰어나지 않고 보내진 사람은 보낸 사람보다 더 뛰어나지는 않다.)

僕(しもべ)はその主人(しゅじん)よりもえらくはならない。また使(つかい)は本人(ほんにん)よりもえらくはない。(だからわたしを真似(まね)るがよい。)[塚本訳1963]

(종은 그 주인보다도 위대하지는 않다. 또 심부름꾼은 본인보다도 위대하지는 않다. (따라서 나를 본받아라.))

僕(しもべ)は主人(しゅじん)より偉(えら)くはなく、使(つか)いはつかわす人(ひと)より偉(えら)くはない。[前田訳1978]

(종은 주인보다 위대하지는 않고 심부름꾼은 보내는 사람보다 위대하지는 않다.)

僕(しもべ)はその主人(しゅじん)より大(おお)いなる者(もの)ではなく、遣(つか)わされた者(もの)は自分(じぶん)を派遣(はけん)した者(もの)より大(おお)いなる者(もの)ではない。[岩波翻訳委員会訳1995]

(종은 그 주인보다 큰 사람이 아니고, 보내진 사람은 자신을 파견한 사람보다 큰 사람은 아니다.)

もしこれらのことがわかっていて、それを行(おこな)うなら、[1]あなたがたは幸(さいわ)いである。[ヨハネによる福音書 13:17]

(만일 이러한 것들을 알고 그것을 행한다면 너희는 복이 있다.[13:17])

[1]あなたがたは幸(さいわ)いである : 너희는 복이 있다. 「幸(さいわ)い」는 명사성과 형용동사성을 겸비한 말로 「다행 / 행복」의 뜻을 나타내며, [표준새번역]에서는 「幸(さいわ)いである」가 「복이 있다」「복되다」로 등장하는데, 여기에서는 「복이 있다」로 번역해 둔다.

[例]「こころの貧(まず)しい人(ひと)たちは、幸(さいわ)いである、天国(てんごく)は彼(かれ)らのものである。[口語訳 / マタイによる福音書 5:3]

("마음이 가난한 사람들은 복이 있다. 하늘나라는 그들의 것이다.)[마태복음 5:3]

主人(しゅじん)が夜中(よなか)ごろ、あるいは夜明(よあ)けごろに帰(かえ)ってき

ても、そうしているのを見(み)られるなら、その人(ひと)たちは幸(さいわ)いである。[口語訳 / ルカによる福音書 12:38]
(주인이 밤중에 혹은 새벽에 돌아와도, 그렇게 하고 있는 것을 보면, 그 사람들은 복이 있다.)[누가복음 12:38]

わたしは、あなたがたもこのように働(はたら)いて、弱(よわ)い者(もの)を助(たす)けなければならないこと、また『受(う)けるよりは与(あた)える方(ほう)が、幸(さいわ)いである』と言(い)われた主(しゅ)イエスの言葉(ことば)を記憶(きおく)しているべきことを、万事(ばんじ)について教(おし)え示(しめ)したのである」。[口語訳 / 使徒行伝 20:35]
(나는 너희도 이와 같이 일해서 약한 사람을 도와주어야 하는 것, 그리고 '받는 것보다는 주는 것이 복이 있다'고 말씀하신 주 예수의 말씀을 기억하고 있어야 하는 것을 모든 일에 관해 가르치고 보여 준 것이다.")[사도행전 20:35]

あなたがた全部(ぜんぶ)の者(もの)について、こう言(い)っているのではない。わたしは自分(じぶん)が選(えら)んだ人(ひと)たちを知(し)っている。しかし、『わたしのパンを食(た)べている者(もの)が、[1]わたしに向(む)かってその踵(かかと)を上(あ)げた』[39]とある[2]聖書(せいしょ)は成就(じょうじゅ)されなければならない。[ヨハネによる福音書 13:18]
(너희 전부에 관해 이렇게 말하고 있는 것은 아니다. 나는 내가 선택한 사람들을 알고 있다. 그러나 "내 빵을 먹고 있는 사람이 나를 향해 그 발꿈치를 들었다"고 되어 있는 성서는 이루어져야 한다.[13:18])

---

39)「わたしの信頼(しんらい)した親(した)しい友(とも)、わたしのパンを食(た)べた親(した)しい友(とも)さえも、わたしにそむいてくびすをあげた」。[口語訳 / 詩篇 41:9] 참조.
「내가 신뢰한 친한 친구, 내 빵을 먹은 친한 친구조차도 내게 등을 돌려 발꿈치를 들었다」[시편 41:9]

[1]わたしに向(む)かってその踵(かかと)を上(あ)げた：나를 향해 그 발꿈치를 들었다.
「踵(かかと)を上(あ)げる」는 「발꿈치를 들다」의 뜻을 나타내고, 타 번역본에서도 유사한 표현이 쓰이고 있다.

[例]"(いつも―(いっ)しょに)わたしのパンを食(た)べる(親(した)しい)者(もの)が、踵(かかと)をあげてわたしを蹴飛(けと)ばした"[塚本訳1963]

('(항상 함께) 내 빵을 먹는 (친한) 사람이 발꿈치를 들고 나를 차버렸다')

『わたしのパンを食(た)べている者(もの)が、わたしに向(む)かってかかとを上(あ)げた。』[新改訳1970]

('내 빵을 먹고 있는 사람이 나를 향해 발꿈치를 들었다')

『わがパンを食(た)べるものが踵(かかと)をあげて去(さ)った』[前田訳1978]

('내 빵을 먹는 사람이 발꿈치를 들고 떠났다')

『わたしのパンを食(た)べている者(もの)が、わたしに逆(さか)らった』[新共同訳1987]

('내 빵을 먹고 있는 사람이 나를 거역했다')

『私(わたし)のパンを食(く)らう者(もの)が私(わたし)に向(む)かってその踵(かかと)を上(あ)げた』[岩波翻訳委員会訳1995]

('내 빵을 먹는 사람이 나를 향해 그 발꿈치를 들었다')

한편, [개역개정][개역한글]에서는 「발꿈치를 들었다」로, [공동번역][표준새번역][우리말성경]에서는 「배반하였다 / 배반했다」로 나와 있다. 「踵(かかと)を上(あ)げた」라는 비유표현을 어디까지 해석할 것인가 하는 것은 번역자의 입장에 따라 차이가 있을 수 있지만, 다만 본서는 성서학적 입장에서의 번역이 목적이 아니기 때문에, 「발꿈치를 들었다」로 번역해 둔다.

[2]聖書(せいしょ)は成就(じょうじゅ)されなければならない：성서는 이루어져야 한다.
「成就(じょうじゅ)されなければならない」자타 양용 동사인 「成就(じょうじゅ)する」

의 수동「成就(じょうじゅ)される」에 의무·필요를 나타내는「～なければならない」가 접속된 것이다.

[例]この競争(きょうそう)については、さらに二(ふた)つの重要(じゅうよう)な法則(ほうそく)が考察(こうさつ)されなければならない。
(이 경쟁에 관해서는 다시 2개의 중요한 법칙이 고찰되어야 한다.)

面会人(めんかいにん)、面会(めんかい)時間(じかん)の制限(せいげん)、家族(かぞく)の付(つ)き添(そ)いについては、子供(こども)と親(おや)の希望(きぼう)に応(おう)じて考慮(こうりょ)されなければならない。
(면회인, 면회 시간의 제한, 가족의 수발에 관해서는 어린이와 부모의 희망에 따라 고려되어야 한다.)

脅威(きょうい)のネットワークが、すべての核兵器(かくへいき)を ―そして、すべての化学兵器(かがくへいき)・生物(せいぶつ)兵器(へいき)を― 互(たが)いに結(むす)びつけていることが、万人(ばんじん)に認知(にんち)されなければならない。
(위협의 네트워크가 모든 핵병기를 – 그리고 모든 화학병기·생물병기를 – 서로 연결시키고 있는 것이 모든 사람들에게 인지되어야 한다.)

そのことがまだ起(お)こらない[1]今(いま)のうちに、あなたがたに言(い)っておく。[2]いよいよ事(こと)が起(お)こったとき、[3]わたしがそれであることを、あなたがたが信(しん)じるためである。[ヨハネによる福音書 13:19]
(그 일이 아직 일어나지 않는 지금, 너희에게 말해 둔다. 마침내 일이 일어났을 때, 내가 바로 그 사람인 것을 너희가 믿기 위해서이다.[13:19])

[1]今(いま)のうちに、: 지금.「今(いま)のうちに」는「(나중으로 미루지 말고) 지금 이 기회에」라는 의미를 나타내는 표현인데, 한국어로는「지금 / 지금이 제일 좋다」에 상당한다.

[例]今(いま)のうちに逃(に)げよう。

(지금 도망가자.)

断(ことわ)るなら今(いま)のうちだよ。

(거절할 것이라면 지금이 제일 좋다.)

[2]いよいよ事(こと)が起(お)ったとき、: 마침내 일이 일어났을 때.「いよいよ」는 ①「점점 / 더욱더」=「ますます·もっと」, ②「마침내 / 드디어 / 결국」=「とうとう·ついに」, ③「확실히 / 정말」=「確(たし)かに·本当(ほんとう)に」의 뜻을 나타내는 부사인데, 본 절에서는 ②의 용법으로 쓰이고 있다.

[例]いよいよ本番(ほんばん)だ。

(드디어 정식으로 할 때다.)

彼(かれ)はいよいよ有罪(ゆうざい)に決(き)まった。

(마침내 그는 유죄로 확정되었다.)

[3]わたしがそれであることを、: 내가 바로 그것인 것을. 내가 바로 그 사람인 것을.

타 번역본에서는 어떻게 표현하고 있는지 살펴보자.

[例]わたしがそれ(救世主(きゅうせいしゅ))であることを[塚本訳1963]

(내가 바로 그것(구세주)인 것을)

わたしがその人(ひと)であることを[新改訳1970]

(내가 바로 그 사람인 것을)

わたしがそれ(キリスト)であることを[前田訳1978]

(내가 바로 그것(그리스도)인 것을)

『わたしはある』ということを、[新共同訳1987]

(『나는 존재한다.』고 하는 것을)

私(わたし)が〔それ〕であることを[岩波翻訳委員会訳1995]

(내가 〔그것〕인 것을)

よくよくあなたがたに言(い)っておく。[1]わたしが遣(つか)わす者(もの)を受(う)け入(い)れる者(もの)は、わたしを受(う)け入(い)れるのである。わたしを受(う)け入(い)れる者(もの)は、わたしを遣(つか)わされた方(かた)を、受(う)け入(い)れるのである」。[ヨハネによる福音書 13:20]

(분명히 너희에게 말해 둔다. 내가 보내는 사람을 받아들이는 사람은 나를 받아들이는 것이다. 나를 받아들이는 사람은 나를 보내신 분을 받아들이는 것이다.[13:20])

[1]본 절은 각 복음서의 이하의 내용과 유사하다.

[例]あなたがたを受(う)け入(い)れる者(もの)は、わたしを受(う)け入(い)れるのである。わたしを受(う)け入(い)れる者(もの)は、わたしをお遣(つか)わしになった方(かた)を受(う)け入(い)れるのである。[口語訳/マタイによる福音書 10:40]

(너희를 받아들이는 사람은 나를 받아들이는 것이다. 나를 받아들이는 사람은 나를 보내신 분을 받아들이는 것이다.)[마태복음 10:40]

「だれでも、このような幼子(おさなご)の一人(ひとり)を、わたしの名(な)のゆえに受(う)け入(い)れる者(もの)は、わたしを受(う)け入(い)れるのである。そして、わたしを受(う)け入(い)れる者(もの)は、わたしを受(う)け入(い)れるのではなく、わたしをお遣(つか)わしになった方(かた)を受(う)け入(い)れるのである」。[口語訳/マルコによる福音書 9:37]

("누구든지 이런 어린이 한 사람을 내 이름 때문에 받아들이는 사람은 나를 받아들이는것이다. 그리고 나를 받아들이는 사람은 나를 받아들이는 것이 아니라, 나를 보내신 분을 받아들이는 것이다.")[마가복음 9:37][40]

「だれでもこの幼(おさ)な子(ご)をわたしの名(な)のゆえに受(う)け入(い)れる者

---

40) 李成圭(2019a)『일본어 구어역 마가복음의 언어학적 분석Ⅱ』시간의물레. p.219에서 인용.

(もの)は、わたしを受(う)け入(い)れるのである。そしてわたしを受(う)け入(い)れる者(もの)は、わたしをお遣(つか)わしになった方(かた)を受(う)け入(い)れるのである。あなたがたみんなの中(なか)でいちばん小(ちい)さい者(もの)こそ、大(おお)きいのである」。[口語訳 / ルカによる福音書 9:48]

("누구든지 이 어린이를 내 이름 때문에 받아들이는 사람은 나를 받아들이는 것이다. 그리고 나를 받아들이는 사람은 나를 보내신 분을 받아들이는 것이다. 너희 모두 중에서 가장 작은 사람이야 말로 큰 것이다.")[누가복음 9:48]

《63》[ヨハネによる福音書 13:21 - 13:30]

イエスがこれらのことを言(い)われた後(のち)、[1]その心(こころ)が騒(さわ)ぎ、[2]厳(おごそ)かに言(い)われた、「よくよくあなたがたに言(い)っておく。あなたがたのうちの一人(ひとり)が、わたしを裏切(うらぎ)ろうとしている」。[ヨハネによる福音書 13:21]

(예수께서 이런 말씀을 하신 연후, 그 마음이 동요되어 엄숙하게 말씀하셨다. "분명히 너희에게 말해 둔다. 너희 중의 한 사람이 나를 배반하려고 하고 있다."[13:21])

[1]その心(こころ)が騒(さわ)ぎ、: 그 마음이 동요되어. 본 절의 「騒(さわ)ぐ」는 「허둥대다 / 동요하다 / 설레다」의 용법으로 쓰이고 있다.

　[例]画家(がか)はまた、ちょっと心(こころ)が騒(さわ)ぐ風情(ふぜい)で、握(にぎ)っていた絵筆(えふで)の先(さき)がかすかに震(ふる)えた。

　(화가는 또 조금 마음이 동요한 모습으로 쥐고 있던 화필의 끝이 희미하게 흔들렸다.)

この作品(さくひん)を見(み)て生活(せいかつ)する高校生(こうこうせい)はどんなふうになってしまうのか。心(こころ)が騒(さわ)いで、勉強(べんきょう)など手(て)につかないのではないか。
(이 작품을 보고 생활하는 고교생은 어떤 식으로 되는 것인가? 마음이 동요해서 공부 같은 것은 손에 안 잡히는 것은 아닌가?)

[2]厳(おごそ)かに言(い)われた、: 엄숙하게 말씀하셨다. 「厳(おごそ)かだ」는 형용동사로 「엄숙하다」의 뜻을 나타내는데, 여기에서는 연용형이 부사법으로 사용되고 있다.

[例]神(かみ)の御前(みまえ)で、そして、生(い)きている者(もの)と死(し)んだ者(もの)を裁(さば)くために来(こ)られるキリスト・イエスの御前(みまえ)で、その出現(しゅつげん)とその御国(みくに)とを思(おも)いつつ、厳(おごそ)かに命(めい)じます。
(하나님 앞에서 그리고 살아 있는 사람과 죽은 사람을 심판하기 위해 오시는 그리스도 예수 앞에서 그 출현과 그 나라를 생각하면서 엄숙하게 명합니다.)

一五七九年(ねん)の聖職者(せいしょくしゃ)会議(かいぎ)でも、少々(しょうしょう)特殊(とくしゅ)な文脈(ぶんみゃく)においてではあるが、次(つぎ)のような宣言(せんげん)が厳(おごそ)かになされている。
(1579년의 성직자 회의에서도 다소 특수한 문맥에 있어서이지만, 다음과 같은 선언이 엄숙하게 행해지고 있다.)

弟子(でし)たちはだれのことを言(い)われたのか[1]察(さっ)しかねて、互(たがい)に[2]顔(かお)を見合(みあ)わせた。[ヨハネによる福音書 13:22]
(제자들은 누구를 두고 말씀하셨는지 헤아리기 어려워서 서로 얼굴을 바라다보았다.[13:22])

[1]察(さっ)しかねて、: 헤아리기 어려워서.「察(さっ)しかねる」는「察(さっ)する ; 헤아리다 / 살피다」의 연용형에 난이(難易)의 후항동사「~かねる」가 접속되어「헤아리기 어렵다 / ~헤아릴 수 없다」의 뜻을 나타낸다.

「~かねる」는 화자에게 심리적·정신적 저항이 있어「그렇게 하려고 해도 그렇게 할 수 없다」의 뜻을 표현하는데, 주로 상대에게 부드럽고 정중하게 거절할 때 많이 쓰인다.

[例]私(わたし)にはちょっと分(わ)かりかねますので、主人(しゅじん)が帰(かえ)りましたら、ご返事(へんじ)いたします。

(저는 좀 잘 모르니 남편이 돌아오면 대답해 드리겠습니다.)

毎晩(まいばん)寝(ね)るのが遅(おそ)いので、朝(あさ)6時(ろくじ)にはちょっと起(お)きかねます。

(매일 밤늦게 자서 아침 6시에는 좀 일어나기 어렵습니다.)

そのことは、わたくしの一存(いちぞん)では決(き)めかねます。

(그 일은 저 혼자만의 생각으로는 결정할 수 없습니다.)

こんな高価(こうか)なものは、いただきかねます。

(이렇게 비싼 물건은 받을 수 없습니다.)

それ以上(いじょう)のことは、わたしの口(くち)からは申(もう)しかねます。

(더 이상은 제 입으로는 말씀드리기 어렵습니다.)

そんなに多(おお)くの仕事(しごと)をたった二日(ふつか)ではいたしかねません。

(그렇게 많은 일을 단 이틀만으로는 할 수가 없습니다.)[41]

[2]顔(かお)を見合(みあ)わせた : 얼굴을 바라다보았다.「見合(みあ)わせる」는「見(み)る」의 연용형에「合(あ)わせる」가 결합한 복합동사로서, ①「서로 마주 보다」, ②「비교해 보다 / 대조하다」, ③「사정 등을 고려하여 보류하다」의 뜻을

---

41) 李成圭等著(1996)『홍익나가누마 일본어3 해설서』, 홍익미디어. p.74와 李成圭·權善和(2006c)『현대일본어 문법연구II』시간의물레. p.231에서 인용하여 일부 수정함.

나타내는데, 본 절에서는 ①의 용법으로 쓰이고 있다.

[例]ぎょっとして父親(ちちおや)と母親(ははおや)が顔(かお)を見合(みあ)わせる。

(깜짝 놀라 아버지와 어머니가 얼굴을 서로 마주 본다.)

ぼくらは同時(どうじ)に顔(かお)を見合(みあ)わせると、立(た)ち上(あ)がって表(おもて)に出(で)た。

(우리들은 동시에 얼굴을 서로 마주 보고, 일어나서 밖으로 나왔다.)

[1]弟子(でし)たちの一人(ひとり)で、[2]イエスの愛(あい)しておられた者(もの)が、[3]み胸(むね)に近(ちか)く[4]席(せき)に着(つ)いていた。[ヨハネによる福音書 13:23]

(제자들 중의 한 사람으로 예수께서 사랑하셨던 사람이 예수님 가슴에 가까이 자리에 앉아 있었다.[13:23])

[1]본 절에 관해 타 번역본에서는 어떻게 표현하고 있는지 살펴보면 다음과 같다.

[例]一人(ひとり)の弟子(でし)がイエスの胸(むね)に寄(よ)り添(そ)って席(せき)についていた。イエスはこの弟子(でし)を(特別(とくべつ)に)愛(あい)しておられた。[塚本訳1963]

(제자 중의 한 사람이 예수의 가슴에 바싹 달라붙어 자리에 앉아 있었다. 예수는 이 제자를 (특별히) 사랑하고 계셨다.)

弟子(でし)のひとりで、イエスが愛(あい)しておられた者(もの)が、イエスの右側(みぎがわ)で席(せき)に着(つ)いていた。[新改訳1970]

(제자 중의 한 사람으로 예수가 사랑하신 사람이 예수의 오른쪽에서 자리에 앉아 있었다.)

弟子(でし)のひとりがイエスのみ胸(むね)に近(ちか)い席(せき)にいた。イエスは彼(かれ)を愛(あい)しておられた。[前田訳1978]

(제자 중의 한 사람이 예수의 가슴에 가까운 자리에 있었다. 예수는 그를

사랑하고 계셨다.)

弟子(でし)の一人(ひとり)が、イエズスの胸(むね)に寄(よ)り添(そ)って食事(しょくじ)の席(せき)に着(つ)いていた。[フランシスコ会訳1984]

(제자 중의 한 사람이 예수의 가슴에 바싹 달라붙어 식사 자리에 앉아 있었다.)

イエスのすぐ隣(となり)には、弟子(でし)たちの一人(ひとり)で、イエスの愛(あい)しておられた者(もの)が食事(しょくじ)の席(せき)に着(つ)いていた。[新共同訳1987]

(예수의 바로 옆에는 제자들 중의 한 사람으로 예수가 사랑하고 계셨던 사람이 식사 자리에 앉아 있었다.)

彼(かれ)の弟子(でし)たちのうちの一人(ひとり)が、イエスのすぐそばで席(せき)に着(つ)いていた。それは、イエスが愛(あい)していた弟子(でし)であった。[岩波翻訳委員会訳1995]

(그의 제자들 중의 한 사람이 예수 바로 옆에서 자리에 앉아 있었다. 그것은 예수가 사랑하고 있던 제자였다.)

[2] イエスの愛(あい)しておられた者(もの)が、: 예수께서 사랑하셨던 사람이.「愛(あい)しておられた」는「愛(あい)している」의 레루형 경어「愛(あい)しておられる」의 과거로 <イエス>에 관해 사용되고 있다.

[3] み胸(むね) :「胸(むね)」에 존경의 접두사「御(み)」가 붙은 것으로 여기에서는 <イエス>에 관해 쓰이고 있다.

[4] 席(せき)に着(つ)いていた : 자리에 앉아 있었다.

　　[フランシスコ会訳1984]에 의하면「「食事(しょくじ)の席(せき)に着(つ)いていた」는 직역으로는「横(よこ)になっていた ; 가로 누워 있었다.」에 해당하며 연회에서는 몸을 가로눕히면서 왼쪽 팔꿈치를 괴고 식사를 하는 것이 당시 습관이었

다. 「제자의 한 사람」은 예수의 오른쪽에 가로 누워 머리를 예수의 가슴에 가까이 대고 있었을 것이다. 본 절부터 등장하는 「예수가 사랑한 제자」는 [21:24]에서는 본 복음서의 저자로 되어 있다. 전통적으로는 사도 요한이라고 생각되었다.」이상은 フランシスコ会聖書研究所(1984)『新約聖書』サンパウロ. p. 361 주 (11)에 의함.

そこで、シモン・ペテロは彼(かれ)に[1]合図(あいず)をして言(い)った、「[2]だれのことをおっしゃったのか、[3]知(し)らせてくれ」。[ヨハネによる福音書 13:24]
(그때, 시몬 베드로가 그에게 고갯짓을 하여 말했다. "누구를 두고 말씀하신 것인지 알려 줘!"[13:24])

[1]合図(あいず)をして言(い)った、: 고갯짓을 하여 말했다. 「合図(あいず)」는 「신호 / 몸짓 등으로 알리는 것 / 미리 정한 방법으로 알리는 것」을 의미하는데, 여기에서는 고갯짓으로 번역해 둔다.

일본어의 타 번역본에서는 「首(くび)で合図(あいず)をして[ささやいて]言(い)う ; 고개로 신호하여 [속삭이며] 말한다」[塚本訳1963], 「合図(あいず)をして言(い)った ; 고갯짓을 하며 말했다」[新改訳1970], 「合図(あいず)していう、; 고갯짓 하며 말하다」[前田訳1978], 「合図(あいず)した。; 고갯짓했다.」[フランシスコ会訳1984], 「合図(あいず)した。; 고갯짓했다.」[新共同訳1987]「この人(ひと)に合図(あいず)した。; 이 사람에게 고갯짓했다.」, [岩波翻訳委員会訳1995]와 같이 전부 「合図(あいず)」로 표현하고 있다.

참고로 한국어 번역본에서는 [개역개정]「머릿짓」· [개역한글]「머릿짓」· [공동번역]「눈짓」· [표준새번역]「고갯짓」· [우리말성경]「손짓」과 같이 다양하게 표현되고 있다.

[2]だれのことをおっしゃったのか, : 누구를 두고 말씀하신 것인지. 「おっしゃる」는 「言(い)う」의 특정형 경어로 본 절에서는 대화문에 쓰이고 있는데, レル형 경어인 「言(い)われる」보다 경의도가 높다.

구어역 신약성서에서는 「言(い)う」의 특정형 경어로는 ①「仰(おお)せになる」<하나님>[지문]·<예수>[지문], ②「仰(おお)せられる」<하나님>[지문][대화]·<예수>[대화], ③「おっしゃる」<예수>[대화]·<일반인>[대화]와 같이 다양한 형태가 경어 주체의 특징과 문체상의 차이를 반영하여 사용되고 있다.

[例]そこで弟子(でし)たちが言(い)った、「ごらんのとおり、群衆(ぐんしゅう)があなたに押(お)し迫(せま)っていますのに、だれがさわったかと、おっしゃるのですか」。[口語訳 / マルコによる福音書 5:31]

(그러자 제자들이 말했다. "보시는 바와 같이 군중들이 선생님을 바싹 뒤따라오고 있는데, 누가 손을 댔느냐고 말씀하시는 것입니까?")[마가복음 5:31]

そこでイエスは彼(かれ)に向(む)かって言(い)われた、「シモン、あなたに言(い)うことがある」。彼(かれ)は「先生(せんせい)、おっしゃってください」と言(い)った。[口語訳 / ルカによる福音書 7:40]

(그러자 예수께서 그를 향해 말씀하셨다. "시몬아, 네게 할 말이 있다." 그는 "선생님, 말씀하십시오."라고 말했다. [누가복음 7:40]

[3]知(し)らせてくれ : 알려 줘! 「知(し)らせてくれ」는 「知(し)らせる」에 의뢰표현 「〜てくれ」가 접속된 것이다.

[例]「よし。状況(じょうきょう)を知(し)らせてくれ。君(きみ)の指示(しじ)で動(うご)く」

(「알았다. 상황을 알려 줘! 자네의 지시대로 움직이겠다.」)

ああ、神(かみ)よ、私(わたし)に化(ば)ける力(ちから)を与(あた)えてくれ。私(わたし)に聞(き)かせ、見(み)せ、知(し)らせてくれ。さほど遠(とお)くもない二〇三五年(ねん)という未来(みらい)に──と私(わたし)は、ある典型的(てんけいてき)な家庭

(かてい)を空想(くうそう)した。
(아, 하나님이여, 내게 둔갑하는 힘을 주어요! 내게 들려주고 보이고 알려 주어요! 그다지 멀지도 않은 2035년이라는 미래에 - 라고 나는 어떤 전형적인 가정을 상상했다.)
日本(にほん)で、一番(いちばん)英才(えいさい)教育(きょういく)に熱心(ねっしん)な教育(きょういく)機関(きかん)がどこか調(しら)べてくれ。明日(あした)、そこに出(で)かけて、話(はなし)をしてみることにする。
(일본에서 가장 영재 교육에 열심인 교육기관이 어디인지 조사해 줘! 내일 거기에 가서 이야기를 해 보기로 하겠다.)

その弟子(でし)はそのまま[1]イエスの胸(むね)に寄(よ)り掛(か)かって、「主(しゅ)よ、[2]だれのことですか」と[3]尋(たず)ねると、[ヨハネによる福音書 13:25]
(그 제자는 그대로 예수의 가슴에 기대고 "주님, 누구에 관해 말씀하시는 것입니까?"라고 묻자,[13:25])

[1]イエスの胸(むね)に寄(よ)り掛(か)かって、: 예수의 가슴에 기대고.「寄(よ)り掛(か)かる」는「寄(よ)る」의 연용형에 공간적인 의미로 쓰이는「掛(か)かる」가 결합한 것으로「기대다」의 뜻을 나타내는 복합동사이다.
[例]電車(でんしゃ)に座(すわ)っていて、隣(となり)の人(ひと)が寄(よ)り掛(か)かってきました。
(전철에 앉아 있었는데 옆 사람이 기대 왔습니다.)
彼女(かのじょ)はさらに彼(かれ)に近寄(ちかよ)り、彼(かれ)の膝(ひざ)に手(て)を置(お)くと、そっと寄(よ)り掛(か)かって囁(ささや)いた。
(그녀는 더 그에게 가까이 다가와서 그의 무릎에 손을 놓고 살며시 기대서 속삭였다.)

女(おんな)作家(さっか)は隣(となり)の男(おとこ)編集者(へんしゅうしゃ)にあからさまに寄(よ)り掛(か)かっているが、皆(みな)は生温(なまぬる)い視線(しせん)で見守(みまも)っているだけだ。
　　(여자 작가는 옆 남자 편집자에게 노골적으로 기대고 있지만, 다들 미온적인 시선으로 지켜보고 있을 뿐이다.)

[2] だれのことですか : 누구에 관해 말씀하시는 것입니까? 누구입니까?「〜のこと」는 한국어의「〜에 관한 것」에 대응하는데, 한국어로 옮길 때 부자연스러운 경우에는「〜のこと」부분을 번역에 반영하지 않아도 무방하다.
　[例] すると、イエスは彼(かれ)らに答(こた)えて言(い)われた、「わたしの母(はは)、わたしの兄弟(きょうだい)とは、だれのことか」。[口語訳 / マルコによる福音書 3:33]
　　(그러자, 예수께서는 그들에게 대답하여 말씀하셨다. "내 어머니, 내 형제는 누구를 말하는가?)[마가복음 3:33][42]

[3] 尋(たず)ねると、: 묻자.「尋(たず)ねると」의「〜と」는 후속절 [13:26]의「イエスは答(こた)えられた」와 호응하여, 이유·계기의 용법으로 쓰이고 있다.
　[例] そこで、すぐ彼(かれ)らをお招(まね)きになると、父(ちち)ゼベダイを雇人(やといにん)たちと一緒(いっしょ)に舟(ふね)に置(お)いて、イエスのあとについて行(い)った。[口語訳 / マルコによる福音書 1:20]
　　(그래서 곧 그들을 손짓하여 부르시자, 아버지 세베대를 일꾼들과 함께 배에 남겨 두고, 예수 뒤를 따라갔다.)[마가복음 1:20][43]

　　また彼(かれ)に、「何(なん)という名前(なまえ)か」と尋(たず)ねられると、「レギオンと言(い)います。大(おお)ぜいなのですから」と答(こた)えた。[口語訳 / マルコ

---

42) 李成圭(2018c)『일본어 구어역 마가복음의 언어학적 분석Ⅰ』시간의물레. p. 153에서 인용.
43) 李成圭(2018c)『일본어 구어역 마가복음의 언어학적 분석Ⅰ』시간의물레. pp. 26-27에서 인용.

による福音書 5:9]

(그리고 그(악령)에게 "이름이 무엇이냐?"라고 물으시자, "군단이라고 합니다. 수가 많기 때문입니다."라고 대답했다.)[마가복음 5:9][44]

イエスは答(こた)えられた、「わたしが[1][2]一切(ひとき)れの食物(しょくもつ)を浸(ひた)して与(あた)える者(もの)が、[3]それである」。そして、一切(ひとき)れの食物(しょくもつ)を浸(ひた)して[4]取(と)り上(あ)げ、シモンの子(こ)イスカリオテのユダに[5]お与(あた)えになった。[ヨハネによる福音書 13:26]
(예수께서 대답하셨다. "내가 한 조각의 음식(빵 한 조각)을 적셔서 주는 사람이 바로 그 사람이다." 그리고 빵 한 조각을 적셔 들어 올려 시몬의 아들 이스가리옷 유다에게 주셨다.[13:26])

[1] 一切(ひとき)れの食物(しょくもつ) : 한 조각의 음식(빵 한 조각).

[2] 一切(ひとき)れの食物(しょくもつ)を浸(ひた)して : 한 조각의 음식(빵 한 조각)을 적셔서. 「浸(ひた)す」는 「물이나 액체에 {잠그다 / 담그다·흠뻑 적시다}」의 뜻을 나타낸다.
　[例] 足(あし)を水(みず)に浸(ひた)す。
　　　(발을 물에 잠그다.)
　　　お湯(ゆ)に手(て)を浸(ひた)す。
　　　(더운물에 손을 담그다.)
　　　手(て)ぬぐいを水(みず)に浸(ひた)して顔(かお)を拭(ぬぐ)った。
　　　(수건을 물에 적시어 얼굴을 닦았다.)[45]
　　　二人(ふたり)は、木製(もくせい)の腰掛(こしか)けに座(すわ)り、スープにパンを

---

44) 李成圭(2018c)『일본어 구어역 마가복음의 언어학적 분석Ⅰ』시간의물레. p. 192에서 인용.
45) [マルコによる福音書 14:20]에서 인용.

浸(ひた)して食(た)べた。

(두 사람은 목제의 걸상에 앉아, 스프에 빵을 적셔 먹었다.)

[3] それである : 바로 그 사람이다. 「それである」의 「それ」는 본문에서는 사물을 나타내는 지시대명사가 아니라 인대명사로 전용된 것으로 문맥지시의 용법으로 사용되고 있다.

[例] イエスは言(い)われた、「十二人(じゅうににん)の中(なか)の一人(ひとり)で、わたしと一緒(いっしょ)に同(おな)じ鉢(はち)にパンを浸(ひた)している者(もの)が、それである。[口語訳 / マルコによる福音書 14:20]

(예수께서 말씀하셨다. "12명 중의 한 명으로 나와 함께 같은 사발에 빵을 적시고 있는 사람이 바로 그 사람이다")[마가복음 14:20][46]

[4] 取(と)り上(あ)げ、 : 들어 올려. 「取(と)り上(あ)げる」는 「取(と)る」의 연용형에 「上(あ)げる」가 결합된 복합동사로 ①「들어 올리다 / 집어 들다」 ②「빼앗다」 ③「받아들이다」 ④「문제 삼다」 등과 같은 의미를 나타내는데, 본 절에서는 ①의 용법으로 쓰이고 있다.

[5] お与(あた)えになった : 주셨다. 「お与(あた)えになった」는 「与(あた)える」의 ナル형 경어 「お与(あた)えになった」의 과거로 <イエス>에 관해 사용되고 있다.

[例] 最(もっと)も大切(たいせつ)なことは、自分(じぶん)の使命(しめい)、すなわち主(しゅ)イエスが私(わたし)にお与(あた)えになった働(はたら)きを全(まっと)うすることです。

(가장 중요한 것은 자기의 사명, 즉 주 예수가 내게 주신 과업을 완수하는 것입니다.)

すなわち、彼(かれ)の名(な)を信(しん)じる人々(ひとびと)には、神(かみ)の子供

---

46) [口語訳 / マルコによる福音書 14:20]에서 인용.

(こども)とされる権利(けんり)をお与(あた)えになった。イエス・キリストを受(う)け入(い)れるか、受(う)け入(い)れないかはあなたの自由(じゆう)です。
(즉 그의 이름을 믿는 사람들에게는 하나님의 아이로 되는 권리를 주셨다. 예수 그리스도를 받아들일지, 받아들이지 않을지는 당신의 자유입니다.)

この一切(ひとき)れの食物(しょくもつ)を[1]受(う)けるやいなや、サタンがユダに入(はい)った。そこでイエスは彼(かれ)に言(い)われた、「[2]しようとしていることを、[3]今(いま)すぐするがよい」。[ヨハネによる福音書 13:27]
(이 빵 한 조각을 받자마자, 사탄이 유다에게 들어갔다. 그때, 예수께서는 그에게 말씀하셨다. "하려고 하는 것을 지금 당장 하라!"[13:27])

[1]受(う)けるやいなや : 받자마자. 「~やいなや」는 ①「~하자마자 / ~하기가 무섭게」=「~とすぐに」「~と同時(どうじ)に」, ②「~인지 아닌지[어떤지]」=「~かどうか」의 뜻을 나타내는데, 본 절에서는 ①의 용법으로 쓰이고 있다.

[例] 起(お)きるや否(いな)や飛(と)び出(だ)した。
(일어나자마자 뛰어 나갔다.)

彼女(かのじょ)はデビューするやいなや、たちまちスターになった
(그녀는 데뷔하자마자 순식간에 스타가 되었다.)

点数(てんすう)が表示(ひょうじ)されるやいなや、場内(じょうない)から大(おお)きな喚声(かんせい)が上(あ)がった。
(점수가 표시되자마자 장내로부터 커다란 환성이 일어났다.)

それは、男性(だんせい)の多(おお)くが退職(たいしょく)するやいなや、次(つぎ)の会社(かいしゃ)や企業(きぎょう)に就職(しゅうしょく)することでした。
(그것은 남성의 대부분이 퇴직하기가 무섭게 다음 회사나 기업에 취직하는 것이었습니다.)

ところが異常事態(いじょうじたい)が発生(はっせい)し始(はじ)めるやいなや、指

揮(しき)をとるのはわれわれで、彼(かれ)らはただついて来(く)るだけだ。

(그런데 이상 사태가 발생하기 시작하기가 무섭게 지휘를 취하는 것은 우리들이고 그들은 단지 따라올 뿐이다.)

[2] しようとしていることを、 : 하려고 하는 것을. 「しようとしている」는 「する」의 미연형에 화자의 의지를 나타내는 「ようとする」의 「~ている」형이 접속된 것이다.

[例] 感謝(かんしゃ)は誰(だれ)もがしようとしていることでしょう。そしてその大切(たいせつ)さも知(し)っています。

(감사는 누구나 하려고 하는 것이겠지요? 그리고 그 소중함도 알고 있습니다.)

もっと深(ふか)く考(かんが)えてみようということと、私(わたし)がしばらく小説(しょうせつ)を断念(だんねん)して自分(じぶん)の勉強(べんきょう)をしようとしていることとは、関係(かんけい)があるようにも思(おも)うのです。

(더 깊게 생각해 보려는 것과 내가 잠시 소설을 단념하고 자기 공부를 하려고 하는 것과는 관계가 있는 것처럼도 생각합니다.)

そもそも、僕(ぼく)は彼女(かのじょ)の会社(かいしゃ)の電話番号(でんわばんごう)を回(まわ)しているその最中(さなか)に、自分(じぶん)がしようとしていることの無謀(むぼう)さ、愚(おろ)かさに早(はや)くも気(き)が付(つ)いていたのだった。

(원래 나는 그녀 회사의 전화번호를 한창 돌리고 있는 그 때에, 내가 하려고 하는 것의 무모함, 멍청함을 일찌감치 알아차린 것이었다.)

[3] 今(いま)すぐするがよい : 지금 당장 하라! 「するがよい」는 「する」에 「~がよい」가 접속된 것으로 여기에서는 명령의 의미로 사용되고 있다.

[例] 相方(あいかた)に、正直(しょうじき)に『はじめてです』と打(う)ち明(あ)けるがよい。

(상대에게 솔직하게 『처음입니다.』라고 털어 놓아라.)

空(そら)の鳥(とり)を見(み)るがよい。まくことも、刈(か)ることもせず、倉(くら)に取

151

(と)りいれることもしない。それだのに、あなたがたの天(てん)の父(ちち)は彼(かれ)らを養(やしな)っていて下(くだ)さる。あなたがたは彼(かれ)らよりも、はるかにすぐれた者(もの)ではないか。[口語訳 / マタイによる福音書 6:26]
(하늘의 새를 보아라. 씨를 뿌리지도 수확하지도 않고, 창고에 넣지도 않는다. 그럼에도불구하고, 너희 하늘에 계신 아버지께서는 그들을 양육해 주신다. 너희는 그들보다도 훨씬 뛰어난 사람이 아니냐?)[마가복음 6:26][47]

[1]席(せき)を共(とも)にしていた者(もの)のうち、なぜユダにこう言(い)われたのか、わかっていた者(もの)は[2]一人(ひとり)もなかった。[ヨハネによる福音書 13:28]
(자리를 함께 하고 있었던 사람들 중에서 왜 유다에게 이렇게 말씀하셨는지 알고 있었던 사람은 한 사람도 없었다.[13:28])

[1]席(せき)を共(とも)にしていた者(もの)のうち、: 자리를 함께 하고 있었던 사람들 중에서. 「共(とも)にしていた」는 「友(とも)にする」에 동작의 진행을 나타내는 「〜ている」의 과거인 「〜ていた」가 접속된 것이다.

[例]日頃(ひごろ)紙面(しめん)展開(てんかい)について幹部(かんぶ)や経営陣(けいえいじん)に反発(はんぱつ)していた者(もの)さえも黙(だま)り込(こ)んだ。
(평소 지면 전개에 관해 간부나 경영진에게 반발하고 있던 사람마저 잠자코 있었다.)

われわれもそうだが、ふと学生時代(がくせいじだい)の友人(ゆうじん)、それも特(とく)に親(した)しくしていた者(もの)の声(こえ)を聞(き)きたくなることがある。
(우리도 그렇지만, 문득 학생 시절의 친구, 그것도 특히 친하게 지내고 있던 사람의 소리를 듣고 싶어지는 일이 있다.)

---

47) 李成圭(2019a) 『일본어 구어역 마가복음의 언어학적 분석Ⅱ』 시간의물레. p. 37에서 인용.

[2]一人(ひとり)もなかった : 한 사람도 없었다. 사람의 부존재(不存在)를「あった」의 부정인「なかった」로 표현하고 있다.「一人(ひとり)もなかった」는 구어역 신약성서에서는 요한복음 [4:27]과 본 절의 예[13:28]를 포함하여 2회 등장하고 있다.

[例]で、今(いま)迄(まで)、警察(けいさつ)に届(とど)けた被害者(ひがいしゃ)は一人(ひとり)もなかった。
(그런데 지금까지 경찰에 신고한 피해자는 한 사람도 없었다.)

ある人々(ひとびと)は、[1]ユダが金入(かねい)れをあずかっていたので、イエスが彼(かれ)に、「祭(まつり)のために必要(ひつよう)なものを買(か)え」と言(い)われたか、あるいは、[2]貧(まず)しい者(もの)に何(なに)か施(ほどこ)させようとされたのだと思(おも)っていた。[ヨハネによる福音書 13:29]
(어떤 사람들은 유다가 돈주머니를 맡고 있어서 예수가 그에게 "명절을 위해 필요한 것을 사라!"고 말씀하셨거나, 혹은 가난한 사람들에게 무엇인가 베풀게 하려고 하신 것이라고 생각하고 있었다.[13:29])

[1]ユダが金入(かねい)れをあずかっていたので、: 유다가 돈주머니를 맡고 있어서.「金入(かねい)れ」는「돈 지갑 / 돈주머니」의 뜻을 나타내는데, 유의어에는「財布(さいふ)」「巾着(きんちゃく) ; 두루 주머니 / 염낭 / 돈주머니」「がま口(ぐち) ; 물림쇠가 달린 돈지갑」이 있다.

[2]貧(まず)しい者(もの)に何(なに)か施(ほどこ)させようとされたのだと思(おも)っていた : 가난한 사람들에게 무엇인가 베풀게 하려고 하신 것이라고 생각하고 있었다.「施(ほどこ)させようとされた」는「施(ほどこ)す」의 사역「施(ほどこ)させる」에, 화자의 의지를 나타내는「～ようとする」의 레루형 경어「～ようとされる」가 접속된 것이다.

[例]生命(せいめい)を脅(おびや)かすような病気(びょうき)から回復(かいふく)した

とき、人々(ひとびと)は、「神(かみ)には、なお私(わたし)にさせようとされる何(なに)かがあるに違(ちが)いない。そうでなければ、私(わたし)は生(い)きていなかったでしょう」と言(い)う。

(생명을 위협하는 그런 병에서 회복했을 때, 사람들은 「하나님에게는 더 나에게 시키려고 하시는 무엇인가가 있음에 틀림없다. 그렇지 않으면 나는 살아 있지 않았을 것이다.」라고 말한다.)

ユダは[1]一切(ひとき)れの食物(しょくもつ)を受(う)けると、すぐに出(で)て行(い)った。時(とき)は夜(よる)であった。[ヨハネによる福音書 13:30]
(유다는 빵 한 조각을 받자 금방 나갔다. 때는 밤이었다.[13:30])

[1]一切(ひとき)れの食物(しょくもつ)を受(う)けると : 빵 한 조각을 받자. 「受(う)けると」의 「～と」는 기정조건의 용법으로 쓰이고 있다.

[例]夕暮(ゆうぐれ)になり日(ひ)が沈(しず)むと、人々(ひとびと)は病人(びょうにん)や悪霊(あくれい)につかれた者(もの)をみな、[4]イエスのところに連(つ)れてきた。[口語訳/マルコによる福音書 1:32]
(해질녘이 되어 날이 저물자, 사람들은 병자와 악령에 사로잡힌 자를 모두 예수에게 데려왔다.)[마가복음 1:32][48]

イエスはまた海(うみ)べに出(で)て行(い)かれると、多(おお)くの人々(ひとびと)がみもとに集(あつ)まって来(き)たので、彼(かれ)らを教(おし)えられた。[口語訳/マルコによる福音書 2:13]
(예수께서 다시 바닷가에 나가시자, 많은 사람들이 예수가 계신 곳으로 모였기에 그들을 가르치셨다.)[마가복음 2:13][49]

---

48) 李成圭(2018c)『일본어 구어역 마가복음의 언어학적 분석Ⅰ』시간의물레. p. 44에서 인용.
49) 李成圭(2018c)『일본어 구어역 마가복음의 언어학적 분석Ⅰ』시간의물레. pp. 85-86에서 인용.

《64》 [ヨハネによる福音書 13:31 - 13:35]

さて、彼(かれ)が出(で)て行(い)くと、イエスは言(い)われた、「[1]今(いま)や人(ひと)の子(こ)は栄光(えいこう)を受(う)けた。[2]神(かみ)もまた彼(かれ)によって栄光(えいこう)をお受(う)けになった。[ヨハネによる福音書 13:31]
(그런데 그가 나가자, 예수께서 말씀하셨다. "이제 인자는 영광을 받았다. 하나님께서도 그에 의해 영광을 받으셨다.[13:31])

[1]今(いま)や人(ひと)の子(こ)は栄光(えいこう)を受(う)けた : 이제는 인자는 영광을 받았다. 「今(いま)や」는 「いま」에 강의(強意)의 조사 「や」가 결합된 것으로, ① 「今(いま)や決断(けつだん)の時(とき) ; 지금이야 말로 결단의 시기」와 같이 「지금이야말로 / 당장 / 바야흐로」=「今(いま)こそ・今(いま)まさに」, ②「今(いま)や沈(しず)もうとしている ; 이제 곧 침몰하려고 한다.」와 같이 「이제 곧 / 막 / 조금 있으면」=「今(いま)にも」, ③「今(いま)や一流(いちりゅう)の作家(さっか)だ ; 이제는 일류 작가이다」와 같이 「이제(는) / 이미」=「今(いま)では・今(いま)はもう」의 뜻이 있는데, 본 절에서는 ③의 용법으로 쓰이고 있다.
[例] 今(いま)や天下(てんか)の横綱(よこづな)だ。
(이제 천하제일의 '요코즈나'이다.)
今(いま)や時代遅(じだいおく)れとなった。
(지금은 이미 시대에 뒤지게 되었다.)

[2]神(かみ)もまた彼(かれ)によって栄光(えいこう)をお受(う)けになった : 하나님께서도 그에 의해 영광을 받으셨다. 「栄光(えいこう)をお受(う)けになった」의 「お受(う)けになった」는 「受(う)ける」의 ナル형 경어 「お受(う)けになる」의 과거인데, 본 절에서는 <神(かみ)>에 대해 사용되고 있다.

彼(かれ)によって[1]栄光(えいこう)をお受(う)けになったのなら、[2]神(かみ)ご自身(じしん)も[3]彼(かれ)に栄光(えいこう)をお授(さず)けになるであろう。すぐにもお授(さず)けになるであろう。[ヨハネによる福音書 13:32]
(그에 의해 영광을 받으셨다면, 하나님 자신께서도 그에게 영광을 주실 것이다. 금방이라도 주실 것이다. [13:32])

[1]栄光(えいこう)をお受(う)けになったのなら、: 영광을 받으셨다면. 「お受(う)けになったのなら」는 「受(う)ける」의 ナル형 경어 「お受(う)けになる」의 과거인 「お受(う)けになった」에 가정조건을 나타내는 「～のなら」가 접속된 것이다.

[2]神(かみ)ご自身(じしん)も : 하나님 자신께서도. 「ご自身(じしん)」는 「自身(じしん)」에 존경의 접두사 「ご」가 접속된 것인데, <神(かみ)>에 관해 사용되고 있다.
[例]そして、イスラエルを悔(く)い改(あらた)めさせてこれに罪(つみ)の赦(ゆる)しを与(あた)えるために、このイエスを導(みちび)き手(て)とし救主(すくいぬし)として、ご自身(じしん)の右(みぎ)に上(あ)げられたのである。[口語訳 / 使徒行伝 5:31]
(그리고 이스라엘을 회개하게 하고 여기에 죄의 사함을 주기 위해 이 예수를 인도자로 삼아 구주로서 당신의 오른쪽에 올리신 것이다.)[사도행전 5:31]

わたしたちはこれらの事(こと)の証人(しょうにん)である。神(かみ)がご自身(じしん)に従(したが)う者(もの)に賜(たま)わった聖霊(せいれい)もまた、その証人(しょうにん)である」。[口語訳 / 使徒行伝 5:32]
(우리는 이들 일의 증인이다. 하나님께서 당신을 따르는 사람들에게 주신 성령도 또한 그 증인이다.")[사도행전 5:32]

[3]彼(かれ)に栄光(えいこう)をお授(さず)けになるであろう : 그에게 영광을 주실 것이다. 「お授(さず)けになる」는 「授(さず)ける」의 ナル형 경어인데, 구어역 신약성

서에서는 <イエス>에 관해서는 [마태복음 3:11][마태복음 10:1][마가복음 1:8] [누가복음 3:16][누가복음 9:1][요한복음 4:2]와 같이 6회, <神(かみ)>에 관해서는 [요한복음 13:32, 2회][요한복음 17:4]와 같이 4회, 총 9회 등장하고 있다.

[1][2]子(こ)たちよ、わたしはまだしばらく、あなたがたと一緒(いっしょ)にいる。あなたがたはわたしを捜(さが)すだろうが、すでにユダヤ人(じん)たちに言(い)ったとおり、今(いま)あなたがたにも言(い)う、『あなたがたはわたしの行(い)く所(ところ)に来(く)ることはできない』。[ヨハネによる福音書 13:33]
(자녀들아, 나는 아직 잠시 동안 너희와 함께 있다. 너희는 나를 찾겠지만, 이미 유대인에게 말한 대로 지금 너희에게도 말한다. '너희는 내가 가는 곳에 올 수는 없다.'[13:33])

[1]본 절은 [7:33][7:34]의 내용을 반복하고 있다.
　[例]イエスは言(い)われた、「今(いま)しばらくの間(あいだ)、わたしはあなたがたと一緒(いっしょ)にいて、それから、わたしをお遣(つか)わしになった方(かた)のみもとに行(い)く。[口語訳 / ヨハネによる福音書 7:33]
　(예수께서 말씀하셨다. "지금 잠시 동안 나는 너희와 함께 있다가 그리고 나서 나를 보내신 분께 간다.)[마가복음 7:33]

　あなたがたはわたしを捜(さが)すであろうが、見(み)つけることはできない。そしてわたしのいる所(ところ)に、あなたがたは来(く)ることができない」。[口語訳 / ヨハネによる福音書 7:34]
　(너희는 나를 찾겠지만, 찾을 수는 없다. 그리고 내가 있는 곳에 너희는 올 수가 없다.")[마가복음 7:34])

[2]子(こ)たちよ、: 자녀들아.

이 부분을 타 번역본에서는 다음과 같이 표현하고 있다.

[例]子供(こども)たちよ, [塚本訳1963]

　　(아이들이여,)

　　子(こ)どもたちよ。[新改訳1970]

　　(아이들이여,)

　　子(こ)たちよ, [新共同訳1987]

　　(자녀들이여,)

　　子(こ)らよ, [前田訳1978]

　　(자녀들이여,)

　　子(こ)らよ, [岩波翻訳委員会訳1995]

　　(자녀들이여,)

참고로 한국어 번역본에서는 [개역개정]「작은 자들아」·[개역한글]「소자들아」·[공동번역]「나의 사랑하는 제자들아,」·[표준새번역]「사랑하는 사람들아」·[우리말성경]「자녀들아」와 같이 되어 있다.

わたしは、[1]新(あたら)しい戒(いまし)めをあなたがたに与(あた)える、互(たがい)に愛(あい)し合(あ)いなさい。わたしがあなたがたを愛(あい)したように、あなたがたも互(たがい)に愛(あい)し合(あ)いなさい。[ヨハネによる福音書13:34]

(나는 새로운 계명을 너희에게 준다. 서로 사랑하라. 내가 너희를 사랑한 것과 같이 너희도 서로 사랑하라.[13:34])

[1]新(あたら)しい戒(いまし)め : 새로운 계명.「戒(いまし)め」는「戒(いまし)める ; 훈계하다 / 주의를 주다 / 경고하다」의 연용형이 전성명사화한 것으로「계명 / 훈계 / 교훈」의 뜻을 나타낸다.

[예]あなたがたは、神(かみ)の戒(いまし)めを差(さ)し置(お)いて、人間(にんげん)の言伝(いいつた)えを固執(こしつ)している」。[マルコによる福音書 7:8]
(너희는 하나님의 계명을 제쳐 놓고, 인간의 구전을 고집하고 있다.")[마가복음 7:8][50]

また、言(い)われた、「あなたがたは、自分(じぶん)たちの言伝(いいつた)えを守(まも)るために、よくも神(かみ)の戒(いまし)めを捨(す)てたものだ。[マルコによる福音書 7:9]
(그리고 말씀하셨다. "너희는 자기들의 구전을 지키기 위해 잘도 하나님의 계명을 버리는구나.)[마가복음 7:9][51]

[1]互(たがい)に愛(あい)し合(あ)うならば、それによって、あなたがたがわたしの弟子(でし)であることを、[2]すべての者(もの)が認(みと)めるであろう」。[ヨハネによる福音書 13:35]
(서로 사랑한다면, 그것에 의해 너희가 내 제자인 것을 모든 사람들이 인정할 것이다."[13:35])

[1]互(たがい)に愛(あい)し合(あ)うならば、: 서로 사랑한다면. 「愛(あい)し合(あ)うならば」는 「愛(あい)する」의 연용형에 상호동작을 나타내는 「合(あ)う」가 결합한 복합동사 「愛(あい)し合(あ)う」에 가정조건을 나타내는 「~ならば」가 접속된 것이다.
[예]いまだかって神(かみ)を見(み)た者(もの)はいません。わたしたちが互(たが)いに愛(あい)し合(あ)うならば、神(かみ)はわたしたちの内(うち)にとどまってくださり、神(かみ)の愛(あい)がわたしたちの内(うち)で全(まっと)うされているのです。
(「ヨハネの手紙(てがみ) 1」[4:12])

---

50) 李成圭(2019a)『일본어 구어역 마가복음의 언어학적 분석Ⅱ』시간의물레. p. 78에서 인용.
51) 李成圭(2019a)『일본어 구어역 마가복음의 언어학적 분석Ⅱ』시간의물레. p. 79에서 인용.

(지금까지 하나님을 본 사람은 없습니다. 우리가 서로 사랑한다면, 하나님께서는 우리 안에 머무시고, 하나님의 사랑이 우리 안에서 완수되는 것입니다.)[요한1서 4:12]

一九四七年(ねん)六月(がつ)アメリカ国務長官(こくむちょうかん)マーシャルはハーバード大学(だいがく)での講演(こうえん)で、欧州(おうしゅう)各国(かっこく)が経済(けいざい)再建(さいけん)のため相互(そうご)に<u>協力(きょうりょく)し合(あ)</u>うならば、アメリカは欧州(おうしゅう)復興(ふっこう)のために巨額(きょがく)の援助(えんじょ)を行(おこな)う用意(ようい)がある旨(むね)の演説(えんぜつ)を行(おこな)った。
(1947년 6월 미국 국무장관 마셜은 하버드대학에서의 강연에서 유럽 각국이 경제재건을 위해 상호 서로 협력한다면 미국은 유럽 부흥을 위해 거액의 원조를 행할 준비가 있는 취지의 연설을 행했다.)

[2] すべての者(もの)が認(みと)めるであろう: 모든 사람들이 인정할 것이다. 「認(みと)めるであろう」는 「認(みと)める」에 「〜だろう」의 문장체적 표현인 「〜であろう」가 접속된 것이다.

[例] その本人(ほんにん)が自分(じぶん)はまだ学問(がくもん)をせぬ者(もの)であると謙遜(けんそん)し、或(あるい)は又(また)、世間(せけん)の人(ひと)が彼(かれ)はまだ学問(がくもん)のない者(もの)であると言(い)っても、自分(じぶん)だけは必(かなら)ず、この人(ひと)はすでに学問(がくもん)をした人(ひと)であると<u>認(みと)めるであろう</u>。
(그 당사자가 본인은 아직 학문을 하지 않는 사람이라고 겸손하거나 혹은 또 세상 사람이 그는 아직 학문이 없는 사람이라고 해도 본인만은 반드시 이 사람은 이미 학문을 한 사람이라고 인정할 것이다.)
やってみた結果(けっか)、そういうこともあるかということは考(かんが)えられないこ

とではございませんけれども、そういう関係(かんけい)が予測(よそく)されるようなときに特別(とくべつ)養子(ようし)を認(みと)めるであろうかということを翻(ひるがえ)って考(かんが)えますと、余(あま)りそういう例(れい)は特別(とくべつ)養子(ようし)を認(みと)める段階(だんかい)ではないんじゃないかと思(おも)うわけです。
(해 본 결과, 그런 것도 있지 않을까 하는 것은 생각할 수 없는 일은 아니지만, 그런 관계가 예측되는 그럴 때에 특별 양자를 인정할 것인가 하는 것을 뒤집어 생각하면, 별로 그런 예는 특별 양자를 인정할 단계가 아니지 않는가 하고 생각합니다.)

《65》[ヨハネによる福音書 13:36 - 13:38]

シモン・ペテロがイエスに言(い)った、「[1]主(しゅ)よ、どこへおいでになるのですか」。イエスは答(こた)えられた、「あなたはわたしの行(い)くところに、[2]今(いま)はついて来(く)ることはできない。しかし、あとになってから、[3]ついて来(く)ることになろう」。[ヨハネによる福音書 13:36]
(시몬 베드로가 예수에게 말했다. "주님, 어디로 가십니까?" 예수께서 대답하셨다. "너는 내가 가는 곳에 지금은 따라올 수는 없다. 그러나 나중에 따라오게 될 것이다."[13:36])

[1]主(しゅ)よ、どこへおいでになるのですか : 주님, 어디로 가십니까? 「おいでになるのですか」는 「行(い)く」의 특정형 경어인 「おいでになる」에 어떤 사실의 배후에 있는 진상이나 그 이유를 설명해 달라고 하는 「〜のですか」가 접속된 것이다. 「おいでになる」는 「行(い)く」의 레루형 경어인 「行(い)かれる」보다 경의도가 높다.
[例]すると一人(ひとり)の律法(りっぽう)学者(がくしゃ)が近(ちか)づいて来(き)て言(い)った、「先生(せんせい)、あなたがおいでになる所(ところ)なら、どこへでも従

(したが)ってまいります」。[口語訳 / マタイによる福音書 8:19]

(그러자 한 율법학자가 다가와서 말했다. "선생님, 선생님께서 가시는 곳이라면 어디라도 따라 가겠습니다.")[마태복음 8:19]

道(みち)を進(すす)んで行(い)くと、ある人(ひと)がイエスに言(い)った、「あなたがおいでになる所(ところ)ならどこへでも従(したが)ってまいります」。[口語訳 / ルカによる福音書 9:57]

(길을 나아가자, 어떤 사람이 예수에게 말했다. "선생님께서 가시는 곳이라면 어디라도 따라 가겠습니다.")[누가복음 9:57]

[2]今(いま)はついて来(く)ることはできない : 지금은 따라올 수는 없다. 「ついて来(く)ることはできない」는 「ついて来(く)る」에 우언적 가능표현의 부정인 「ことはできない」가 접속된 것이다.

[例]というのは、私(わたし)の助(たす)けが必要(ひつよう)になっても彼(かれ)は私のところにはもう来(く)ることができない。

(왜냐하면 내 도움이 필요해져도 그는 내게는 이제 올 수가 없다.)

朝(あさ)出(で)て、夕方(ゆうがた)の5時(ごじ)か6時(ろくじ)ぐらいに着(つ)いて、そして帰(かえ)ろうとしても帰(かえ)ることができない。

(아침에 나와서 저녁 5시나 6시경에 도착해서 그리고 돌아가려고 해도 돌아갈 수가 없다.)

だから、自分(じぶん)がしたいこと、わかってほしいことを心(こころ)の内側(うちがわ)にしまっておくことができない。

(그래서 자기가 하고 싶은 일, 알아주었으면 하는 일을 마음속에 담아 둘 수가 없다.)

[3]ついて来(く)ることになろう : 따라오게 될 것이다. 「ついて来(く)ることになろう」는

「ついて来(く)る」에, 어떤 의사 결정에 의한 결과임을 나타내는 「～ことになる」와 추측을 나타내는 「～う」가 후접한 것이다.

[例] もしこれらの指摘(してき)が妥当性(だとうせい)をもつなら、指摘(してき)した問題点(もんだいてん)を今(いま)改(あらた)めて問(と)い正(ただ)す作業(さぎょう)は重要(じゅうよう)な意味(いみ)をもつことになろう。

(만일 이들 지적이 타당성을 지닌다면, 지적한 문제점을 지금 고치고 추궁하는 작업은 중요한 의미를 갖게 될 것이다.)

しかし、もしこれらの判断(はんだん)が究極的(きゅうきょくてき)に人間(にんげん)の意志(いし)の問題(もんだい)であるとするなら、正当化(せいとうか)の問題(もんだい)は消滅(しょうめつ)することになろう。

(그러나 만일 이들 판단이 궁극적으로 인간의 의지 문제라고 한다면, 정당화 문제는 소멸하게 될 것이다.)

こうしたことから、ネットワークは今後(こんご)、ビジネスと社会(しゃかい)において、新(あたら)しい革命的(かくめいてき)な役割(やくわり)を担(にな)うことになろう。

(이런 점에서 네트워크는 앞으로 비즈니스와 사회에서 새로운 혁명적인 역할을 담당하게 될 것이다.)

ペテロはイエスに言(い)った、「主(しゅ)よ、なぜ、[1]今(いま)あなたについて行(い)くことができないのですか。あなたのためには、[2]命(いのち)も捨(す)てます」。[ヨハネによる福音書 13:37]

(베드로는 예수에게 말했다. "주님, 왜 지금 주님을 따라갈 수가 없는 것입니까? 주님을 위해서는 목숨을 버리겠습니다."[13:37])

[1] 今(いま)あなたについて行(い)くことができないのですか : 지금 주님을 따라갈 수가 없는 것입니까? 「ついて行(い)くことができないのですか」「ついて行(い)く」에 우언적 가능표현인「～ことができる」의 부정「～ことができない」에「～のですか」가

163

접속된 것이다.

[例] 行(い)くべきだとわかっていて行(い)くことができないのが、主(しゅ)のご計画(けいかく)の場合(ばあい)も多々(たた)ある。

(가야 한다고 알고 있으면서 갈 수 없는 것이 주의 계획인 경우도 많이 있다.)

また、「出(で)て行(い)って、何(なに)か重要(じゅうよう)なことをする」という予言者的(よげんしゃてき)な義務(ぎむ)を語(かた)ることは、出(で)て行(い)くことができない人々(ひとびと)にとって苦痛(くつう)であろう。

(그리고 「나가서 무슨 중요한 일을 한다」고 하는 예언자적인 의무를 이야기하는 것은 나갈 수 없는 사람으로서 고통일 것이다.)

つまり、円(えん)だけを持(も)っていたのでは、こういった世界(せかい)の優(すぐ)れた金融市場(きんゆうしじょう)に出(で)て行(い)くことができないということなんです。

(즉 엔만을 가지고 있다가는 이러한 세계의 뛰어난 금융시장에 나갈 수 없다고 하는 것입니다.)

[2] 命(いのち)も捨(す)てます : 목숨을 버리겠습니다. 「命(いのち)を捨(す)てる」는 「목숨을 버리다」인데 한국어 번역본에서는 [개역개정]「내 목숨을 버리겠나이다」·[개역한글]「내 목숨을 버리겠나이다」·[공동번역]「목숨이라도 바치겠습니다」·[표준새번역]「목숨이라도 바치겠습니다」·[우리말성경]「제 목숨도 바치겠습니다」와 같이 나와 있다.

그리고 「命(いのち)を[も]捨(す)てる」는 구어역 신약성서 중에서 요한복음에만 등장하는데, [10:11][10:15][10:17][10:17][13:37][13:38]와 같이 총 6회 등장한다.

> イエスは答(こた)えられた、「わたしのために命(いのち)を捨(す)てると言(い)うのか。よくよくあなたに言(い)っておく。[1]鶏(にわとり)が鳴(な)く前(まえ)に、あなたはわたしを三度(さんど)知(し)らないと言(い)うであろう」。[ヨハネによる福音書 13:38]

(예수께서 대답하셨다. "나를 위해 목숨을 버리겠다고 말하느냐? 분명히 너에게 말해 둔다. 닭이 울기 전에 너는 나를 3번 모른다고 말할 것이다."[13:38])

[1] 鶏(にわとり)が鳴(な)く前(まえ)に、あなたはわたしを三度(さんど)知(し)らないと言(い)うであろう: 닭이 울기 전에 너는 나를 3번 모른다고 말할 것이다. 이 부분은 마태복음, 누가복음, 요한복음에 두루 등장한다.

[例] イエスは言(い)われた、「よくあなたに言(い)っておく。今夜(こんや)、鶏(にわとり)が鳴(な)く前(まえ)に、あなたは三度(ど)わたしを知(し)らないと言(い)うだろう」。[口語訳 / マタイによる福音書 26:34]
(예수께서 말씀하셨다. "너에게 분명히 말해 둔다. 오늘 밤에 닭이 울기 전에, 너는 세 번 나를 모른다고 말할 것이다.")[마태복음 26:34]

ペテロは「鶏(にわとり)が鳴(な)く前(まえ)に、三度(さんど)わたしを知(し)らないと言(い)うであろう」と言(い)われたイエスの言葉(ことば)を思(おも)い出(だ)し、外(そと)に出(で)て激(はげ)しく泣(な)いた。[口語訳 / マタイによる福音書 26:75]
(베드로는 "닭이 울기 전에, 세 번 나를 모른다고 할 것이다."라고 말씀하신 예수님의 말씀을 생각해내서, 밖에 나가 몹시 울었다.)[마태복음 26:75]

主(しゅ)は振(ふ)り向(む)いてペテロを見(み)つめられた。そのときペテロは、「きょう、鶏(にわとり)が鳴(な)く前(まえ)に、三度(さんど)わたしを知(し)らないと言(い)うであろう」と言(い)われた主(しゅ)のお言葉(ことば)を思(おも)い出(だ)した。[口語訳 / ルカによる福音書 22:61]
(주께서 돌아서서 베드로를 응시하셨다. 그때 베드로는 "오늘 닭이 울기 전에, 세 번 나를 모른다고 말할 것이다."라고 말씀하신 주의 말씀을 상기했다.)[누가복음 22:61]

ヨハネによる福音書
- 第14章 -

⦅66⦆ [ヨハネによる福音書 14:1 - 14:14]

「あなたがたは、[1]心(こころ)を騒(さわ)がせないがよい。神(かみ)を信(しん)じ、またわたしを信(しん)じなさい。[ヨハネによる福音書 14:1]
("너희는 마음의 동요를 느끼지 마라. 하나님을 믿고 또 나를 믿어라.[14:1])

[1]心(こころ)を騒(さわ)がせないがよい : 마음의 동요를 느끼지 마라.
　「心(こころ)を騒(さわ)がせる」는「心(こころ)が騒(さわ)ぐ ; 마음이 설레다 / 동요하다」의 사역으로「心(こころ)を騒(さわ)がせないがよい」는「心(こころ)を騒(さわ)がせる」의 부정인「心(こころ)を騒(さわ)がせない」(연체법)에「～がよい」가 접속되어「마음의 동요를 느끼지 마라」와 같이 동사의 부정 명령의 뜻을 나타낸다.
　[例]そして言(い)われた、「聞(き)く耳(みみ)のある者(もの)は<u>聞(き)くがよい</u>」。[口語訳 / マルコによる福音書 4:9]
　　(그리고 말씀하셨다. "들을 귀가 있는 자는 들어라")[마가복음 4:9][52]

---

52) 李成圭(2018c)『일본어 구어역 마가복음의 언어학적 분석Ⅰ』시간의물레. p. 160에서 인용.

また、彼(かれ)らに言(い)われた、「よく聞(き)いておくがよい。神(かみ)の国(くに)が力(ちから)をもって来(く)るのを見(み)るまでは、決(けっ)して死(し)を味(あじ)わわない者(もの)が、ここに立(た)っている者(もの)の中(なか)にいる」。[口語訳 / マルコによる福音書 9:1]

(또 그들에게 말씀하셨다. "잘 들어 두어라. 하나님의 나라가 힘을 가지고 오는 것을 볼 때까지는 결코 죽음을 맛보지 않는 사람이 여기 서 있는 사람 중에 있다.")[마가복음 9:1][53]

그럼 이 부분을 타 번역본에서는 어떻게 묘사하고 있는지 살펴보자.

[例](あなた達(たち)の来(こ)られない所(ところ)にわたしが行(い)くからとて、)心(こころ)を騒(さわ)がせるな。[塚本訳1963]

((너희가 올 수 없는 곳에 내가 간다고 해서,) 마음을 동요하지 마라.)

あなたがたは心(こころ)を騒(さわ)がしてはなりません。[新改訳1970]

(당신들은 마음을 동요해서는 안 됩니다.)

あなた方(がた)の心(こころ)を騒(さわ)がせるな。[前田訳1978]

(너희 마음을 동요하지 마라.)

心(こころ)を騒(さわ)がせるな。[新共同訳1987]

(마음을 동요하지 마라.)

あなたがたの心(こころ)が〔もうこれ以上(いじょう)〕かき乱(みだ)されないように。[岩波翻訳委員会訳1995]

(너희 마음이 〔이제 더 이상〕 어지러워지지 않도록 하라.)

わたしの父(ちち)の家(いえ)には、[1]住(す)まいがたくさんある。もしなかったならば、[2]わたしはそう言(い)っておいたであろう。あなたがたのために、[3]場所(ばしょ)を用意(ようい)しに行(い)くのだから。[ヨハネによる福音書 14:2]

---

53) 李成圭(2019a)『일본어 구어역 마가복음의 언어학적 분석Ⅱ』시간의물레. p. 174에서 인용.

(내 아버지 집에는 거처가 많이 있다. 만일 없다면 나는 그렇게 말해 두었을 것이다. 너희를 위해 장소(거처 / 있을 곳)를 준비하러 가는 것이니까.[14:2])

[1]住(す)まいがたくさんある : 거처가 많이 있다. 「住(す)まい」는 「住(す)まう」의 연용형이 전성명사화한 것으로 「거처 / 있을 곳 / 살 곳」에 상당하는 뜻을 나타낸다. 타 번역본에서는 「住居(じゅうきょ) ; 주거」[塚本訳1963] 「住(す)まい ; 거처」[新改訳1970・前田訳1978] 「住(す)む所(ところ) ; 살 곳」[新共同訳1987] 「住処(すみか) ; 거처」[岩波翻訳委員会訳1995]와 같이 다양하게 표현되고 있다.

[2]わたしはそう言(い)っておいたであろう : 나는 그렇게 말해 두었을 것이다. 「言(い)っておいた」는 「言(い)う」에 유지를 나타내는 「〜ておく」가 접속한 「言(い)っておく」의 과거로 「말해 두었다」의 뜻을 나타낸다.

[例]あいつにはおまえは今朝(けさ)のフライトで一足先(ひとあしさき)に帰(かえ)ったと言(い)っておいた。
(그 녀석에게는 너는 오늘 아침 비행기로 한발 앞서 돌아갔다고 말해 두었다.)

「お客(きゃく)らしい人(ひと)が来(き)たら、呼(よ)んで、と言(い)っておいたから」と、典子(のりこ)は言(い)って、彼女(かのじょ)を近(ちか)くの、洒落(しゃれ)たフランス料理(りょうり)の店(みせ)に連(つ)れて行(い)った。
(「손님 같은 사람이 오면 불러, 라고 말해 두었으니까.」라고 노리코는 말하고, 그녀를 근처의 멋지고 세련된 프랑스 음식점에 데리고 갔다.)

これは私(わたし)が発見(はっけん)したんですけれども、朝(あさ)のうちに言(い)っておいたのと、突如(とつじょ)電話(でんわ)をかけるのではずっと違(ちが)うんです。
(이것은 내가 발견한 것이지만, 아침에 말해 둔 것과 갑자기 전화를 거는 것과는 훨씬 다릅니다.)

[3]場所(ばしょ)を用意(ようい)しに行(い)くのだから : 장소(거처 / 있을 곳)를 준비하러 가는 것이니까. 「場所(ばしょ)を用意(ようい)しに行(い)く」는 「[場所(ばしょ)を用意(ようい)し]+に+行(い)く」와 같이 동작의 목적을 나타내는 구문인데, 타 번역본에서는 어떻게 등장하고 있는지 살펴보자.

[例]あなたがたのために場所(ばしょ)を用意(ようい)しに行(い)くと言(い)ったであろうか。[新共同訳1987]

(너희를 위해 장소를 준비하러 간다고 말한 것일까?)

『あなた達(たち)のために場所(ばしょ)の準備(じゅんび)に行(い)く』と言(い)うわけがないではないか。[塚本訳1963]

('너희를 위해 장소를 준비하러 간다'고 말할 리가 없지 않은가?)

あなたがたのために場所(ばしょ)を準備(じゅんび)しに行(い)こうとしているなどとあなたがたに言(い)ったりしただろうか。[岩波翻訳委員会訳1995]

(너희를 위해 장소를 준비하러 가려고 하는 등이라고 너희에게 말하거나 했을 것일까?)

あなたがたのために、わたしは場所(ばしょ)を備(そな)えに行(い)くのです。[新改訳1970]

(당신들을 위해 나는 장소를 준비하러 갑니다.)

あなた方(がた)のところをそなえに行(い)こう、といったろうか。[前田訳1978]

(너희가 있을 곳을 예비하러 가겠다고 말했을 것일까?)

そして、行(い)って、[1]場所(ばしょ)の用意(よう)ができたならば、また来(き)て、[2]あなたがたをわたしのところに迎(むか)えよう。[3]わたしのおる所(ところ)に[4]あなたがたもおらせるためである。[ヨハネによる福音書14:3]

(그리고 가서 있을 곳이 준비되면, 다시 와서 너희를 내가 있는 곳으로 맞이하겠다. 내가 있는 곳에 너희도 있게 하기 위해서이다.[14:3])

[1]場所(ばしょ)の用意(ようい)ができたならば、: 있을 곳의 준비가 되면. 있을 곳이 준비되면.「場所(ばしょ)の用意(ようい)ができたならば」는「場所(ばしょ)の用意(ようい)ができる; 장소(있을 곳)의 준비가 되다 → 있을 곳이 준비되다」에 완료의「〜た」가 접속한「場所(ばしょ)の用意(ようい)ができた」에 가정조건을 나타내는「〜ならば」가 후접된 것이다.

[例]面接室(めんせつしつ)で十分(じゅうぶん)に会話(かいわ)の練習(れんしゅう)ができたならば、次(つぎ)の面接日(めんせつび)までに日常生活(にちじょうせいかつ)で実際(じっさい)に主張(しゅちょう)行動(こうどう)を行(おこ)なう。
(면접실에서 충분히 회화 연습을 할 수 있으면, 다음 면접일까지 일상생활에서 실제로 주장 행동을 행한다.)

以上(いじょう)が理解(りかい)できたならば、さあ、冒険(ぼうけん)してみましょう。
(이상이 이해된다면 자 모험해 봅시다.)

逆(ぎゃく)に、国際(こくさい)司法(しほう)を使(つか)って日本(にほん)周辺(しゅうへん)における問題(もんだい)を解決(かいけつ)できたならば、ASIA(アジア)地域(ちいき)にてむしろ安定(あんてい)文化(ぶんか)状況(じょうきょう)が維持(いじ)されていると言(い)う事(こと)を意味(いみ)するのかと想(おも)われる。
(역으로 국제 사법을 사용해서 일본 주변에 있어서의 문제를 해결할 수 있다면, 아시아 지역에서 오히려 안정 문화 상황이 유지되고 있다고 하는 것을 의미하는 것이 아닌가 생각된다.)

[2]あなたがたをわたしのところに迎(むか)えよう: 너희를 내가 있는 곳으로 맞이하겠다.「迎(むか)えよう」는「迎(むか)える」에 화자의 의지를 나타내는 조동사「〜よう」가 접속된 것이다.

[例]彼女(かのじょ)の部屋(へや)の壁(かべ)に貼(は)ってある二(ふた)つの誓(ちか)いを読(よ)んだかい?『世界(せかい)一(いち)の大金持(おおがねも)ちになろう、世界(せかい)一(いち)おいしいものを食(た)べよう。』だよ。」

(그녀의 방 벽에 붙어 있는 2개의 맹서를 읽었는가? '세계 제일의 큰 부자가 되겠다. 세계에서 제일 맛있는 것을 먹겠다.'라고.)

知(し)らんやつにくれてやるのはイヤだ。特定(とくてい)の誰(だれ)かにあげちゃおう。そうしよう。

(모르는 녀석에게 내 주는 것은 싫다. 특정의 누구인가에게 줘 버리자. 그렇게 하자.)

それは、ぼくの能力(のうりょく)の範囲(はんい)を越(こ)えている。今夜(こんや)は仕事場(しごとば)で眠(ねむ)ることにしよう。

(그것은 내 능력 범위를 넘었다. 오늘밤은 일터에서 자기로 하겠다.)

[3]わたしのおる所(ところ)に : 내가 있는 곳에.「わたしのおる」의「おる」는 겸양어Ⅱ로 쓰인 것인데, 본 절에서는 뒤에 오는「所(ところ)」를 수식하는 연체형으로 쓰이고 있다.

그리고「わたしのおる[所(ところ)]」와 같은 표현은 구어역 신약성서에서 요한복음의 [12:26][14:3][20:19], 유다서의 [1:6], 요한계시록 [12:8]과 같이 5회 등장한다.

[예]主(しゅ)は、自分(じぶん)たちの地位(ちい)を守(まも)ろうとはせず、そのおるべき所(ところ)を捨(す)て去(さ)った御使(みつかい)たちを、大(おお)いなる日(ひ)の裁(さば)きのために、永久(えいきゅう)に縛(しば)りつけたまま、暗闇(くらやみ)の中(なか)に閉(と)じ込(こ)めておかれた。[口語訳 / ユダの手紙 1:6]

(주께서는, 자신들의 지위를 지키려고 하지는 않고, 그 있어야 할 곳을 버리고 떠난 천사들을, 큰 날의 심판을 위해 영구히 붙들어 맨 채, 암흑 속에 가두어 두셨다.)[유다서 1:6]

勝(か)てなかった。そして、もはや天(てん)には彼(かれ)らのおる所(ところ)がなくなった。[口語訳 / ヨハネの黙示録 12:8]

(이기지 못했다. 그리고 더 이상 하늘에는 그들이 있을 곳이 없어졌다.)

[요한계시록(Revelation)-표준새번역]-제12장]

[4]あなたがたもおらせるためである : 너희도 있게 하기 위해서이다. 「おらせる」는 겸양어Ⅱ인 「おる」에 사역의 「〜せる」가 접속된 것으로, 「おらせる」는 구어역 신약성서 중에서 요한복음에만 사용되고 있고, 본 절 [14:3]과 [17:21]에서 2회 출현한다.

わたしがどこへ行(い)くのか、[1]その道(みち)はあなたがたにわかっている」。
[ヨハネによる福音書 14:4]
(내가 어디로 가는지 그 길은 너희가 알고 있다."[14:4])

[1]その道(みち)はあなたがたにわかっている : 그 길은 너희가 알고 있다. 「わかる」는 가능의 뜻을 내포하고 있는 자동사이기 때문에 「あなたがたにわかっている」와 같이 가능의 주체를 「〜に」로 나타낸다.
　　이 부분을 타 번역본에서는 어떻게 묘사하고 있는지 살펴보자.
　[例]その道(みち)がわかったはずだ。[塚本訳1963]
　　　(그 길을 알았을 것이다.)
　　　あなた方(がた)にわかっている。[前田訳1978]
　　　(너희가 알고 있다.)
　　　あなたがたにはわかっている。[岩波翻訳委員会訳1995]
　　　(너희는 알고 있다.)
　　　あなたがたも知(し)っています。[新改訳1970]
　　　(당신들도 알고 있습니다.)
　　　その道(みち)をあなたがたは知(し)っている。[新共同訳1987]
　　　(그 길을 너희는 알고 있다.)

172

トマスはイエスに言(い)った、「[1]主(しゅ)よ、どこへおいでになるのか、[2]わたしたちにはわかりません。[3]どうしてその道(みち)がわかるでしょう」。[ヨハネによる福音書 14:5]

(도마가 예수에게 말했다. "주님, 어디로 가시는지 저희는 모릅니다. 어찌 그 길을 알 수 있을까요?"[14:5])

[1]主(しゅ)よ、どこへおいでになるのか、: 주님, 어디로 가시는지. 「おいでになる」는 「行(い)く」의 특정형 경어인데 대화문에서 <イエス=主(しゅ)>를 높이기 위해 사용되고 있다.

  [例]そして言(い)った、「イエスよ、あなたが御国(みくに)の権威(けんい)をもっておいでになる時(とき)には、わたしを思(おも)い出(だ)してください」。[口語訳 / ルカによる福音書 23:42]

  (그리고 말했다. "예수님이여, 예수님께서 하늘나라의 권위를 가지고 가실 때에는 나를 생각해 내 주십시오."[누가복음 23:42])

[2]わたしたちにはわかりません : 저희는 모릅니다. 「わかりません」의 「わかる」는 가능동사이기 때문에 「わたしたちには」와 같이 가능의 주체를 「〜に」로 나타낸다. 일본어의 가능의 기원적 의미는 「〜할 수 있다」고 하는 적극적 의미의 능력가능이 아니라 「〜할 수 있는 상태에 있다」고 하는 소극적 의미의 자연가능이라고 할 수 있다.

  [例]だから何(なに)が真実(しんじつ)かは庶民(しょみん)にはわかりません。

    (따라서 무엇이 진실인지는 서민은 알 수 없습니다.)

  この主張(しゅちょう)の内容(ないよう)をあなたにわかりやすく説明(せつめい)するために、どうすればいいのか、わたしにはわかりません。

    (이 주장의 내용을 당신에게 알기 쉽게 설명하기 위해서, 어떻게 하면 좋을지 저는 모르겠습니다.)

彼(かれ)は腕(うで)のいい板前(いたまえ)ですけれど、妹(いもうと)の聟(むこ)として適当(てきとう)かどうかは、あたしにはわかりません。
(그는 솜씨가 좋은 요리사이지만, 여동생의 남편으로 적당한지 어떤지 저는 모르겠습니다.)

仕事(しごと)を得(え)るためには、いくらが必要(ひつよう)経費(けいひ)になるのか私(わたし)にはわかりませんが、経費(けいひ)計上(けいじょう)できるのであれば、小遣(こづか)いなんてそんなに要(い)らないと思(おも)いますけど。
(일을 얻기 위해서는 얼마가 필요 경비가 되는지 저는 모르겠습니다만, 경비 계상을 할 수 있다면 용돈 같은 것은 그다지 필요하지 않을 것 같습니다만.)

[3] どうしてその道(みち)がわかるでしょう: 어찌 그 길을 알 수 있을까요? 「わかるでしょう」의 「〜でしょう」는 추측을 나타내는 조동사로 앞의 「どうして」와 공기하고 있다.

[例] どうして、ここから電車(でんしゃ)に乗(の)っていったほうが早(はや)いでしょう。
(어째서 여기에서 전철을 타고 가는 것이 빠를까요?)

どうして、入院(にゅういん)の反対(はんたい)が出院(しゅついん)ではなく、退院(たいいん)なのでしょうか?
(어째서 입원의 반대가 출원이 아니라, 퇴원인 것인가요?)

正直(しょうじき)言(い)って、いつまで戦争(せんそう)のことを言(い)い続(つづ)けるのでしょうか。
(솔직히 말해 언제까지 전쟁에 관해 계속해서 말하는 것일까요?)

どうして、日本(にほん)は文句(もんく)を言(い)えないのでしょうか?
(어째서 일본은 불평을 말하지 못하는 것일까요?)

朝(あさ)の三時(さんじ)か四時(よじ)ごろでしょうか。あれはどうしてわかるのでしょう。
(아침 3시나 4시경일까요? 그것은 어떻게 알 수 있을까요?)

イエスは彼(かれ)に言(い)われた、「[1]わたしは道(みち)であり、真理(しんり)であり、命(いのち)である。[2]だれでもわたしによらないでは、父(ちち)のみもとに行(い)くことはできない。[ヨハネによる福音書 14:6]

(예수께서 그에게 말씀하셨다. "나는 길이요, 진리요, 생명이다. 누구든지 나를 통하지 않으면, 아버지가 계신 곳에 갈 수 없다."[14:6])

[1]わたしは道(みち)であり、真理(しんり)であり、命(いのち)である : 나는 길이요, 진리요, 생명이다.

본 절에서는 「わたしは道(みち)である」「わたしは真理(しんり)である」「わたしは命(いのち)である」와 같은 3개의 명사술어문이 연용중지법「であり、」로 연결되어 쓰이고 있다.

[例]歴史(れきし)がヘーゲルが描(えが)いているような<u>ヒストリーであり</u>、<u>物語(ものがたり)であり</u>、合理的(ごうりてき)な目的性(もくてきせい)を持(も)って進(すす)んでいくものならば、最終的(さいしゅうてき)な解答(かいとう)へ向(む)かって進(すす)んでいくでしょう。

(역사가 헤겔이 그리고 있는 것 그런 히스토리이고, 이야기이고, 합리적인 목적성을 지니고 나아가는 것이라면, 최종적인 해답으로 향해 나아갈 것이다.)

彼(かれ)らは奴隷(どれい)のなかで、もっとも「凶悪(きょうあく)」な<u>奴隷(どれい)であり</u>、もっとも「犯罪的(はんざいてき)」な<u>奴隷(どれい)であり</u>、奴隷(どれい)でありながら、奴隷(どれい)の世界(せかい)にすら住(す)めない、もっともいやしいパリアとみなされた。

(그들은 노예 중에서 가장 흉악한 노예이고, 가장 범죄적인 노예이며, 노예이면서도 노예 세계에조차 살 수 없는, 가장 천한 불가촉천민(파리아, pariah)으로 간주되었다.)

[2]だれでもわたしによらないでは、: 누구든지 나에 의하지 않고서는. 누구든지 나를 통하지 않으면.「ないでは」는 [형용사「ない」에 조사「～で」「～は」가 붙은 연어(連語 : れんご)]로서「なしには ; 없이는」「なくしては ; 없어서는」에 상당하는 비존재(非存在)의 가정조건을 나타낸다.

　그런데 본 절에서는「わたしによらないでは」와 같이 동사에 접속되어 동사 부정의 가정조건을 나타내는 데에 쓰이고 있다.

[例]自分(じぶん)を凌(しの)ぐものに対(たい)する嫉妬心(しっとしん)を燃(も)やさないでは、政治(せいじ)の世界(せかい)では何事(なにごと)も成就(じょうじゅ)しない。

(자신을 능가하는 사람에 대한 질투심을 불태우지 않으면, 정치의 세계에서는 아무런 일도 성취하지 못한다.)

大体(だいたい)もしもの時(とき)、連絡先(れんらくさき)もわからないでは、どうしようもありません。

(대개 만일의 경우, 연락처도 모르면 어떻게 할 수도 없습니다.)

いくら価値(かち)ある芸術(げいじゅつ)でも、持(も)ち主(ぬし)がその良(よ)さを分(わ)からないでは、そばに置(お)いておくのが落(お)ち着(つ)かないし、また作品(さくひん)にも失礼(しつれい)であろう。

(아무리 가치 있는 예술도 소유자가 그 좋은 점을 알지 못하면, 옆에 놓아두는 것이 조화를 이루지 못하고, 또 작품에도 실례일 것이다.)

しかし、自分(じぶん)の選(えら)び取(と)った人間(にんげん)としての創造(そうぞう)行為(こうい)を誠実(せいじつ)に遂行(すいこう)していく義務(ぎむ)を自(みずか)らに課(か)さないでは、本来(ほんらい)「よい人間(にんげん)」ではありえず、まして「よい人間(にんげん)」として「よく生(い)きる」ことができないであろう。

(그러나 자기가 선택한 인간으로서의 창조 행위를 성실히 수행해 가는 의무를 자신에게 부과하지 않으면 본래「좋은 인간」일 수 없고, 하물며「좋은 인간」으로서「잘 살」수가 없을 것이다.)

[1]もしあなたがたがわたしを知(し)っていたならば、わたしの父(ちち)をも知(し)ったであろう。しかし、今(いま)は父(ちち)を知(し)っており、[2]またすでに父(ちち)を見(み)たのである」。[ヨハネによる福音書 14:7]

(만일 너희가 나를 알고 있었더라면, 내 아버지도 알았을 것이다. 그러나 지금은 아버지를 알고 있고, 또 이미 아버지를 보았다.[14:7])

[1]もしあなたがたがわたしを知(し)っていたならば、: 만일 너희가 나를 알고 있었더라면.「知(し)っていたならば」는「知(し)る」에 과거 시점에 있어서의 동작의 진행을 나타내는「〜ていた」가 접속된「知(し)っていた」에 가정조건「〜ならば」가 후접한 것이다.

[例]精神(せいしん)安定剤(あんていざい)がすでに開発(かいはつ)されていたならば、さぞかし彼(かれ)のポケットにぎっしり詰(つ)まっていたことだろう。

(정신 안정제가 이미 개발되어 있었더라면, 필시 그의 호주머니에 잔뜩 차 있었을 것이다.)

もし彼(かれ)がもっと長(なが)く生(い)きていたならば、偉大(いだい)なエジプトロジストの一人(ひとり)になっていたであろうことは、疑(うたが)いを入(い)れない。

(만일 그가 더 오래 살았더라면 위대한 이집트 고고학자 중의 한 사람이 되어 있었을 것이라는 것은 의심할 여지가 없다.)

キリスト教(きょう)の精神(せいしん)が受容(じゅよう)され研究(けんきゅう)されていたならば、当時(とうじ)日本人(にほんじん)の精神(せいしん)を主(おも)に支(ささ)えていた神道(しんとう)・儒教(じゅきょう)・仏教界(ぶっきょうかい)に対(たい)しても、大(おお)きな思想的(しそうてき)・宗教的(しゅうきょうてき)な影響(えいきょう)を与(あた)えていたことであろう。

(기독교 정신이 수용되어 연구되고 있었더라면, 당시 일본인 정신을 주로 지탱하고 있었던 신도·유교·불교계에 대해서도 커다란 사상적·종교적인 영향을 주고 있었을 것이다.)

[2]またすでに父(ちち)を見(み)たのである : 또 이미 아버지를 보았다. 「すでに」는 애스펙트에 관여하는 부사로서 여기에서는 완료를 나타내는 「見(み)た」와 공기하여 쓰이고 있다.

[例]すでに時間(じかん)が経過(けいか)をしてしまった話題(わだい)ではありますが。

(이미 시간이 다 경과를 한 화제입니다만.)

なぜなら、論文(ろんぶん)では、すでに終(お)わった実験(じっけん)を述(の)べているからである。

(왜냐하면 논문에서는 이미 끝난 실험을 서술하고 있기 때문이다.)

このうち「人口(じんこう)高齢化(こうれいか)要因(よういん)による受療量(じゅりょうりょう)の増加倍率(ぞうかばいりつ)」はそれほどの数値(すうち)ではないことはすでにわかったから、「一人(ひとり)当(あ)たりの受療量(じゅりょうりょう)」の増加(ぞうか)要因(よういん)として、「受診率(じゅしんりつ)」、「一件(いっけん)当(あ)たり日数(にっすう)」、「一日(いちにち)当(あ)たりの受療量(じゅりょうりょう)」のうち、どれが寄与(きよ)しているかをみると、…。

(이 중에서 「인구 고령화 요인에 의한 수료량의 증가배율」은 그 정도의 수치가 아닌 것은 아미 알았기 때문에 「1인당 수료량」의 증가 요인으로, 「수진율」, 「한 건당 일수」, 「1일당 수료량」 중에서 어느 것이 기여하고 있는지를 보면….)

当時(とうじ)は、関西(かんさい)に住(す)んでおりましたが、親戚(しんせき)一同(いちどう)はほぼ、東京(とうきょう)に集中(しゅうちゅう)していたため、すでに社会人(しゃかいじん)だった兄(あに)二人(ふたり)も東京(とうきょう)勤務(きんむ)でございました。

(당시는 간사이에 살고 있었습니다만, 친척 일동은 거의 도쿄에 집중하고 있었기 때문에 이미 사회인이었던 형 둘도 도쿄에서 근무했습니다.)

ピリポはイエスに言(い)った、「主(しゅ)よ、[1]わたしたちに父(ちち)を示(しめ)して下(くだ)さい。[2]そうして下(くだ)されば、わたしたちは満足(まんぞく)します」。[ヨハネによる福音書 14:8]
(빌립이 예수에게 말했다. "주님, 저희에게 아버지를 보여 주십시오. 그렇게 해 주시면 저희는 만족하겠습니다."[14:8])

[1]わたしたちに父(ちち)を示(しめ)して下(くだ)さい : 저희에게 아버지를 보여 주십시오. 「示(しめ)して下(くだ)さい」는 「示(しめ)す」에 의뢰표현 「～て下(くだ)さい」가 접속된 것이다. 「～て下(くだ)さい」의 예를 들면 다음과 같다.

[例]イエスさま、私(わたし)たちが恐(おそ)れて口(くち)を閉(と)じてしまうとき、どうぞ示(しめ)してください。
(예수님, 우리가 두려워서 입을 다물어 버릴 때, 부디 보여 주십시오.)
では、石油(せきゆ)公団(こうだん)についての概要(がいよう)を、ちょっとここで認識(にんしき)を示(しめ)してください。
(그럼, 석유 공단에 관한 개요를 좀 여기에서 인식을 보여 주십시오.)
小学生(しょうがくせい)のクイズです。答(こた)えが分(わ)からないので、教(おし)えて下(くだ)さい。
(초등학생 퀴즈입니다. 답을 모르니 가르쳐 주세요.)
あなたの見(み)たまま、感(かん)じたままの世界(せかい)を見(み)せて下(くだ)さい。
(당신이 본 대로, 느낀 대로의 세계를 보여 주세요.)
大宮(おおみや)さんはいまどちらにいらっしゃるのでしょうか。うちへ帰(かえ)られたのですか。連絡先(れんらくさき)を知(し)らせて下(くだ)さい。
(오미야 씨는 지금 어디에 계십니까? 집에 돌아오셨습니까? 연락처를 알려 주십시오.)

[2]そうして下(くだ)されば : 그렇게 해 주시면. 「して下(くだ)されば」는 「する」에 수수

표현「～て下(くだ)さる」의 가정형「～て下(くだ)されば」이 접속된 것이다.

[例]そうしてくだされば、ぼく、ほんとうに嬉(うれ)しいです。

(그렇게 해 주시면 나는 정말 기쁩니다.)

もし坂田(さかた)部長(ぶちょう)刑事(けいじ)が彼女(かのじょ)の目撃(もくげき)したことをできるだけ詳(くわ)しく聞(き)き出(だ)してくだされば、われわれの審議(しんぎ)に役立(やくだ)つと思(おも)います。

(만일 사카타 부장 형사가 그녀가 목격한 것을 가능한 한 자세히 캐물어 알아내시면, 우리들 심의에 도움이 될 것이라고 생각합니다.)

ご家庭(かてい)におかれましても、公徳心(こうとくしん)や自尊心(じそんしん)の大切(たいせつ)さを、折(お)りに触(ふ)れ、子供(こども)たちに話(はな)してくだされば、動揺(どうよう)も小(ちい)さくて済(す)むと思(おも)われます。

(가정에 있어서도 공중도덕심이나 자존심의 소중함을 그때그때 아이들에게 이야기해 주시면, 동요도 작게 끝날 것으로 생각됩니다.)

イエスは彼(かれ)に言(い)われた、「ピリポよ、こんなに長(なが)くあなたがたと[1]一緒(いっしょ)にいるのに、[2]わたしがわかっていないのか。わたしを見(み)た者(もの)は、父(ちち)を見(み)たのである。どうして、[3]わたしたちに父(ちち)を示(しめ)してほしいと、言(い)うのか。[ヨハネによる福音書 14:9]

(예수께서 그에게 말씀하셨다. "빌립아, 이렇게 오랫동안 너희와 함께 있는데도, 나를 알지 못하느냐? 나를 본 사람은 아버지를 본 것이다. 어찌 저희에게 아버지를 보여 달라고 말하느냐?[14:9])

[1]一緒(いっしょ)にいるのに、: 함께 있는데도.「いるのに」는「いる」에 역접의「～のに」가 접속된 것이다.

[例]近(ちか)くに同学年(どうがくねん)の友(とも)だちがいるのに、遊(あそ)びに行(い)こうとしません。

(근처에 같은 학년의 친구가 있는데도 놀러 가려고 하지 않습니다.)

完璧(かんぺき)な選手(せんしゅ)であったジーコと一緒(いっしょ)にいるのに、なぜ技術(ぎじゅつ)を教(おそ)わらないのか疑問(ぎもん)です。

(완벽한 선수였던 지코가 함께 있는데도 왜 기술을 배우지 않는지 의문입니다.)

全(まった)く別(べつ)のことを考(かんが)えている。こんなにきれいに、空(そら)が、空気(くうき)が青(あお)く染(そ)められている場所(ばしょ)に一緒(いっしょ)にいるのに、全然(ぜんぜん)分(わ)かり合(あ)えていないんだ。

(전혀 다른 것을 생각하고 있다. 이렇게 깨끗하게 하늘이, 공기가 파랗게 물들어 있는 곳에 함께 있는데도 전혀 서로 이해하지 못하고 있다.)

[2]わたしがわかっていないのか : 나를 알지 못하느냐?「わたしがわかっていない」의「わたしが」는「わかっていない」의 대상을 나타내기 때문에 이때의「〜が」는 주격이 아니라 대상격조사로 불린다.

[例]それに、人間(にんげん)というものがわかっていないわけではない。

(게다가 인간이라는 것을 알지 못하는 것은 아니다.)

サービスの悪(わる)い店(みせ)にもう1回(いっかい)行(い)こうと誘(さそ)う男(おとこ)は、サービス精神(せいしん)がわかっていない。

(서비스가 나쁜 가게에 다시 한 번 가자고 권유하는 남자는 서비스 정신을 알지 못한다.)

自分(じぶん)が31(さんじゅういち)にもなって社会人(しゃかいじん)としての常識的(じょうしきてき)なことがわかっていないのに!! なぜ私(わたし)にあたるのか?

(자기가 31이나 되어 사회인으로서의 상식적인 것을 알지 못하면서도 왜 내게 화풀이하는 것인가?)

[3]わたしたちに父(ちち)を示(しめ)してほしいと、言(い)うのか : 저희에게 아버지를 보

여 달라고 말하느냐?「示(しめ)してほしい」는「示(しめ)す」에 화자의 희망을 나타내는「〜てほしい；〜해 주었으면 하다」가 접속된 것인데, 인용의「〜と言(い)う」절에 삽입됨에 따라 한국어로는「〜해 달라고 하다」에 상당하는 뜻을 나타낸다.

[例]でも最初(さいしょ)ボブはおとなしい曲(きょく)は<u>やめてほしいと言(い)った</u>。

(하지만 처음으로 밥은 얌전한 곡은 그만둬 달라고 말했다.)

ここ半年(はんとし)ストーカーに付(つ)きまとわれているようなので<u>調査(ちょうさ)してほしいというのだ</u>。

(최근 반년 동안 스토커가 따라다니고 있는 것 같아서 조사해 달라고 말하는 것이다.)

そして、子(こ)[生後(せいご)四ヶ月(よんかげつ)]持(も)ちの義妹(ぎまい)が、引(ひ)っ越(こ)しの際(さい)、<u>手伝(てつだ)ってほしいと言(い)われた</u>日(ひ)が急遽(きゅうきょ)その友達(ともだち)と約束(やくそく)していた日(ひ)に決定(けってい)してしまいました。

(그리고 아이(생후 4개월)가 있는 의매(손아래 시누이·손아래 올케·계수(季嫂) 등)가 이사할 때, 도와 달라고 한 날이 급거 그 친구와 약속하고 있던 날로 결정하고 말았습니다.)

[1]わたしが父(ちち)におり、父(ちち)がわたしにおられることをあなたは信(しん)じないのか。わたしがあなたがたに話(はな)している言葉(ことば)は、自分(じぶん)から話(はな)しているのではない。[2]父(ちち)がわたしのうちにおられて、[3]みわざをなさっているのである。[ヨハネによる福音書 14:10]

(내가 아버지에게 있고, 아버지께서 내게 계시는 것을 너는 믿지 않느냐? 내가 너희에게 이야기하고 있는 말은 내가 스스로 이야기하고 있는 것이 아니다. 아버지께서 내 안에 계시면서 일을 하시고 있는 것이다.[14:10])

[1]わたしが父(ちち)におり、父(ちち)がわたしにおられることを : 내가 아버지에게 있고, 아버지께서 내게 계시는 것을.「わたしが父(ちち)におり、父(ちち)がわたしにおられる」는「내가 아버지에게 있고, 아버지께서 내게 계시는 것을」인데, 타 번역본에서는 어떻게 표현하고 있는지 살펴보자.

  [例]わたしが父(ちち)におり、父(ちち)がわたしにおられることを、[新改訳1970]

    (내가 아버지에게 있고, 아버지께서 내게 계시는 것을,)

  わたしが父(ちち)におり、父(ちち)がわたしにいたもうことを信(しん)じないのか。[前田訳1978]

    (내가 아버지에게 있고, 아버지께서 내게 계시는 것을 믿지 않느냐?)

  わたしが父上(ちちうえ)の中(なか)に、父上(ちちうえ)がわたしの中(なか)におられることを、[塚本訳1963]

    (내가 아버지 안에, 아버지께서 내 안에 계시는 것을,)

  わたしが父(ちち)の内(うち)におり、父(ちち)がわたしの内(うち)におられることを、[新共同訳1987]

    (내가 아버지 안에 있고, 아버지께서 내 안에 계시는 것을,)

  私(わたし)が父(ちち)のうちにおり、父(ちち)が私(わたし)のうちにいることを、[岩波翻訳委員会訳1995]

    (내가 아버지 안에 있고, 아버지께서 내 안에 있는 것을,)

[2]父(ちち)がわたしのうちにおられて、: 아버지께서 내 안에 계시면서.「わたしのうちにおられて」의「おられて」는「いる」의 レル형 경어「おられる」의 テ형인데, 구어역 신약성서에서는 본 절의 예가 유일하다.

  [例]あいかわらず城南(じょうなん)の離宮(りきゅう)におられて、今年(ことし)は二年目(にねんめ)になられた。

    (변함없이 성남 이궁[鳥羽離宮(とばりきゅう)]에 계시고, 올해가 2년째가 되셨다.)

なぜためらいがあるかというと、障害者(しょうがいしゃ)の人(ひと)たちが現実(げんじつ)におられて、その人(ひと)たちに、自分(じぶん)たち障害者(しょうがいしゃ)は淘汰(とうた)されるのではないかと短絡的(たんらくてき)に受(う)け止(と)められてしまい、自分(じぶん)たちの人権(じんけん)が損(そこ)なわれるのではないかという恐(おそ)れを抱(だ)かせるかもしれないという危険性(きけんせい)があることを、私(わたし)たちは常(つね)に頭(あたま)に入(い)れておかなければいけないと思(おも)います。

(왜 주저함이 있는가 하면, 장애자 사람들이 현실에 계시고, 그 사람들에게 자기들 장애자는 도태되는 것이 아닌가 하고 단락적으로 받아들여지고 말아, 자기들 인권이 훼손당하는 것은 아닌가 하는 우려를 품게 할지도 모른다고 하는 위험성이 있는 것을, 우리들은 항상 염두에 두어야 한다고 생각합니다.)

[3]みわざをなさっているのである : 일을 하시고 있는 것이다. 「みわざ」는 「わざ」에 존경의 접두사 「み」가 접속된 것으로 <父(ちち)>에 관해 쓰이고 있다. 그리고 「なさっている」는 「している」의 「して」가 특정형 경어로 쓰인 것이다.

[例]私(わたし)は神(かみ)の手(て)のうちにあるのです―そのご意志(いし)に従(したが)って、神(かみ)は私(わたし)と同(おな)じことをなさっているのです。

(나는 하나님의 손 안에 있는 것입니다. - 그 의지에 따라, 하나님께서는 나와 같은 일을 하시고 있는 것입니다.)

皇族(こうぞく)の方々(かたがた)は、私(わたし)たちよりずっとお言葉(ことば)にはお気遣(きづか)いをなさっている。お立場上(たちばじょう)、ひとことのお言葉(ことば)が重(おも)い意味(いみ)をもたれるので、当然(とうぜん)といえば当然(とうぜん)ではある。

(황족 분들은 우리들보다 훨씬 말씀에는 신경을 쓰시고 있다. 신분상 한마디 말씀이 무거운 의미를 지니기 때문에 당연하다고 하면 당연하다.)

自衛官(じえいかん)の募集(ぼしゅう)に係(かか)わる業務(ぎょうむ)以外(いがい)に、この地方(ちほう)連絡部(れんらくぶ)、主(おも)にどのような業務(ぎょうむ)をなさっているのか、これを聞(き)いてみたいと思(おも)います。
(자위관 모집에 관련된 업무 이외에 이 지역 연락부, 주로 어떤 업무를 하시고 있는가, 이것을 물어 보았으면 합니다.)

わたしが父(ちち)におり、父(ちち)がわたしにおられることを信(しん)じなさい。もし[1]それが信(しん)じられないならば、[2]わざそのものによって信(しん)じなさい。[ヨハネによる福音書 14:11]
(내가 아버지 안에 있고, 아버지께서 내 안에 계시는 것을 믿어라. 만일 그것을 믿을 수 없다면, 일 그 자체에 의해 믿어라.[14:11])

[1]それが信(しん)じられないならば、: 그것을 믿을 수 없다면. 「信(しん)じられないならば」는 「信(しん)ずる・信(しん)じる」의 가능 「信(しん)じられる」의 부정인 「信(しん)じられない」에 가정조건을 나타내는 「〜ならば」가 접속된 것이다.
　[例]「無(な)い物(もの)ない! 言(い)うことが信(しん)じられないなら他(ほか)で探(さが)したら?」
　(「없는 것은 없다! 말하는 것을 믿을 수 없다면 다른 데에서 찾는 것이 어때?」)
　人(ひと)が信(しん)じられないなら、友達(ともだち)を持(も)たずにいましょう。もし人(ひと)が信(しん)じられるのなら、あなただけは素直(すなお)な気持(きも)ちで誠心誠意(せいしんせいい)付(つ)き合(あ)いましょう。
　(사람을 믿을 수 없다면, 친구를 만들지 않고 있겠습니다. 만일 사람을 믿을 수 있다면, 당신만은 순수한 기분으로 성심성의로 사귀겠습니다.)

[2]わざそのものによって信(しん)じなさい : 일 그 자체에 의해 믿어라. 「わざ」는 <イエ

ス>가 하는 일을 가리킨다.

타 번역본에서 이 부분을 어떻게 다루고 있는지 살펴보자.

[例](わたしがする)業(わざ)そのものによって信(しん)ぜよ。[塚本訳1963]

((내가 하는) 일 그 자체에 의해 믿어라.)

わざによって信(しん)じなさい。[新改訳1970]

(일에 의해 믿어라.)

わざ自体(じたい)によって信(しん)ぜよ。[前田訳1978]

(일 자체에 의해 믿어라.)

業(わざ)そのものによって信(しん)じなさい。[新共同訳1987]

(일 그 자체에 의해 믿어라.)

業(わざ)そのもののゆえに信(しん)じなさい。[岩波翻訳委員会訳1995]

(일 그 자체 때문에 믿어라.)

よくよくあなたがたに言(い)っておく。わたしを信(しん)じる者(もの)は、またわたしのしているわざをするであろう。[1]そればかりか、[2]もっと大(おお)きいわざをするであろう。わたしが父(ちち)のみもとに行(い)くからである。[ヨハネによる福音書14:12]

(분명히 너희에게 말해 둔다. 나를 믿는 사람은 또한 내가 하고 있는 일을 할 것이다. 그뿐 아니라, 더 큰 일을 할 것이다. 내가 아버지께서 계신 곳에 가기 때문이다.[14:12])

[1]そればかりか : 그뿐 아니라. 「そればかりか」는 지시대명사 「それ」에 복합조사 「~ばかりか[許りか]」가 붙어 접속사화한 것으로 「그뿐만 아니라」의 뜻을 나타낸다.

[例]だから、わたしがそちらへ行(い)った時(とき)、彼(かれ)のしわざを指摘(してき)しようと思(おも)う。彼(かれ)は口(くち)ぎたなくわたしたちを罵(ののし)り、<u>そればか</u>

りか、兄弟(きょうだい)たちを受(う)け入(い)れようともせず、受(う)け入(い)れようとする人(ひと)たちを妨(さまた)げて、教会(きょうかい)から追(お)い出(だ)している。[口語訳/ヨハネの第三の手紙 1:10]

(그러므로 내가 그쪽으로 갔을 때, 그가 한 짓을 지적하려고 생각한다. 그는 입정 사납게 우리를 매도하고 그뿐만 아니라, 형제들을 받아들이려고도 하지 않고 받아들이려고 하는 사람들을 방해해서, 교회에서 내쫓고 있다.)[요한삼서 1:10]

そればかりか、風(かぜ)の強(つよ)い日(ひ)はゴミが目(め)に入(はい)って痛(いた)いし、目(め)の充血(じゅうけつ)も気(き)になりました。
(그뿐만 아니라, 바람이 강한 날에는 먼지가 눈에 들어와서 아프고, 눈의 충혈도 걱정이 되었습니다.)

そればかりか、五十万円(ごじゅうまんえん)を借(か)りた礼(れい)を言(い)うために、縫子(ぬいこ)が家(いえ)を訪(たず)ねて来(き)たという話(はなし)もしなかった。
(그뿐만 아니라 50만 엔을 빌린 인사를 하기 위해 누이코가 집을 방문해 왔다고 하는 이야기도 하지 않았다.)

[2] もっと大(おお)きいわざをするであろう: 더 큰 일을 할 것이다. 「大(おお)きいわざ」의 「大(おお)きい」는 상대적인 대소를 가리키기 때문에 절대적인 대소를 나타내는 「大(おお)きな」와 의미적 차이가 있다.

 타 번역본에서는 절대적인 대소를 나타내는 「大(おお)きな」가 사용되고 있는데 이러한 구별을 반영하고 있는지에 관해서는 추측의 영역에서 벗어나지 않는다.

[例] いや、それよりももっと大(おお)きな業(わざ)をすることができる。[塚本訳1963]
　　(아니, 그것보다도 더 큰 일을 할 수 있다.)
　　またそれよりもさらに大(おお)きなわざを行(おこ)ないます。[新改訳1970]

(또 그것보다도 더 큰 일을 행합니다.)

否(いな)、それよりも大(おお)きなわざをしよう。[前田訳1978]

(아니, 그것보다도 큰일을 하자.)

また、もっと大(おお)きな業(わざ)を行(おこな)うようになる。[新共同訳1987]

(그리고 더 큰일을 행하게 된다.)

それより大(おお)いなることも行(おこ)なうようになる。[岩波翻訳委員会訳1995]

(그것보다 큰일도 행하게 된다.)

[1]わたしの名(な)によって願(ねが)うことは、[2]何(なん)でも叶(かな)えてあげよう。[3]父(ちち)が子(こ)によって栄光(えいこう)をお受(う)けになるためである。[ヨハネによる福音書 14:13]

(내 이름으로 원하는 것은 무엇이든지 이루어 주겠다. 아버지께서 아들에 의해 영광을 받으시기 위해서이다.[14:13])

[1]わたしの名(な)によって願(ねが)うことは、: 내 이름으로 원하는 것은. 「願(ねが)う」는 「원하다 / 청하다 / 부탁하다」에 상당하는 뜻을 나타낸다.

　[例]彼女(かのじょ)の願(ねが)うものは、何(なん)でも与(あた)えようと、彼(かれ)は誓(ちか)って約束(やくそく)までした。[口語訳 / マタイによる福音書 14:7]

　(그 소녀가 원하는 것은 무엇이든지 주겠다고 그는 맹세하고 약속까지 하였다.)[마태복음 14:7]

　イエスは彼(かれ)らに「何(なに)をしてほしいと、願(ねが)うのか」と言(い)われた。[口語訳 / マルコによる福音書 10:36]

　(예수께서 그들에게 "무엇을 해 주기를 원하는 것이냐?"고 말씀하셨다.) [마가복음 10:36][54]

---

54) [口語訳 / マルコによる福音書 10:36]에서 인용.

[2]何(なん)でも叶(かな)えてあげよう : 무엇이든지 이루어 주겠다. 「叶(かな)えてあげよう」는 「叶(かな)える ; 이루어 주다 / 뜻대로 하게 하다 / 들어주다」에 수수표현 「〜てあげる」가 접속하고, 그 전체에 화자의 의지를 나타내는 조동사 「〜よう」가 후접한 것이다.

[例]どんなことでもいってみるがいい。できることなら喜(よろ)んで望(のぞ)みを叶(かな)えてあげるから。

(어떤 일이라도 말해 보아라. 할 수 있다면, 기꺼이 소망을 이루어 줄 테니까.)

三人(さんにん)の男(おとこ)が女(おんな)の仙人(せんにん)に出会(であ)いました。仙女(せんじょ)は男(おとこ)たちに、一つ(ひと)ずつ願(ねが)いを叶(かな)えてあげることにしました。

(세 명의 남자가 선녀를 만났습니다. 선녀는 남자들에게 하나씩 청을 이루어 주기로 했습니다.)

[3]父(ちち)が子(こ)によって栄光(えいこう)をお受(う)けになるためである : 아버지께서 아들에 의해 영광을 받으시기 위해서이다. 「栄光(えいこう)をお受(う)けになる」는 「栄光(えいこう)を受(う)ける」의 ナル형 경어로 <父(ちち)>를 높이기 위해 사용되고 있다.

[1]何事(なにごと)でもわたしの名(な)によって願(ねが)うならば、わたしはそれをかなえてあげよう。[ヨハネによる福音書 14:14]

(무슨 일이든지 내 이름으로 원하면 나는 그것을 이루어 주겠다.[14:14])

[1]何事(なにごと)でも : 무슨 일이든지. 「何事(なにごと)でも」는 복합명사 「何事(なにごと) ; 어떤 일 / 무슨 일」에 부조사 「〜でも」가 접속한 것으로 「무슨 일이든지 / 무엇이든지」에 상당하는 뜻을 나타낸다.

[例]だから、何事(なにごと)でも人々(ひとびと)からしてほしいと望(のぞ)むことは、人々(ひとびと)にもそのようにをせよ。これが律法(りっぽう)であり、予言者(よげんしゃ)である。

(따라서 무슨 일이든지 남들로부터 해 달라고 바라는 것은 사람들에게도 그와 같이 해라. 이것이 율법이고 예언자이다.)

しかし、とかく悲観的(ひかんてき)に物事(ものごと)を考(かんが)えるようになると困(こま)ります。何事(なにごと)でもまず、最悪(さいあく)のケースを考(かんが)えてしまうからです。

(그러나 아무튼 비관적으로 사건을 생각하게 되면 곤란합니다. 무슨 일이든지 우선 최악의 케이스를 생각해 버리기 때문이다.)

何事(なにごと)でも良(よ)いことをはじめようとすると、その直後(ちょくご)に問題(もんだい)が起(お)こったり、失敗(しっぱい)したりで失望(しつぼう)することがあります。しかし、それを越(こ)えたところにいつも勝利(しょうり)があり、喜(よろこ)びが輝(かがや)きます。

(무슨 일이든지 좋은 것을 시작하려고 하면, 그 직후에 문제가 일어나거나 실패하거나 해서 실망하는 경우가 있습니다. 그러나 그것을 넘은 곳에 언제나 승리가 있고, 기쁨이 빛납니다.)

《67》[ヨハネによる福音書 14:15 - 14:24]

もしあなたがたが[1]わたしを愛(あい)するならば、[2]わたしの戒(いまし)めを守(まも)るべきである。[ヨハネによる福音書 14:15]
(만일 너희가 나를 사랑한다면 내 계명을 지켜야 한다.[14:15])

[1]わたしを愛(あい)するならば、: 나를 사랑한다면.「愛(あい)するならば」는「愛(あ

い)する」에 가정조건을 나타내는 「～ならば」가 접속된 것으로 구어역 신약성서에서 본 절 [14:15]와 [14:23]에 2회 등장하고 있다.

[2]わたしの戒(いまし)めを守(まも)るべきである : 내 계명을 지켜야 한다. 「守(まも)るべきである」는 「守(まも)る」에 당위성을 나타내는 「～べきである」가 접속된 것이다.

[例]パンクしたタイヤを交換(こうかん)する人(ひと)は次(つぎ)の三(みっ)つの重要(じゅうよう)な安全(あんぜん)方法(ほうほう)を守(まも)るべきである。
(펑크가 난 타이어를 교환하는 사람은 다음 세 가지 중요한 안전 방법을 지켜야 한다.)

彼(かれ)は勇義忠孝(ゆうぎちゅうこう)の士(し)で、その名声(めいせい)は今(いま)でも慕(した)われている。「人(ひと)の道(みち)に従(したが)うよう勧(すす)め、議(ぎ)を守(まも)るべきである。そうすれば自(おの)ずから名声(めいせい)は付(つ)いて来(く)るものだ」という、まさにその通(とお)りだ。
(그는 용의충효의 인사로, 그 명성은 지금도 경모되고 있다. 「사람의 도를 따르도록 권하고 의를 지켜야 한다. 그렇게 하면 저절로 명성은 따라 오는 법이다.」라는 정말 말씀 그대로이다.)

[1]わたしは父(ちち)にお願(ねが)いしよう。そうすれば、[2]父(ちち)は別(べつ)に助(たす)け主(ぬし)を送(おく)って、[3]いつまでもあなたがたと共(とも)におらせて下(くだ)さるであろう。[ヨハネによる福音書 14:16]
(나는 아버지께 부탁드리겠다. 그러면 아버지께서는 따로 보혜사(保惠師)를 보내 언제까지나 너희와 함께 있게 해 주실 것이다.[14:16])

[1]わたしは父(ちち)にお願(ねが)いしよう : 나는 아버지께 부탁드리겠다. 「お願(ねが)いしよう」는 「願(ねが)う」의 겸양어I인 「お願(ねが)いする」에 의지를 나타내

는「〜よう」가 결합한 것이다.

[2] 父(ちち)は別(べつ)に助(たす)け主(ぬし)を送(おく)って、: 아버지께서는 따로 보혜사(保惠師)를 보내.「助(たす)け主(ぬし)」는 구어역 신약성서에서 총 6회 사용되고 있는데, 요한복음에서는 본 절 [14:16]과 [14:26][15:26][16:7]과 같이 4회「보혜사」(표준새번역)로 등장하고, 히브리서 [13:6]에서는「도우시는 분」(표준새번역), 요한일서[2:1]에서는「변호해 주시는 분」(표준새번역)으로 되어 있다.

그리고 본 절에 관해서는 한국어 번역본에서는 [개역개정]「보혜사」· [개역한글]「보혜사」· [공동번역]「협력자」· [표준새번역]「보혜사」· [우리말성경]「보혜사」와 같이 나와 있다. 이에 여기에서는「보혜사」로 번역해 둔다.

한편 일본어의 타 번역본에서는 다음과 같이 쓰이고 있다.

[例] 父(ちち)はもうひとりの助(たす)け主(ぬし)をあなたがたにお与(あた)えになります。[新改訳1970]

(아버지께서는 또 한 사람의 보혜사를 너희에게 주십니다.)

父(ちち)は別(べつ)の助(たす)け主(ぬし)をあなた方(がた)にお与(あた)えになって、[前田訳1978]

(아버지께서 다른 보혜사를 너희에게 보내셔서,)

(わたしに代(か)わる)ほかの弁護者(べんごしゃ)をおくっていただき、[塚本訳1963]

((나를 대신할) 다른 변호자를 보내 주셔서,)

父(ちち)は別(べつ)の弁護者(べんごしゃ)を遣(つか)わして、[新共同訳1987]

(아버지께서는 다른 변호자를 보내서,)

父(ちち)はもう一人(ひとり)の弁護者(べんごしゃ)を、[岩波翻訳委員会訳1995]

(아버지께서는 또 한 사람의 변호자를,)

[3]いつまでもあなたがたと共(とも)におらせて下(くだ)さるであろう: 언제까지나 너희와 함께 있게 해 주실 것이다. 「おらせて下(くだ)さる」는 「いる」의 겸양어Ⅱ(정중어)인 「おる」의 사역 「おらせる」에 수수표현 「～て下(くだ)さる」가 접속된 것이다.

[1]それは真理(しんり)の御霊(みたま)である。[2]この世(よ)はそれを見(み)ようともせず、[3]知(し)ろうともしないので、それを受(う)けることができない。あなたがたはそれを知(し)っている。なぜなら、それはあなたがたと共(とも)におり、またあなたがたのうちにいるからである。[ヨハネによる福音書 14:17]
(그는 진리의 영이시다. 이 세상은 그를 보려고도 하지 않고, 알려고도 하지 않아, 그를 받아들일 수 없다. 너희는 그를 알고 있다. 왜냐하면, 그는 너희와 함께 있고, 또 너희 안에 있기 때문이다.[14:17])

[1]それは真理(しんり)の御霊(みたま)である: 그는 진리의 영이시다. 「それ」는 사물을 나타내는 지시대명사인데 본 절에서는 인대명사로 쓰이고 있고, 지시대상이 「御霊(みたま)」라는 점에서 경의도는 높은 것으로 해석된다.

[2]この世(よ)はそれを見(み)ようともせず、: 이 세상은 그를 보려고도 하지 않고. 「見(み)ようともせず」는 「見(み)る」의 미연형에 화자의 의지를 표명하는 「～ようとする」의 부정인 「～ようとせず」가 접속하고 거기에 부조사 「～も」가 삽입된 것이다.
[例]薬(くすり)をやめようともせず、約束(やくそく)も守(まも)らないどうしようもない人間(にんげん)だと。
(약을 그만두려고도 하지 않고, 약속도 지키지 않은, 어쩔 수도 없는 사람이라고.)
部屋(へや)から出(で)て姿(すがた)を見(み)せようともせず、ましてや、お礼(れい)の一言(ひとこと)も言(い)わないとは…。
(방에서 나와 모습을 보이려고도 하지 않고, 하물며 고맙다는 감사의 말

한 마디도 하지 않다니….)

スティーヴンは答(こた)えようともせず、ベビーシッターが来(き)たらすぐに出(で)けられるようにエレベーターの前(まえ)で待(ま)っている。

(스티븐은 대답하려고도 하지 않고, 베이비시터가 오면 금방 나갈 수 있도록 엘리베이터 앞에서 기다리고 있다.)

[3] 知(し)ろうともしないので、: 알려고도 하지 않아. 「知(し)ろうともしない」는 「知(し)る」의 미연형에 화자의 의지를 표명하는 「～うとする」의 부정인 「～うとしない」가 접속하고 거기에 부조사 「～も」가 삽입된 것이다.

[例] いったん人(ひと)の言(い)うことを嘘(うそ)だと決(き)めつけたら、興味(きょうみ)を失(うしな)って話(はなし)を聞(き)こうともしない。

(일단 남이 하는 말을 거짓이라고 정해 버리면 흥미를 잃고 이야기를 들으려고도 하지 않는다.)

今(いま)の若者(わかもの)のほとんどは、彼(かれ)の現役(げんえき)時代(じだい)は知(し)らないし、知(し)ろうともしないでしょうから。

(지금 젊은 사람의 대부분은 그의 현역 시절은 모르고 알려고도 하지 않으니까요?)

あなたには、ぼくの気持(きも)ちなど何(なに)もわかっていないし、わかろうともしない。なぜですか?

(당신은 내 기분 같은 것은 아무것도 모르고 알려고도 하지 않는다. 무슨 이유입니까?)

わたしはあなたがたを捨(す)てて[1]孤児(こじ)とはしない。あなたがたのところに帰(かえ)って来(く)る。[ヨハネによる福音書 14:18]

(나는 너희를 버려서 고아로는 만들지 않겠다. 너희가 있는 곳에 돌아오겠다.[14:18])

[1]孤児(こじ)とはしない : 고아로는 만들지 않겠다. 「孤児(こじ)とはしない」는 「孤児(こじ)にする」의 문장체적 말씨 「孤児(こじ)とする」의 부정인 「孤児(こじ)としない」에 특립(特立)을 나타내는 「～は」가 접속된 것이다. 타 번역본에서는 어떻게 다루고 있는지 살펴보자.

[例]あなた達(たち)を孤児(こじ)にはしておかない。[塚本訳1963]

(너희를 고아로는 내버려두지 않겠다.)

あなたがたを捨(す)てて孤児(こじ)にはしません。[新改訳1970]

(당신들을 버려서 고아로는 만들지 않겠습니다.)

あなた方(がた)を孤児(こじ)のままではおかない。[前田訳1978]

(너희를 고아인 채로 버려두지 않겠다.)

あなたがたをみなしごにはしておかない。[新共同訳1987]

(너희를 고아로 내버려두지 않겠다.)

あなたがたをみなし児(ご)のままにしておくつもりではない。[岩波翻訳委員会訳1995]

(너희를 고아인 채로 내버려 둘 생각은 아니다.)

[1]もうしばらくしたら、世(よ)はもはやわたしを見(み)なくなるだろう。しかし、あなたがたはわたしを見(み)る。[2]わたしが生(い)きるので、あなたがたも生(い)きるからである。[ヨハネによる福音書 14:19]

(이제 조금 있으면, 세상은 더 이상 나를 보지 못하게 될 것이다. 그러나 너희는 나를 본다. 내가 살아서 너희도 살기 때문이다.[14:19])

[1]もうしばらくしたら、: 이제 조금 있으면. 「しばらくしたら」는 「しばらく」에 자동사로 쓰이는 「する;(시간의 경과를 나타내는 말을 같이 쓰여) 지나다」의 「したら」가 접속된 것으로 「조금 있으면 / 잠시 후」에 상당하는 뜻을 나타낸다.

[例]きっと、しばらくしたら、向(む)こうから、電話(でんわ)がかかってくるでしょう。

(틀림없이 조금 있으면 그쪽에서 전화가 걸려올 것입니다.)

彼(かれ)らが二人(ふたり)だけで話(はな)したいからと地下室(ちかしつ)へ降(お)りて行(い)って<u>しばらくしたら</u>、叫(さけ)び声(ごえ)が聞(きこ)えてきた。

(그들이 둘이서만 이야기하고 싶다고 하며 지하실로 내려가고 나서 잠시 후, 큰소리로 외치는 소리가 들려 왔다.)

そして<u>しばらくしたら</u>、ご主人(しゅじん)から電話(でんわ)があって「先生(せんせい)ありがとうございます。ほんとにホトホト参(まい)ったんです。どうやって説得(せっとく)してやめさせたんですか。

(그리고 잠시 후, 그 사람 남편으로부터 전화가 와서「선생님, 감사합니다. 정말이지 몹시 애를 먹었습니다. 어떻게 해서 설득해서 그만두게 했습니까?)

[2] わたしが生(い)きるので、あなたがたも生(い)きるからである : 내가 살아서 너희도 살기 때문이다. 「生(い)きるので」는 「生(い)きる」에 원인·이유를 나타내는 「～ので」가 접속된 것이고, 「生(い)きるからである」는 「生(い)きる」에 원인·이유를 나타내는 「～からである」가 후접한 것이다.

그러면, 타 번역본에서는 어떻게 표현하고 있는지 살펴보자.

[예] わたしは(死(し)んでまた)生(い)き、(それによって)あなた達(たち)も生(い)きるからである。[塚本訳1963]

(나는 (죽고 다시) 살아서, (그것에 의해) 너희도 살기 때문이다.)

わたしが生(い)きるので、あなたがたも生(い)きるからです。[新改訳1970]

(내가 살아서 당신들도 살기 때문입니다.)

わたしは生(い)き、あなた方(がた)も生(い)きようから。[前田訳1978]

(나는 살고, 너희도 살 것이기 때문에.)

わたしが生(い)きているので、あなたがたも生(い)きることになる。[新共同訳1987]

(내가 살고 있어서 너희도 살게 된다.)

私(わたし)は生(い)きており、あなたがたも生(い)きるようになるからである。[岩波翻訳委員会訳1995]

(나는 살고 있고, 너희도 살게 되기 때문이다.)

その日(ひ)には、わたしはわたしの父(ちち)におり、あなたがたはわたしにおり、また、わたしがあなたがたにおることが、[1]わかるであろう。[ヨハネによる福音書 14:20]

(그 날에는 나는 너희 아버지 안에 있고, 너희는 내 안에 있고 또 내가 너희에게 있는 것을 알 것이다.[14:20])

[1]わかるであろう : 알 것이다. 「わかるであろう」는 「わかる」에 「〜だろう」의 문장체적 말씨인 「〜であろう」가 접속된 것이다.

[例]このような例(れい)から、両者(りょうしゃ)のあり得(え)る関係(かんけい)はわかるであろう。

(이와 같은 예에서 양자가 있을 수 있는 관계는 알 것이다.)

私(わたし)の生活(せいかつ)を見(み)ていれば、どれだけ桑田(くわた)によって振(ふ)り回(まわ)されていたかわかるであろう。

(내 생활을 보고 있으면, 얼마나 구와타에 의해 휘둘리고 있었는가 알 것이다.)

読者(どくしゃ)は本書(ほんしょ)を一読(いちどく)、いや一瞥(いちべつ)されるだけで、それがいかに甚(はなは)だしい的(まと)はずれの言(い)いがかりであるかわかるであろう。

(독자는 본서를 일독, 아니 일별하시는 것만으로 그것이 얼마나 엄청난, 요점에서 벗어난 트집인가 알 것이다.)

[1]わたしの戒(いまし)めを心(こころ)に抱(いだ)いてこれを守(まも)る者(もの)は、わたしを愛(あい)する者(もの)である。[2]わたしを愛(あい)する者(もの)は、わたしの父(ちち)に愛(あい)されるであろう。わたしもその人(ひと)を愛(あい)し、その人(ひと)にわたし自身(じしん)を現(あら)わすであろう」。[ヨハネによる福音書 14:21]

(내 계명을 마음속에 간직하여 이것을 지키는 사람은 나를 사랑하는 사람이다. 나를 사랑하는 사람은 내 아버지에게 사랑을 받을 것이다. 나도 그 사람을 사랑하고 그 사람에게 내 자신을 나타낼 것이다.[14:21])

[1]わたしの戒(いまし)めを心(こころ)に抱(いだ)いて : 내 계명을 마음속에 간직하여. 「心(こころ)に抱(いだ)く」는 「마음속에 담다 / 마음속에 간직하다」의 뜻을 나타낸다. 타 번역본에서는 이 부분을 어떻게 표현하고 있는지 살펴보자.

　[例]わたしの掟(おきて)をたもち, [塚本訳1963]

　　(내 계명을 유지하고,)

　　わたしの戒(いまし)めを保(たも)ち, [新改訳1970]

　　(내 계명을 유지하고,)

　　わがいましめを保(たも)って[前田訳1978]

　　(내 계명을 유지하고,)

　　わたしの掟(おきて)を受(う)け入(い)れ, [新共同訳1987]

　　(내 계명을 받아들이고,)

　　人(ひと)が私(わたし)の命令(めいれい)を保(たも)ち, [岩波翻訳委員会訳1995]

　　(사람들이 내 명령을 유지하고,)

[2]わたしを愛(あい)する者(もの)は、わたしの父(ちち)に愛(あい)されるであろう : 나를 사랑하는 사람은 내 아버지에게 사랑을 받을 것이다. 이 부분은 「わたしの父(ち

ち)はわたしを愛(あい)する者(もの)を愛(あい)するであろう；내 아버지는 나를 사랑하는 사람을 사랑할 것이다」의 수동문의 성분이 도치된 것이다.

[例]彼(かれ)について思(おも)うときには、「神(かみ)に愛(あい)される者(もの)は早死(はやじ)にする」という言葉(ことば)を思(おも)い出(だ)します。
(그에 관해 생각할 때에는,「하나님에게 사랑받는 사람은 일찍 죽는다.」고 하는 말을 상기합니다.)

この人(ひと)は見(み)る目(め)がないな～。あとで後悔(こうかい)するわよ。私(わたし)はもっと素敵(すてき)な人(ひと)に愛(あい)されるから。
(이 사람은 보는 눈이 없구나. 나중에 후회할 거야. 나는 더 멋진 사람에게 사랑을 받으니까.)

彼(かれ)は積極的(せっきょくてき)な女性(じょせい)が好(す)きで、女性(じょせい)に愛(あい)されるのが好(す)きだった。
(그는 적극적인 여성을 좋아하고, 여성에게 사랑받는 것을 좋아했다.)

イスカリオテでない方(ほう)のユダがイエスに言(い)った、「主(しゅ)よ、[1]あなたご自身(じしん)をわたしたちに現(あら)わそうとして、[2]世(よ)には現(あら)わそうとされないのはなぜですか」。[ヨハネによる福音書 14:22]
(이스가리옷이 아닌 쪽의 유다가 예수에게 말했다. "주님, 주님께서는 자신을 저희에게 나타내려고 하면서 세상에는 나타내려고 하시지 않는 것은 어째서입니까?"[14:22])

[1]あなたご自身(じしん)をわたしたちに現(あら)わそうとして、: 주님께서는 자신을 저희에게 나타내려고 하면서.「ご自身(じしん)」은「自身(じしん)」에 존경의 접두사「ご」가 접속된 것으로 <イエス=主(しゅ)>를 높이는 데에 쓰이고 있다.「現(あら)わそうとして」는「現(あら)わす」의 미연형에 화자의 의사 결정을 나타내는「～うとする」의 テ형이 접속된 것이다.

[例]すべての事(こと)は父(ちち)からわたしに任(まか)せられています。そして、子(こ)を知(し)る者(もの)は父(ちち)のほかにはなく、父(ちち)を知(し)る者(もの)は、<u>子(こ)と、父(ちち)を現(あら)わそうとして子(こ)が選(えら)んだ者(もの)</u>とのほかに、だれもありません。[口語訳 / マタイによる福音書 11:27]

(모든 것은 아버지로부터 내게 맡겨져 있습니다. 그리고 아들을 아는 사람은 아버지 이외에는 없고, 아버지를 아는 사람은, 아들과 아버지를 나타내려고 해서 아들이 고른 사람 이외에 아무도 없습니다.)[마태복음 11:27]

すべての事(こと)は父(ちち)からわたしに任(まか)せられています。そして、子(こ)がだれであるかは、父(ちち)のほか知(し)っている者(もの)はありません。また父(ちち)がだれであるかは、<u>子(こ)と、父(ちち)をあらわそうとして子(こ)が選(えら)んだ者(もの)</u>とのほか、だれも知(し)っている者(もの)はいません」。[口語訳 / ルカによる福音書 10:22]

(모든 것은 아버지로부터 내게 맡겨져 있습니다. 그리고 아들이 누구인지는, 아버지 이외에 아는 사람은 없습니다. 또 아버지가 누구인지는 아들과 아버지를 나타내려고 해서 아들이 고른 사람 이외, 아무도 아는 사람은 없습니다.")[누가복음 10:22]

[2]世(よ)には現(あら)わそうとされないのはなぜですか : 세상에는 나타내려고 하시지 않는 것은 어째서입니까?「現(あら)わそうとされない」는「現(あら)わす」의 미연형에 화자의 의사 결정을 나타내는「〜うとする」의 부정인「〜うとしない」의 레루형 경어「〜うとされない」가 접속된 것이다. 타 번역본에서의 서술을 인용하면 다음과 같다.

[例]この世(よ)(の人(ひと))にはそうしようとされないのですか。[塚本訳1963]

　(이 세상 (사람들)에게 그렇게 하려고 하시지 않는 것입니까?)

　世(よ)には現(あらわ)そうとなさらないのは、どういうわけですか。[新改訳1970]

(세상에는 나타내려고 하시지 않는 것은 어떤 연유입니까?)

世(よ)にはそうなさらないのは、なぜでしょうか」と言(い)った。[新共同訳1987]

(세상에는 그렇게 하시지 않는 것은 왜입니까?」라고 말했다.)

世(よ)に顕(あらわ)そうとはなさらない。それは[いったい]どうしてなのですか」。[岩波翻訳委員会訳1995]

(세상에 나타내려고 하시지는 않는다. 그것은 [도대체] 어째서입니까?)

イエスは彼(かれ)に答(こた)えて言(い)われた、「もしだれでもわたしを愛(あい)するならば、わたしの言葉(ことば)を守(まも)るであろう。[1]そして、わたしの父(ちち)はその人(ひと)を愛(あい)し、また、わたしたちはその人(ひと)のところに行(い)って、その人(ひと)と一緒(いっしょ)に住(す)むであろう。[ヨハネによる福音書14:23]

(예수께서 그에게 대답하여 말씀하셨다. "만일 누구든지 나를 사랑한다면 내 말을 지킬 것이다. 그리고 내 아버지는 그 사람을 사랑하고 또 우리는 그 사람에게 가서 그 사람과 함께 살 것이다."[14:23])

[1]そして、わたしの父(ちち)はその人(ひと)を愛(あい)し、: 그리고 내 아버지는 그 사람을 사랑하고. 본 절에서는 「わたしの父(ちち)」에 관해 「その人(ひと)を愛(あい)し、」와 같이 비경칭이 쓰이고 있는데, 타 번역본에서는 어떻게 다루고 있는지 살펴보자.

[例]そうすれば、わたしの父(ちち)はその人(ひと)を愛(あい)し、[新改訳1970]

(그렇게 하면 내 아버지는 그 사람을 사랑하고,)

また、父(ちち)が彼(かれ)を愛(あい)するようになる。[岩波翻訳委員会訳1995]

(그리고, 아버지가 그를 사랑하게 된다.)

するとわたしの父上(ちちうえ)はその人(ひと)を愛(あい)され、[塚本訳1963]

(그러면 내 아버지는 그 사람을 사랑하시고,)

わが父(ちち)もその人(ひと)を愛(あい)されよう。[前田訳1978]

(내 아버지도 그 사람을 사랑하실 것이다.)

わたしの父(ちち)はその人(ひと)を愛(あい)され、[新共同訳1987]

(내 아버지는 그 사람을 사랑하시고,)

[新改訳1970]「愛(あい愛(あい)され)し」・[岩波翻訳委員会訳1995]「愛(あい)する」와 같이 비경칭이 쓰이는 것과 [塚本訳1963]「愛(あい)され」・[前田訳1978]「愛(あい)されよう」・[新共同訳1987]「愛(あい)され」와 같이 경칭이 사용되는 것으로 갈린다.

[1]わたしを愛(あい)さない者(もの)はわたしの言葉(ことば)を守(まも)らない。あなたがたが聞(き)いている言葉(ことば)は、わたしの言葉(ことば)ではなく、[2]わたしを遣(つか)わされた父(ちち)の言葉(ことば)である。[ヨハネによる福音書 14:24]

(나를 사랑하지 않는 사람은 내 말을 지키지 않는다. 너희가 듣고 있는 말은 내 말이 아니라, 나를 보내신 아버지의 말씀이다.[14:24])

[1]わたしを愛(あい)さない者(もの)は : 나를 사랑하지 않는 사람은.「愛(あい)さない」는 5단동사「愛(あい)す」의 부정인데,「愛(あい)す」에는 불규칙동사「愛(あい)する」도 병용되고 있다.

[「愛(あい)する」의 부정은?]

이론적으로는「愛(あい)す → 愛(あい)さない」「愛(あい)する → 愛(あい)しない」와 같은 파생을 상정하기 쉬운데, 긍정의 경우,「愛(あい)す」는 고풍스러운 말씨이고「愛(あい)する」쪽이 일반적으로 많이 쓰이고 있다. 이에 대해 부정의 경우에는,「愛(あい)さない」쪽이 아직도 세력을 유지하고 있어「愛(あい)しない」를

압도하고 있다.[55]

[2]わたしを遣(つか)わされた父(ちち)の言葉(ことば)である : 나를 보내신 아버지의 말씀이다.「遣(つか)わされた」는「遣(つか)わす」의 レル형 경어「遣(つか)わされる」의 과거로 <父(ちち)>에 관해 사용되고 있다.

〘68〙[ヨハネによる福音書 14:24 - 14:31]

これらのことは、[1]あなたがたと一緒(いっしょ)にいた時(とき)、すでに語(かた)ったことである。[ヨハネによる福音書 14:25]
(이것들은 너희와 함께 있었을 때, 이미 이야기한 것이다.[14:25])

[1]あなたがたと一緒(いっしょ)にいた時(とき)、: 너희와 함께 있을 때.「いた」는「いる」의 과거로 뒤에 오는「時(とき)」를 수식·한정하고 있다.

[例]以前(いぜん)健常者(けんじょうしゃ)の人(ひと)と一緒(いっしょ)にいたとき、迷惑(めいわく)をかけると思(おも)ってトイレを言(い)い出(だ)せずにいたことがありました。
(전에 심신 장애가 없는 사람과 함께 있을 때, 폐를 끼친다고 생각해서 화장실이란 말을 꺼내지 못하고 있던 적이 있었습니다.)
君(きみ)は僕(ぼく)が好(す)きになった人(ひと)なんだから、いろんな場所(ばしょ)に行(い)って手(て)をつないで歩(ある)いたり食(た)べたり見(み)たり笑(わら)ったり怒(おこ)ったり泣(な)いたり君(きみ)と一緒(いっしょ)にいた時間(じかん)は僕(ぼく)にとって今(いま)まで一番(いちばん)の宝物(たからもの)なんだから、その思(おも)い出(で)を辛(つら)い思(おも)い出(で)にはしないでね。

---

55) http://www.yano.bc.ca/vansin/vansinpo068.htm를 참조.

(자네는 내가 좋아하게 된 사람이니까, 여러 장소에 가서 손을 잡고 걷거나 먹거나 보거나 웃거나 화내거나 울거나 자네와 함께 있었던 시간은 나로서 지금까지 가장 큰 보물이니까, 그 추억을 힘든 추억으로는 하지 않도록 해.)

しかし、助(たす)け主(ぬし)、すなわち、父(ちち)がわたしの名(な)によって遣(つか)わされる[1]聖霊(せいれい)は、あなたがたにすべてのことを教(おし)え、また[2]わたしが話(はな)しておいたことを、[3]ことごとく[4]思(おも)い起(お)こさせるであろう。[ヨハネによる福音書 14:26]
(그러나 보혜사, 즉 아버지께서 내 이름에 의해 보내실 성령은 너희에게 모든 것을 가르치고, 또 내가 이야기해 둔 것을 모두 생각나게 할 것이다.[14:26])

[1]聖霊(せいれい) : 성령. 마태복음에서 「聖霊(せいれい)」가 쓰인 예를 들면 다음과 같다.

[例]イエス・キリストの誕生(たんじょう)の次第(しだい)はこうであった。母(はは)マリヤはヨセフと婚約(こんやく)していたが、まだ一緒(いっしょ)にならない前(まえ)に、聖霊(せいれい)によって身重(みおも)になった。[口語訳 / マタイによる福音書1:18]
(예수 그리스도의 탄생의 경위는 이러했다. 어머니 마리아는 요셉과 약혼하고 있었지만, 아직 같이 살기 전에, 성령에 의해 임신하게 되었다.)[마태복음 1:18]

だから、あなたがたに言(い)っておく。人(ひと)には、その犯(おか)すすべての罪(つみ)も神(かみ)を汚(けが)す言葉(ことば)も、赦(ゆる)される。しかし、聖霊(せいれい)を汚(けが)す言葉(ことば)は、赦(ゆる)されることはない。[口語訳 / マタイによる福音書12:31]

(그러므로 너희에게 말해 둔다. 사람에게는 그 범하는 모든 죄도 하나님을 모독하는 말도 용서받는다. 그러나 성령을 모독하는 말은 용서받지는 않는다.)[마태복음 12:31]

また人(ひと)の子(こ)に対(たい)して言(い)い逆(さか)らう者(もの)は、赦(ゆる)されるであろう。しかし、聖霊(せいれい)に対(たい)して言(い)い逆(さか)らう者(もの)は、この世(よ)でも、来(き)たるべき世(よ)でも、赦(ゆる)されることはない。[口語訳 / マタイによる福音書 12:32]
(또 인자에 대해 거역하는 말을 하는 사람은 용서받을 것이다. 그러나 성령에 대해 거역하여 말하는 사람은, 이 세상에서도 오는 세상에서도, 용서받지 못할 것이다.)[마태복음 12:32]

[2] わたしが話(はな)しておいたことを、: 내가 이야기해 둔 것을. 「話(はな)しておいた」는 「話(はな)す」에 유지를 나타내는 「～ておく」가 결합된 「話(はな)しておく」의 과거이다.
[例] きみがこれから会(あ)う重要(じゅうよう)人物(じんぶつ)のことも少(すこ)し話(はな)しておいたほうがいいな。
(자네가 이제부터 만나는 중요 인물의 관해서도 조금 이야기해 두는 편이 좋겠군.)
夫(おっと)には、招待(しょうたい)を受(う)けてはいるが、そう長居(ながい)はしないと話(はな)しておいた。
(남편에게는 초대는 받았지만 그렇게 오래 있지는 않겠다고 이야기해 두었다.)
会場(かいじょう)の専属(せんぞく)のカメラマンに、予(あらかじ)め事情(じじょう)を話(はな)しておいた。
(회장 전속 카메라맨에게 미리 사정을 이야기해 두었다.)

[3]ことごとく : 문제가 되고 있는 것의 전부라는 뜻을 나타내는 부사로,「전부 / 모두 / 죄다」의 뜻을 나타낸다. =「残(のこ)らず」「すべて」「みな」

[例]そこで、彼(かれ)は立(た)ち去(さ)り、そして自分(じぶん)にイエスがしてくださったことを、ことごとくデカポリスの地方(ちほう)に言(い)い広(ひろ)め出(だ)したので、人々(ひとびと)はみな驚(おどろ)き怪(あや)しんだ。[口語訳 / マルコによる福音書 5:20]

(그러자 그는 떠나가서, 그리고 예수께서 자기에게 해 주신 일을 죄다 데가볼리 지방에 말을 퍼뜨리기 시작했기 때문에 사람들은 놀라며 의아해 했다.)[마가복음 5:20][56]

「わたしたちにお話(はな)しください。いつ、そんなことが起(お)るのでしょうか。またそんなことがことごとく成就(じょうじゅ)するような場合(ばあい)には、どんな前兆(ぜんちょう)がありますか」。[マルコによる福音書 13:4]

("저희에게 말씀해 주십시오. 언제 그런 일이 일어날까요? 또 그런 일이 모두 성취되는 그런 경우에는 어떤 전조가 있습니까?")[마가복음 13:4][57]

[4]思(おも)い起(お)こさせるであろう : 생각나게 할 것이다.「思(おも)い起(お)こさせる」는「思(おも)う」의 연용형에「起(お)こす」가 결합된 복합동사「思(おも)い起(お)こす ; 상기하다 / 생각해 내다」의 사역이다.

[例]この歌(うた)を聴(き)いていると実家(じっか)を思(おも)い起(お)こさせる。

(이 노래를 듣고 있으면 본가(친정)를 생각나게 한다.)

この映画(えいが)を見(み)ていると子供(こども)の時(とき)を思(おも)い起(お)こさせる。

(이 영화를 보고 있으면 어릴 때를 생각나게 한다.)

---

56) 李成圭(2018c)『일본어 구어역 마가복음의 언어학적 분석Ⅰ』시간의물레. p. 205에서 인용.

57) [マルコによる福音書 13:4]에서 인용.

彼女(かのじょ)は私(わたし)の最初(さいしょ)のガールフレンドを思(おも)い起(お)こさせる。
(그녀는 내 첫 여자 친구를 생각나게 한다.)

[1]わたしは平安(へいあん)をあなたがたに残(のこ)して行(い)く。わたしの平安(へいあん)をあなたがたに与(あた)える[58]。わたしが与(あた)えるのは、[2]世(よ)が与(あた)えるようなものとは異(こと)なる。あなたがたは[3]心(こころ)を騒(さわ)がせるな、[4]また怖(お)じけるな。[ヨハネによる福音書 14:27]
(나는 평안을 너희에게 남겨두고 간다. 내 평안을 너희에게 준다. 내가 주는 것은 세상이 주는 그런 것과는 다르다. 너희는 마음의 동요를 느끼지 마라. 또 무서워서 뒤로 사리지 마라.[14:27])

[1]わたしは平安(へいあん)をあなたがたに残(のこ)して行(い)く: 나는 평안을 너희에게 남겨두고 간다. 본 절에서는「平安(へいあん)」이 쓰이고 있는데, 타 번역본에서는 어떻게 표현하고 있는지 살펴보자.

  [例](今(いま)別(わか)れにのぞんで)平安(へいあん)をあなた達(たち)にのこしておく。
    [塚本訳1963]
    ((지금 이별에 즈음하여) 평안을 너희들에게 남겨둔다.)
  わたしは、あなたがたに平安(へいあん)を残(のこ)します。[新改訳1970]
  (나는 당신들에게 평안을 남깁니다.)
  わたしはあなた方(がた)に平和(へいわ)を残(のこ)す、[前田訳1978]
  (나는 너희에게 평화를 남긴다,)
  わたしは、平和(へいわ)をあなたがたに残(のこ)し、[新共同訳1987]
  (나는 평화를 너희에게 남기고,)
  平和(へいわ)を私(わたし)はあなたがたに遺(のこ)し、[岩波翻訳委員会訳1995]

---

58) フランシスコ会訳(1984)에서는「유대인은 인사로서「平安(へいあん)あれ；평안 있으라!」라고 한다.

(평화를 나는 너희에게 남기고,)

[塚本訳1963][新改訳1970]에서는「平安(へいあん)」이, [前田訳1978][新共同訳1987][岩波翻訳委員会訳1995]에서는「平和(へいわ)」가 쓰이고 있다.

[2]世(よ)が与(あた)えるようなものとは異(こと)なる : 세상이 주는 그런 것과는 다르다.「世(よ)が与(あた)えるような」의「～ような」는 불확실한 판단을 나타내는「ようだ」의 연체형이다.

[例]わたしがあなたがたを遣(つか)わすのは、羊(ひつじ)を狼(おおかみ)の中(なか)に送(おく)るようなものである。だから、蛇(へび)のように賢(かしこ)く、鳩(はと)のように素直(すなお)であれ。[口語訳 / マタイによる福音書 10:16]
(내가 너희를 보내는 것은 양을 이리 떼 속에 보내는 것과 같다. 그러므로 뱀과 같이 현명하고, 비둘기와 같이 온순하게 있어라.)[마태복음 10:16]

導管(どうかん)メタファーに基(もと)づくコミュニケーションは、ちょうど蛇口(じゃぐち)をあけるとパイプを通(とお)った水(みず)がそのまま流(なが)れ出(で)てくるようなものと考(かんが)えられます。
(도관 은유에 기초한 커뮤니케이션은 마치 수도꼭지를 열면 파이프를 통해 물이 그대로 흘러나오는 그런 것이라고 생각됩니다.)
文(ぶん)があるわけではありませんが、一般的(いっぱんてき)に正義(せいぎ)に適(かな)う普遍的(ふへんてき)原理(げんり)だとして認(みと)められているようなものという意味(いみ)です。
(문이 있는 것은 아닙니다만, 일반적으로 정의에 합당한 보편적 원리로서 인정받고 있는 그런 것이라는 의미입니다.)

[3]心(こころ)を騒(さわ)がせるな、: 마음의 동요를 느끼지 마라.

「心(こころ)を騒(さわ)がせるな」는「心(こころ)が騒(さわ)ぐ;마음이 설레다/동요하다」의 사역인「心(こころ)を騒(さわ)がせる」에 부정 명령을 나타내는「〜な」는 접속된 것으로, 의미적으로 [14:1]의「心(こころ)を騒(さわ)がせないがよい;마음의 동요를 느끼지 않는 것이 좋다」와 유사하다.

[4]また怖(お)じけるな : 또 무서워서 뒤로 사리지 마라.「怖(お)じけるな」는「怖(お)じける;겁이 나서 흠칫흠칫 놀라다/무서워서 뒤로 사리다」에 부정 명령을 나타내는 종조사「〜な」를 접속된 것이다.

[例]敵(てき)の数(かず)の多(おお)さにに怖(お)じける。
(적의 수가 많은 것에 놀라서 뒤로 사린다.)
大(おお)きな物音(ものおと)に怖(おじ)ける。
(큰 소리에 무서워 뒤로 사린다.)
相手(あいて)の剣幕(けんまく)に怖(お)じける。
(상대의 무섭고 사나운 태도에 겁이 나서 흠칫흠칫 놀라다.)
「いかがいたされました」善麻呂(ぜんまろ)がおじけて後(あと)に退(すさ)る。
(「무슨 일이 있었습니까?」전마로가 겁이 나서 흠칫흠칫 놀라며 뒤로 물러난다.)
「わかってるよ。相当(そうとう)前(まえ)から、ゴロゴロやってるから、君(きみ)のことだ、かなりもうおじけているのだろう?」
(「알고 있어.」꽤 오래 전부터 빈들빈들 놀고 있으니, 자네의 일이다. 이미 상당히 무서워서 뒤로 사리고 있을 것이다.)

『わたしは去(さ)って行(い)くが、またあなたがたのところに帰(かえ)って来(く)る』と、[1]わたしが言(い)ったのを、あなたがたは聞(き)いている。もし[2]わたしを愛(あい)しているなら、[3]わたしが父(ちち)のもとに行(い)くのを喜(よろこ)んでくれるであろう。父(ちち)がわたしより大(おお)きい方(かた)である

からである。[ヨハネによる福音書 14:28]

('나는 떠나가지만 다시 너희에게 돌아온다.'고 내가 말한 것을 너희는 듣고 있다. 만일 나를 사랑한다면 내가 아버지께 가는 것을 기뻐할 것이다. 아버지께서 나보다 큰 분이기 때문이다.[14:28])

[1]わたしが言(い)ったのを、あなたがたは聞(き)いている : 내가 말한 것을 너희는 듣고 있다. 본 절의 「言(い)ったの」는 과거이고 「聞(き)いている」는 현 시점에 있어서의 동작의 진행을 나타내기 때문에, 과거의 <イエス>의 말을 현재도 계속해서 듣고 있다는 해석이 성립한다.

　타 번역본에서는 어떻게 다루고 있는지 살펴보자.

[例]と言(い)ったのを、あなた達(たち)は聞(き)いたであろう。[塚本訳1963]
　　(라고 말한 것을 너희들은 들었을 것이다.)
　　とわたしが言(い)ったのを、あなたがたは聞(き)きました。[新改訳1970]
　　(라고 내가 말한 것을 당신들은 들었습니다.)
　　といったのをあなた方(がた)は聞(き)いた。[前田訳1978]
　　(라고 말한 것을 너희는 들었다.)
　　と言(い)ったのをあなたがたは聞(き)いた。[新共同訳1987]
　　(라고 말한 것을 너희는 들었다.)
　　と言(い)ったのを、聞(き)いた。[岩波翻訳委員会訳1995]
　　(라고 말한 것을 들었다.)

[2]わたしを愛(あい)しているなら、 : 나를 사랑한다면.「愛(あい)している」는 「愛(あい)する」에 「～ている」가 접속되어 현재 진행을 나타내는데 한국어로는 「사랑하고 있다」보다는 「사랑하다」쪽이 자연스럽다. 이 점을 반영하여 「愛(あい)しているなら」를 「사랑한다면」으로 번역해 둔다.

[例]もしほんとうに友人(ゆうじん)を愛(あい)しているならば、永遠(えいえん)の命(い

のち)を失(うしな)わないように警告(けいこく)すべきです。

(만일 정말로 친구를 사랑한다면, 영원한 생명을 잃지 않도록 경고해야 합니다.)

自分(じぶん)の子(こ)どもを本当(ほんとう)に愛(あい)しているなら、疑(うたが)う力(ちから)を使(つか)ってみないといけない。

(자기 아이를 정말 사랑한다면 의심하는 힘을 사용해 보지 않으면 안 된다.)

それにお父(とう)さんがチャーリーのことを本当(ほんとう)に愛(あい)しているなら、僕(ぼく)の子供(こども)だからという理由(りゆう)で拒絶(きょぜつ)するはずはない。

(게다가 아버지가 찰리를 정말 사랑한다면 내 아이이니까 라고 하는 이유로 거절할 리는 없다.)

[3]わたしが父(ちち)のもとに行(い)くのを喜(よろこ)んでくれるであろう : 내가 아버지께 가는 것을 기뻐할 것이다. 「喜(よろこ)んでくれる」는 「喜(よろこ)ぶ」에 수수표현 「〜てくれる」가 접속된 것으로 직역하면 「기뻐해 주다」이고, 만일 이 경우의 「〜해 주다」에 대해 동의하지 않는 입장이라면 「기뻐하다」로 해도 무방하다.

[例]きっと従兄弟(いとこ)の方(かた)もあなたのお祝(いわ)いの気持(きも)ちを喜(よろこ)んでくれると思(おも)いますよ。

(틀림없이 사촌 형제분도 당신의 축하하는 기분을 기뻐해 줄 것이라고 생각해요.)

全職員(ぜんしょくいん)が顔(かお)をそろえてダナを歓迎(かんげい)した。彼女(かのじょ)の帰国(きこく)を喜(よろこ)んでくれる社員(しゃいん)たちのあいだを通(とお)り抜(ぬ)けるのに、十五分(じゅうごふん)もかかった。

(전 직원이 다 모여서 다나를 환영했다. 그녀의 귀국을 기뻐하는 사원들 사이를 빠져 지나가는 데에 15분이나 걸렸다.)

あたしの歌(うた)を本当(ほんとう)に聴(き)きたいと思(おも)ってくれて、あたしの歌(うた)を喜(よろこ)んでくれる人(ひと)の前(まえ)で、好(す)きなときに歌(うた)

えたらいいと思(おも)ってる。

(내 노래를 정말 듣고 싶다고 생각해 주고, 내 노래를 기뻐해 주는 사람들 앞에서 좋아할 때 노래를 부를 수 있으면 좋겠다고 생각한다.)

[1] 今(いま)わたしは、そのことが起(お)こらない先(さき)にあなたがたに語(かた)った。それは、事(こと)が起(お)こった時(とき)にあなたがたが信(しん)じるためである。[ヨハネによる福音書 14:29]

(지금 나는, 그 일이 일어나기 전에 너희에게 이야기했다. 그것은 일이 일어났을 때 너희가 믿기 위해서이다.[14:29])

[1] 今(いま)わたしは、そのことが起(お)こらない先(さき)に : 지금 나는, 그 일이 일어나기 전에. 「先(さき)」에는 공간적인 의미와 시간적인 의미가 있는데, 후자의 경우 미래의 어느 시점이나, 현재에서 그다지 멀지 않은 과거를 나타내는 양면성을 지니고 있다. 본 절의「そのことが起(お)こらない先(さき)に ; 그 일이 일어나기 전에」와 같이 동사의 부정「起(お)こらない」에「先(さき)に」가 접속되면「〜前(まえ)に ; 〜전에」의 뜻을 나타낸다.

[例] しかしそこまで行(い)かない先(さき)に、共産党(きょうさんとう)はスパイ松村(まつむら)の手(て)で崩壊(ほうかい)させられ、平田(ひらた)構想(こうそう)は必要(ひつよう)ではなくなったというのが私(わたし)の考(かんが)えである。

(그러나 거기까지 가기 전에 공산당은 스파이 마쓰무라의 손에 의해 붕괴되고, 히라타 구상은 필요 없게 되었다고 하는 것이 내 생각이다.)

いちばん簡単(かんたん)なのは、着想(ちゃくそう)なり提案(ていあん)を部下(ぶか)がもってきたとき、その内容(ないよう)を聞(き)かない先(さき)に、「そらええ考(かんが)えだなあ」と、まずいうことである。

(가장 간단한 것은 착상이나 제안을 부하가 가지고 왔을 때, 그 내용을 듣기 전에,「그거 좋은 생각이군.」이라고 우선 말하는 것이다.)

私(わたし)は、そうは思(おも)わないんですよ。少(すく)なくとも食(た)べかけたものなら、キャラメルなりチョコレートの、銀紙(ぎんがみ)や蠟紙(ろうし)が捨(す)ててある筈(はず)なんですが、さっき警官(けいかん)の来(こ)ない先(さき)に、探(さが)してみた時(とき)にはなにもなかったですよ。

(나는 그렇게는 생각하지 않아요. 적어도 먹다가 만 것이라면, 캐러멜이나 초콜릿의 은박지나 납지가 틀림없이 버려져 있을 텐데, 아까 경찰관이 오기 전에 찾아봤을 때에는 아무 것도 없었어요.)

그럼 타 번역본에서는 어떻게 표현하고 있는지 살펴보자.

[例]今(いま)事(こと)のおこらぬさきにこれを言(い)うのは、[塚本訳1963]

(지금 일이 일어나기 전에 이것을 말하는 것은,)

そして今(いま)わたしは、そのことの起(お)こる前(まえ)にあなたがたに話(はな)しました。[新改訳1970]

(그리고 지금 나는 그 일이 일어나기 전에 당신들에게 이야기했습니다.)

ことの成(な)る前(まえ)に今(いま)これをいったのは、[前田訳1978]

(일이 이루어지기 전에 지금 이것을 말한 것은,)

今(いま)、その事(こと)の起(お)こる前(まえ)に話(はな)しておく。[新共同訳1987]

(지금 그 일이 일어나기 전에 이야기해 두겠다.)

ことが起(お)こる前(まえ)に、今(いま)、あなたがたに話(はな)しておいた。[岩波翻訳委員会訳1995]

(일이 일어나기 전에 지금 너희에게 이야기해 두었다.)

わたしはもはや、あなたがたに、[1]多(おお)くを[2]語(かた)るまい。[3]この世(よ)の君(きみ)が来(く)るからである。だが、[4]彼(かれ)はわたしに対(たい)して、何(なん)の力(ちから)もない。[ヨハネによる福音書14:30]

(나는 더 이상 너희에게 많은 것을 이야기하지 않겠다. 이 세상의 지배

자가 오기 때문이다. 하지만, 그는 나에 대해 아무런 힘도 없다.[14:30])

[1] 多(おお)くを : 많은 것을. 「多(おお)く」는 「多(おお)い」의 연용형 「多(おお)く」에서 전성명사화한 것으로 「많은 것」에 상당하는 뜻을 나타낸다.

[例] 多(おお)くを望(のぞ)まない。

(많은 것을 바라지 않다.)

それについて多(おお)くを語(かた)らない。

(그것에 관해 많은 것을 이야기하지 않는다.)

多(おお)くを問(と)う者(もの)は多(おお)くを学(まな)ぶ : 何事(なにごと)にも疑問(ぎもん)を持(も)って追求(ついきゅう)することが、その人(ひと)の知識(ちしき)を豊(ゆた)かにする。イギリスのことわざ。

(많은 것을 묻는 자는 많은 것을 배운다. : 어떤 일에도 의문을 가지고 추구하는 것이 그 사람의 지식을 풍부하게 한다. 영국의 속담.)

[2] 語(かた)るまい : 이야기하지 않겠다. 「～まい」는 5단동사의 종지형에 접속되어 ①부정의지. ②부정추량을 나타내는 조동사인데, 본 절에서는 부정의지의 용법으로 쓰이고 있다.

[例] 彼(かれ)はこう言(い)っています…もう何(なに)も言(い)うまい。

(그는 이렇게 말하고 있습니다. 이제 아무 말도 하지 않겠다.)

あそこのレストランは高(たか)いのに料理(りょうり)はまずい。もうあそこには行(い)くまい。

(거기 레스토랑은 비싼데 음식은 맛이 없다. 이제 거기에는 가지 않겠다.)

もう絶対(ぜったい)お酒(さけ)は飲(の)むまい。

(이제 절대로 술은 마시지 않겠다.)

そちらがその気(き)ならばこちらも容赦(ようしゃ)はするまい。

(그쪽이 그런 생각이라면 이쪽도 양보는 하지 않겠다.)

[3]この世(よ)の君(きみ) : 이 세상의 지배자. [요한복음 12:31 설명]참조.

[4]彼(かれ)はわたしに対(たい)して、何(なん)の力(ちから)もない : 그는 나에 대해 아무런 힘도 없다. 「わたしに対(たい)して」의 「〜に体(たい)して」는 격조사 「〜に」에 「〜対(たい)する」의 テ형인 「〜対(たい)して」가 결합된 복합조사로 「〜에 대해」의 뜻을 나타내는데 동작의 대상이나 목표를 나타낼 때 사용한다. 한국어로는 「〜について」와 「〜に関(かん)して」와 구별이 안 되는데 「〜に対(たい)して」는 「子(こ)が親(おや)に対(たい)して ; 자식이 부모에 대해」「学生(がくせい)が先生(せんせい)に対(たい)して ; 학생이 부모에 대해」와 같이 동작의 주체와 대상이 서로 대립적인 관계에 있을 때 쓴다.

[例]その人(ひと)は父母(ふぼ)に対(たい)して、もう何(なに)もしないで済(す)むのだと言(い)っている。[口語訳 / マルコによる福音書 7:12]
(그 사람은 부모에 대해 이제 아무 것도 하지 않아도 된다고 말한다.)[마가복음 7:12][59]

邪悪(じゃあく)で罪深(つみぶか)いこの時代(じだい)にあって、わたしとわたしの言葉(ことば)とを恥(は)じる者(もの)に対(たい)しては、人(ひと)の子(こ)もまた、父(ちち)の栄光(えいこう)のうちに聖(せい)なる御使(みつかい)たちと共(とも)に来(く)るときに、その者(もの)を恥(は)じるであろう」。[口語訳 / マルコによる福音書 8:38]
(사악하고 죄 많은 이 시대에서 나와 내 말을 부끄러이 여기는 사람에 대해서는 인자도 그리고 아버지의 영광 속에서 성스러운 천사들과 함께 올 때, 그 사람을 부끄러이 여길 것이다.")[마가복음 8:38][60]

---

59) 李成圭(2019a)『일본어 구어역 마가복음의 언어학적 분석Ⅱ』시간의물레. p. 86에서 인용.
60) 李成圭(2019a)『일본어 구어역 마가복음의 언어학적 분석Ⅱ』시간의물레. p. 171에서 인용.

しかし、わたしが父(ちち)を愛(あい)していることを[1]世(よ)が知(し)るように、わたしは[2]父(ちち)がお命(めい)じになったとおりのことを行(おこな)うのである。[3]立(た)て。[4]さあ、ここから出(で)かけて行(い)こう。[ヨハネによる福音書 14:31]
(그러나 내가 아버지를 사랑하는 것을 세상이 알도록, 나는 아버지께서 명하신 대로의 일을 행하는 것이다. 일어나라. 자, 여기에서 나가자.[14:31])

[1]世(よ)が知(し)るように、: 세상이 알도록.「知(し)る」에 동작의 목적을 나타내는「ように」가 접속된 것이다.
  [例]同(おな)じ電車(でんしゃ)に乗(の)るように、井関(いせき)が時間(じかん)を合(あ)わせたからである。
  (같은 전철을 타기 위해 이세키가 시간을 맞췄기 때문이다.)
  成長(せいちょう)した娘(むすめ)たちに父(ちち)は、世界(せかい)を知(し)るように、女性(じょせい)も知識(ちしき)を得(え)るようにと、多数(たすう)の雑誌(ざっし)・新聞(しんぶん)を購読(こうどく)して読(よ)ませた、という。
  (성장한 딸들에게 아버지는 세계를 알도록, 여성도 지식을 얻도록, 다수의 잡지・신문을 구독해서 읽혔다고 한다.)

[2]父(ちち)がお命(めい)じになったとおりのことを行(おこな)うのである :아버지께서 명하신 대로의 일을 행하는 것이다.「お命(めい)じになった」는「命(めい)ずる・命(めい)じる」의 ナル형 경어「お命(めい)じになる」의 과거로 <父(ちち)>에 관해 쓰이고 있다.
  [例]神(かみ)がマタチッチを選(えら)び、天上世界(てんじょうせかい)とこの地上(ちじょう)とのパイプ役(やく)をお命(めい)じになられたのだ。
  (하나님께서 로브로 폰 마타치치(Lovro von Matačić)를 선택하여, 천상세

계와 이 지상의 파이프 역을 명하신 것이다.)

ペテロは、「主(しゅ)よ。もし、あなたでしたら、私(わたし)に、水(みず)の上(うえ)を歩(ある)いてここまで来(こ)い、とお命(めい)じになってください」と言(い)ったのです. (베드로는 「주여, 만일 주님이시라면 내게 물 위를 걸어 여기까지 와라, 라고 명해 주십시오.」라고 말한 것입니다.)

[3] 立(た)て : 일어나라. 「立(た)つ」의 문장체적 명령형.

[4] さあ、ここから出(で)かけて行(い)こう : 자, 여기에서 나가자. 「出(で)かけて行(い)こう」는 「出(で)かける」에 「行(い)く」가 접속조사 「〜て」를 매개로 해서 결합한 것으로 「나가서 + 가다 → 나가다」의 뜻을 나타낸다.

[예] 皆(みな)さんもご存(ぞん)じと思(おも)いますが、妻(つま)が用事(ようじ)で出(で)かけて行(い)こうとすると、お父(とう)さんが「どこへ行(い)くんだ、どこへ行(い)くんだ」と、どこへでもベタベタとくっついて来(く)るんです。
(여러분께서도 아시리라고 생각합니다만, 처가 볼일로 나가려고 하자, 아버지가 「어디에 가는 거야? 어디에 가는 거야?」하고 끝까지 찰딱 달라붙어 오는 것입니다.)

ヨハネによる福音書
- 第15章 -

⦅69⦆ [ヨハネによる福音書 15:1 - 15:11]

[1]わたしは真(まこと)のぶどうの木(き)、わたしの父(ちち)は農夫(のうふ)である。[ヨハネによる福音書 15:1]
(나는 참된 포도나무, 내 아버지는 농부이다.[15:1])

[1]わたしは真(まこと)のぶどうの木(き)、わたしの父(ちち)は農夫(のうふ)である : 나는 참된 포도나무, 내 아버지는 농부이다.

타 번역본에서는 이 부분을 어떻게 다루고 있는지 살펴보면 다음과 같다.

[例]わたしがまことの葡萄(ぶどう)の木(き)、父上(ちちうえ)は栽培人(さいばいにん)である。[塚本訳1963]
(내가 참된 포도나무이고, 아버지는 재배하는 사람이다.)

わたしはまことのぶどうの木(き)であり、わたしの父(ちち)は農夫(のうふ)です。[新改訳1970]
(나는 참된 포도나무이고, 내 아버지는 농부입니다.)

わたしはまことのぶどうの木(き)、父(ちち)はぶどうつみである。[前田訳1978]
(나는 참된 포도나무이고, 아버지는 포도를 따는 사람이다.)

わたしはまことのぶどうの木(き)、わたしの父(ちち)は農夫(のうふ)である。[新共同訳1987]

(나는 참된 포도나무이고, 내 아버지는 농부이다.)

私(わたし)は本物(ほんもの)の葡萄(ぶどう)の木(き)であり、私(わたし)の父(ちち)が栽培者(さいばいしゃ)である。[岩波翻訳委員会訳1995]

(나는 진짜 포도나무이고, 내 아버지가 재배하는 사람이다.)

[1]わたしにつながっている枝(えだ)で実(み)を結(むす)ばないものは、[2]父(ちち)がすべてこれを取(と)り除(のぞ)き、実(み)を結(むす)ぶものは、[3]もっと豊(ゆた)かに実(みの)らせるために、[4]手入(てい)れしてこれを綺麗(きれい)になさるのである。[ヨハネによる福音書 15:2]

(내게 붙어 있는 가지에서 열매를 맺지 못하는 것은 아버지께서 전부 이것을 제거하고, 열매를 맺는 것은 더 풍성하게 맺게 하도록 손질해서 이것을 아름답게 하시는 것이다.[15:2])

[1]わたしにつながっている枝(えだ) : 내게 붙어 있는 가지에서.「つながる[繋がる]」는 ①「이어지다」, ②「연결되다 / 붙어 있다」, ③「연잇다 / 계속되다」의 뜻을 나타내는데, 본 절에서는 ②의 용법으로 쓰이고 있다.

[2]父(ちち)がすべてこれを取(と)り除(のぞ)き、: 아버지께서 전부 이것을 제거하고.「取(と)り除(のぞ)く」는 「取(と)る」의 연용형에 「除(のぞ)く」가 결합한 복합동사로서 「없애다 / 제거하다」의 뜻을 나타낸다. 본 절에서는 「取(と)り除(のぞ)き」와 같이 <父(ちち)>에 관해 비경칭이 사용되고 있는데, 타 번역본에서는 어떻게 전개되는지 살펴보자.

[例]父(ちち)がそれを取(と)り除(のぞ)き、[新改訳1970]

(아버지가 그것을 제거하고,)

父(ちち)が刈(か)り取(と)る。[岩波翻訳委員会訳1995]

(아버지가 베어내다.)

父上(ちちうえ)が皆(みな)それを切(き)り取(と)ってしまわれる。[塚本訳1963]

(아버지께서 모두 그것을 잘라내 버리시다.)

皆(みな)お切(き)りになる。[前田訳1978]

(모두 자르시다.)

父(ちち)が取(と)り除(のぞ)かれる。[新共同訳1987]

(아버지께서 제거하시다.)

[3] もっと豊(ゆた)かに実(みの)らせるために、: 더 풍성하게 맺게 하도록.「実(みの)らせるために」는「実(みの)る」의 사역「実(みの)らせる」에 동작의 목적을 나타내는「〜ために」가 접속된 것이다.

[例] 楽(たの)しませるために話(はな)しているのか、情報(じょうほう)を伝達(でんたつ)するために話(はな)しているのか、説得(せっとく)するために話(はな)しているのかなどといった、話(はなし)の目的(もくてき)によって話(はな)し方(かた)を変(か)えられるかを問(と)うている。

(남을 즐겁기 만들기 위해 이야기하고 있는 것인가? 정보를 전달하기 위해 이야기하고있는 것인가? 설득하기 위해 이야기하고 있는 것인가 등과 같은 이야기의 목적에 의해 이야기하는 방식을 바꿀 수 있는지를 묻고 있다.)

ダイエットを成功(せいこう)させるためには、まず食事(しょくじ)の質(しつ)と量(りょう)、時間(じかん)をきちんと決(き)めておくことがポイントです。

(다이어트를 성공시키기 위해서는 먼저 식사의 질과 양, 시간을 정확히 정해 두는 것이 포인트입니다.)

介護者(かいごしゃ)がストレスを緩和(かんわ)させるためには、外出(がいしゅつ)して外(そと)の空気(くうき)を吸(す)ったり、お友達(ともだち)とおしゃべりしたり、休養(きゅうよう)することなどが必要(ひつよう)ですが、思(おも)うように時間(じ

かん)がとれないのが現実(げんじつ)でしょう。

(개호하는 사람이 스트레스를 완화시키기 위해서는 외출해서 밖의 공기를 들어 마시거나 친구와 잡담을 하거나, 휴식을 취하는 것 등이 필요하지만 생각하는 대로 시간을 확보할 수 없는 것이 현실이겠지요.)

[4]手入(てい)れしてこれを綺麗(きれい)になさるのである : 손질해서 이것을 아름답게 하시는 것이다. 「手入(てい)れして」는 복합명사 「手入(てい)れ ←手(て)＋入(い)れ」에 형식동사 「する」가 결합하여 동사화한 것이다. 그리고 「綺麗(きれい)になさる」의 「なさる」는 「する」의 특정형 경어로 レル형 경어 「される」보다 경의도가 높다.

あなたがたは、わたしが語(かた)った[1]言葉(ことば)によって既(すで)に清(きよ)くされている。[ヨハネによる福音書 15:3]
(너희는 내가 이야기한 말에 의해 이미 깨끗하게 되었다.[15:3])

[1]言葉(ことば)によって既(すで)に清(きよ)くされている : 말에 의해 이미 깨끗하게 되었다. 「言葉(ことば)によって」는 원인으로 기능하고 있고, 「されている」는 「している」의 수동인데, 본 절에서는 「～ている」가 완료를 나타내고 있다.

[1]わたしにつながっていなさい。そうすれば、[2]わたしはあなたがたとつながっていよう。枝(えだ)がぶどうの木(き)につながっていなければ、[3]自分(じぶん)だけでは実(み)を結(むす)ぶことができないように、あなたがたもわたしにつながっていなければ実(み)を結(むす)ぶことができない。[ヨハネによる福音書 15:4]
(나에게 붙어 있어라. 그러면, 나는 너희와 붙어 있겠다. 가지가 포도나무에 붙어 있지 않으면 자기만으로는 열매를 맺을 수 없는 것과 같이 너희도 나에게 붙어 있지 않으면 열매를 맺을 수가 없다.[15:4])

[1]わたしにつながっていなさい : 나에게 붙어 있어라. 그런데 타 번역본에서는 「留(とど)まる ; 체재하다 / 머무르다」로 나와 있는 것이 적지 않다.

[例]わたしにつながっていなさい。[新共同訳1987]

(내게 붙어 있어라.)

わたしに留(とど)まっておれ。[塚本訳1963]

(내게 머무르고 있어라.)

わたしの内(うち)に留(とど)まっていなさい。[フランシスコ会訳1984[61]]

(내 안에 머무르고 있어라.)

わたしにとどまりなさい。[新改訳1970]

(내게 머물러라.)

わたしにとどまれ、[前田訳1978]

(내게 머물러라.)

私(わたし)のうちに留(とど)まりなさい。[岩波翻訳委員会訳1995]

(내 안에 머물러라.)

[2]わたしはあなたがたとつながっていよう : 나는 너희와 붙어 있겠다. 「つながっていよう」는 「つながる」에 「～ている」가 접속되고 그 전체에 의지를 나타내는 「～よう」가 후접한 것이다.

[例]どんなことがあっても、笑(わら)っていよう。自分(じぶん)の人生(じんせい)がもっと好(す)きになる。言(い)い訳(わけ)にもならない言(い)い訳(わけ)で、遠征(えんせい)を強行(きょうこう)。来週(らいしゅう)以降(いこう)はおとなしくしていよう。

(어떤 일이 있어도 웃고 있겠다. 자기 인생이 더 좋아진다. 변명도 되지 않는 변명으로 원정을 강행. 다음 주 이후는 얌전하게 있자.)

おれたちはあっちで見(み)ていよう。仕事(しごと)が済(す)んだら、みんなは路地

---

61) フランシスコ会訳(1984)에서는 「본 절의 「留(とど)まる」와 「付(つ)いている」는 원어에서는 같다.」고 설명하고 있다. フランシスコ会聖書研究所(1984)『新約聖書』サンパウロ. p. 369 주(1)에 의함.

(ろじ)を抜(ぬ)けて田(た)んぼの中(なか)に逃(に)げ込(こ)む段取(だんど)りになってるんだ。
(우리들은 저쪽에서 보고 있겠다. 일이 끝나면 모두 골목을 빠져나와 논 가운데로 도망치는 순서로 되어 있다.)

[3] 自分(じぶん)だけでは実(み)を結(むす)ぶことができないように、: 자기만으로는 열매를 맺을 수 없는 것과 같이. 「実(み)を結(むす)ぶことができないように」는 「実(み)を結(むす)ぶ」에 불가능을 나타내는 「~ことができない」가 접속된 것에, 불확실한 판단을 나타내는 「~ようだ」의 연용형 「~ように」가 접속된 것이다.

[例] これは当然(とうぜん)です。しかし一塁(いちるい)から三塁(さんるい)に進(すす)むことができないように一歩(いっぽ)一歩(いっぽ)進(すす)むしかないわけです。
(이것은 당연합니다. 그러나 1루에서 3루로 나아갈 수 없는 것처럼 한 걸음 한 걸음 나아가는 수밖에 없는 것입니다.)

だが、時間(じかん)を巻(ま)き戻(もど)すことができないように、古(ふる)い価値観(かちかん)を今(いま)の時代(じだい)に適応(てきおう)させることは困難(こんなん)だ。
(그러나 시간을 되돌릴 수 없는 것처럼, 옛날 가치관을 지금 시대에 적응시키는 것은 곤란하다.)

わたしはぶどうの木(き)、あなたがたはその枝(えだ)である。もし人(ひと)がわたしにつながっており、[1]またわたしがその人(ひと)とつながっておれば、その人(ひと)は実(み)を豊(ゆた)かに結(むす)ぶようになる。[2]わたしから離(はな)れては、[3]あなたがたは何(なに)一(ひと)つできないからである。[ヨハネによる福音書 15:5]
(나는 포도나무, 너희는 그 가지이다. 만일 사람이 나에게 붙어 있고, 또 내가 그 사람과 붙어 있으면 그 사람은 열매를 풍성하게 맺게 된다. 나에게서 떠나면 너희는 무엇 하나 할 수 없기 때문이다.[15:5])

[1]またわたしがその人(ひと)とつながっておれば、: 또 내가 그 사람과 붙어 있으면. 「つながっておれば」는 「つながる」에 「~ている」의 겸양어Ⅱ인 「~ておる」의 가정형 「~ておれば」가 접속된 것이다.

[例]もしあなたがたが、いたずらに信(しん)じないで、わたしの宣(の)べ伝(つた)えたとおりの言葉(ことば)を固(かた)く守(まも)っておれば、この福音(ふくいん)によって救(すく)われるのである。[口語訳 / コリント人への第一の手紙 15:2]

(만일 너희가 헛되이 믿지 않고, 내가 선포한 대로의 말씀을 굳게 지키고 있으면, 이 복음으로 구원을 받는다.)[고린도전서 15:2]

初(はじ)めから聞(き)いたことが、あなたがたのうちに、とどまるようにしなさい。初(はじ)めから聞(き)いたことが、あなたがたのうちにとどまっておれば、あなたがたも御子(みこ)と父(ちち)とのうちに、とどまることになる。[口語訳 / ヨハネの第一の手紙 2:24]

(처음부터 들은 것이 너희 안에 머무르도록 해라. 처음부터 들은 것이 너희 안에 머무르고 있으면, 너희도 아들과 아버지 안에 머무르게 된다.)[요한일서 2:24]

[2]わたしから離(はな)れては、: 나에게서 떠나서는. 나에게서 떠나면. 「離(はな)れては」는 「離(はな)れる」에 「~ては」가 접속되어 가정조건 상당의 의미를 나타내고 있다.

[例]人民(じんみん)という土地(とち)を離(はな)れては、指導者(しどうしゃ)は何(なん)の力(ちから)もないし、何(なん)のなすべきこともあるはずがない。

(인민이라는 토지를 떠나면, 지도자는 아무런 힘도 없고, 무슨 할 일도 있을 리가 없다.)

私(わたし)は、自分(じぶん)の疑問(ぎもん)は全部(ぜんぶ)ぶつけてきた。話(はな)しては、納得(なっとく)できる。みんなの言(い)うように、宿命(しゅくめい)を転

換(てんかん)し、希望(きぼう)通(どお)りの人生(じんせい)が歩(あゆ)めるとしたら、すごいことだと思(おも)う。

(나는 자신의 의문은 전부 부딪혀왔다. 이야기하면 납득할 수 있다. 모두가 말하는 것처럼 숙명을 전환하고, 희망한 대로의 인생을 걸을 수 있다면 굉장한 일이라고 생각한다.)

ここで死(し)んでは、いったいなんのためにこれまで耐(た)えて参(まい)ったか分(わ)かりませぬ。

(여기에서 죽으면 도대체 무엇을 위해 여기까지 참아왔는지 알 수 없습니다.)

[3]あなたがたは何(なに)一(ひと)つできないからである : 너희는 무엇 하나 할 수 없기 때문이다. 「何(なに)一(ひと)つ」는 「무엇 하나」의 뜻으로 뒤의 불가능을 나타내는 「できない」를 수식하고 있다.

[例]哲(さとし)ちゃんが自分(じぶん)の傍(かたわ)らから離(はな)れてゆくことを何(なに)よりも俺(おれ)は怖(こわ)がっている。自分(じぶん)ひとりじゃ何(なに)一(ひと)つできない。

(사토시가 자기 옆에서 떠나가는 것을 무엇보다도 나는 무서워하고 있다. 자기 혼자서는 아무 것도 할 수 없다.)

このような自称(じしょう)「中国通(ちゅうごくつう)」が、仕事(しごと)の邪魔(じゃま)をしてどうしようもない。彼(かれ)らは、中国(ちゅうごく)に一人(ひとり)放(ほう)り投(な)げられたら、何(なに)一(ひと)つできない人間(にんげん)たちである。

(이와 같은 자칭 「중국통」이 일을 방해해서 어쩔 수도 없다. 그들은 중국에 홀로 멀리 던져지면 아무 것도 할 수 없는 인간들이다.)

人(ひと)がわたしにつながっていないならば、枝(えだ)のように[1]外(そと)に投(な)げ捨(す)てられて枯(か)れる。人々(ひとびと)は[2]それを掻(か)き集(あつ)め、[3]火(ひ)に投(な)げ入(い)れて、[4]焼(や)いてしまうのである。[ヨ

ハネによる福音書 15:6]
(사람이 나에게 붙어 있지 않으면, 가지처럼 밖에 내던져져서 말라 버린다. 사람들은 그것을 긁어모아, 불에 던져 넣어 태워 버린다.[15:6])

[1] 外(そと)に投(な)げ捨(す)てられて枯(か)れる : 밖에 내던져져서 말라 버린다. 「投(な)げ捨(す)てる」는 「投(な)げる」의 연용형에 「捨(す)てる」가 결합된 복합동사로 ①「내던지다」, ②「내버리다」, ③「(일 등을) 팽개치다 / 방치하다」의 뜻을 나타낸다. 그리고 「投(な)げ捨(す)てられる」는 「投(な)げ捨(す)てる」의 수동이다.

[例] わたしには優(やさ)しい言葉(ことば)一(ひと)つかけず、わたしは床(ゆか)に投(な)げ捨(す)てられた古雑巾(ふるぞうきん)みたいだったの。
(나한테는 상냥한 말 하나도 건네지 않고, 나는 바닥에 내던져진 헌 걸레와 같았어.)

段(だん)ボールの中(なか)に入(はい)っていた古(ふる)いＴシャツは、外(そと)に投(な)げ捨(す)てられたせいで、ぐったり濡(ぬ)れていた。
(골판지 속에 들어 있던 오래된 티셔츠는 밖에 내버려진 탓으로 푹 젖어 있었다.)

[2] それを掻(か)き集(あつ)め、: 그것을 긁어모아. 「掻(か)き集(あつ)める」는 「掻(か)く」의 연용형에 「集(あつ)める」가 결합된 복합동사로 「긁어모으다」의 뜻을 나타낸다.

[例] 今回(こんかい)は刈(か)らなくても大丈夫(だいじょうぶ)。その時(とき)刈(か)り倒(たお)した草(くさ)を熊手(くまで)で掻(か)き集(あつ)めて、燃(も)やした。
(이번에는 베지 않아도 괜찮다. 그때 베어서 쓰러트린 풀을 갈퀴로 긁어모아서 태웠다.)

この本(ほん)の製作(せいさく)のために、家(いえ)を買(か)おうと貯(た)めていた資金(しきん)に、妻(つま)の持(も)ち金(がね)まで掻(か)き集(あつ)め、百八十万

(ひゃくはちじゅうまん)円(えん)を注(そそ)ぎ込(こ)んだ。

(이 책 제작을 위해 집을 사려고 모으고 있었던 자금에 집사람의 가진 돈까지 긁어모아 180만 엔을 쏟아 부었다.)

[3] 火(ひ)に投(な)げ入(い)れて、: 불에 던져 넣어. 「投(な)げ入(い)れる」는 「投(な)げる」의 연용형에 「入(い)れる」가 결합된 복합동사로 「던져 넣다 / 처넣다」의 뜻을 나타낸다.

[例] 暖炉(だんろ)に薪(まき)を投(な)げ入(い)れながら、彼(かれ)はくぐもった声(こえ)で答(こた)えた。

(난로에 장작을 던져 넣으면서 그는 분명치 않은 소리로 대답했다.)

ななえさんは、さっき洗濯物(せんたくもの)をあわてて投(な)げ入(い)れておいた部屋(へや)に入(はい)ってみましたが、やはり二人(ふたり)の姿(すがた)はどこにもないのです。

(나나에 씨는 아까 세탁물을 당황해서 던져 넣어 둔, 방에 들어가 보았습니다만, 역시 두 사람의 모습은 어디에도 없습니다.)

[4] 焼(や)いてしまう: 태워 버린다. 「焼(や)いてしまう」는 「焼(や)く」에 심리적 종결을 나타내는 「〜てしまう」가 접속된 것으로 「태워 버리다」의 뜻을 나타낸다.

[例] もしこの不潔(ふけつ)な交渉(こうしょう)から子供(こども)が生(う)まれれば、古代(こだい)の異教徒(いきょうと)の例(れい)にならって、八日目(ようかめ)に燃(も)える火(ひ)の中(なか)に投(な)げ込(こ)んで焼(や)いてしまう。

(만일 이 불결한 교섭에서 아이가 태어나면, 고대 이교도의 예를 따라, 8일째날에 타는 불 속에 던져서 태워 버린다.)

彼(かれ)らは他(た)のユダヤ人(じん)資本家(しほんか)と同様(どうよう)、自分(じぶん)たちに関(かん)する情報(じょうほう)が広(ひろ)がって反(はん)ユダヤ弾圧(だんあつ)に使(つか)われることを恐(おそ)れ、亡(な)くなった家族(かぞく)の

日記(にっき)や手紙(てがみ)、メモなど一切(いっさい)の記録(きろく)を焼(や)いてしまうような情報(じょうほう)管理(かんり)を行(おこな)っていたためである。
(그들은 다른 유대인 자본가와 마찬가지로 자기들에 관한 정보가 퍼져 반유대 탄압에 사용되는 것을 두려워해, 죽은 가족의 일기나 편지, 메모 등 일체의 기록을 태워 버리는 그런 정보 관리를 행하고 있었기 때문이다.)

あなたがたがわたしにつながっており、わたしの言葉(ことば)があなたがたにとどまっているならば、[1]何(なん)でも望(のぞ)むものを求(もと)めるがよい。[2]そうすれば、与(あた)えられるであろう。[ヨハネによる福音書 15:7]
(너희가 나에게 붙어 있고 내 말이 너희 안에 머무르고 있다면, 무엇이든지 바라는 것을 구하라. 그러면 주어질 것이다.[15:7])

[1]何(なん)でも望(のぞ)むものを求(もと)めるがよい : 무엇이든지 바라는 것을 구하라. 「求(もと)めるがよい」는「구하는 것이 좋다 → 구하라」와 같이「〜がよい」가 동사의 명령의 뜻으로 사용되고 있다.
  [例]あなたがたのうち、知恵(ちえ)に不足(ふそく)している者(もの)があれば、その人(ひと)は、咎(とが)めもせずに惜(お)しみなくすべての人(ひと)に与(あた)える神(かみ)に、願(ねが)い求(もと)めるがよい。そうすれば、与(あた)えられるであろう。
  [口語訳 / ヤコブの手紙 1:5]
  (너희 중에서 지혜가 부족한 사람이 있으면, 그 사람은 나무라지도 않고, 아낌없이 모든 사람에게 주는 하나님께 부탁해서 구하라. 그러면 받을 것이다.[야고보서 1:5])

[2]そうすれば、与(あた)えられるであろう : 그러면 주어질 것이다. 「与(あた)えられる」는「与(あた)える」의 수동으로「주어지다」에 해당하는 뜻을 나타낸다.
  [例]まず神(かみ)の国(くに)と神(かみ)の義(ぎ)とを求(もと)めなさい。そうすれば、こ

れらのものは、すべて添(そ)えて与(あた)えられるであろう。[口語訳 / マタイによる福音書 6:33]

(먼저 하나님의 나라와 하나님의 의를 구하라. 그러면 이것들은 전부 더해서 주어질 것이다.) [마태복음 6:33]

求(もと)めよ、そうすれば、与(あた)えられるであろう。捜(さが)せ、そうすれば、見(み)いだすであろう。門(もん)をたたけ、そうすれば、開(あ)けてもらえるであろう。[口語訳 / マタイによる福音書 7:7]

(구하라, 그러면 주어질 것이다. 찾아라, 그러면 찾을 것이다. 문을 두드려라, 그러면 열어 줄 것이다.)[마태복음 7:7]

わたしは柔和(にゅうわ)で心(こころ)のへりくだった者(もの)であるから、わたしのくびきを負(お)うて、わたしに学(まな)びなさい。そうすれば、あなたがたの魂(たましい)に休(やす)みが与(あた)えられるであろう。[口語訳 / マタイによる福音書 11:29]

(나는 온유하고 마음이 겸손한 사람이니, 내 멍에를 지고 내게 배워라. 그러면 너희 영혼에 쉼이 주어질 것이다.)[마태복음 11:29]

[1]あなたがたが実(み)を豊(ゆた)かに結(むす)び、そして[2]わたしの弟子(でし)となるならば、それによって、わたしの父(ちち)は栄光(えいこう)をお受(う)けになるであろう。[ヨハネによる福音書 15:8]

(너희가 열매를 풍성하게 맺고 그리고 내 제자가 된다면 그것에 의해 내 아버지께서는 영광을 받으실 것이다.[15:8])

[1]あなたがたが実(み)を豊(ゆた)かに結(むす)び、: 너희가 열매를 풍성하게 맺고. 「実(み)を豊(ゆた)かに結(むす)び」의 「豊(ゆた)かに」는 형용동사 「豊(ゆた)かだ ; 풍부하다 / 풍족하다 / 풍성하다」의 연용형이 부사법으로 사용된 것으로 「풍

성하게 / 많이」의 뜻을 나타낸다.

[例]夏(なつ)に美(うつく)しい花(はな)を咲(さ)かせた植物(しょくぶつ)たちが、秋(あき)には豊(ゆた)かに実(み)を結(むす)びます。

(여름에 아름다운 꽃을 피우는 식물 등이 가을에는 풍성하게 열매를 맺습니다.)

バッカスーとはギリシャ神話(しんわ)に登場(とうじょう)する豊穣(ほうじょう)の神(かみ)。穀物(こくもつ)が豊(ゆた)かに実(みの)り、富(とみ)と生産力(せいさんりょく)の象徴(しょうちょう)とされています。

(바커스란 그리스 신화에 등장하는 풍요의 신. 곡물이 풍성하게 열매를 맺고 부와 생산력의 상징으로 되어 있습니다.)

豊(ゆた)かに農作物(のうさくぶつ)を実(みの)らせる川沿(かわぞ)いの平野(へいや)。月(つき)の光(ひかり)を集(あつ)めて作(つく)るカステラの製造(せいぞう)工場(こうじょう)。青空(あおぞら)を作(つく)る山(やま)。

(풍성하게 농작물을 여물게 하는 강가의 평야. 달빛을 모아서 만드는 카스텔라의 제조 공장. 파란 하늘을 만드는 산.)

[2]わたしの弟子(でし)となるならば、: 내 제자가 된다면.「わたしの弟子(でし)となる」의「～となる」는「～になる」의 문장체적 표현이다.

[例]わたしたちの状態(じょうたい)とその人(ひと)たちの状態(じょうたい)が反対(はんたい)となるなら、わたしたちは、彼(かれ)らに何(なに)をしてもらいたいだろうか。

(우리들 상태와 그 사람들의 상태가 반대가 된다면, 그들이 우리에게 무엇을 해 주면 좋을까?)

「しかし一般(いっぱん)の結婚(けっこん)に対(たい)する改善(かいぜん)進歩(しんぽ)の動機(どうき)となるなら、犠牲者(ぎせいしゃ)である二人(ふたり)は苦笑(くしょう)するであろう」とおっしゃいました。

(「그러나 일반 결혼에 대한 개선 진보의 동기가 된다면, 희생자인 두 사람

은 쓴 웃음을 지을 것이다.」라고 말씀하셨습니다.)

[1]父(ちち)がわたしを愛(あい)されたように、わたしもあなたがたを愛(あい)したのである。[2]わたしの愛(あい)のうちにいなさい。[ヨハネによる福音書 15:9]
(아버지께서 나를 사랑하신 것과 같이 나도 너희를 사랑했다. 내 사랑 안에 있어라.[15:9])

[1]父(ちち)がわたしを愛(あい)されたように、: 아버지께서 나를 사랑하신 것과 같이.
　본 절의「愛(あい)された」는「愛(あい)す・愛(あい)する」의 레루형 경어「愛(あい)される」의 과거로 <父(ちち)>에 관해 쓰이고 있다.

[2]わたしの愛(あい)のうちにいなさい : 내 사랑 안에 있어라.
　타 번역본에서는 이 부분을 어떻게 기술하고 있는지 살펴보자.
　　[例]わたしの愛(あい)に留(とま)っておれ。[塚本訳1963]
　　　(내 사랑에 머무르고 있어라.)
　　　わたしの愛(あい)の中(なか)にとどまりなさい。[新改訳1970]
　　　(내 사랑 안에 머물러라.)
　　　わが愛(あい)にとどまれ。[前田訳1978]
　　　(내 사랑에 머물러라.)
　　　わたしの愛(あい)にとどまりなさい。[新共同訳1987]
　　　(내 사랑에 머물러라.)
　　　私(わたし)の愛(あい)のうちに留(とど)まりなさい。[岩波翻訳委員会訳1995]
　　　(내 사랑 안에 머물러라.)

[1]もしわたしの戒(いまし)めを守(まも)るならば、あなたがたはわたしの愛(あい)のうちにおるのである。それはわたしがわたしの父(ちち)の戒(いまし)めを

守(まも)ったので、[2]その愛(あい)のうちにおるのと同(おな)じである。[ヨハネによる福音書15:10]
(만일 내 계명을 지킨다면, 너희는 내 사랑 안에 있는 것이다. 그것은 내가 내 아버지의 계명을 지켰기 때문에 그 사랑 안에 있는 것과 같다.[15:10])

[1]もしわたしの戒(いまし)めを守(まも)るならば、あなたがたはわたしの愛(あい)のうちにおるのである : 만일 내 계명을 지킨다면, 너희는 내 사랑 안에 있는 것이다. 이 부분이 타 번역본에서는 어떻게 등장하고 있는지 살펴보자.

[例]わたしの掟(おきて)を守(まも)っておれば、わたしの愛(あい)に留(とま)っているであろう。[塚本訳1963]
(내 계명을 지키고 있으면, 내 사랑에 머물고 있을 것이다.)
もし、あなたがたがわたしの戒(いまし)めを守(まも)るなら、あなたがたはわたしの愛(あい)にとどまるのです。[新改訳1970]
(만일 당신들이 내 계명을 지킨다면, 당신들은 내 사랑에 머무릅니다.)
わがいましめを守(まも)れば、あなた方(がた)はわが愛(あい)にとどまろう。[前田訳1978]
(내 계명을 지키면, 너희는 내 사랑에 머무를 것이다.)
あなたがたも、わたしの掟(おきて)を守(まも)るなら、わたしの愛(あい)にとどまっていることになる。[新共同訳1987]
(너희도 내 계명을 지킨다면, 내 사랑에 머무르고 있게 된다.)
あなたがたは私(わたし)の命令(めいれい)を守(まも)るなら、私(わたし)の愛(あい)のうちに留(とど)まることとなる。[岩波翻訳委員会訳1995]
(너희는 내 명령을 지킨다면, 내 사랑 안에 머무르게 된다.)

[2]その愛(あい)のうちにおるのと同(おな)じである : 그 사랑 안에 있는 것과 같다.「〜と同(おな)じである」는「〜に同(おな)じだ」의 문장체적 표현이다.

[例]言(い)った、「ガリラヤの人(ひと)たちよ、なぜ天(てん)を仰(あお)いで立(た)っているのか。あなたがたを離(はな)れて天(てん)に上(あ)げられたこのイエスは、天(てん)に上(のぼ)って行(い)かれるのをあなたがたが見(み)たのと同(おな)じ有様(ありさま)で、またおいでになるであろう」。[口語訳 / 使徒行伝 1:11]
(말했다. "갈릴리 사람들아, 왜 하늘을 쳐다보면서 서 있느냐? 너희를 떠나서 하늘로 올라간 이 예수는, 하늘에 올라가시는 것을 너희가 본 것과 같은 모습으로 다시 오실 것이다".)[사도행전 1:11]

わたしが、空(そら)が好(す)きで好(す)きでたまらないというのと同(おな)じである。
(내가 하늘을 정말 좋아해서 참을 수 없는 것과 같다.)
全職員(ぜんしょくいん)調査(ちょうさ)をしなければ、この問題(もんだい)は明(あ)きらかにならず、隠蔽(いんぺい)しているのと同(おな)じである。
(전 직원 조사를 하지 않으면, 이 문제는 확실해 지지 않고 은폐하고 있는 것과 같다.)

わたしがこれらのことを話(はな)したのは、[1]わたしの喜(よろこ)びがあなたがたのうちにも宿(やど)るため、また、[2]あなたがたの喜(よろこ)びが満(み)ち溢(あふ)れるためである。[ヨハネによる福音書 15:11]
(내가 이러한 것을 이야기한 것은 내 기쁨이 너희 안에도 머물기 위해 또 너희 기쁨이 가득 차서 넘치기 위해서이다.[15:11])

[1]わたしの喜(よろこ)びがあなたがたのうちにも宿(やど)るため、: 내 기쁨이 너희 안에도 머물기 위해. 「喜(よろこ)び」는 「喜(よろこ)ぶ ; 기쁘다」의 연용형이 전성명사화된 것이다. 그리고 「宿(やど)る」①「머물다」, ②「어떤 위치에 있다」, ③「살다 / 거처로 하다」의 뜻을 나타내는데, 본 절에서는 ①의 용법으로 쓰이고 있다.
　[例]私(わたし)たちは大地(だいち)と一(ひと)つになる。あの燃(も)えたぎった石(い

し)が、私(わたし)たちのなかに宿(やど)る。
(우리들은 대지와 하나가 된다. 저 불타오르는 돌이 우리 안에 머문다.)
キリスト教(きょう)だと神様(かみさま)は一人(ひとり)だけど、日本(にほん)は八百万(はっぴゃくまん)の神様(かみさま)でしょう。自分(じぶん)の中(なか)に神(かみ)は宿(やど)るっていうけど、だったら我々(われわれ)は八〇〇万(はっぴゃくまん)のアイデンティティがあったっていいわけですよ。
(기독교라면 하나님은 한 사람이지만 일본은 800만의 하나님이겠지요. 자기 안에 하나님은 머문다고 하지만, 그러면 우리들은 800만의 아이덴티티(정체성)가 있었다고 하는 것이지요.)

それはどんな種(たね)よりも小(ちい)さいが、成長(せいちょう)すると、野菜(やさい)の中(なか)でいちばん大(おお)きくなり、空(そら)の鳥(とり)が来(き)て、その枝(えだ)に宿(やど)るほどの木(き)になる」。[口語訳/マタイによる福音書 13:32]
(그것은 어떤 씨보다도 작지만, 성장하면 야채 중에서 가장 크게 되고, 하늘의 새가 와서 그 가지에 깃들 정도의 나무가 된다.")[마태복음 13:32]

[2]あなたがたの喜(よろこ)びが満(み)ち溢(あふ)れるためである: 너희 기쁨이 가득 차서 넘치기 위해서이다. 「満(み)ち溢(あふ)れる」는 「満(み)ちる」의 연용형에 「溢(あふ)れる」가 결합된 복합동사로 「가득 차서 넘치다」의 뜻을 나타낸다.
[例]世界(せかい)じゅうに、ものすごい数(かず)のチャンネルが乱立(らんりつ)し、発信(はっしん)情報(じょうほう)が満(み)ち溢(あふ)れる。
(전 세계에 굉장한 수의 채널이 난립하고 발신 정보가 가득 차서 넘친다.)
最後(さいご)に、すみれ色(いろ)の光(ひかり)を頭頂(とうちょう)のチャクラから下(お)ろしていき、至高善(しこうぜん)を、求(もと)めて行動(こうどう)しようという思(おも)いを鼓舞(こぶ)する理想(りそう)があなたの意識(いしき)に満(み)ち溢(あふ)れるのを感(かん)じてください。

(마지막으로 보라색 빛을 머리 꼭대기의 차크라(cakra)에서 내려가서, 지고선을 추구하고 행동하려고 하는 생각을 고무하는 이상이 당신의 의식에 가득 차서 넘치는 것을 느끼세요.)

そしてあなたがたの所(ところ)に行(ゆ)く時(とき)には、キリストの満(み)ち溢(あふ)れる祝福(しゅくふく)をもって行(ゆ)くことと、信(しん)じている。[口語訳 / ローマ人への手紙 15:29]
(그리고 너희에게 갈 때에는 그리스도의 가득 차서 넘치는 축복으로 갈 것이라고 믿고 있다.)[로마서 15:29]

《70》[ヨハネによる福音書 15:12 - 15:17]

わたしの戒(いまし)めは、これである。わたしがあなたがたを愛(あい)したように、[1]あなたがたも互(たが)いに愛(あい)し合(あ)いなさい。[ヨハネによる福音書 15:12]
(내 계명은 이것이다. 내가 너희를 사랑한 것과 같이 너희도 서로 사랑하라.[15:12])

[1]あなたがたも互(たが)いに愛(あい)し合(あ)いなさい : 너희도 서로 사랑하라. 「互(たが)いに; 서로」와 「愛(あい)し合(あ)う; 서로 사랑하다」와 같이 상호동작을 나타내는 복합동사는 한국어에서는 「서로」 부분이 중복되어 번역에 전부 반영되지 않는다.
[例]そして二人(ふたり)は、互(たが)いに愛(あい)し合(あ)うようになった。
(그리고 두 사람은 서로 사랑하게 되었다.)
真(しん)に偉大(いだい)な人(ひと)は互(たが)いに認(みと)め合(あ)い、愛(あい)

し合(あ)う関係(かんけい)のものだと思(おも)います。

(정말 위대한 사람은 서로 인정하고, 서로 사랑하는 관계의 것이라고 생각합니다.)

愛(あい)する者(もの)たち、神(かみ)がこのようにわたしたちを愛(あい)されたのですから、わたしたちも互(たが)いに愛(あい)し合(あ)うべきです。

(사랑하는 사람들, 하나님께서 이와 같이 우리를 사랑하셨으니, 우리도 서로 사랑해야 합니다.)

人(ひと)が[1]その友(とも)のために自分(じぶん)の命(いのち)を捨(す)てること、これよりも大(おお)きな愛(あい)はない。[ヨハネによる福音書 15:13]

(사람이 그 친구를 위해 자신의 목숨을 버리는 것, 이것보다도 큰 사랑은 없다.[15:13])

[1]その友(とも)のために : 그 친구를 위해. 「その友(とも)のために」의 「〜のために」는 목적의 용법으로 쓰이고 있다.

  [例] 子(こ)どもやパートナー、友人(ゆうじん)のために、心(こころ)を込(こ)めてつくったお弁当(べんとう)には、つくった人(ひと)の気持(きも)ちが伝(つた)わる。

  (아이나 파트너, 친구를 위해 정성을 다해 만든 도시락에는 만든 사람의 기분이 전해진다.)

  裁判長(さいばんちょう)、これは殺人(さつじん)事件(じけん)の公判(こうはん)であって、親族(しんぞく)や友人(ゆうじん)のための追悼式(ついとうしき)ではありません。

  (재판장님, 이것은 살인 사건의 공판으로 친족이나 지인을 위한 추도식이 아닙니다.)

  僕(ぼく)が勝(か)つことでマーディにかかるプレッシャーを減(へ)らしてあげたかった」とロディックは語(かた)り、これ以上(いじょう)ないという勝(か)ち方(かた)で

親友(しんゆう)のためのお膳立(ぜんだ)てを整(ととの)えたのだ。

(내가 이김으로써 마디 피쉬에게 걸리는 프레셔를 경감해 주고 싶었다.」
라고 앤디 로딕은 말하고, 최고의 승리로 친우를 위한 채비를 갖추었다.)

[2]命(いのち)を捨(す)てる : 목숨을 버리다. 구어역 신약성서에서는 요한복음에만
「命(いのち)を捨(す)てる」가 [10:11][10:15][10:17](2회)[13:38][15:13] 총 6회 사용
되고 있다.

[例]はじめから「命(いのち)を捨(す)てる」という思想(しそう)は、キリスト教圏(きょうけん)には存在(そんざい)しない。しかし宗教(しゅうきょう)はしょせん宗教(しゅうきょう)、教義(きょうぎ)はただ教義(きょうぎ)に過(す)ぎない。

(처음부터「목숨을 버리다」라는 사상은 기독교권에는 존재하지 않는다.
그러나 종교는 어차피 종교, 교의는 그냥 교의에 지나지 않는다.)

その昔(むかし)、十字軍(じゅうじぐん)の頃(ころ)、捕虜(ほりょ)になった人々(ひとびと)を救(すく)うために、身代(みが)わりになって敵国(てっこく)に渡(わた)っていったという修道士(しゅうどうし)たちの「もし、自分(じぶん)の命(いのち)を捨(す)てることによって、誰(だれ)かをほんとうの意味(いみ)で幸(しあわ)せにできる場合(ばあい)には、その相手(あいて)が異教徒(いきょうと)であっても、喜(よろこ)んで命(いのち)を捧(ささ)げる」姿(すがた)に感動(かんどう)していた怜子(れいこ)は自分(じぶん)もそういう生(い)き方(かた)を目指(めざ)していて、アリの町(まち)こそ、自分(じぶん)を捧(ささ)げ得(え)る場所(ばしょ)だと決(き)めたのだった。

(그 옛날 십자군 때, 포로가 된 사람들을 구하기 위해 대신 적국에 건너갔다고 하는 수도자들의「만일 자기 목숨을 버림으로써 누군가를 진짜 의미로 행복하게 할 수 있는 경우에는 그 상대가 이교도라도 기꺼이 목숨을 바치는」모습에 감동하고 있었던 레이코는 자신도 그런 삶을 지향해서 아리의 도시이야 말로 자기를 바칠 수 있는 장소라고 정했던 것이었다.)

あなたがたに[1]わたしが命(めい)じることを[2]行(おこな)うならば、あなたがたはわたしの友(とも)である。[ヨハネによる福音書 15:14]
(너희에게 내가 명하는 것을 행한다면, 너희는 내 친구다.[15:14])

[1]わたしが命(めい)じることを : 내가 명하는 것을. 「命(めい)じる」에는 문장체적 표현 「命(めい)ずる」가 병용되고 있는데, 본 절에서는 구어적인 표현인 「命(めい)じる」가 쓰이고 있다.

[例]「あなたに命(めい)じる。起(お)きよ、床(とこ)を取(と)りあげて家(いえ)に帰(かえ)れ」と言(い)われた)。[口語訳/マルコによる福音書 2:11]
("너에게 명한다. 일어나라! 자리를 거둬 가지고 집에 돌아가라!"고 말씀하셨다.)[마가복음 2:11][62]

「私(わたし)がやるべきことを示(しめ)しているのではない。精霊(せいれい)たちが私(わたし)を媒介(ばいかい)にして命(めい)じることを、私(わたし)はただ伝(つた)えているだけだ」と、プール族(ぞく)の男(おとこ)は説明(せつめい)した。
(「내가 해야 할 것을 보여주고 있는 것은 아니다. 정령들이 나를 매개로 해서 명한 것을 나는 단지 전하고 있는 것뿐이다」라고, 푸루족의 남자는 설명했다.)

それゆえそれは、放送(ほうそう)事業者(じぎょうしゃ)が真実(しんじつ)と考(かんが)えていても訂正(ていせい)・取消(とりけし)放送(ほうそう)を請求(せいきゅう)できるような権利(けんり)を個人(こじん)に保障(ほしょう)したものではないし、ましてやそのような請求(せいきゅう)に基(もと)づき裁判所(さいばんしょ)が訂正(ていせい)・取消(とりけし)放送(ほうそう)を命(めい)じることを認(みと)めた規定(きてい)ではない。
(그러므로, 그것은 방송 사업자가 진실이라고 생각하고 있어도 정정·취

---

62) 李成圭(2018c)『일본어 구어역 마가복음의 언어학적 분석 I』시간의물레. p. 83에서 인용.

소 방송을 청구할 수 있는 그런 권리를 개인에게 보장한 것이 아니고, 하물며 그와 같은 청구에 기초하여 재판소가 정정·취소 방송을 명하는 것을 인정한 규정이 아니다.)

[2]行(おこな)うならば、: 행한다면.「行(おこな)うならば」는「行(おこな)う」에 가정조건을 나타내는「〜ならば」가 접속된 것이다.
　[例]第三(だいさん)の啓蒙(けいもう)普及(ふきゅう)の策(さく)を行(おこな)うならば、高尚(こうしょう)な需要(じゅよう)には供給(きょうきゅう)も高尚(こうしょう)となるであろう。
　(제3의 계몽 보급책을 행한다면, 고상한 수요에는 공급도 고상해질 것이다.)
　公衆(こうしゅう)衛生(えいせい)は常(つね)に費用(ひよう)と効果(こうか)というものを考(かんが)えますが、もし費用(ひよう)効果(こうか)分析(ぶんせき)というものを行(おこな)うならば、これはほとんど効果(こうか)ゼロなんですね。
　(공중위생은 항상 비용과 효과라는 것을 생각합니다만, 만일 비용 효과 분석이라는 것을 행한다면 이것은 거의 효과 제로이네요.)

わたしはもう、[1]あなたがたを僕(しもべ)とは呼(よ)ばない。僕(しもべ)は主人(しゅじん)のしていることを知(し)らないからである。わたしはあなたがたを友(とも)と呼(よ)んだ。[2]わたしの父(ちち)から聞(き)いたことを皆(みな)、あなたがたに知(し)らせたからである。[ヨハネによる福音書 15:15]
(나는 이제 너희를 종이라고는 부르지 않겠다. 종은 주인이 하고 있는 것을 모르기 때문이다. 나는 너희를 친구라고 불렀다. 내 아버지에게서 들은 것을 모두 너희에게 알려주었기 때문이다.[15:15])

[1]あなたがたを僕(しもべ)とは呼(よ)ばない: 너희를 종이라고는 부르지 않겠다.
　「僕(しもべ)とは呼(よ)ばない」는「僕(しもべ)と呼(よ)ばない」와 같은 인용문 형식

에 계조사「～は」가 삽입되어 강조를 나타낸다.

[例]主(しゅ)は言(い)われる、その日(ひ)には、あなたはわたしを「わが夫(おっと)」と呼(よ)び、もはや「わがバアル」とは呼(よ)ばない。

(주께서 말씀하신다. 그 날에는 너희는 나를「내 남편」이라고 부르고, 더 이상「내 바알」이라고는 부르지 않는다.)

「育児(いくじ)をしない男(おとこ)を、父(ちち)とは呼(よ)ばない。」というポスターをご覧(らん)になったことがあると思(おも)います。

(「육아를 하지 않는 남자를 아버지라고는 부르지 않는다」고 하는 포스터를 보신 적이 있다고 생각합니다.)

正解(せいかい)が一(ひと)つでないものをテストとは呼(よ)ばないのかもしれないが、テストをしながら生徒(せいと)の独創性(どくそうせい)を育(はぐく)む、自由(じゆう)な発想(はっそう)を育(そだ)てるというのがあってもいいのではないか。

(정답이 하나가 아닌 것을 시험이라고는 부르지 않을지도 모르지만, 시험을 보면서 학생의 독창성을 키우는, 자유스러운 발상을 키운다고 하는 것이 있어도 좋지 않을까?)

[2]わたしの父(ちち)から聞(き)いたことを皆(みな)、あなたがたに知(し)らせたからである : 내 아버지에게서 들은 것을 모두 너희에게 알려주었기 때문이다.「知(し)らせる」는「～が～に～を知(し)らせる」와 같이 3항 결합가(結合価) 동사이다.

[例]ところが、シモンのしゅうとめが熱病(ねつびょう)で床(とこ)についていたので、人々(ひとびと)はさっそく、その事(こと)をイエスに知(し)らせた。[口語訳 / マルコによる福音書 1:30]

(그런데 시몬의 장모가 열병으로 누워 있었기 때문에 사람들은 즉시 그 일을 예수에게 알렸다.)[마가복음 1:30][63]

---

63) 李成圭(2018c)『일본어 구어역 마가복음의 언어학적 분석Ⅰ』시간의물레. p. 42에서 인용.

マリヤは、イエスと一緒(いっしょ)にいた人々(ひとびと)が泣(な)き悲(かな)しんでいる所(ところ)に行(い)って、それを知(し)らせた。[口語訳 / マルコによる福音書 16:10]
(마리아는 예수와 함께 있었던 사람들이 울면서 슬퍼하고 있는 곳에 가서 그것을 알렸다.)[마가복음 16:10][64]

あなたは施(ほどこ)しをする場合(ばあい)、右(みぎ)の手(て)のしていることを左(ひだり)の手(て)に知(し)らせるな。[口語訳 / マタイによる福音書 6:3]
(너는 자선을 베풀 경우, 오른손이 하고 있는 것을 왼손에게 알리지 마라.) [마태복음 6:3]

あなたがたがわたしを選(えら)んだのではない。わたしがあなたがたを選(えら)んだのである。そして、[1]あなたがたを立(た)てた。それは、あなたがたが行(い)って実(み)を結(むす)び、その実(み)がいつまでも残(のこ)るためであり、また、あなたがたがわたしの名(な)によって[2]父(ちち)に求(もと)めるものは何(なん)でも、父(ちち)が与(あた)えて下(くだ)さるためである。[ヨハネによる福音書 15:16]
(너희가 나를 선택한 것이 아니다. 내가 너희를 선택한 것이다. 그리고 너희를 세웠다. 그것은 너희가 가서 열매를 맺고 그 열매가 언제까지나 남기 위해서이고 또 너희가 내 이름에 의해 아버지께 구하는 것은 무엇이든지 아버지께서 주시기 때문이다.[15:16])

[1]あなたがたを立(た)てた : 너희를 세웠다.「立(た)てる」는「立(た)つ」의 타동사로 ①「사람이 사물을 세우다」, ②「사람을 어떤 역할을 지닌 위치·지위에 앉히다」의 뜻을 나타내는데, 본 절에서는 ②의 용법으로 쓰인 것이다.

---

64) [口語訳 / マルコによる福音書 16:10]에서 인용.

[例] そこで十二人(じゅうににん)をお立(た)てになった。彼(かれ)らを自分(じぶん)のそばに置(お)くためであり、さらに宣教(せんきょう)に遣(つか)わし、[口語訳 / マルコによる福音書 3:14]

(그래서 열둘을 세우셨다. 그들을 자기 곁에 두기 위해서였고, 또한 선교하러 보내고,)[마가복음 3:14][65]

裁判(さいばん)に証人(しょうにん)を立(た)てた。
(재판에 증인을 세웠다.)
野党(やとう)は今度(こんど)の選挙(せんきょ)に有力(ゆうりょく)な候補者(こうほしゃ)を立(た)てた。
(야당은 이번 선거에 유력한 후보자를 세웠다.)

그런데「立(た)てる」는 사람이 유생명사에게 어떤 행위를 시키는 뜻으로는 사용하지 못하고「立(た)つ」의 사역인「立(た)たせる」를 사용해야 한다.「子供(こども)たちが立(た)つ; 어린이들이 서다 → 廊下(ろうか)に子供(こども)たちを立(た)たせる; 복도에 어린이들을 일으켜 세우다」

[例] そして、一人(ひとり)の幼子(おさなご)を取(と)り上(あ)げて、彼(かれ)らのまん中(なか)に立(た)たせ、それを抱(だ)いて言(い)われた。[口語訳 / マルコによる福音書 9:36]

(그리고 한 어린이를 들어 올려 그들 한 가운데 세우고, 그를 껴안고 말씀하셨다.)[마가복음 9:36][66]

[2] 父(ちち)に求(もと)めるものは何(なん)でも、父(ちち)が与(あた)えて下(くだ)さるためである : 아버지께 구하는 것은 무엇이든지 아버지께서 주시기 때문이다. 「与

---

65) 李成圭(2018c)『일본어 구어역 마가복음의 언어학적 분석Ⅰ』시간의물레. p. 128에서 인용.
66) 李成圭(2019a)『일본어 구어역 마가복음의 언어학적 분석Ⅱ』시간의물레. p. 218에서 인용.

(あた)えて下(くだ)さる」는「与(あた)える；주다」에 수수표현「～て下(くだ)さる」가 접속된 것인데, 한국어로는「주다＋해 주시다 → 주시다」로 번역된다.

 타 번역본에서는 당해 부분을 어떻게 다루고 있는지 살펴보자.

[例] 父(ちち)に願(ねが)うことを、〔父(ちち)が〕あなたがたに与(あた)えるようにと、[岩波翻訳委員会訳1995]

(아버지에게 청하는 것을〔아버지가〕너희에게 주도록,)

父(ちち)に求(もと)めるものは何(なん)でも、父(ちち)があなたがたにお与(あた)えになるためです。[新改訳1970]

(아버지에게 구하는 것은 무엇이든지, 아버지께서 너희에게 주시기 때문입니다.)

父上(ちちうえ)にお願(ねが)いすれば、なんでもかなえてくださるようにしてやったのである。[塚本訳1963]

(아버지에게 부탁드리면 무엇이든지 이루어 주시도록 해 준 것이다.)

父(ちち)に求(もと)めるものを皆(みな)かなえていただくためである。[前田訳1978]

(아버지에게 구하는 것을 모두 이루어 주시기 때문이다.)

父(ちち)に願(ねが)うものは何(なん)でも与(あた)えられるようにと、[新共同訳1987]

(아버지에게 청하는 것은 무엇이든지 주시도록,)

これらのことを命(めい)じるのは、あなたがたが互(たが)いに愛(あい)し合(あ)うためである。[ヨハネによる福音書 15:17]
(이러한 일을 명하는 것은 너희가 서로 사랑하기 위해서이다.[15:17])

 본 절을 타 번역본에서는 다음과 같이 표현되고 있다.

[例](つまるところ、)わたしの命令(めいれい)はこれである、——互(たが)いに愛(あい)せよ![塚本訳1963]

((즉,) 내 명령은 이것이다. - 서로 사랑하라!)

あなたがたが互(たが)いに愛(あい)し合(あ)うこと、これが、わたしのあなたがたに与(あた)える戒(いまし)めです。[哭잖訳1970]

(당신들이 서로 사랑하는 것, 이것이, 내가 당신들에게 주는 계명입니다.)

わたしは命(めい)ずる、互(たが)いに愛(あい)せよ。[前田訳1978]

(나는 명한다, 서로 사랑해라.)

互(たが)いに愛(あい)し合(あ)いなさい。これがわたしの命令(めいれい)である。」[新共同訳1987]

(서로 사랑해라. 이것이 내 명령이다.)

互(たが)いに愛(あい)し合(あ)うように、これを私(わたし)はあなたがたに命(めい)じる。[岩波翻訳委員会訳1995]

(서로 사랑해라, 이것을 나는 너희에게 명한다.)

((71)) [ヨハネによる福音書 15:18 - 15:25]

もしこの世(よ)が[1]あなたがたを憎(にく)むならば、あなたがたよりも先(さき)にわたしを憎(にく)んだことを、[2]知(し)っておくがよい。[ヨハネによる福音書 15:18]

(만일 이 세상이 너희를 미워한다면, 너희보다도 먼저 나를 미워한 것을 알아 두어라.[15:18])

[1]あなたがたを憎(にく)むならば、: 너희를 미워한다면.「憎(にく)むならば」는「憎(にく)む」에 가정조건을 나타내는「~ならば」가 접속한 것이다.

[例]自分(じぶん)が生(い)きて今(いま)存在(そんざい)しているという、これに勝(まさ)る喜(よろこ)びがあろうか。死(し)を憎(にく)むなら、その喜(よろこ)びをこそ日々(ひび)確認(かくにん)し、生(せい)をたのしむべきである。
(자기가 살아서 지금 존재하고 있다고 하는, 이것보다 더 나은 기쁨이 있을까? 죽음을 미워한다면, 그 기쁨이야 말로 매일 확인하고, 삶을 즐겨야 한다.)

[2]知(し)っておくがよい : 알아 두어라. 「知(し)っておく」는 「知(し)る」에 유지를 나타내는 「〜ておく」가 접속된 것으로 「〜がよい」는 명령의 의미로 쓰이고 있다.
　[例]だから、イスラエルの全家(ぜんか)は、この事(こと)をしかと知(し)っておくがよい。あなたがたが十字架(じゅうじか)につけたこのイエスを、神(かみ)は、主(しゅ)またキリストとしてお立(た)てになったのである」。[口語訳 / 使徒行伝 2:36]
　(따라서 이스라엘 모든 집안은 이 일을 확실히 알아 두어라. 너희가 십자가에 매단 이 예수를 하나님께서 주 또는 그리스도로서 세우신 것이다.")
　[사도행전 2:36]

　科学(かがく)論文(ろんぶん)としてはそれほど徹底(てってい)しなくてもよいが、注(ちゅう)を活用(かつよう)して表(ひょう)の面積(めんせき)を最小(さいしょう)にする技術(ぎじゅつ)だけは知(し)っておくがよい。
　(과학 논문으로서는 그렇게까지 철저하게 하지 않아도 좋지만, 주를 활용해서 표의 면적을 최소로 하는 기술만은 알아 두어라.)

[1]もしあなたがたがこの世(よ)から出(で)たものであったなら、この世(よ)は、あなたがたを自分(じぶん)のものとして愛(あい)したであろう。[2]しかし、あなたがたはこの世(よ)のものではない。[3]かえって、[4]わたしがあなたがたをこの世(よ)から選(えら)び出(だ)したのである。だから、この世(よ)はあなたがた

を憎(にく)むのである。[ヨハネによる福音書 15:19]
(만일 너희가 이 세상에서 나온 것이었다면, 이 세상은 너희를 자기 것으로 사랑했을 것이다. 그러나 너희는 이 세상의 것이 아니다. 오히려 내가 너희를 이 세상에서 골라낸 것이다. 따라서 이 세상은 너희를 미워하는 것이다.[15:19])

[1]もしあなたがたがこの世(よ)から出(で)たものであったなら、: 만일 너희가 이 세상에서 나온 것이었다면. 타 번역본에서는 이 부분을 어떻게 다루고 있는지 살펴보자.

[例]もしあなた達(たち)がこの世(よ)のものであったら、[塚本訳1963]
(만일 너희가 이 세상의 것이라면,)
もしあなたがたがこの世(よ)のものであったなら、[新改訳1970]
(만일 너희가 이 세상의 것이라면,)
もしあなた方(がた)が世(よ)のでならば、[前田訳1978]
(만일 너희가 세상의 것이라면,)
仮(か)りにあなたがたが世(よ)からのものであったなら、[岩波翻訳委員会訳1995]
(가령 너희가 세상으로부터의 것이라면,)
もしあなたたちがこの世(よ)に属(ぞく)していたなら、[フランシスコ会訳1984]
(만일 너희가 이 세상에 속하고 있었다면,)
あなたがたが世(よ)に属(ぞく)していたなら、[新共同訳1987]
(너희가 세상에 속해 있었다면,)

[2]しかし、あなたがたはこの世(よ)のものではない: 그러나 너희는 이 세상의 것이 아니다.

당해 부분이 타 번역본에서 어떻게 표현되고 있는지 살펴보면 다음과 같다.

[例]しかしあなた達(たち)は(もはや)この世(よ)のものではなく、[塚本訳1963]

(그러나 너희는 (더 이상) 이 세상의 것이 아니라,)

しかし、あなたがたは世(よ)のものではなく、[新改訳1970]

(그러나 너희는 세상의 것이 아니고,)

しかし、あなた方(がた)が世(よ)の出(で)でなく、[前田訳1978]

(그러나 너희는 세상에서 나온 것이 아니고,)

だが、あなたがたはこの世(よ)からのものではなく、[岩波翻訳委員会訳1995]

(그러나 너희는 이 세상에서 나온 것이 아니고,)

だが、あなたたちがこの世(よ)に属(ぞく)しているのではなく、[フランシスコ会訳1984]

(그러나 너희가 이 세상에 속해 있는 것이 아니고,)

だが、あなたがたは世(よ)に属(ぞく)していない。[新共同訳1987]

(하지만 너희는 세상에 속해 있지 않다.)

[3]かえって : 오히려. 도리어. 반대로.

[例]かえって安(やす)くつく。

(오히려 싸게 먹이다.)

そんなことをしたら、かえってよくない。

(그런 일을 하면, 오히려 좋지 않다.)

夫(おっと)のいる間(あいだ)はあまり交際(こうさい)もなかったのに、夫(おっと)が亡(な)くなってからかえって親(した)しくなることになってしまった。

(남편이 있는 동안은 그다지 교제가 없었는데도, 남편이 죽고 나서 오히려 친해지게 되었다.)

[4]わたしがあなたがたをこの世(よ)から選(えら)び出(だ)したのである : 내가 너희를 이 세상에서 골라낸 것이다. 「選(えら)び出(だ)す」는 「選(えら)ぶ」의 연용형에 공

간적 이동을 뜻하는 후항동사「出(だ)す」가 결합한 복합동사로「골라내다 / 가려내다 / 선출하다」의 뜻을 나타낸다.

[例] 夜(よ)が明(あ)けると、弟子(でし)たちを呼(よ)び寄(よ)せ、その中(なか)から十二人(じゅうににん)を選(えら)び出(だ)し、これに使徒(しと)という名(な)をお与(あた)えになった。[口語訳 / ルカによる福音書 6:13]
(날이 밝자, 제자들을 불러들여, 그 중에서 12명을 골라내어, 이들에게 사도라는 이름을 주셨다.)[누가복음 6:13]

神(かみ)が初(はじ)めに異邦人(いほうじん)たちを顧(かえり)みて、その中(なか)から御名(みな)を負(お)う民(たみ)を選(えら)び出(だ)された次第(しだい)は、シメオンがすでに説明(せつめい)した。[口語訳 / 使徒行伝 15:14]
(하나님께서 처음으로 이방인들을 돌아보고, 그 중에서 이름을 짊어지는 백성을 골라내신 경위는 시므온이 이미 설명했다.)[사도행전 15:14]

料理(りょうり)に合(あ)う飲(の)み物(もの)すべてを選(えら)び出(だ)すのが本来(ほんらい)のソムリエなのです。
(음식에 맞는 음료 모든 것을 골라내는 것이 본래의 소믈리에입니다.)
自分(じぶん)と同(おな)じような人生(じんせい)の目標(もくひょう)や価値観(かちかん)を持(も)った異性(いせい)を選(えら)び出(だ)すことはもちろん、その人(ひと)との関係(かんけい)をいつまでも新鮮(しんせん)な気持(きも)ちで続(つづ)けていくことなど、幸(しあわ)せな結婚(けっこん)をし、それを維持(いじ)していくためには、相当(そうとう)なエネルギーが要求(ようきゅう)されます。
(자기와 같은 그런 인생의 목표나 가치관을 가진 이성을 고르는 것은 물론 그 사람과의 관계를 언제까지나 신선한 기분으로 계속해 가는 것 등, 행복한 결혼을 하고, 그것을 유지해 나가기 위해서는 상당한 에너지가 요구됩니다.)

わたしがあなたがたに『僕(しもべ)はその主人(しゅじん)に勝(まさ)るものではない[67]』と言(い)ったことを、覚(おぼ)えていなさい。[1]もし人々(ひとびと)がわたしを迫害(はくがい)したなら、あなたがたをも迫害(はくがい)するであろう。また、[2]もし彼(かれ)らがわたしの言葉(ことば)を守(まも)っていたなら、あなたがたの言葉(ことば)をも守(まも)るであろう。[ヨハネによる福音書 15:20]
(내가 너희에게 '종은 그 주인보다 더 나은 것이 아니다.'고 말한 것을 기억하고 있어라. 만일 사람들이 나를 박해했다면 너희도 박해할 것이다. 그리고 만일 그들이 내 말을 지키고 있었다면, 너희 말도 지킬 것이다.[15:20])

[1]もし人々(ひとびと)がわたしを迫害(はくがい)したなら、: 만일 사람들이 나를 박해했다면.「迫害(はくがい)したなら」는「迫害(はくがい)した」에 가정조건을 나타내는「〜なら」가 접속된 것이다.「〜したなら」의 예를 들면 다음과 같다.

[例]私(わたし)は額(ひたい)をつまみ、どう説明(せつめい)したなら、少(すこ)しは理解(りかい)してくれるだろうか、と懸命(けんめい)になった。

(나는 이마를 쥐고, 어떻게 설명했다면 조금은 이해해 줄 것인가, 하고 필사적이었다.)

それゆえ、人(ひと)は決心(けっしん)したなら直行(ちょっこう)しろというのです。直行(ちょっこう)しようとするなら、決心(けっしん)したその目標(もくひょう)の前(まえ)に絶対(ぜったい)服従(ふくじゅう)しなければならないのです。

(그러므로 사람은 결심했다면, 직행하라는 것입니다. 직행하려고 한다면, 결심한 그 목표 앞에 절대로 복종하지 않으면 안 되는 것입니다.)

また、成功(せいこう)と失敗(しっぱい)という姿(すがた)が現(あら)われることもあ

---

67) 요한복음 [13:16] 및 이하의 구절을 참조.
弟子(でし)はその師(し)以上(いじょう)のものではなく、僕(しもべ)はその主人(しゅじん)以上(いじょう)の者(もの)ではない。[口語訳 / マタイによる福音書 10:24]
(제자는 스승 이상의 것이 아니고, 종은 주인 이상의 사람이 아니다.) [마태복음 10:24]

ります。しかし、努力(どりょく)したならば、それは何(なん)らかの形(かたち)で必(かなら)ず残(のこ)っているのです。

(그리고 성공과 실패라는 모습이 나타나는 경우도 있습니다. 그러나 노력했다면 그것은 어떤 형태로 간에 반드시 남아 있는 것입니다.)

[2]もし彼(かれ)らがわたしの言葉(ことば)を守(まも)っていたなら、: 만일 그들이 내 말을 지키고 있다면.「守(まも)っていたなら」는「守(まも)る」의「～ていた」형인「守(まも)っていた」에 가정의「～なら」가 접속된 것이다.「～ていたなら」의 예를 들면 다음과 같다.

[例]もし自分(じぶん)が25万円(まんえん)も出(だ)して買(か)っていたなら、きっと怒鳴(どな)りまくっていただろう。

(만일 자기가 25만 엔을 내고 샀더라면 틀림없이 마구 호통치고 있었을 것이다.)

それを知(し)っていたなら、どうして早(はや)く教(おし)えてくれなかったんですか。
(그것을 알고 있었다면 어째서 빨리 가르쳐 주지 않았습니까?)

そんなに私(わたし)のことを愛(あい)していたなら、なぜ捨(す)てたの?
(그렇게 나를 사랑하고 있었다면, 왜 버렸어?)

彼(かれ)らは[1]わたしの名(な)のゆえに、[2]あなたがたに対(たい)してすべてそれらのことをするであろう。それは、わたしを遣(つか)わされた方(かた)を彼(かれ)らが知(し)らないからである。[ヨハネによる福音書 15:21]

(그들은 내 이름 때문에 너희에 대해 모두 그런 것을 할 것이다. 그것은 나를 보내신 분을 그들이 모르기 때문이다.[15:21])

[1]わたしの名(な)のゆえに、: 내 이름 때문에. 형식명사「故(ゆえ)」는「故(ゆえ)に」와 같이 접속조사적으로 쓰이면「～때문에」「～까닭에」「～로 인하여[말미암

아]」와 같은 원인·이유를 나타낸다.[68]

[예] 人間(にんげん)の霊(れい)は、<u>アダムの罪(つみ)のゆえに</u>、罪人(ざいにん)として 悪魔(あくま)の性質(せいしつ)を持(も)っています.

(인간의 영은 아담의 죄로 말미암아 죄인으로서 악마의 성질을 지니고 있습니다.)

それは重要(じゅうよう)な問題(もんだい)ではなく、「神(かみ)われらと共(とも)に」という<u>その名(な)のゆえに</u>、すべての人(ひと)が神(かみ)の臨在(りんざい)を感(かん)じとることができる「契約(けいやく)の人(ひと)」だ、と。

(그것은 중요한 문제가 아니고 「하나님이 우리들과 함께 계시다」라는 그 이름 때문에 모든 사람들이 하나님의 임재(하나님이 그 자리에 임하는 것)를 감득할 수 있는 「계약의 사람」이라고.)[69]

「だれでも、このような幼子(おさなご)の一人(ひとり)を、<u>わたしの名(な)のゆえに</u>受(う)け入(い)れる者(もの)は、わたしを受(う)け入(い)れるのである。そして、わたしを受(う)け入(い)れる者(もの)は、わたしを受(う)け入(い)れるのではなく、わたしをお遣(つか)わしになった方(かた)を受(う)け入(い)れるのである。[口語訳 / マルコによる福音書 9:37]

("누구든지 이런 어린이 한 사람을 내 이름 때문에 받아들이는 사람은 나를 받아들이는것이다. 그리고 나를 받아들이는 사람은 나를 받아들이는 것이 아니라, 나를 보내신 분을 받아들이는 것이다.")[마가복음 9:37][70]

[2] あなたがたに対(たい)してすべてそれらのことをするであろう : 너희에 대해 모두 그런 것을 할 것이다. 이 부분에 관해 타 번역본의 서술 내용을 들면 다음과 같다.

[예] すべてこれらのことを、あなた達(たち)にするであろう。[塚本訳1963]

---

68) 李成圭(2019a)『일본어 구어역 마가복음의 언어학적 분석Ⅱ』시간의물레. p. 219에서 인용.
69) 李成圭(2019a)『일본어 구어역 마가복음의 언어학적 분석Ⅱ』시간의물레. pp. 219~220에서 인용.
70) 李成圭(2019a)『일본어 구어역 마가복음의 언어학적 분석Ⅱ』시간의물레. p. 219에서 인용.

(모두 이런 것을 너희에게 할 것이다.)

あなたがたに対(たい)してそれらのことをみな行(おこ)ないます。[新改訳1970]

(당신들에 대해 그런 일을 모두 행합니다.)

人々(ひとびと)はあなた方(がた)にこれらのことをしよう。[前田訳1978]

(사람들은 너희에게 이런 것을 할 것이다.)

これらのことをみな、あなたがたにするようになる。[新共同訳1987]

(이런 것을 모두 너희에게 하게 된다.)

あなたがたに対(たい)してこれらのことをすべて行(おこ)なうであろう。[岩波翻訳委員会訳1995]

(너희에 대해 이런 것을 모두 행할 것이다.)

もしわたしが来(き)て彼(かれ)らに語(かた)らなかったならば、[1]彼(かれ)らは罪(つみ)を犯(おか)さないで済(す)んだであろう。しかし今(いま)となっては、[2]彼(かれ)らには、その罪(つみ)について言(い)い逃(のが)れる道(みち)がない。[ヨハネによる福音書 15:22]

(만일 내가 와서 그들에게 이야기하지 않았다면, 그들은 죄를 범하지 않아도 되었을 것이다. 그러나 지금 와서는 그들에게는 그 죄에 관해 변명하여 발뺌할 길이 없다.[15:22])

[1]彼(かれ)らは罪(つみ)を犯(おか)さないで済(す)んだであろう : 그들은 죄를 범하지 않아도 되었을 것이다. 「済(す)む」는 ①「일이 완료되다 / 끝나다」의 뜻을 나타내는데, 본 절의 「~ないで済(す)む」와 같이 쓰이면 ②「해결되다 / 잘 되다」의 용법으로 이행해서 「~하지 않아도 되다」에 상당하는 뜻을 나타낸다.

[例]会(あ)わないで済(す)むなら一生(いっしょう)会(あ)わないほうがいいのかもしれないですね。

(만나지 않아도 된다면 평생 만나지 않는 것이 좋을지도 모릅니다.)

店(みせ)に行(い)くと、離婚(りこん)のノウハウを教(おし)える本(ほん)がたくさんあるし、将来(しょうらい)の離婚(りこん)に備(そな)えて、<u>後悔(こうかい)ないで済(す)む</u>結婚(けっこん)の仕方(しかた)を教(おし)える手引書(てびきしょ)もある。
(가게에 가니, 이혼의 노하우를 가르치는 책이 많이 있고, 향후의 이혼에 대비하여, 후회하지 않아도 되는 결혼 방식을 가르치는 안내서도 있다.)
不幸(ふこう)な母(はは)であるお園(その)さんにお夏(なつ)を会(あ)わせてあげる事(こと)が、今後(こんご)、それぞれの人生(じんせい)に大(おお)きな影響(えいきょう)を及(およ)ぼし、また一生(いっしょう)<u>後悔(こうかい)しないで済(す)む</u>。
(불행한 어머니인 오소노 씨에게 오나쓰를 만나게 해 주는 것이 앞으로 각자의 인생에 커다란 영향을 미치고 또 평생 후회하지 않아도 된다.)

그리고「〜ないで済(す)む」와 동일한 의미를 나타내는「〜ずに済(す)む」의 예를 들면 다음과 같다.

[例] 定義(ていぎ)が曖昧(あいまい)だから、意味(いみ)のずれがあっても<u>衝突(しょうとつ)せずに済(す)む</u>のだ。
(정의가 애매하니까, 의미의 차이가 있어도 충돌하지 않아도 되는 것이다.)
とりあえず、同(おな)じ事(こと)を何度(なんど)も<u>聞(き)かずに済(す)む</u>ように、メモ帳(ちょう)とペンを持(も)って行(い)ってはいかがでしょう?
(우선 같은 일을 몇 번이고 묻지 않아도 되도록, 메모장과 펜을 가지고 가는 것이 좋지 않겠습니까?)
恋愛(れんあい)は恋愛(れんあい)、仕事(しごと)は仕事(しごと)と切(き)り替(か)えられる余裕(よゆう)がありません。どうしたら、一日中(いちにちじゅう)その人(ひと)の事(こと)ばかり<u>考(かんが)えずに済(す)む</u>ようになるでしょうか?
(연애는 연애, 일은 일이라고, 생각을 전환할 수 있는 여유가 없습니다. 어떻게 하면 하루 종일 그 사람에 관해서만 생각하지 않아도 되게 될까요?)

[2]彼(かれ)らには、その罪(つみ)について言(い)い逃(のが)れる道(みち)がない：그들에게는 그 죄에 관해 변명하여 발뺌할 길이 없다.「言(い)い逃(のが)れる」는「言(い)う」의 연용형에「逃(のが)れる」가 결합된 복합동사로서「변명하여 발뺌하다」에 상당하는 뜻을 나타낸다.

[例]証拠(しょうこ)があがっているから、言(い)い逃(のが)れることはできない。

(증거가 드러났으니까 발뺌할 수는 없다.)

いや、それでもなんらかの理由(りゆう)をつけて言(い)い逃(のが)れるかも…。いつも状況(じょうきょう)や言(い)った事柄(ことがら)を覚(おぼ)えていることは容易(ようい)ではありません。

(아니, 그래도 어떤 이유를 대고 발뺌할지도 모릅니다. 언제나 상황이나 말한 사항을 외우는 것은 쉬운 일은 아닙니다.)

確(たし)かに、届(とど)け出(で)をしてあるかどうかということは、売買(ばいばい)契約(けいやく)してありません、こう言(い)い逃(のが)れるために家宅(かたく)捜索(そうさく)するということは、僕(ぼく)はあってもいいと思(おも)うのですよ。

(틀림없이 신고를 해 두었는지 어떤지 라는 것은, 매매 계약하고 있지 않았습니다, 이렇게 변명하여 발뺌하기 위해 가택 수색한다는 것은 나는 있어도 괜찮다고 생각해요.)

わたしを憎(にく)む者(もの)は、わたしの父(ちち)をも憎(にく)む。[ヨハネによる福音書 15:23]
(나를 미워하는 사람은 내 아버지도 미워한다.[15:23])

당해 절이 타 번역본에서는 어떻게 전개되고 있는지 참고로 살펴보자.

[例]わたしを憎(にく)む者(もの)は父上(ちちうえ)をも憎(にく)むのであるから。[塚本訳1963]

(나를 미워하는 사람은 아버지도 미워할 것이기 때문에.)

わたしを憎(にく)んでいる者(もの)は、わたしの父(ちち)をも憎(にく)んでいるのです。[新改訳1970]

(나를 미워하고 있는 사람은 내 아버지도 미워하고 있습니다.)

わたしを憎(にく)むものはわが父(ちち)をも憎(にく)む。[前田訳1978]

(나를 미워하는 사람은 내 아버지도 미워한다.)

わたしを憎(にく)む者(もの)は、わたしの父(ちち)をも憎(にく)んでいる。[新共同訳1987]

(나를 미워하는 사람은 내 아버지도 미워하고 있다.)

私(わたし)を憎(にく)んでいる人(ひと)は、父(ちち)をも憎(にく)んでいる。[岩波翻訳委員会訳1995]

(나를 미워하고 있는 사람은 아버지도 미워하고 있다.)

もし、[1]ほかのだれもがしなかったようなわざを、[2]わたしが彼(かれ)らの間(あいだ)でしなかったならば、彼(かれ)らは罪(つみ)を犯(おか)さないで済(す)んだであろう。しかし[3]事実(じじつ)、彼(かれ)らはわたしとわたしの父(ちち)とを見(み)て、憎(にく)んだのである。[ヨハネによる福音書 15:24]

(만일 다른 누구도 하지 않았던 그런 일을 내가 그들 사이에서 하지 않았다면, 그들은 죄를 범하지 않아도 되었을 것이다. 그러나 사실은 그들은 나와 내 아버지를 보고 미워했던 것이다.[15:24])

[1]ほかのだれもがしなかったようなわざを、: 다른 누구도 하지 않았던 그런 일을. 「ほかのだれもが」는 「ほかのだれも」에 주격조사 「~が」가 접속된 것인데, 한국어에서는 주격조사 「~가」가 생략된다. 그리고 「しなかったようなわざ」는 「する」의 과거 부정인 「しなかった」에 불확실한 판단을 나타내는 「~ようだ」의 연체형 「~ような」가 접속되어 뒤에 오는 「わざ」를 수식·한정한 것이다.

여기에서 「しなかったような」의 예를 들면 다음과 같다.

[例]そこには当然(とうぜん)、製作者(せいさくしゃ)が意図(いと)しなかったような関係(かんけい)や意識(いしき)も含(ふく)まれています。

(거기에는 당연히 제작자가 의도하지 않았던 그런 관계나 의식도 포함되어 있습니다.)

彼(かれ)も、別(わか)れ話(ばなし)など耳(みみ)にしなかったような様子(ようす)で、彼女(かのじょ)の舞台(ぶたい)の話(はなし)に受(う)け答(こた)えを続(つづ)けていた。

(그도 헤어지자고 하는 이야기 등을 듣지 않았던 그런 모습으로 그녀의 무대 이야기에 응답을 계속하고 있었다.)

すると、きっとそれぞれの章(しょう)には、今(いま)まであなたが思(おも)いもしなかったような考(かんが)え方(かた)が紹介(しょうかい)されているはずだ。

(그러면 틀림없이 각 장에는 지금까지 당신이 생각지도 못했던 그런 사고방식이 소개되어 있을 것이다.)

[2]わたしが彼(かれ)らの間(あいだ)でしなかったならば、: 내가 그들 사이에서 하지 않았다면.

　당해 부분이 타 번역본에서는 어떻게 다루고 있는지 살펴보자.

[例]彼(かれ)らの間(あいだ)でしなかったら、[塚本訳1963]

　　(그들 사이에서 하지 않았다면,)

　　彼(かれ)らの間(あいだ)で行(おこ)なわなかったのなら、[新改訳1970]

　　(그들 사이에서 행하지 않았다면,)

　　わたしが人々(ひとびと)の間(あいだ)でしなかったならば、[前田訳1978]

　　(내가 사람들 사이에서 하지 않았다면,)

　　わたしが彼(かれ)らの間(あいだ)で行(おこな)わなかったなら、[新共同訳1987]

　　(내가 그들 사이에서 행하지 않았다면,)

　　彼(かれ)らの間(あいだ)で行(おこ)なわなかったとすれば、[岩波翻訳委員会訳

1995]

(그들 사이에서 행하지 않았다고 한다면,)

[3] 事実(じじつ)、彼(かれ)らはわたしとわたしの父(ちち)とを見(み)て、憎(にく)んだのである: 사실은 그들은 나와 내 아버지를 보고 미워했던 것이다.

「事実(じじつ)」는「사실」이라는 뜻의 명사인데, 부사로 쓰이면「～は事実(じじつ)だ；～은 사실이다」와 같은 뜻을 나타낸다.

[例] 事実(じじつ)そうなのだ。

(사실 그렇다. 그런 것은 사실이다.)

事実(じじつ)そういう結果(けっか)になった。

(사실 그런 결과가 되었다. / 그런 결과가 된 것은 사실이다.)

それは本当(ほんとう)だった。認(みと)めたくはなかったが、事実(じじつ)、それは彼(かれ)の内側(うちがわ)におこったことだ。

(그것은 정말이었다. 인정하고 싶지는 않았지만, 사실 그것은 그의 내면에 일어난 일이다.)

彼女(かのじょ)とのことでほんのひととき夢(ゆめ)を見(み)た。だが、事実(じじつ)、恨(うら)んだことなどなかった。彼女(かのじょ)の父親(ちちおや)が反対(はんたい)するのはあたり前(まえ)のことだった。

(그녀와의 일로 아주 짧은 한 때 꿈을 꾸었다. 하지만 사실 원망과 같은 것을 한 적은 없었다. 그녀의 아버지가 반대하는 것은 당연한 것이었다.)

これが治療(ちりょう)パワーの実体(じったい)ですとお見(み)せできるものでもありません。しかし事実(じじつ)、それで病気(びょうき)が治(なお)ったという症例(しょうれい)がたくさんあったのです。

(이것이 치료 파워의 실체입니다, 라고 보여 드릴 수 있는 것도 아닙니다. 그러나 사실 그것으로 병이 나았다고 하는 증례가 많이 있었습니다.)

それは、『彼(かれ)らは[1]理由(りゆう)なしにわたしを憎(にく)んだ[71]』と書(か)いてある[2]彼(かれ)らの律法(りっぽう)の言葉(ことば)が成就(じょうじゅ)するためである。[ヨハネによる福音書 15:25]
(그것은 '그들은 이유 없이 나를 미워했다.'고 쓰여 있는 그들의 율법의 말씀이 이루어지기 위해서이다.[15:25])

[1]理由(りゆう)なしに : 이유 없이. 「なし[無し]」는 현대어에서 「없는 것」에 해당하는 명사인데, 「〜なしに」와 같이 쓰여 「〜없이」의 뜻을 나타낸다.

[例]あのチームは練習(れんしゅう)なしに試合(しあい)に出(で)たから、負(ま)けた。
(그 팀은 연습하지 않고 시합에 나갔으니까 졌다.)

今(いま)まで一度(いちど)も借金(しゃっきん)なしに生(い)きてきたが、パチンコで負(ま)けて初(はじ)めて50万円(まんえん)借金(しゃっきん)をした。
(지금까지 한 번도 빚 없이 살아왔는데, 파칭코에서 져서 처음으로 50만엔 빚을 졌다.)

漁船(ぎょせん)に擬装(ぎそう)した武装船(ぶそうせん)で至近(しきん)距離(きょり)で警告(けいこく)なしに射殺(しゃさつ)、拿捕(だほ)した。
(어선으로 위장한 무장선으로 지근거리에서 경고 없이 사살, 나포했다.)

批判(ひはん)なしに民主主義(みんしゅしゅぎ)は正常(せいじょう)に機能(きのう)しない。
(비판 없이 민주주의는 정상적으로 기능하지 않는다.)

油断(ゆだん)させておいて何(なん)の前触(まえぶ)れもなしに襲(おそ)う。
(방심하게 해 두고 아무런 조짐도 없이 습격한다.)

裁判(さいばん)なしに拘束(こうそく)する強制(きょうせい)収容所(しゅうようじょ)の設置(せっち)が断行(だんこう)された。[72]

---

71) 「ゆえなく、わたしを憎(にく)む者(もの)ども」(口語訳 / 詩篇 35:19)
(까닭 없이 나를 미워하는 자들.) [시편 35:19]

72) https://jn1et.com/nasini/에서 인용하여 번역함.

(재판 없이 구속하는 강제 수용소의 설치가 단행되었다.)

価格(かかく)は予告(よこく)なしに変更(へんこう)されることがあります。

(가격은 예고 없이 변경되는 경우가 있습니다.)

苦労(くろう)なしに栄光(えいこう)はない。

(고생 없이 영광은 없다.)

一日(いちにち)たりとも我々(われわれ)は水(みず)なしには生(い)きられない。

(단 하루라도 우리들은 물 없이는 살 수 없다.)

[2]彼(かれ)らの律法(りっぽう)の言葉(ことば)が成就(じょうじゅ)するためである : 그들의 율법의 말씀이 이루어지기 위해서이다. 「成就(じょうじゅ)する」는 자타 양용 동사인데, 본 절에서는 「律法(りっぽう)の言葉(ことば)が成就(じょうじゅ)する ; 율법의 말씀이 성취되다(이루어지다)」와 같이 자동사로 쓰이고 있다.

⟪72⟫ [ヨハネによる福音書 15:26 - 15:27]

わたしが父(ちち)のみもとから[1]あなたがたに遣(つか)わそうとしている助(たす)け主(ぬし)、すなわち、父(ちち)のみもとから来(く)る[2]真理(しんり)の御霊(みたま)が下(くだ)る時(とき)、それはわたしについて証(あか)しをするであろう。[ヨハネによる福音書 15:26]

(내가 아버지께로부터 너희에게 보내려고 하는 보혜사, 즉 아버지께로부터 오는 진리의 영이 올 때, 그것은 나에 관해 증언을 할 것이다.[15:26])

[1]あなたがたに遣(つか)わそうとしている助(たす)け主(ぬし)、: 너희에게 보내려고 하는 보혜사. 「遣(つか)わそうとしている」는 「遣(つか)わす」에 화자의 의사 결정

을 나타내는 「～うとする」의 「～ている」형이 접속된 것으로 「보내려고 하고 있는 → 보내려고 하는」의 뜻을 나타낸다. 여기에서 「～うとしている」의 예를 들면 다음과 같다.

[例]君(きみ)は何(なに)を云(い)おうとしているの?

(자네는 무엇을 말하려고 하느냐?)

筆者(ひっしゃ)は「ウサギにも生存権(せいぞんけん)がある」という見解(けんかい)を念頭(ねんとう)におきつつ、「ない」(＝それらの権利(けんり)はあらかじめ動物(どうぶつ)たちに内在(ないざい)するものではない)という結論(けつろん)に<u>読者(どくしゃ)を導(みちび)こうとしている</u>。

(필자는 「토끼에게도 생존권이 있다」고 하는 견해를 염두에 두면서 「없다」(＝그들의 권리는 미리 동물들에게 내재하는 것은 아니다.) 라고 하는 결론에 독자를 인도하려고 한다.)

「巡回(じゅんかい)公演型(こうえんがた)」の商業(しょうぎょう)劇団(げきだん)は現在(げんざい)経営(けいえい)悪化(あっか)にともない小屋(こや)をたたみ、徐々(じょじょ)に<u>姿(すがた)を消(け)そうとしている</u>。

(「순회 공연형」의 상업 극단은 현재 경영 악화에 따라 가옥(임시로 세운 작은 건물)을 접고, 서서히 모습을 감추려고 한다.)

[2]真理(しんり)の御霊(みたま)が下(くだ)る時(とき)、それはわたしについて証(あか)しをするであろう: 진리의 영이 올 때, 그것은 나에 관해 증언을 할 것이다. 본 절에서는 「御霊(みたま)」에 관해 「下(くだ)る」, 「それは」에 대해 「証(あか)しをする」와 같이 비경칭이 쓰이고 있는데, 타 번역본에서는 어떻게 기술되어 있는지 살펴보자.

[例]<u>真理(しんり)の霊(れい)が来(く)る時(とき)、それがわたしのことを(すべて)証明(しょうめい)するであろう</u>。[塚本訳1963]

(진리의 영이 올 때 그것이 나에 관한 것을 (모두) 증명할 것이다.)

<u>真理(しんり)の御霊(みたま)が来(く)るとき、その御霊(みたま)がわたしについて</u>

あかしします。[新改訳1970]

(진리의 영이 올 때 그 영이 나에 관해 증언합니다.)

真理(しんり)の雲(くも)が来(く)るとき、彼(かれ)がわたしについて証(あか)しよう。[前田訳1978]

(진리의 구름이 올 때, 그가 나에 관해 증언할 것이다.)

真理(しんり)の霊(れい)が来(く)る時(とき)、彼(かれ)が私(わたし)について証(あか)しするであろう。[岩波翻訳委員会訳1995]

(진리의 영이 올 때, 그가 나에 관해 증언할 것이다.)

真理(しんり)の霊(れい)が来(こ)られるとき、この方(かた)がわたしについて証(あか)しをなさる。[フランシスコ会訳1984]

(진리의 영이 오실 때, 이 분께서 나에 관해 증언을 하신다.)

真理(しんり)の霊(れい)が来(く)るとき、その方(かた)がわたしについて証(あか)しをなさるはずである。[新共同訳1987]

(진리의 영이 올 때, 그 분이 나에 관해 틀림없이 증언을 하실 것이다.)

전반부에 대해서는 [塚本訳1963]「真理(しんり)の霊(れい)が来(く)る」·[新改訳1970]「真理(しんり)の御霊(みたま)が来(く)る」·[前田訳1978]「真理(しんり)の雲(くも)が来(く)る」·[岩波翻訳委員会訳1995]「真理(しんり)の霊(れい)が来(く)る」·[新共同訳1987]「真理(しんり)の霊(れい)が来(く)る」에서는 비경칭의「来(く)る」가 쓰이고 있고, 후반부에 관해서는 [塚本訳1963]「証明(しょうめい)する」·[新改訳1970]「あかしします」·[前田訳1978]「証(あか)しよう」·[岩波翻訳委員会訳1995]·「証(あか)しする」와 같이 비경칭이, [フランシスコ会訳1984]「証(あか)しをなさる」·[新共同訳1987]「証(あか)しをなさる」와 같이 경칭이 사용되고 있다.

あなたがたも、[1]初(はじ)めからわたしと一緒(いっしょ)にいたのであるから、証(あか)しをするのである。[ヨハネによる福音書 15:27]

(너희도 처음부터 나와 함께 있었으니까, 증언을 할 것이다.[15:27])

[1] 初(はじ)めからわたしと一緒(いっしょ)にいたのであるから、: 처음부터 나와 함께 있었으니까.「初(はじ)めから」는 명사「初(はじ)め」에 기점을 나타내는「～から」가 접속된 것으로 예를 들면 다음과 같다.

[例] いやになるくらいなら、初(はじ)めから、こんな仕事(しごと)はやりません。

(싫어질 정도라면, 처음부터 이런 일은 하지 않습니다.)

ここで言(い)う「あんまり」は、「全(まった)く」の意味(いみ)なのです。それなら初(はじ)めから、「全(まった)くありません」と答(こた)えればいいのに、思(おも)ってしまいます。

(여기에서 말하는「あんまり」는「全(まった)く; 정말」의 의미인 것입니다. 그러면 처음부터「정말 없습니다」라고 대답하면 좋을 텐데 라고 생각하게 됩니다.)

私(わたし)は初(はじ)めから、最良(さいりょう)の患者(かんじゃ)を相手(あいて)に最良(さいりょう)の医療(いりょう)機器(きき)を使(つか)って仕事(しごと)ができると確信(かくしん)していましたね。

(나는 처음부터 상태가 가장 좋은 환자를 상대로 가장 좋은 의료 기기를 사용해서 일을 잘 할 수 있다고 확신하고 있었습니다.)

ヨハネによる福音書
- 第16章 -

⟪73⟫ [ヨハネによる福音書 16:1 - 16:4a]

わたしがこれらのことを語(かた)ったのは、[1]あなたがたがつまずくことのないためである。[ヨハネによる福音書 16:1]
(내가 이런 말들을 이야기한 것은 너희가 좌절하는 일이 없기 위해서이다.[16:1])

[1]あなたがたがつまずくことのないためである : 너희가 좌절하는 일이 없기 위해서이다. 「つまずくことのない」는 「つまずくことがない」가 연체수식절에서 주격조사 「〜が」 대신에 「〜の」가 쓰인 것으로 그 전체가 뒤에 오는 「〜ため」를 수식하고 있다.

그리고 「つまずく[躓く]」는
①발에 걸려 넘어지다. 발이 무엇에 채이다.
　[例]石(いし)につまずいて転(ころ)ぶ。
　　(돌에 채어 넘어지다.)
②일이 중도에 장애를 만나 잘 안 되게 되다. 중도에서 실패하다. 좌절하다.
　[例]不況(ふきょう)で事業(じぎょう)がつまずく。

(불황으로 사업이 실패하다.)

　　人事(じんじ)問題(もんだい)で**つまずく**。

(인사 문제로 좌절을 겪다.)

　　一度(いちど)**つまずく**と、なかなか立(た)ち直(なお)れない。

(한 번 실패하면 좀처럼 다시 일어나기가 어렵다.)[73]

人々(ひとびと)は[1]あなたがたを会堂(かいどう)から追(お)い出(だ)すであろう。[2]更(さら)にあなたがたを殺(ころ)す者(もの)がみな、それによって[3]自分(じぶん)たちは神(かみ)に仕(つか)えているのだと思(おも)う時(とき)が来(く)るであろう。[ヨハネによる福音書 16:2]

(사람들이 너희를 회당에서 내쫓을 것이다. 또한 너희를 죽이는 사람들이 모두 그것에 의해 자신들은 하나님을 모시는 것이라고 생각할 때가 올 것이다.[16:2])

[1]あなたがたを会堂(かいどう)から追(お)い出(だ)すであろう : 너희를 회당에서 내쫓을 것이다. 「追(お)い出(だ)す」는 「追(お)う」의 연용형에 공간적 이동을 나타내는 후항동사 「出(だ)す」가 결합된 복합동사로 「내쫓다」의 뜻을 나타낸다.

　[例] また悪霊(あくれい)を追(お)い出(だ)す権威(けんい)を持(も)たせるためであった。[口語訳 / マルコによる福音書 3:15]

　　　(또한 악령을 내쫓는 권능을 가지게 하기 위함이었다.)[마가복음 3:15][74]

　　そこでイエスは彼(かれ)らを呼(よ)び寄(よ)せ、譬(たとえ)をもって言(い)われた、「どうして、サタンがサタンを追(お)い出(だ)すことができようか。[口語訳 / マルコによる福音書 3:23]

---

73) 李成圭(2019a)『일본어 구어역 마가복음의 언어학적 분석 I』시간의물레. p. 169에서 인용.

74) 李成圭(2018c)『일본어 구어역 마가복음의 언어학적 분석 I』시간의물레. p. 129에서 인용.

(그래서 예수께서는 그들을 가까이 불러들여서 비유로 말씀하셨다. "어찌하여 사탄이 사탄을 내쫓을 수 있겠는가?[마가복음 3:23][75]

[2]更(さら)にあなたがたを殺(ころ)す者(もの)がみな、: 또한 너희를 죽이는 사람들이 모두. 「更(さら)に」는 「그 위에 / 더욱 더 / 게다가 / 또한」에 상당하는 뜻을 나타내는 부사이다.

[例]そこで十二人(じゅうににん)をお立(た)てになった。彼(かれ)らを自分(じぶん)のそばに置(お)くためであり、さらに宣教(せんきょう)に遣(つか)わし、[口語訳 / マルコによる福音書 3:14]

(그래서 열둘을 세우셨다. 이것은 그들을 자기 곁에 두기 위해서였고, 또한 선교하러 보내고,)[마가복음 3:14][76]

さらに「ほしければ、この国(くに)の半分(はんぶん)でもあげよう」と誓(ちか)って言(い)った。[口語訳 / マルコによる福音書 6:23]

(더 나아가 "네가 원하면 이 나라의 절반이라도 주겠다."고 맹서하며 말했다.)[마가복음 6:23][77]

[3]自分(じぶん)たちは神(かみ)に仕(つか)えている : 자신들은 하나님을 모시고 있다. 「仕(つか)える」는

① 손윗사람 곁에 있으면서 봉사하다.

　　[例]師(し)に仕(つか)える。

　　　　(스승을 잘 모시다.

　　　　父母(ふぼ)に仕(つか)える。

　　　　(부모에게 시중들다.)

---

75) 李成圭(2018c)『일본어 구어역 마가복음의 언어학적 분석Ⅰ』시간의물레. p. 134에서 인용.
76) 李成圭(2018c)『일본어 구어역 마가복음의 언어학적 분석Ⅰ』시간의물레. p. 128에서 인용.
77) 李成圭(2019a)『일본어 구어역 마가복음의 언어학적 분석Ⅱ』시간의물레. p. 33에서 인용.

②관청 등의 공적인 기관에 근무하다. 관직에 취임하다.

[例]宮中(きゅうちゅう)に仕(つか)える。

(궁중에 출사하다.)

③신불(神仏)에게 봉사하다.

[例]神(かみ)に仕(つか)える身(み)。

(신을 모시는 몸.)[78]

그러면 구어역 신약성서에서 예를 살펴보자.

[例]イエスは四十日(よんじゅうにち)の間(あいだ)、荒野(あらの)にいて、サタンの試(こころ)みにあわれた。そして獣(けもの)もそこにいたが、御使(みつかい)たちはイエスに仕(つか)えていた。[口語訳 / マルコによる福音書 1:13]

(예수께서 40일 동안 광야에 있으면서 사탄의 시험을 받으셨다. 그리고 짐승들도 거기에 있었는데, 천사들은 예수를 모시고 있었다.[마가복음 1:13][79]

そこで、イエスは座(すわ)って十二弟子(じゅうにでし)を呼(よ)び、そして言(い)われた、「だれでも一番(いちばん)先(さき)になろうと思(おも)うならば、一番(いちばん)あとになり、みんなに仕(つか)える者(もの)とならねばならない」。[口語訳 / マルコによる福音書 9:35]

(그래서 예수께서는 앉아서 12제자를 불러 그리고 말씀하셨다. "누구든지 가장 선두가 되려고 생각한다면 가장 나중이 되고, 모두를 섬기는 사람이 되어야 한다.")[마가복음 9:35][80]

---

78) 李成圭(2018c)『일본어 구어역 마가복음의 언어학적 분석Ⅰ』시간의물레. p. 22에서 인용.
79) 李成圭(2018c)『일본어 구어역 마가복음의 언어학적 분석Ⅰ』시간의물레. p. 22에서 인용.
80) 李成圭(2019a)『일본어 구어역 마가복음의 언어학적 분석Ⅱ』시간의물레. p. 217에서 인용.

彼(かれ)らが[1]そのようなことをするのは、[2]父(ちち)をもわたしをも知(し)らないからである。[ヨハネによる福音書 16:3]
(그들이 그와 같은 것을 하는 것은 아버지도 나도 모르기 때문이다.[16:3])

[1]そのようなことをするのは、: 그와 같은 것을 하는 것은. 「そのような」는 지시 연체사인 「その」에 불확실한 판단을 나타내는 「ようだ」의 연체형 「ような」가 결합해서 전성된 연체사로 「このような·そのような·あのような·どのような」와 같이 계열을 이루고 있다.

[例]このような複雑(ふくざつ)な問題(もんだい)は始(はじ)めてです。
(이와 같은 복잡한 문제는 처음입니다.)
そのようなお話(はなし)はいっこうに聞(き)いた覚(おぼ)えがありません。[81]
(그와 같은 말씀은 전혀 들은 기억이 없습니다.)
そのようなことを言(い)いはじめると、きりがありません。
(그런 말을 하기 시작하면 끝이 없습니다.)
あのような屈辱(くつじょく)を受(う)けるとは思(おも)ってなかった。
(그런 굴욕을 받으리라고는 생각하지 못했다.)
障害(しょうがい)とはどのような状態(じょうたい)のことをいうのでしょうか。
(장애라는 것은 어떤 상태를 말하는 것일까요?)

[2]父(ちち)をもわたしをも知(し)らないからである : 아버지도 나도 모르기 때문이다.
「父(ちち)をも ; 아버지도」「わたしをも ; 나도」의 「~をも」는 목적격 조사 「~を」에 부조사 「~も ; ~도」가 접속된 것인데, 한국어에서는 목적격 조사 뒤에 「~도」가 오지 않기 때문에 「~を」가 번역에 반영되지 않는다.
그러면, 「~をも」의 예를 들면 다음과 같다.

---

81) 李成圭·權善和(2006b)『현대일본어 문법연구Ⅰ』시간의물레. pp. 169-170에서 인용.

[例]しかし、わたしはあなたがたに言(い)う。悪人(あくにん)に手向(てむ)かうな。もし、だれかがあなたの右(みぎ)の頬(ほお)を打(う)つなら、ほかの頬(ほお)をも向(む)けてやりなさい。[口語訳 / マタイによる福音書 5:39]
(그러나 나는 너희에게 말한다. 악한 사람에게 맞서지 마라. 만일 누가 네 오른쪽 뺨을 치면, 왼쪽 뺨도 향하게 하라.)[마태복음 5:39]

また小(ちい)さい魚(うお)が少(すこ)しばかりあったので、祝福(しゅくふく)して、それをも人々(ひとびと)に配(くば)るようにと言(い)われた。[口語訳 / マルコによる福音書 8:7]
(또 작은 물고기가 약간 정도 있어서 축복하고 그것도 사람들에게 나누어 주라고 말씀하셨다.)[마가복음 8:7])

わたしがあなたがたにこれらのことを言(い)ったのは、[1]彼(かれ)らの時(とき)が来(き)た場合(ばあい)、わたしが彼(かれ)らについて言(い)ったことを、[2]思(おも)い起(お)こさせるためである。[ヨハネによる福音書 16:4a]
(내가 너희에게 이런 것들을 말한 것은 그들의 때가 왔을 때, 내가 그들에 관해 말한 것을 상기시키기 위해서이다.[16:4a])

[1]彼(かれ)らの時(とき)が来(き)た場合(ばあい)、: 그들의 때가 왔을 때.「彼(かれ)らの時(とき)が来(き)た」의「来(き)た」는 과거 사실을 의미하는 것이 아니기 때문에 과거가 아니라 완료의 용법으로 쓰인 것이다.
　[例]例(たと)えば、依頼(いらい)文書(ぶんしょ)が来(き)た場合(ばあい)、それに対処(たいしょ)方針(ほうしん)を簡単(かんたん)にメモして、部下(ぶか)や秘書(ひしょ)に処理(しょり)を指示(しじ)することができる。
　(예를 들어, 의뢰 문서가 왔을 경우, 그것에 대처 방안을 간단히 메모하고, 부하나 비서에게 처리를 지시할 수가 있다.)

自分(じぶん)で応募(おうぼ)した懸賞(けんしょう)サイトから偽(にせ)の当選(とうせん)通知(つうち)が来(き)た場合(ばあい)、どのように偽物(にせもの)とかがわかりますか?
(직접 응모한 현상 사이트에서 가짜 당첨 통지가 왔을 때, 어떻게 가짜라는 것을 압니까?)
将来的(しょうらいてき)な医学(いがく)で考(かんが)えると、歳(とし)を取(と)って体(からだ)にガタが来(き)た場合(ばあい)、脳(のう)の記憶(きおく)はそのままに体(からだ)だけ新(あたら)しいものに乗(の)り越(こ)えることは出来(でき)るのでしょうか?
(미래의 의학으로 생각하면 나이를 먹어 몸이 여기저기 부실해졌을 때, 뇌의 기억은 그대로 몸만 새로운 것으로 극복하는 것은 가능할까요?)

[2]思(おも)い起(お)こさせるためである : 상기시키기 위해서이다. 「思(おも)い起(お)こさせる」는 「思(おも)う」의 연용형에 「起(お)こす」가 결합된 복합동사 「思(おも)い起(お)こす; 상기하다 / 생각해 내다」의 사역이다[82].

[例]この美(うつく)しい女性(じょせい)の中(なか)に、聖母(せいぼ)マリアの姿(すがた)を思(おも)い出(だ)させるようなあるものを見(み)たであろう。
(이 아름다운 여성 속에 성모 마리아의 모습을 상기시키는 그런 어떤 것을 본 것일까?)
昨年(さくねん)の秋(あき)に服部君(はっとりくん)と取材(しゅざい)した青森(あおもり)の竜飛崎(たっぴざき)を思(おも)い出(だ)させるような強(つよ)い雨(あめ)が降(ふ)り続(つづ)いている。
(작년 가을에 핫토리 군과 취재한 아오모리의 닷피자키를 상기시키는 그런 강한 비가 계속 내리고 있다.)
たとえ彼(かれ)が愛(あい)のすばらしさを忘(わす)れているのだとしても、それを

---

[82] 본서의 [요한복음 13:4] 설명을 참조.

彼(かれ)に思(おも)い出(だ)させるのは自分(じぶん)ではない。

(설령 그가 사랑의 아름다움을 잊고 있다고 하더라도 그것을 그에게 상기시키는 것은 내가 아니다.)

〖74〗 [ヨハネによる福音書 16:4b - 16:15]

これらのことを初(はじ)めから[1]言(い)わなかったのは、わたしがあなたがたと一緒(いっしょ)にいたからである。[ヨハネによる福音書 16:4b]
(이런 것을 처음부터 말하지 않았던 것은 내가 너희와 함께 있었기 때문이다.[16:4b])

[1]言(い)わなかったのは : 말하지 않았던 것은. 「言(い)わなかったのは」는 「言(い)う」의 과거 부정인 「言(い)わなかった」에 「〜のは」가 접속된 것이다.

[例]そんなもっともな理由(りゆう)があるのに言(い)わなかったのは、何(なん)でなんだろう。
(그런 당연한 이유가 있는데도 말하지 않았던 것은, 무엇 때문일까?)

ひとりの男と関連(かんれん)づけられた人生(じんせい)をもうひとりの男(おとこ)に言(い)わなかったのは、彼女(かのじょ)の自由意志(じゆういし)による彼女(かのじょ)の選択(せんたく)だった。
(한 남자와 관련지어진 인생을 또 다른 한 남자에게 말하지 않았던 것은 그녀의 자유의지에 의한 그녀의 선택이었다.)

「すると、野沢(のざわ)がなかなか話(はな)さなかったのは、一種(いっしゅ)の羞恥(しゅうち)なんだな」
(「그러면, 노자와가 좀처럼 이야기하지 않았던 것은 일종의 수치이군.」)

[1]けれども[2]今(いま)わたしは、[3]わたしを遣(つか)わされた方(かた)のところに行(い)こうとしている。しかし、[4]あなたがたのうち、だれも『どこへ行(い)くのか』と尋(たず)ねる者(もの)はない。[ヨハネによる福音書 16:5]
(그러나 지금 나는 나를 보내신 분에게 가려고 한다. 하지만 너희 중에서 아무도 '어디에 가느냐?'고 묻는 사람은 없다.[16:5])

[1]けれども : 하지만. 본 절에서는 역접의 접속사가「けれども」「しかし」와 같이 2종 쓰이고 있다. 문의 해석에 있어서는 접속사가 반드시 필요한 경우도 있지만, 본 절에서는 전후 문맥에서 그것을 보완할 수 있다는 점에서 강조의 의미로 접속사를 잉여적으로 사용하고 있다고 판단된다.

[2]今(いま) : 지금. [フランシスコ会訳(1984)]에서는「이 말은 <父(ちち)＝神(かみ)>에 의해 정해진「時(とき) ; 때」가 얼마 후 그리스도 안에서 실현된다고 하는 특별한 의미가 있다[83]」고 설명하고 있다.

[3]わたしを遣(つか)わされた方(かた)のところに行(い)こうとしている : 나를 보내신 분에게 가려고 한다. 본 절에서는「行(い)こうとしている」와 같이「行(い)く」에 화자의 의사 결정을 나타내는「〜うとする」의「〜ている」형이 쓰이고 있는데, 타 번역본에서는 당해 부분을 어떻게 다루고 있는지 살펴보면 다음과 같다.
　[例]わたしをつかわされた方(かた)のところへ行(い)く。[前田訳1978]
　　　(나를 보내신 분에게 간다.)
　　　わたしを遣(つかわ)わされた方(かた)の所(ところ)に行(い)くのに、[塚本訳1963]
　　　(나를 보내신 분의 곳에 가는데,)
　　　わたしを遣(つか)わした方(かた)のもとに行(い)こうとしています。[新改訳1970]
　　　(나를 보낸 분의 곁에 가려고 하고 있습니다.)

---

83) フランシスコ会聖書研究所(1984)『新約聖書』サンパウロ. p. 373 주(3)에 의함.

わたしをお遣(つか)わしになった方(かた)のもとに行(い)こうとしているが、[新共同訳1987]

(나를 보내신 분의 곁에 가려고 하지만,)

私(わたし)は自分(じぶん)を派遣(はけん)した方(かた)のところへ往(い)こうとしている。

[岩波翻訳委員会訳1995]

(나는 나를 파견한 분에게 가려고 한다.)

[4]あなたがたのうち、だれも『どこへ行(い)くのか』と尋(たず)ねる者(もの)はない : 너희 중에서 아무도 '어디에 가느냐?'고 묻는 사람은 없다. 여기에서는 「~と尋(たず)ねる者(もの)がない」와 같이 쓰이고 있는데, 타 번역본에서는 이를 어떻게 설명하고 있는지 살펴보자.

[例]あなた方(がた)はだれもどこへ行(い)くかと問(と)わない。[前田訳1978]

(너희는 아무도 어디에 가느냐고 묻지 않는다.)

あなた達(たち)はだれも、『どこへ行(い)くのか』と尋(たず)ねない。[塚本訳1963]

(너희는 아무도『어디에 가느냐?』하고 묻지 않는다.)

あなたがたはだれも、『どこへ行(い)くのか』と尋(たず)ねない。[新共同訳1987]

(너희는 아무도『어디에 가느냐?』하고 묻지 않는다.)

あなたがたのうちには、ひとりとして、どこに行(い)くのですかと尋(たず)ねる者(もの)がありません。[新改訳1970]

(당신들 중에는 한 사람도 어디에 가는 것입니까 라고 묻는 사람이 없습니다.)

あなたがたのうちの誰(だれ)も『どこへ往(い)くのか』とたずねようとはしないが、[岩波翻訳委員会訳1995]

(너희 중의 누구도『어디에 가느냐?』하고 물으려고 하지는 않지만,)

かえって、わたしがこれらのことを言(い)ったために、[1][2]あなたがたの心(こころ)は憂(うれ)いで満(み)たされている。[ヨハネによる福音書 16:6]
(오히려 내가 이런 것들을 말했기 때문에 너희 마음은 근심으로 가득 차 있다.[16:6])

[1]あなたがたの心(こころ)は憂(うれ)いで : 너희 마음은 근심으로.「憂(うれ)い」는「うれえ」의 음변화(音変化)인데 중세 이후「うれえ」를 대신하여「うれい」의 어형(語形)이 많이 쓰이게 되어 현재는「うれい」가 일반적이다. ①[憂(うれ)い]「근심 / 걱정 / 염려 / 우려」, ②[愁(うれ)い]「한탄 / 수심 / 슬픔」의 뜻을 나타내는데, 본 절에서는 ①의 용법으로 쓰이고 있다.

[例]若槻(わかつき)と同(おな)じ憂(うれ)いをいだいたものは少(すく)なくなかった。
(와가츠키와 같은 근심을 한 사람은 적지 않았다.)

ミオの話(はなし)になると、夫人(ふじん)の顔(かお)は深(ふか)い憂(うれ)いに沈(しず)んだ。
(미오의 이야기가 되자 부인의 얼굴은 깊은 수심에 잠겼다.)

顔(かお)は憂(うれ)いと恐怖(きょうふ)にひきつっている。
(얼굴은 걱정과 공포로 굳어졌다.)

今のあの楽(たの)しそうななかにも、憂(うれ)いを含(ふく)んだお妃様(きさきさま)のお顔(かお)を。あの憂(うれ)いは親元(おやもと)から離(はな)れて寂(さび)しく生(い)きていかねばならない、わが子(こ)の身(み)を案(あん)じてのものなのです。
(지금의 그 즐겁게 보이는 것 중에도 근심어린 왕비님의 얼굴을. 그 근심은 부모 곁을 떠나 외롭게 살아가야 하는, 자기 자식의 신세를 걱정해서 나타난 것입니다.)

後顧(こうこ)の憂(うれ)いがないように保険(ほけん)に入(はい)る。
(후고의 염려가 없도록 보험에 들다.)

備(そな)えあれば憂(うれ)い無(な)し。

(유비무환(有備無患) ; 준비가 되어 있으면 걱정이 없다.)

[2]あなたがたの心(こころ)は憂(うれ)いで満(み)たされている : 너희 마음은 근심으로 가득 차 있다. 「満(み)たされる」는 「満(み)たす」의 수동으로 「가득 차다」의 뜻을 나타낸다.

[例] 人(ひと)は常(つね)に素敵(すてき)な感情(かんじょう)で満(み)たされているわけでは、というより、とても辛(つら)い事(こと)ばかりが多(おお)いって人(ひと)が何処(どこ)にでもいます。
(사람은 항상 멋진 감정으로 가득 차 있다고 하기보다, 무척 괴로운 일만 많다고 하는 사람이 어디에도 있습니다.)

細胞膜(さいぼうまく)には「親水性(しんすいせい)」が細胞(さいぼう)の外側(そとがわ)・内側(うちがわ)の両側(りょうがわ)にあります。つまり、内(うち)も外(そと)も水(みず)で満(み)たされていることになります。
(세포막에는 「친수성」이 세포의 바깥쪽・안쪽 양쪽에 있습니다. 즉 안도 밖도 물로 가득 차 있다는 것이 됩니다.)

だから、親(おや)として、この子(こ)を幸(しあわ)せにしようという気持(きも)ちがあれば、「子(こ)の福祉(ふくし)」はそこで満(み)たされているのであって、それ以外(いがい)の者(もの)が口(くち)をはさむ必要(ひつよう)はないんだと思(おも)います。
(따라서 부모로서 이 아이를 행복하게 하려고 하는 기분이 있으면, 「아이의 복지」는 거기에서 가득 차 있는 것으로 그 이외의 사람이 참견할 필요는 없다고 생각합니다.)

しかし、わたしはほんとうのことをあなたがたに言(い)うが、わたしが去(さ)って行(い)くことは、[1]あなたがたの益(えき)になるのだ。[2]わたしが去(さ)って行(い)かなければ、あなたがたのところに助(たす)け主(ぬし)は来(こ)ないであろう。[3]もし行(い)けば、それをあなたがたに遣(つか)わそう。[ヨハネに

よる福音書 16:7]

(그러나 내가 사실을 너희에게 말하지만, 내가 떠나가는 것은 너희에게 유익하다. 내가 떠나가지 않으면 너희에게 보혜사는 오지 않을 것이다. 만일 가면, 그것[보혜사]를 너희에게 보내겠다.[16:7])

[1]あなたがたの益(えき)になるのだ : 너희에게 유익하다.「益(えき)」는 ①「이익」, ②「효과」, ③「유익한 것」의 뜻이 있는데, 본 절에서는 ③의 용법으로 쓰이고 있다.

[例]また、あなたがたの益(えき)になることは、公衆(こうしゅう)の前(まえ)でも、また家々(いえいえ)でも、すべてあますところなく話(はな)して聞(き)かせ、また教(おし)え、[口語訳 / 使徒行伝 20:20]
(또 너희에게 유익한 것은 공중의 앞에서도 그리고 집집마다 모두 빼놓지 않고 이야기해서 들려주고 또 가르치고,)[사도행전 20:20]

では、ユダヤ人(じん)のすぐれている点(てん)は何(なに)か。また割礼(かつれい)の益(えき)は何(なに)か。[口語訳 / ローマ人への手紙 3:1]
(그럼 유대인의 뛰어난 점은 무엇인가. 그리고 할례의 유익함은 무엇인가?)[로마서 3:1]

神(かみ)は、神(かみ)を愛(あい)する者(もの)たち、すなわち、ご計画(けいかく)に従(したが)って召(め)された者(もの)たちと共(とも)に働(はたら)いて、万事(ばんじ)を益(えき)となるようにして下(くだ)さることを、わたしたちは知(し)っている。[口語訳 / ローマ人への手紙 8:28]
(하나님께서는, 하나님을 사랑하는 사람들, 즉 하나님의 계획에 따라 부르심을 받은 사람들과 함께 일하고, 모든 일을 유익해지도록 해 주시는 것을 우리는 알고 있다.)[로마서 8:28]

[2]わたしが去(さ)って行(い)かなければ、: 내가 떠나가지 않으면. 「去(さ)って行(い)かなければ」는 「去(さ)って行(い)く」의 부정인 「去(さ)って行(い)かない」의 가정형으로 「떠나가지 않으면」에 상당하는 뜻을 나타낸다.

[3]もし行(い)けば、それをあなたがたに遣(つか)わそう: 만일 가면, 그것[보혜사]를 너희에게 보내겠다. 「それ」는 「助(たす)け主(ぬし); 보혜사」를 지시하고 있는데, 타 번역본에서는 이 부분을 어떻게 다루고 있는지 살펴보자.

[例]行(い)けば、わたしが彼(かれ)を遣(つか)わすからである。[塚本訳1963]

(가면, 내가 그를 보내기 때문이다.)

もし行(い)けば、わたしは助(たす)け主(ぬし)をあなたがたのところに遣(つか)わします。[新改訳1970]

(만일 가면 나는 보혜사를 당신들에게 보내겠습니다.)

わたしが去(さ)らねば、助(たす)け主(ぬし)はあなた方(がた)に来(こ)ないが、去(さ)れば、わたしが彼(かれ)をつかわそう。[前田訳1978]

(내가 떠나지 않으면 보혜사는 너희에게 오지 않지만, 떠나면, 내가 그를 보내겠다.)

わたしが行(い)けば、弁護者(べんごしゃ)をあなたがたのところに送(おく)る。[新共同訳1987]

(내가 가면 변호자를 너희에게 보내겠다.)

私(わたし)は、自分(じぶん)が行(い)けば、彼(かれ)をあなたがたのもとに派遣(はけん)することになるからである。[岩波翻訳委員会訳1995]

(나는, 내가 가면, 그를 너희 곁에 파견하게 되기 때문이다.)

[1]それが来(き)たら、罪(つみ)と義(ぎ)と裁(さば)きとについて、[2]世(よ)の人(ひと)の目(め)を開(ひら)くであろう。[ヨハネによる福音書16:8]

(그것[보혜사]가 오면, 죄와 의와 심판에 관해, 세상 사람이 알게 될 것

이다.[16:8])

[1]それが来(き)たら、: 그것[보혜사]가 오면.

    당해 부분을 타 번역본에서 어떻게 표현하고 있는지 살펴보자.

  [例]そして彼(かれ)が来(く)ると、[塚本訳1963]

    (그리고 그가 오면,)

    その方(かた)が来(く)ると、[新改訳1970]

    (그 분이 오면,)

    彼(かれ)は来(き)て、[前田訳1978]

    (그가 와서,)

    その方(かた)が来(く)れば、[新共同訳1987]

    (그 분이 오면,)

    その方(かた)が来(く)る時(とき)には、[岩波翻訳委員会訳1995]

    (그 분이 올 때에는,)

[2]世(よ)の人(ひと)の目(め)を開(ひら)くであろう : 세상 사람이 알게 될 것이다. 「目(め)を開(ひら)く」는 ①「눈을 뜨다」, ②「(지식을 얻거나 진리를 깨닫거나 해서 새로운 경지를) 알게 되다 ; (몰랐던 것을) 알게 되다」의 뜻을 나타내는데, 본 절에서는 ②의 용법으로 쓰이고 있다.

  [例]外国語(がいこくご)を学(まな)んで新(あたら)しい世界(せかい)に目(め)を開(ひら)く。

    (외국어를 배워 새로운 세계에 대해 (몰랐던 것을) 알게 되다.)

    やはり、もう少(すこ)し世界(せかい)で起(お)きているさまざまな出来事(できごと)というものに対(たい)して、ちゃんと目(め)を開(ひら)くべきではないかと思(おも)います。

    (역시, 좀 더 세계에서 일어나고 있는 각가지 사건이라는 것에 대해, 제대

로 알고 있어야 하는 것은 아닌가 하고 생각합니다.)

ヨハネ福音書(ふくいんしょ)には唾(つば)で泥(どろ)をこねて目(め)に塗(ぬ)り付(つ)けて盲人(もうじん)の目(め)を開(ひら)くなどの奇妙(きみょう)なおまじない医術(いじゅつ)をイエスが得意(とくい)にしていたことがいろいろ書(か)いてあって楽(たの)しい。

(요한복음에는 침으로 진흙을 개서 눈에 발라서 맹인의 눈을 뜨게 하는 등의 기묘한 주술 의술을 예수가 잘 알고 있다는 것이 여러 가지 쓰여 있어 즐겁다.)

[1]罪(つみ)についてと言(い)ったのは、彼(かれ)らがわたしを信(しん)じないからである。[ヨハネによる福音書 16:9]

(죄에 관해서라고 말한 것은, 그들이 나를 믿지 않기 때문이다.[16:9])

[1]罪(つみ)についてと言(い)ったのは、: 죄에 관해서라고 말한 것은.「罪(つみ)についてと言(い)う; 죄에 관해서라고 말하다」는 「罪(つみ)について」에 인용을 나타내는 「〜と言(い)う」가 접속된 것이다.

義(ぎ)についてと言(い)ったのは、[1]わたしが父(ちち)のみもとに行(い)き、[2]あなたがたは、もはやわたしを見(み)なくなるからである。[ヨハネによる福音書 16:10]

(의에 관해서라고 말한 것은, 내가 아버지께 가서, 너희는 더 이상 나를 보지 못하게 되기 때문이다.[16:10])

[1]わたしが父(ちち)のみもとに行(い)き、: 내가 아버지께 가서.「行(い)き、」는 「行(い)く」의 연용중지법인데, 여기에서는 순차동작을 나타내며 후속문에 연결되고 있다.
 [예]彼(かれ)らはやがてヨーロッパに行(い)き、自信(じしん)をつけて帰(かえ)ってきた。

(그들은 드디어 유럽에 가서, 자신심을 가지고 돌아왔다.)

この頃(ころ)の新聞(しんぶん)にメキシコ公使館(こうしかん)の自動車(じどうしゃ)が浅草(あさくさ)の吉原(よしわら)へ行(い)き、車(くるま)を停(と)めてはいけない場所(ばしょ)へ駐車(ちゅうしゃ)させたので、土地(とち)の巡査(じゅんさ)が叱(しか)りつけたところ、無知(むち)な運転手(うんてんしゅ)は公使館(こうしかん)の車(くるま)だからいいのだと口返答(くちへんとう)をしたので、群衆(ぐんしゅう)がたかって運転手(うんてんしゅ)を袋叩(ふくろだた)きにした。

(이 때의 신문에 멕시코 공사관의 자동차가 아사쿠사의 요시와라에 가서, 차를 세워서는 안 되는 곳에 주차시켜서, 그 지역의 순사가 몹시 꾸짖었더니 무지의 운전사는 공사관 차이니 괜찮다고 말대답을 해서, 군중들이 몰려들어 운전사를 뭇매로 때렸다.)

[2]あなたがたは、もはやわたしを見(み)なくなるからである: 너희는 더 이상 나를 보지 못하게 되기 때문이다.「見(み)なくなる」는「見(み)る」의 부정인「見(み)ない」에「～なる」가 접속된 것으로 직역하면「보지 않게 되다」이 되나 여기에서는「보지 못하게 되다」로 번역해 둔다.

[例]だから、この二(ふた)つのアニメを見(み)なくなると思(おも)う。

(따라서 이 두 개의 애니메이션을 보지 못하게 될 것 같다.)

彼(かれ)の姿(すがた)をこの店(みせ)で見(み)なくなるのは、この夜(よる)を境(さかい)にしてであった。

(그의 모습을 이 가게에서 보지 못하게 되는 것은 이 밤을 경계로 해서였다.)

官僚病(かんりょうびょう)の起源(きげん)は、ある種(しゅ)の共同体(きょうどうたい)は、ある段階(だんかい)からひたすら内側(うちがわ)だけを見(み)て外側(そとがわ)を見(み)なくなるということですよね。

(관료병의 기원은 어떤 종류의 공동체는 어느 단계에서 오로지 안쪽만을 보고 바깥쪽을 보지 않게 된다는 것이지요? 안 그래요.)

裁(さば)きについてと言(い)ったのは、[1]この世(よ)の君(きみ)が[2]裁(さば)かれるからである。[ヨハネによる福音書 16:11]
(심판에 관해서라고 한 것은, 이 세상의 지배자가 심판을 받기 때문이다.[16:11])

[1]この世(よ)の君(きみ) : 이 세상의 지배자. [요한복음 12:31 설명]참조.

[2]裁(さば)かれるからである : 심판을 받기 때문이다.「裁(さば)かれる」는「裁(さば)く」의 수동으로 예를 들면 다음과 같다.
  [例]結局(けっきょく)、わたしたちは、わたしたちが裁(さば)くように裁(さば)かれるのです。ですから、他人(たにん)に対(たい)して常(つね)に善意(ぜんい)をいだいておれば、全世界(ぜんせかい)の人(ひと)をも友(とも)にすることが出来(でき)るのです。
  (결국 우리들은 우리가 심판하는 것처럼 심판받는 것입니다. 따라서 다른 사람에 대해 항상 선의를 품고 있으면, 모든 세계의 사람들도 친구로 할 수가 있습니다.)
  それは「現在(げんざい)も過去(かこ)も一緒(いっしょ)に裁(さば)かれる」に当(あ)たるものが、この年(とし)、確(たし)かに日本(にほん)に現(あらわ)れるからである。
  (그것은「현재도 과거도 함께 심판받는다」에 해당하는 것이, 이 해, 확실히 일본에 나타나기 때문이다.)
  キリスト教(きょう)の教(おし)えによれば、神(かみ)だけが知(し)る約束(やくそく)の日(ひ)に世界(せかい)は終(お)わりを迎(むか)え、最後(さいご)の審判(しんぱん)がおこなわれる。そのとき、すべての死者(ししゃ)の魂(たましい)は、現世(げんせ)での生(い)き方(かた)によって裁(さば)かれる。この審判(しんぱん)において、人(ひと)は肉体(にくたい)を取(と)り戻(もど)し、永遠(えいえん)の命(いのち)

を与(あた)えられる。

(기독교의 가르침에 의하면, 하나님만이 아는 약속의 날에 세계는 종말을 맞이하고, 마지막 심판이 행해진다. 그 때, 모든 사자의 영혼은 현세에서의 삶에 의해 심판받는다. 이 심판에서 사람은 육체를 되찾고 영생을 받는다.)

[1]わたしには、あなたがたに[2]言(い)うべきことがまだ[3]多(おお)くあるが、あなたがたは今(いま)は[4]それに堪(た)えられない。[ヨハネによる福音書 16:12]
(나에게는 너희에게 할 말이 아직 많이 있지만, 너희는 지금은 그것을 감당할 수 없다.[16:12])

[1]わたしには、あなたがたに言(い)うべきことがまだ多(おお)くあるが : 나에게는 너희에게 할 말이 아직 많이 있지만. 「[わたし]には、[あなたがたに言(い)うべきこと]がまだ多(おお)くある」와 같이 「ある」가 존재문 형식으로 쓰이고 있다.

[2]言(い)うべきこと : 해야 할 말. 할 말. 「言(い)う」에 당위성을 나타내는 「べき」가 접속되어 뒤에 오는 명사 「こと」를 수식·한정하고 있다. 「〜べき」는 고전어 조동사 「〜べし」의 연체형 「〜べき」인데, 동사의 종지형에 접속되어 ①「마땅히 그렇게 〜해야 한다 / 〜해야 한다」, ②「적절하다 / 바람직하다」, ③「〜할 만한 [＋명사]」와 같은 뜻을 나타내는데 본 절에서는 당위성을 나타내는 ①의 용법으로 쓰이고 있다.[84]

[3]多(おお)くあるが、: 많이 있지만. 「多(おお)く」는 「多(おお)い」의 연용형 「多(おお)く」가 부사법으로 쓰인 것이다.

[例]西野(にしの)議員(ぎいん)のお話(はなし)などを聞(き)いておりましても、確(たし)かに読(よ)んでもわかりにくい部分(ぶぶん)が大変(たいへん)<u>多(おお)くある</u>。

---

84) 李成圭(2018c)『일본어 구어역 마가복음의 언어학적 분석Ⅰ』시간의물레. p. 101에서 인용.

(니시노 의원의 말씀 등을 듣고 있어도 확실히 읽어도 알기 어려운 부분이 대단히 많이 있다.)

過去(かこ)の経験(けいけん)から学(まな)ぶべきことが多(おお)くあることは当然(とうぜん)であるが、新(あたら)しい状況(じょうきょう)に対応(たいおう)するための発想(はっそう)の転換(てんかん)も必要(ひつよう)である。
(과거의 경험에서 배울 만한 것이 많이 있는 것은 당연하지만, 새 상황에 대응하기 위한 발상의 전환도 필요하다.)

日常生活(にちじょうせいかつ)で、果実類(かじつるい)を冷蔵庫(れいぞうこ)で冷(ひ)やして食(た)べる場合(ばあい)が多(おお)くあるが、これは極(きわ)めて適切(てきせつ)な方法(ほうほう)といえる。
(일상생활에서 과실류를 냉장고에서 시원하게 해서 먹는 경우가 많이 있는데, 이것은 대단히 적절한 방법이라고 할 수 있다.)

[4] それに堪(た)えられない : 그것을 감당할 수 없다. 「堪(た)える / 耐(た)える」는 ① 「견디다」, ② 「감당하다」의 뜻이 있는데, 본 절에서는 ②의 용법으로 쓰이고 있다. 「堪(た)えられない」는 구어역 신약성서에서는 본 절에만 등장하고 있는데 「堪(た)える」의 가능인 「堪(た)えられる」의 부정으로 「감당할 수 없다」에 상당하는 뜻을 나타낸다.

[例] 国際(こくさい)社会(しゃかい)の支持(しじ)なしに先制(せんせい)攻撃(こうげき)に踏(ふ)み切(き)れば、米経済(べいけいざい)は重(おも)い戦費(せんぴ)負担(ふたん)に耐(た)えられない。
(국제 사회의 지지 없이 선제공격을 단행하면, 미국 경제는 무거운 전비 부담을 감당할 수 없다.)

彼(かれ)にとって、仕事(しごと)がとてつもなく退屈(たいくつ)で、このうえなく精神的(せいしんてき)苦痛(くつう)であることには耐(た)えられない。
(그로서 일이 무척이나 따분해서 참을 수 없을 정도로 정신적 고통인 것

을 감당할 수 없다.)

できれば新婚(しんこん)家庭(かてい)に同居(どうきょ)させようとするだろうが、多恵子(たえこ)はそんな生活(せいかつ)は耐(た)えられない。

(가능하면 신혼 가정에 동거시키려고 하는 것이겠지만, 다예코는 그런 생활을 감당할 수 없다.)

けれども[1]真理(しんり)の御霊(みたま)が来(く)る時(とき)には、あなたがたを[2]あらゆる[3]真理(しんり)に導(みちび)いてくれるであろう。それは自分(じぶん)から語(かた)るのではなく、その聞(き)くところを語(かた)り、[4]来(き)たるべき事(こと)をあなたがたに知(し)らせるであろう。[ヨハネによる福音書 16:13]

(그러나 진리의 영이 올 때에는, 너희를 모든 진리로 인도해 줄 것이다. 그것[진리의 영]은 스스로 이야기하는 것이 아니라, 그 들을 곳을 이야기하고 앞으로 올 일을 너희에게 알려줄 것이다.[16:13])

[1]真理(しんり)の御霊(みたま)が来(く)る時(とき)には、: 진리의 영이 올 때에는.「真理(しんり)の御霊(みたま)が来(く)る時(とき)」의「来(く)る」는 현재나 미래라는 텐스로서의 용법이 아니라. 애스펙트적 개념에 있어서의 미완료(미실현)를 나타낸다.

[例]わかった。今度(こんど)来(く)る時(とき)は『ペントハウス』と『写真時代(しゃしんじだい)』を持(も)って来(き)てあげます。

(알았다. 이번에 올 때는,『펜트하우스』와『사진시대』를 가져다 주겠습니다.)

母校(ぼこう)などに行(い)く時(とき)、会(あ)いたい先生(せんせい)などがいる場合(ばあい)、皆(みな)さんはどうしていますか?

(모교 등에 갈 때, 만나고 싶은 선생님 등이 있을 경우, 여러분은 어떻게 하고 있습니까?)

訳(わけ)あって別居中(べっきょちゅう)の夫(おっと)がいるのですが、たまにうちに来(く)る時(とき)は、まず私(わたし)のパソコンを全部(ぜんぶ)チェックして、どんなページを見(み)ているのか、誰(だれ)とどんなメールをしているのか等(など)、すべて筒抜(つつぬ)けで見(み)られてしまいます。

(사연이 있어 별거 중인 남편이 있습니다만, 가끔 집에 올 때는 우선 내 컴퓨터를 전부 체크해서 어떤 페이지를 보고 있는지, 누구와 어떤 메일을 하고 있는지 등, 모두 통째로 들어나고 맙니다.)

[2] あらゆる : 모든. 「あらゆる」는 고전어 동사 「あり」의 미연형 「あら」에 상대(上代)의 자발・가능의 조동사 「ゆ」의 연체형 「ゆる」가 접속되어 연체사로 전성된 것으로 「모든/일체의」의 뜻을 나타낸다.[85]

[例] 連体詞(れんたいし)「この・ある・あらゆる」のように、「どの・どんな」を表(あらわ)し、専(もっぱ)ら連体修飾語(れんたいしゅうしょくご)になる。

(연체사 「이・어떤・모든」과 같이 「어느・어떤」을 표현하고, 오로지 연체수식어가 된다.)

基本的(きほんてき)人権(じんけん)や市民的(しみんてき)自由(じゆう)は無視(むし)され、教育(きょういく)や文化(ぶんか)を含(ふく)む社会(しゃかい)のあらゆる領域(りょういき)がきびしく統制(とうせい)された。

(기본적 인권이나 시민적 자유는 무시당하고, 교육이나 문화를 포함하는 사회의 모든 영역이 엄격히 통제되었다.)

私(わたし)たちの暮(く)らしをみると、服(ふく)を着(き)る、食(た)べる、住(す)まうなどあらゆる面(めん)で、多(おお)くの物(もの)やサービスを使(つか)っている。

(우리들 생활을 보면, 옷을 입고, 먹고, 사는 등의 모든 면에서 많은 것과 서비스를 사용하고 있다.)

生産(せいさん)労働(ろうどう)を奴隷(どれい)に委(ゆだ)ねた市民(しみん)たち

---

85) [마가복음 12:44]에서 인용.

は、余暇(よか)をアゴラや民会(みんかい)での議論(ぎろん)や体育場(たいいくじょう)での訓練(くんれん)などに用(もち)い、公私(こうし)ともにあらゆる方面(ほうめん)にバランスよく能力(のうりょく)を発揮(はっき)することを理想(りそう)とした。

(생산 노동을 노예에게 맡긴 시민들은 여가를 아고라나 민회에서의 토론이나 체육장에서의 훈련 등에 사용하고, 공사 함께 모든 방면에 균형 있는 능력을 발휘하는 것을 이상으로 했다.)

[3] 真理(しんり)に導(みちび)いてくれるであろう : 진리로 인도해 줄 것이다. 「導(みちび)いてくれる」는 「導(みちび)く」에 수수표현 「～てくれる」가 접속된 것이다.

[例] 道(みち)に迷(まよ)って、出(だ)した結果(けっか)が間違(まちが)いだったとしても、正(ただ)しい方向(ほうこう)に導(みちび)いてくれる誰(だれ)かがいる。

(길에서 헤매다가 낸 결과가 잘못이었다고 하더라도 올바른 방향에 인도해 주는 누군가가 있다.)

数千億(すうせんおく)もいるという天使(てんし)の中(なか)には、人間(にんげん)と縁(えん)が深(ふか)く、常(つね)に守護(しゅご)して導(みちび)いてくれる天使(てんし)が何人(なんにん)もいます。

(수천억이나 있다고 하는 천사 중에는 인간과 인연이 깊고 항상 수호하고 인도해 주는 천사가 몇 명이나 있습니다.)

この世(よ)の万事(ばんじ)万物(ばんぶつ)は、＜いつも一緒(いっしょ)！＞の[神(かみ)の愛(あい)＝主(しゅ)イエス]が[神(かみ)の愛(あい)＝隣人愛(りんじんあい)]で治(おさ)めているおかげで、最後(さいご)の最後(さいご)には[神(かみ)の愛(あい)＝主(しゅ)イエス]が必(かなら)ず助(たす)け導(みちび)いてくれるので一切(いっさい)の心配(しんぱい)無用(むよう)です！

(이 세상의 만사 만물은 ＜항상 함께 하는＞ [하나님의 사랑=주 예수]가 [하나님의 사랑=이웃 사랑]으로 다스리고 있는 덕분에 마지막의 마지막에는 [하나님의 사랑=주 예수]가 반드시 도와서 인도해 주시기 때문에 일체의

걱정이 불필요합니다.)

[4]来(き)たるべき事(こと)を: 앞으로 올 일을. 「来(き)たるべき」는 「来(き)たる」에 「べき」가 결합한 연체사로, 「앞으로 오는 / 다음에 오는 / 요 다음의」에 상당하는 뜻을 나타낸다. [요한복음 11:27 설명]을 참조할 것.

[예]「神(かみ)の秘密(ひみつ)は神(かみ)を畏(おそ)れる者(もの)とともにある」のであり、万物(ばんぶつ)の主(しゅ)なるキリストは「聖霊(せいれい)が来(き)たるべきことを教(おし)えてくれる」ことを約束(やくそく)されたのである。

(「하나님의 비밀은 하나님을 두려워하는 사람과 함께 있는」 것이고, 만물의 주이신 그리스도는 「성령이 앞으로 올 것을 가르쳐 준다」는 것을 약속하신 것이다.)

人間(にんげん)の進化(しんか)における「技術上(ぎじゅつじょう)の」段階(だんかい)は完成(かんせい)され、次(つぎ)に来(き)たるべき段階(だんかい)は、神々(かみがみ)の特権(とっけん)を脅(おびや)かすことによって、人間化(にんげんか)というよりもむしろ神化(しんか)を意味(いみ)する精神的(せいしんてき)自律(じりつ)を乞(こ)い求(もと)めるところに行(い)かざるをえない。

(인간의 진화에 있어서의 「기술상의」단계는 완성되고, 다음에 오는 단계는 신들의 특권을 위협함으로써 인간화라고 하기보다도 오히려 신화를 의미하는 정신적 자율을 바라고 구하는 곳에 가지 않으면 안 된다.)

[1]御霊(みたま)はわたしに栄光(えいこう)を得(え)させるであろう。[2]わたしのものを受(う)けて、それをあなたがたに知(し)らせるからである。[ヨハネによる福音書 16:14]

(성령은 내게 영광을 얻게 할 것이다. 내 것을 받아서 그것을 너희에게 알려주기 때문이다.[16:14])

[1]御霊(みたま)はわたしに栄光(えいこう)を得(え)させるであろう：성령은 내게 영광을 얻게 할 것이다.「栄光(えいこう)を得(え)させる」는「栄光(えいこう)を得(え)る」의 사역으로「영광을 얻게 하다」의 뜻을 나타낸다.「得(え)させる」의 예를 들면 다음과 같다.

[例]弁護士(べんごし)は、依頼者(いらいしゃ)に法律(ほうりつ)制度(せいど)の十分(じゅうぶん)な利益(りえき)を得(え)させるためには、処理中(しょりちゅう)の事項(じこう)に関(かん)するすべての事実(じじつ)を十分(じゅうぶん)に知(し)るべきである。

(변호사는 의뢰자에게 법률 제도의 충분한 이익을 얻게 하기 위해서는 처리 중인 사항에 관한 모든 사실을 충분히 알아야 한다.)

高齢者(こうれいしゃ)に対(たい)する効果的(こうかてき)な説教(せっきょう)の務(つと)めにとって重要(じゅうよう)な二(ふた)つの構成(こうせい)要素(ようそ)は、想起(そうき)と希望(きぼう)との要素(ようそ)であり、そして、説教(せっきょう)の務(つと)めは、高齢者(こうれいしゃ)がこれらの二(ふた)つの恩恵(おんけい)に豊(ゆた)かにあずかる栄誉(えいよ)を与(あた)え、また想起(そうき)と希望(きぼう)を得(え)させる務(つと)めである。

(고령자에 대한 효과적인 설교의 책무로서 중요한 두 가지의 구성요소는 상기와 희망의 요소이며, 그리고 설교의 책무는 고령자가 이들 두 가지 은혜에 풍부하게 관여하는 영예를 주고, 또한 상기와 희망을 얻게 하는 책무이다.)

[2]わたしのものを受(う)けて、それをあなたがたに知(し)らせるからである：내 것을 받아서 그것을 너희에게 알려주기 때문이다.

이 부분이 타 번역본에서는 어떻게 표현하고 있는지 살펴보자.

[例]彼(かれ)はわたしのものの中(なか)から取(と)ってあなた達(たち)に知(し)らせる(ので、結局(けっきょく)わたしに代(かわ)って仕事(しごと)をつづける)のだから。

[塚本訳1963]

(그는 내 것 중에서 취해서 너희들에게 알리기 (때문에 결국 나를 대신하여 일을 계속)하기 때문에.)

わたしのものを受(う)けて、あなたがたに知(し)らせるからです。[新改訳1970]

(내 것을 받아서 당신들에게 알려주기 때문이다.)

わたしから受(う)けてあなた方(がた)に告(つ)げようからである。[前田訳1978]

(내게서 받아 너희에게 알려주려고 하기 때문이다.)

わたしのものを受(う)けて、あなたがたに告(つ)げるからである。[新共同訳1987]

(내 것을 받아서 너희에게 알려주기 때문이다.)

私(わたし)のもの〔から一部(いちぶ)〕を受(う)けて、あなたがたに告(つ)げることになるからである。[岩波翻訳委員会訳1995]

(내 것[에서 일부]를 받아, 너희에게 알려주게 되기 때문이다.)

[1]父(ちち)がお持(も)ちになっているものはみな、わたしのものである。御霊(みたま)はわたしのものを受(う)けて、それをあなたがたに知(し)らせるのだと、[2]わたしが言(い)ったのは、そのためである。[ヨハネによる福音書 16:15]
(아버지께서 가지고 계신 것은 전부 내 것이다. 성령은 내 것을 받아서 그것을 너희에게 알려주는 것이라고, 내가 말한 것은 그 때문이다.[16:15])

[1]父(ちち)がお持(も)ちになっているものはみな、: 아버지께서 가지고 계신 것은.「お持(も)ちになっている」는「持(も)っている」의 전항 성분인「持(も)って」를 ナル형 경어로 한 것이다.

「~ている」형에 대한 경어화(敬語化)는 크게 3가지로 분류할 수 있다. ①「持(も)っている」의 전항 요소를 본 절의「お持(も)ちになって」과 같이 경어로 바꾸는 방식, ②「持(も)っている」의 후항 요소를「~{ていらっしゃる・ておられる}」와 같이 경어로 바꾸는 방식, ③「持(も)っている」의 전항과 후항을「お持(も)ちになっ

{ていらっしゃる・ておられる}」와 같이 전부 경어화하는 방식이 있다.

 본 절의 당해 부분을 타 번역본에서는 어떻게 다루고 있는지 살펴보자.

[例]父上(ちちうえ)のものはことごとく、[塚本訳1963]

　　(아버지의 것은 모두,)

　　父(ちち)が持(も)っておられるものはみな、[新改訳1970]

　　(아버지께서 가지고 계신 것은 모두,)

　　父(ちち)がお持(も)ちのものは皆(みな)[前田訳1978]

　　(아버지께서 가지고 계신 것은 모두)

　　父(ちち)が持(も)っておられるものはすべて、[新共同訳1987]

　　(아버지께서 가지고 계신 것은 모두,)

　　父(ちち)が持(も)っているものはすべて[岩波翻訳委員会訳1995]

　　(아버지가 가지고 있는 것은 모두)

[2]わたしが言(い)ったのは、そのためである : 내가 말한 것은 그 때문이다. 본 절의 이 부분은 결과를 나타내는 부분을 「〜のは」로 먼저 제시하고, 원인·이유를 나타내는 부분을 「〜ためである」와 같이 문말로 이동시킨 것이다.

　[例]わたしがこれを書(か)いたのは、そのためではないのです。

　　(내가 그것을 쓴 것은 그 때문이 아닙니다.)

　　詩(し)が、絶妙(ぜつみょう)な神聖(しんせい)喜劇(きげき)に昇華(しょうか)するのは、そのためである。

　　(시가 절묘한 신성 희극으로 승화하는 것은 그 때문이다.)

　　交響詩(こうきょうし)などの文学的(ぶんがくてき)な題材(だいざい)を用(もち)いた作品(さくひん)も多(おお)く作曲(さっきょく)しているのは、そのためでもある。

　　(교향시 등의 문학적인 제재를 사용한 작품도 많이 작곡하고 있는 것은 그 때문이기도 한다.)

⟨75⟩ [ヨハネによる福音書 16:16 - 16:24]

[1]しばらくすれば、あなたがたはもうわたしを見(み)なくなる。しかし、またしばらくすれば、[2]わたしに会(あ)えるであろう」。[ヨハネによる福音書 16:16]
(조금 있으면 너희는 이제 나를 보지 못하게 된다. 그러나 다시 조금 있으면 나를 만나게 될 것이다.[16:16])

[1]しばらくすれば、: 조금 있으면. 「しばらくすれば」는 「しばらく」에 「する」의 가정형 「すれば」가 접속된 것으로 「조금 있으면」「얼마 안 있으면」에 상당하는 뜻을 나타낸다.
[例]しばらくすれば、違和感(いわかん)がなくなってしまいます。
(조금 있으면 위화감이 없어지고 맙니다.)
落(お)ち込(こ)んだときは、こう考(かんが)えましょう。「しばらくすれば、嵐(あらし)は通(とお)りすぎるだろう」と。落(お)ち込(こ)んでいるのは、嵐(あらし)のようなものです。
(우울할 때는 이렇게 생각합시다.「조금 있으면 폭풍은 지나갈 것이다」라고. 우울한 것은 폭풍우와 같은 것입니다.)
スイッチを入(い)れて間(ま)もなく咳(せき)が出始(ではじ)め、ずっと続(つづ)きました。夫(おっと)や息子(むすこ)は出(で)ていなかったので、私(わたし)だけ夏風邪(なつかぜ)をひいたかな、しばらくすれば治(なお)るだろうと軽(かる)く考(かんが)えていました。
(스위치를 넣고 얼마 안 있자, 기침이 나기 시작하고 죽 계속되었습니다. 남편이나 아들은 기침이 나지 않았기 때문에 나만 여름 감기에 걸렸구나, 조금 지나면 나겠지 하고 가볍게 생각하고 있었습니다.)

[2]わたしに会(あ)えるであろう: 나를 만나게 될 것이다. 「会(あ)えるであろう」의「会

(あ)える」는 가능동사인데 의미적으로는 자발동사를 겸하고 있어, 한국어로는「만나게 되다」에 대응하는 경우가 많다.「会(あ)えるであろう」는「会(あ)えるだろう」의 문장체적 표현이다.

[例] 彼氏(かれし)よりも友達(ともだち)を優先(ゆうせん)したら怒(おこ)られました。彼氏(かれし)は『俺(おれ)は彼氏(かれし)なんだから、急(きゅう)に誘(さそ)っても会(あ)えるだろう』と思(おも)っているタイプです。
(남자 친구보다도 친구를 우선시했더니 화를 냈습니다. 남자 친구는『나는 남자 친구이니까, 갑자기 데이트하자고 해도 만날 수 있을 것이라』고 생각하는 타입입니다.)

電話(でんわ)では駄目(だめ)だ―、直接(ちょくせつ)会(あ)って真偽(しんぎ)を確(たし)かめたいと思(おも)った。夏休(なつやす)みなら、会(あ)えるだろうと考(かんが)えて、裁判所(さいばんしょ)に行(い)った。
(전화로는 안 된다. 직접 만나서 진위를 확인하고 싶다고 생각했다. 여름 방학이면 만나게 될 것이라고 생각해서 재판소에 갔다.)

夏休(なつやす)み最後(さいご)の日(ひ)、明日(あした)になれば必(かなら)ず、ホグワーツ特急(とっきゅう)でロンとハーマイオニーに会(あ)えるだろう―そんな思(おも)いでハリーは目覚(めざ)めた。
(여름방학 마지막 날, 내일이 되면, 반드시 호그와트 특급으로 론과 허마이오니를 만나게 될 것이다 – 그런 생각으로 해리는 눈을 떴다.)

そこで、弟子(でし)たちのうちのある者(もの)は[1]互(たが)いに言(い)い合(あ)った、『しばらくすれば、わたしを見(み)なくなる。またしばらくすれば、わたしに会(あ)えるであろう』と言(い)われ、『わたしの父(ちち)のところに行(い)く』と言(い)われたのは、いったい、[2]どういうことなのであろう」。[ヨハネによる福音書 16:17]
(그때, 제자들 중에서 어떤 사람들은 서로 말했다."조금 있으면 나를

보지 못하게 된다. 그리고 조금 있으면 나를 만나게 될 것이다.'라고 말씀하시고, '내 아버지께로 간다.'고 말씀하신 것은 도대체 무슨 일일까?"[16:17])

[1]互(たが)いに言(い)い合(あ)った : 서로 말했다. 「言(い)い合(あ)う」는 「言(い)う」에 상호동작을 나타내는 「合(あ)う」가 결합된 복합동사인데, ①「서로 말하다」, ②「말다툼하다 / 언쟁하다」의 뜻을 나타내는데, 본 절에서는 ①의 용법으로 쓰이고 있다.

[例]二人(ふたり)はすっかり意気投合(いきとうごう)し、双方(そうほう)が「鹿狩(しかが)りをしましょう」「水泳(すいえい)をしましょう」と言(い)い合(あ)うまでになった。
(두 사람은 완전히 의기투합하여 쌍방이「사슴 사냥을 합시다.」「수영을 합시다.」라고 서로 말하는 사이까지 되었다.)

ボクたちはそれをじっと見(み)つめながら、「今年(ことし)の桜(さくら)ももう終(お)わりかな」「ええ」と各々(おのおの)言(い)い合(あ)った。
(우리들은 그것을 지그시 응시하면서「올해 벚꽃도 이제 마지막인가」「네」라고 각자 서로 말했다.)

したがって、これからはそれこそ雇用(こよう)問題(もんだい)、経営(けいえい)問題(もんだい)各般(かくはん)にわたりまして全般的(ぜんぱんてき)な討論(とうろん)、意思疏通(いしそつう)の場(ば)という本来(ほんらい)の意味(いみ)でお互(たが)いに言(い)いたいほうだいのことを言(い)い合(あ)う、そういう場(ば)にしていきたい。
(따라서 이제부터는 그야 말로 고용 문제, 경영 문제 제반에 걸쳐 전반적인 토론, 의사소통의 자리라는 본래의 의미에서 서로 말하고 싶은 대로의 것을 서로 말하는 그런 자리로 만들어 나가고 싶다.)

[2]どういうことなのであろう : 무슨 일일까? 「どういう」는 부사「どう」에「いう; 말하다」가 결합된 지시 연체사인데 이때의「いう」는 형식동사화된 말이다. 「こういう[이

런]·そういう[그런]·ああいう[저런(현장지시). 그런(문맥지시)]·どういう[어떤]」과 같이 계열을 이루고 있다.[86]

[例]こういう柄(がら)がこの夏(なつ)の流行(りゅうこう)です。

(이런 무늬가 이번 여름의 유행입니다.)

そういう共通点(きょうつうてん)が見(み)られる

(그런 공통점이 보인다.)

ああいう事故(じこ)はうちの工場(こうじょう)でもしゅっちゅう起(お)きてます。

(그런 사고는 우리 공장에서도 늘 생깁니다.)

彼(かれ)らはこの言葉(ことば)を心(こころ)にとめ、死人(しにん)の中(なか)から甦(よみがえ)るとはどういうことかと、互(たがい)に論(ろん)じ合(あ)った。[口語訳 / マルコによる福音書 9:10]

(그들은 이 말을 마음에 새기고 죽은 자 가운데에서 살아난다고 하는 것은 무슨 의미인가를 서로 논쟁했다.)[마가복음 9:10]

最近(さいきん)、映画(えいが)はどういうものを御覧(ごらん)になりますか。

(요즘 영화는 어떤 것을 보십니까?)

日本(にほん)で成長(せいちょう)し、生活(せいかつ)し、高齢者(こうれいしゃ)になるとはどういうことなのか。

(일본에서 성장하고, 생활하고, 고령자가 된다는 것은 어떤 일일까?)

だが、おまえは旅券(りょけん)を何冊(なんさつ)持(も)っているか、というのはいったいどういうことなのか?

(하지만, 너는 여권을 몇 개 가지고 있는가, 라고 하는 것은 도대체 어떤 것일까?)

---

86) 李成圭(2018c)『일본어 구어역 마가복음의 언어학적 분석Ⅰ』시간의물레. p. 184에서 인용.

彼(かれ)らはまた言(い)った、「『しばらくすれば』と言(い)われるのは、どういうことか。[1]わたしたちには、その言葉(ことば)の意味(いみ)がわからない」。
[ヨハネによる福音書 16:18]
(그들은 다시 말했다. "'조금 있으면'이라고 말씀하시는 것은 무슨 일일까? 우리는 그 말의 의미를 알 수 없다."[16:18])

[1]わたしたちには、その言葉(ことば)の意味(いみ)がわからない : 우리는 그 말의 의미를 알 수 없다. 「わからない」는 가능성 상태동사인 「わかる」의 부정이고, 「わたしたちには」의 「〜に」는 가능의 주체를 나타낸다.
  [例]「ぼくはどこへ行(い)くの?」「わたしたちにはわからないんだ」彼(かれ)が率直(そっちょく)に言(い)った。
  (「나는 어디에 가는가?」「우리는 모른다.」그는 솔직히 말했다.)
  私(わたし)が個性派(こせいは)かどうかは他人(たにん)が決(き)めてくれることで、わたしにはわからない。
  (내가 개성파인지 어떤지는 타인이 정해 주는 것으로, 나는 모른다.)
  私(わたし)がどんなに淋(さび)しかったか、あなたにはわからないでしょうね。死(し)にそうだったわ。毎日(まいにち)毎晩(まいばん)、政治(せいじ)集団(しゅうだん)だの、顔(かお)も見(み)たくない人(ひと)たちと食事(しょくじ)だの、ほとほとうんざりよ。私(わたし)がどうやって人(ひと)を避(さ)けたかわかる?
  (내가 얼마나 외로웠는가, 당신은 모르겠지요. 죽을 것 같아요. 매일 매일 밤, 정치 집단이니, 얼굴도 보고 싶지 않은 사람들과 식사니, 정말이지 지긋지긋해요. 내가 어떻게 해서 사람들을 피했는지 알아?)

당해 부분에 관해 타 번역본에서는 어떻게 표현되고 있는지 살펴보자.
  [例]何(なに)を思(おも)っておられるのかわからない』と。[塚本訳1963]
    (무엇을 생각하고 계신지 알 수 없다』고.)

私(わたし)たちには主(しゅ)の言(い)われることがわからない。」と言(い)った。[新改訳1970]

(우리들은 주께서 말씀하시는 것을 알 수 없다.」고 말했다.)

彼(かれ)がいわれることはわからない」と。[前田訳1978]

(그가 말씀하시는 것을 알 수 없다」고.)

何(なに)を話(はな)しておられるのか分(わ)からない。」[新共同訳1987]

(무엇을 이야기하고 계신지 알 수 없다.」)

語(かた)っておられることがわれわれにはわからない」と言(い)い始(はじ)めた。
[岩波翻訳委員会訳1995]

(말하고 계신 것을 우리는 알 수 없다.」라고 말하기 시작했다.)

イエスは、[1]彼(かれ)らが尋(たず)ねたがっていることに気(き)がついて、彼(かれ)らに言(い)われた、「しばらくすればわたしを見(み)なくなる、またしばらくすればわたしに会(あ)えるであろうと、わたしが言(い)ったことで、[2]互(たが)いに論(ろん)じ合(あ)っているのか。[ヨハネによる福音書 16:19]

(예수께서는 그들이 묻고 싶어 하는 것을 알아차리고, 그들에게 말씀하셨다. "조금 있으면 나를 보지 못하게 된다. 다시 조금 있으면 나를 만나게 될 것이다, 라고 내가 말한 것을 두고 서로 논쟁하고 있느냐?[16:19])

[1]彼(かれ)らが尋(たず)ねたがっていることに気(き)がついて、: 그들이 묻고 싶어 하는 것을 알아차리고. 「尋(たず)ねたがる」는 「尋(たず)ねる」에 희망을 나타내는 「〜たい;〜하고 싶다」에 동사화 접사 「〜がる」가 접속되어 제3자의 희망을 나타내는 「〜たがる;〜하고 싶어 하다」가 후접한 것인데, 본절의 「尋(たず)ねたがっている」은 여기에 다시 「〜ている」가 붙어 「묻고 싶어 하다」의 뜻을 나타낸다.

[例]主人(しゅじん)がベンツを買(か)いたがっているので、猛反対(もうはんたい)した

295

ところ、「ベンツはボディーが頑丈(がんじょう)だから、事故(じこ)にあった時(とき)にも助(たす)かる率(りつ)が高(たか)いんだよ」って言(い)われました。
(남편이 벤츠를 사고 싶어 해서 맹렬히 반대했더니, 「벤츠는 보디가 튼튼하기 때문에 사고를 당할 때에도 살아남는 확률이 높아.」라고 말했습니다.)

自分(じぶん)が可愛(かわい)いから子(こ)どもに出世(しゅっせ)してもらいたがっているので、それは子(こ)どものためを思(おも)っているのでも何(なん)でもない。
(자기가 귀여우니, 아이가 출세해 주었으면 하는 것이니, 그것은 아이를 위해 생각하는 것도 아무 것도 아니다.)

おまえが本気(ほんき)で死(し)にたがっていたからだ。あんな目(め)を俺(おれ)はまだ、見(み)たことがなかった。おまえが投(な)げ捨(す)てたがっている命(いのち)を、拾(ひろ)ってみたくなった。
(네가 정말로 죽고 싶어 했기 때문이다. 그런 눈을 나는 아직 본 적이 없었다. 네가 내던지고 싶어 하는 목숨을 건져 보고 싶어졌다.)

次(つぎ)に、子供(こども)はどれほどほめられ認(みと)められたがっているかという話(はなし)を挙(あ)げてみましょう。
(다음에 아이들은 얼마나 칭찬받고 인정받고 싶어 하는가 라는 이야기를 들어 봅시다.)

[2] 互(たがい)に論(ろん)じ合(あ)っているのか : 서로 논쟁하고 있느냐? 「互(たが)いに」는 부사로 「서로」의 뜻을, 「論(ろん)じ合(あ)う」는 「─合(あ)う」가 후항동사로 쓰인 복합동사로 「서로 논쟁하다」의 뜻을 나타낸다. 그런데 한국어로는 「서로」가 중첩되기 때문에 한쪽을 생략해서 번역한다.

「〜合(あ)う」는 동사의 연용형에 접속하여 「둘 이상의 주체가 서로 같은 동작·작용을 나누어 가지는」 것을 나타내는데 한국어로는 「서로(같이) 〜하다」에 해당한다.[87]

---

87) 李成圭(2019a)『일본어 구어역 마가복음의 언어학적 분석Ⅱ』시간의물레. p. 144에서 인용.

[例]弟子(でし)たちは、これは自分(じぶん)たちがパンを持(も)っていないためであろうと、互(たがい)に論(ろん)じ合(あ)った。[口語訳/マルコによる福音書 8:16]
(제자들은 이것은 자기들이 빵을 가지고 있지 않아서 이렇게 말씀하신 것이라고 서로 논쟁했다.)[마가복음 8:16]

イエスはそれと知(し)って、彼(かれ)らに言(い)われた、「なぜ、パンがないからだと論(ろん)じ合(あ)っているのか。まだわからないのか、悟(さと)らないのか。あなたがたの心(こころ)は鈍(にぶ)くなっているのか。[口語訳/マルコによる福音書 8:17]
(예수께서는 그것을 알고 그들에게 말씀하셨다. "어찌하여 빵이 없기 때문이라고 서로 논쟁하고 있는 거냐? 아직도 모르느냐? 깨닫지 못하느냐? 너희 마음은 무디어졌느냐?) [마가복음 8:17][88]

口角(こうかく)あわを飛(と)ばして世(よ)の趨勢(すうせい)を論(ろん)じ合(あ)った、学生(がくせい)のころが懐(なつ)かしく思(おも)い出(だ)されます。
(입에 거품을 물고 시대의 추세에 대해 서로 격렬하게 논쟁했던 대학생 때가 그리워집니다.)

よくよくあなたがたに言(い)っておく。[1]あなたがたは泣(な)き悲(かな)しむが、この世(よ)は喜(よろこ)ぶであろう。[2]あなたがたは憂(うれ)えているが、その[3]憂(うれ)いは[4]喜(よろこ)びに変(かわ)るであろう。[ヨハネによる福音書 16:20]
(분명히 너희에게 말해 둔다. 너희는 울면서 슬퍼하지만, 이 세상은 기뻐할 것이다. 너희는 걱정하지만, 그 근심은 기쁨으로 바뀔 것이다.[16:20])

[1]あなたがたは泣(な)き悲(かな)しむが、: 너희는 울면서 슬퍼하지만.「泣(な)き悲

---

88) 李成圭(2019a)『일본어 구어역 마가복음의 언어학적 분석Ⅱ』시간의물레. p. 147에서 인용.

(かな)しむ」는「泣(な)く」의 연용형에「悲(かな)しむ」가 결합한 복합동사로「울면서 슬퍼하다」의 뜻을 나타낸다.[89]

[例]マリヤは、イエスと一緒(いっしょ)にいた人々(ひとびと)が泣(な)き悲(かな)しんでいる所(ところ)に行(い)って、それを知(し)らせた。[口語訳 / マルコによる福音書 16:10]

(마리아는 예수와 함께 있었던 사람들이 울면서 슬퍼하고 있는 곳에 가서 그것을 알렸다.[마가복음 16:10][90]

人々(ひとびと)はみな、娘(むすめ)のために泣(な)き悲(かな)しんでいた。イエスは言(い)われた、「泣(な)くな、娘(むすめ)は死(し)んだのではない。眠(ねむ)っているだけである」。[口語訳 / ルカによる福音書 8:52]

(사람들은 모두 딸아이 때문에 울면서 슬퍼하고 있었다. 예수께서는 말씀하셨다. "울지 마라. 그 아이는 죽은 것이 아니다. 자고 있을 뿐이다.")[누가복음 8:52]

[2]あなたがたは憂(うれ)えているが、: 너희는 걱정하지만.「憂(うれ)える : 걱정하다 / 근심하다 / 마음을 태우다 / 한탄하며 호소하다」는 어떤 재료에서 좋지 않은 상태가 되지 않을까 걱정될 때 말한다.「案(あん)じる ; 걱정하다」보다 나쁜 상태를 의식해서 한탄의 기분을 포함하는 말로 좋지 않거나, 바람직하지 않은 상태 때문에 마음이 아프고 한탄하는 뜻도 있다.

[例]その後(ご)、神(かみ)を愛(あい)し世界(せかい)を憂(うれ)える真摯(しんし)な姿(すがた)を慕(した)って、数多(かずおお)くの学生(がくせい)、青年(せいねん)たちが集(つど)うようになった。

(그 후, 하나님을 사랑하고 세계를 걱정하는 진지한 모습을 사모하며 수

---

89) [마가복음 16:10] 설명을 참조할 것.
90) [마가복음 16:10] 설명을 참조할 것.

많은 대학생과 청년들이 모이게 되었다.)

日本人(にほんじん)の生活(せいかつ)とともにあったダイズが姿(すがた)を消(け)そうとしている現状(げんじょう)を私(わたし)は憂(うれ)える。
(일본인의 생활과 함께 있었던 대두가 모습을 감추려고 하는 현상을 나는 걱정한다.)

国(くに)の将来(しょうらい)を憂(うれ)えるよりも、友人(ゆうじん)、恋人(こいびと)、趣味(しゅみ)など、身近(みぢか)な世界(せかい)を大切(たいせつ)にする傾向(けいこう)がますます強(つよ)まっており、職業(しょくぎょう)への忠誠心(ちゅうせいしん)は薄弱(はくじゃく)、かといって将来(しょうらい)の明確(めいかく)な目標(もくひょう)、展望(てんぼう)を持(も)っているわけでもない。
(나라의 장래를 걱정하는 것보다도 친구, 연인, 취미 등 자기 신변의 세계를 소중히 하는 경향이 더욱 강해지고 있고, 직업에 대한 충성심은 박약, 그렇다고 해서 미래의 명확한 목표, 전망을 가지고 있는 것도 아니다.)

[3] 憂(うれ)い : 근심. 걱정. 염려. 우려. [요한복음 16:6] 설명을 참조할 것.

[4] 喜(よろこ)び : 기쁨. 「喜(よろこ)び」는 「喜(よろこ)ぶ ; 기뻐하다」의 연용형이 전성 명사화한 것이다. 그리고 「喜(よろこ)びに変(か)わる」의 「変(か)わる ; 바뀌다」는 「～が～に変(か)わる」의 문형으로 쓰이는 동사이다.

[例] そうだ、あなた方(がた)は悲(かな)しむ。だが、その悲(かな)しみは喜(よろこ)びに変(か)わる。
(맞아, 너희는 슬퍼한다. 하지만 그 슬픔은 기쁨으로 바뀐다.)

いくら友達(ともだち)と思(おも)っていても、異性(いせい)であれば恋愛(れんあい)対象(たいしょう)に変(か)わる可能性(かのうせい)があるからです。
(아무리 친구라고 생각하고 있어도, 이성이면 연애 대상으로 바뀔 가능성이 있기 때문입니다.)

もう一(ひと)つ重要(じゅうよう)なのは、中心(ちゅうしん)技術(ぎじゅつ)が少数(しょうすう)受注(じゅちゅう)生産(せいさん)から規格(きかく)大量生産(たいりょうせいさん)に変(か)わることだ。
(또 하나 중요한 것은 중심 기술이 소수 수주 생산에서 규격 대량 생산으로 바뀌는 것이다.)

[1]女(おんな)が子(こ)を産(う)む場合(ばあい)には、その時(とき)が来(き)たというので、不安(ふあん)を感(かん)じる。しかし、[2]子(こ)を産(う)んでしまえば、[3]もはやその苦(くる)しみを覚(おぼ)えてはいない。[4]一人(ひとり)の人(ひと)がこの世(よ)に生(うま)れた、という喜(よろこ)びがあるためである。
[ヨハネによる福音書 16:21]
(여자가 애를 낳을 경우에는 그 때가 왔기 때문에 불안을 느낀다. 그러나 아이를 낳으면, 더 이상 그 고통을 느끼지는 않는다. 한 사람이 이 세상에 태어났다고 하는 기쁨이 있기 때문이다.

[1]女(おんな)が子(こ)を産(う)む場合(ばあい)には、: 여자가 애를 낳을 경우에는.「子(こ)を産(う)む」는「아이를 낳다 / 출산하다」인데, 본 절에서는 뒤에 오는「場合(ばあい); 경우」를 수식·한정하고 있다.

[例]しかし、相手(あいて)の利益(りえき)になることを「勧(すす)める」場合(ばあい)には、断(ことわ)りやすくするとかえって不自然(ふしぜん)になる。
(그러나, 상대의 이익이 되는 것을「권하는」경우에는, 거절하기 쉽게 하면, 오히려 부자연스러워진다.)

このパターンは、特(とく)に倍数(ばいすう)を含(ふく)む場合(ばあい)には、何(なに)かを過小評価(かしょうひょうか)してはいけないと伝(つた)えているのではなく、あるものを別(べつ)のものと比較(ひかく)して、その具体的(ぐたいてき)な数量(すうりょう)の情報(じょうほう)を伝(つた)えています。

(이 패턴은 특히 배수를 포함하는 경우에는, 무엇인가를 과소평가해서는 안 된다고 전하고 있는 것이 아니라, 어떤 것을 다른 것과 비교해서 그 구체적인 수량 정보를 전하고 있습니다.)

親(した)しい人(ひと)に安否(あんぴ)を尋(たず)ねたり、自分(じぶん)の近況(きんきょう)を知(し)らせたりする場合(ばあい)には、出来事(できごと)を伝(つた)えるだけでなく、言葉(ことば)を選(えら)び、表現(ひょうげん)を工夫(くふう)することで心(こころ)の通(かよ)う手紙(てがみ)となる。

(친한 사람에게 안부를 묻거나 자기 근황을 알리거나 하는 경우에는, 사건을 전할 뿐만 아니라, 말을 선택하고 표현을 궁리함으로써 마음이 통하는 편지가 된다.)

[2] 子(こ)を産(う)んでしまえば、: 아이를 낳으면. 「子(こ)を産(う)んでしまえば」는 「子(こ)を生(う)む」에 심리적 종결을 나타내는 「〜てしまう」가 접속한 「子(こ)を産(う)んでしまう」의 가정형인데, 「〜てしまう」를 직역해서 어색하면, 번역하지 않는 쪽이 한국어로는 자연스러운 경우가 많다.

[例] はじめのうちはとっつきにくいが、慣(な)れてしまえばなんということはない。

(처음에는 사귀기가 힘들지만, 익숙해지면 아무 것도 아니다.)

できるだけ単純(たんじゅん)にしてしまえば、もうそれ以上(いじょう)変(か)えることはできないはずである。

(가능한 한 단순하게 해 버리면, 이제 더 이상 바꿀 수는 없을 것이다.)

集団生活(しゅうだんせいかつ)をする幼稚園(ようちえん)や保育所(ほいくしょ)へ子供(こども)を入(い)れてしまえば、子供(こども)の教育(きょういく)や育児(いくじ)は、園(えん)に任(まか)せきりでいいと考(かんが)える無責任(むせきにん)で自覚(じかく)のない親(おや)が多(おお)くなってきて、親(おや)として、当然(とうぜん)しなければならない子供(こども)のしつけがおろそかになっている。

(집단생활을 하는 유치원이나 보육원에 아이를 넣어 버리면, 아이 교육이

나 육아는 유치원에 다 맡기면 된다고 생각하는, 무책임하고 자각이 없는 부모가 많아져서 부모로서 당연히 해야 하는 아이의 예의범절 교육이 소홀해진다.)

[3] もはやその苦(くる)しみを覚(おぼ)えてはいない : 더 이상 그 고통을 느끼지는 않는다. 「苦(くる)しみ」는 「苦(くる)しむ」의 연용형이 전성명사화한 것이고, 「覚(おぼ)える」는 ①「자연히 느끼다」, ②「기억하다」, ③「배우다」의 뜻을 나타내는데, 본 절에서는 ①의 용법으로 쓰이고 있다.

[例] そして、それを知(し)ることは如何(いか)に堪(た)えがたい恥辱(ちじょく)と苦(くる)しみを覚(おぼ)えることだったろう。
(그리고 그것을 아는 것은 얼마나 참기 힘든 치욕과 고통을 느끼는 것이었을까?)

こうした精魂(せいこん)を傾(かたむ)けた活動(かつどう)が健康(けんこう)をむしばむ一因(いちいん)になっていたかと思(おも)うと、言(い)いようのない悲(かな)しみを覚(おぼ)えるのであります。
(이런 심혈을 기울인 활동이 건강을 해치는 한 원인이 된 것이 아닌가 생각하면 말할 수 없는 슬픔을 느낍니다.)

あなたを殺(ころ)すより生(い)かしておくほうが彼(かれ)には重要(じゅうよう)なのです。それに、彼(かれ)は人(ひと)に苦痛(くつう)を与(あた)えて喜(よろこ)びを覚(おぼ)える人間(にんげん)です。
(당신을 죽이는 것보다 살려 두는 쪽이 그에게는 중요합니다. 게다가 그는 사람에게 고통을 주어서 기쁨을 느끼는 인간입니다.)

[4] 一人(ひとり)の人(ひと)がこの世(よ)に生(う)まれた、という喜(よろこ)びがある : 한 사람이 이 세상에 태어났다고 하는 기쁨이 있다. 「この世(よ)に生(う)まれた、という喜(よろこ)び」는 「この世(よ)に生(う)まれた」라는 연체수식어를 「という」라는 인용구

로 받아, 그 전체를 뒤에 오는「喜(よろこ)び」에 연결시키는 구조를 취하고 있다.

[例]状況(じょうきょう)が許(ゆる)すなら、ずっと新聞記者(しんぶんきしゃ)でいたかった、というのが本音(ほんね)である。

(상황이 허락하면, 죽 신문기자로 있고 싶었다, 라고 하는 것이 본심이다.)

こういう歴史的(れきしてき)な事実(じじつ)があった、ということを俺(おれ)たちは認識(にんしき)しておかなくてはならない。

(이런 역사적인 사실이 있었다, 라고 하는 것을 우리들이 인식해 두지 않으면 안 된다.)

秋葉(あきば)ではなく冬木(ふゆき)。秋(あき)の葉(は)が枯(か)れて冬(ふゆ)の木(き)になった、という少々(しょうしょう)自虐的(じぎゃくてき)な意味合(いみあ)いがある。

(가을 잎이 아니라 겨울나무. 가을 잎이 말라서 겨울나무가 되었다, 고 하는 다소 자학적인 의미가 있다.)

[1]このように、あなたがたにも今(いま)は不安(ふあん)がある。しかし、わたしは再(ふたた)びあなたがたと会(あ)うであろう。そして、[2]あなたがたの心(こころ)は喜(よろこ)びに満(み)たされるであろう。[3]その喜(よろこ)びをあなたがたから取(と)り去(さ)る者(もの)はいない。[ヨハネによる福音書 16:22]

(이와 같이 너희에게도 지금은 불안이 있다. 그러나 나는 다시 너희를 만날 것이다. 그리고 너희 마음은 기쁨으로 가득 찰 것이다. 그 기쁨을 너희에게서 빼앗아 갈 사람은 없다.[16:22])

[1]このように、あなたがたにも今(いま)は不安(ふあん)がある : 이와 같이 너희에게도 지금은 불안이 있다. 「このように」연체사「この」에 불확실한 단정을 나타내는「~ようだ」의 연용형「~ように」가 결합해서 접속사로 전성된 것으로「이와 같이」에 상당하는 뜻을 나타낸다. 그리고「このように」는「そのように・あのように・

どのように」와 같이 하나의 계열을 이루고 있다.

[例]イエスは、彼(かれ)らが内心(ないしん)このように論(ろん)じているのを、自分(じぶん)の心(こころ)ですぐ見抜(みぬ)いて、「なぜ、あなたがたは心(こころ)の中(なか)でそんなことを論(ろん)じているのか。[口語訳 / マルコによる福音書 2:8]
(예수께서는 그들이 마음속에서 이와 같이 생각하고 있는 것을 자기 마음속에서 즉시 간파하고 "왜 너희는 마음속에서 그런 것을 생각하고 있느냐?)[마가복음 2:8][91]

それは大地(だいち)を潤(うるお)し、芽(め)を出(だ)させ、生(お)い茂(しげ)らせ、種(たね)蒔(ま)く人(ひと)には種(たね)を与(あた)え、食(た)べる人(ひと)には糧(かて)を与(あた)える。そのように、私(わたし)の口(くち)から出(で)る私(わたし)の言葉(ことば)もむなしくは、私(わたし)のもとに戻(もど)らない。
(그것은 대지을 적시고, 싹을 나게 하고, 무성하게 하고, 씨 뿌리는 사람에게는 씨를 주고, 먹는 사람에게는 양식을 준다. 그와 같이 내 입에서 나오는 내 말도 헛되이는 내 곁에 돌아오지 않는다.)

あのように、会話(かいわ)の中(なか)にどんどん英単語(えいたんご)を入(い)れていくうちに、英単語(えいたんご)が覚(おぼ)えられるわけです。
(그와 같이 회화 속에 계속 영어 단어를 넣어 가는 사이에 영어 단어가 외워지는 셈입니다.)

この建物(たてもの)はいつ、どのように、どんな目的(もくてき)でつくられたのか。そもそも、いったいだれが、こういうものをつくろうと思(おも)いたったのだろうか。
(이 건물은 언제, 어떻게 어떤 목적으로 만들어졌는지. 원래, 도대체, 누가, 이런 것을 만들려고 생각해냈을까?)

[2]あなたがたの心(こころ)は喜(よろこ)びに満(み)たされるであろう : 너희 마음은 기쁨으로 가득 찰 것이다. 「喜(よろこ)びに満(み)たされる」에서 「満(み)たされる」는

---

91) 李成圭(2018c)『일본어 구어역 마가복음의 언어학적 분석Ⅰ』시간의물레. p. 77에서 인용.

「満(み)たす」의 수동으로「가득 차다」의 뜻을 나타내고,「喜(よろこ)びに」는 그 원인을 가리킨다.

[例]ごく常識的(じょうしきてき)に考(かんが)えて、難(むずか)しい説明(せつめい)をぬきにして、それが人間(にんげん)としての命(いのち)に満(み)ちた「よい」ものだから、ほんとうに「美(うつく)しい」ものだから、そこに素直(すなお)に心(こころ)開(ひら)くとき、私(わたし)たちは喜(よろこ)びに満(み)たされるということではないでしょうか。

(극히 상식적으로 생각해서 어려운 설명을 빼고 그것이 인간으로서의 생명에 넘친「좋은」것이니까, 정말「아름다운」것이니까, 거기에 솔직히 마음을 열 때, 우리들은 기쁨으로 가득 찬다는 것은 아닐까?)

何人(なんにん)かの友人(ゆうじん)を思(おも)い出(だ)すとき、私(わたし)の心(こころ)は喜(よろこ)びでなく悲(かな)しみに満(み)たされる。

(친구 몇 명을 생각해 낼 때, 내 마음은 기쁨이 아니라 슬픔으로 가득 찬다.)

そして、子(こ)どもは外(そと)の世界(せかい)で不安(ふあん)や悲(かな)しみを覚(おぼ)えても、お母(かあ)さんに抱(だ)かれることで、その不安(ふあん)や悲(かな)しみが消(き)え、代(か)わりに安心(あんしん)と満足(まんぞく)に満(み)たされるという体験(たいけん)を繰(く)り返(かえ)しながら、成長(せいちょう)していきます。

(그리고 아이들은 바깥 세계에서 불안과 슬픔을 느껴도, 어머니에게 안김으로써 그 불안과 슬픔이 사라지고, 대신 안심과 만족으로 가득 찬다고 하는 체험을 반복하면서 성장해 나갑니다.)

[3]その喜(よろこ)びをあなたがたから取(と)り去(さ)る者(もの)はいない : 그 기쁨을 너희에게서 빼앗아 갈 사람은 없다.「取(と)り去(さ)る」는「取(と)る」의 연용형에「去(さ)る」가 결합한 복합동사로 사전류에서는「없애다 / 제거하다」로 나와 있지만, 여기에서는 전항동사와 후항동사의 각각의 의미가 보존되어 있다는 점

을 수용하여 「빼앗아 가다」로 번역한다. [요한복음 10:18] 설명을 참조.

その日(ひ)には、[1]あなたがたがわたしに問(と)うことは、何(なに)もないであろう。よくよくあなたがたに言(い)っておく。あなたがたが父(ちち)に求(もと)めるものは何(なん)でも、[2]わたしの名(な)によって下(くだ)さるであろう。[ヨハネによる福音書 16:23]
(그 날에는 너희가 나에게 물을 것은 아무 것도 없을 것이다. 분명히 너희에게 말해 둔다. 너희가 아버지께 구하는 것은 무엇이든지 내 이름으로 주실 것이다.[16:23])

[1]あなたがたがわたしに問(と)うことは、何(なに)もないであろう : 너희가 나에게 물을 것은 아무 것도 없을 것이다. 「あなたがたがわたしに問(と)うこと」의 「問(と)う」는 「묻다」의 뜻을 나타내는데, 유의어에는 「尋(たず)ねる」 「聞(き)く」 등이 있다.
1. 「尋(たず)ねる」는 널리 일반적으로 불명인 것을 「남에게 질문해서 대답을 구하」는 뜻을 나타낸다.
2. 「問(と)う」는 「캐물어 알아내다」는 뜻이 있고, 추상도가 높은 내용에는 대개 이 말이 사용된다. 또는 문제로서 추궁하는 뜻으로도 사용된다.
3. 「聞(き)く」는 「尋(たず)ねる」와 거의 같은 뜻을 나타내는데, 「聞(き)く」가 일반적인 말씨이고, 「尋(たず)ねる」 쪽이 다소 격식을 차리는 말씨이다. [92]。

[2]わたしの名(な)によって下(くだ)さるであろう : 내 이름으로 주실 것이다. 「わたしの名(な)によって」의 「〜によって」는 수단·방법을 나타내며 여기에서는 「내 이름에 의해 / 내 이름으로」의 뜻을 나타낸다. 「下(くだ)さる」는 수수동사 「くれる」의 특정형 경어로 <父(ちち)>에 관해 쓰이고 있다.
[예] 人様(ひとさま)がそれだけ高価(こうか)なプレゼントを下(くだ)さるのは、あなたが

---

92) https://dictionary.goo.ne.jp/thsrs/11091/meaning/m0u/에서 인용해서 번역함.

その価値(かち)に相応(ふさわ)しいと思(おも)われたからだと思(おも)いますよ。
(남이 그 만큼 고가의 선물을 주시는 것은 당신이 그 가치에 부합한다고 생각되기 때문이라고 생각해요.)

やはり一応(いちおう)お手紙(てがみ)を下(くだ)さる読者様(どくしゃさま)の中(なか)には小学生(しょうがくせい)の女(おんな)の子(こ)とかもいらっしゃったりしますし、私(わたくし)としましてもこのシリーズはお子様(こさま)にも安心(あんしん)して読(よ)んでいただける『健全(けんぜん)さ』が売(う)りであると自負(じふ)しております。
(역시 일단 편지를 주시는 독자 분 중에는 초등학생 여자 아이 분도 계시고, 저로서도 이 시리즈는 어린이 독자에게도 안심하고 읽으실 수 있는 건전함이 판매의 강점이라고 자부하고 있습니다.)

その方(かた)は、とても丁寧(ていねい)な謝(あやま)りのメールを下(くだ)さる方(かた)でこちらも出来(でき)る限(かぎ)り待(ま)ってみようと思(おも)いましたが、こういう方(かた)はよくいらっしゃるのでしょうか？という質問(しつもん)を過去(かこ)にした者(もの)です。
(그 분은 무척 정중한 사과 메일을 주시는 분으로, 저희도 가능한 한 기다려 보려고 생각했습니다만, 이런 분은 자주 계시는 것입니까? 라는 질문을 과거에 한 사람입니다.)

今(いま)までは、[1]あなたがたはわたしの名(な)によって求(もと)めたことはなかった。[2]求(もと)めなさい、そうすれば、与(あた)えられるであろう。そして、[3]あなたがたの喜(よろこ)びが満(み)ち溢(あふ)れるであろう。[ヨハネによる福音書 16:24]
(지금까지는 너희는 내 이름으로 구한 것이 없었다. 구하라. 그러면 받을 것이다. 그리고 너희 기쁨이 가득 차서 넘칠 것이다.[16:24])

[1]あなたがたはわたしの名(な)によって求(もと)めたことはなかった : 너희는 내 이름으로 구한 것이 없었다. 「求(もと)めたことはなかった」는 과거의 경험을 나타내는 「[求(もと)め]たことはない」의 과거로 과거 시점에서의 경험을 문제 삼고 있다.

[例]それまで、そういうことを自分(じぶん)の身体(しんたい)で感(かん)じたことはなかったんです。

(그때까지 그런 것을 자기 몸으로 느낀 적은 없었습니다.)

でも、個人(こじん)からお金(かね)を借(か)りたことはなかった。すべては、陶芸(とうげい)のための借金(しゃっきん)です。

(하지만, 개인으로부터 돈을 빌린 적은 없었다. 모든 것은 도예를 위한 빚입니다.)

何百億(なんびゃくおく)、何千億(なんせんおく)という金(かね)が動(うご)く取引(とりひき)でもこんなに緊張(きんちょう)したことはなかったのに…。ほんとうに苦(くる)しい。

(몇 백억, 몇 천억이라는 돈이 움직이는 거래에서도 이렇게 긴장한 적은 없었는데, 정말 힘들다.)

[2]求(もと)めなさい、そうすれば、与(あた)えられるであろう : 구하라. 그러면 받을 것이다. 본 절의 내용과 유사한 구절을 구어역 신약성서에서 들면 다음과 같다.

[例]求(もと)めよ、そうすれば、与(あた)えられるであろう。捜(さが)せ、そうすれば、見出(みいだ)すであろう。門(もん)を叩(たた)け、そうすれば、開(あ)けてもらえるであろう。[口語訳 / マタイによる福音書 7:7]

(구하라, 그러면 받을 것이다. 찾아라, 그러면 찾을 것이다. 문을 두드려라, 그러면, 열어 줄 것이다.)[마태복음 7:7]

また、祈(いの)りのとき、信(しん)じて求(もと)めるものは、みな与(あた)えられるであろう」。[口語訳 / マタイによる福音書 21:22]

(또 기도할 때에, 믿으면서 구하는 것은, 전부 받을 것이다.")[마태복음 21:22]

そこでわたしはあなたがたに言(い)う。求(もと)めよ、そうすれば、与(あた)えられるであろう。捜(さが)せ、そうすれば見出(みいだ)すであろう。門(もん)を叩(たた)け、そうすれば、開(あ)けてももらえるであろう。[口語訳/ルカによる福音書 11:9]
(그래서 나는 너희에게 말한다. 구하라, 그러면 받을 것이다. 찾아라, 그러면 찾을 것이다. 문을 두드려라, 그러면 열어 줄 것이다.)[누가복음 11:9]

[3]あなたがたの喜(よろこ)びが満(み)ち溢(あふ)れるであろう : 너희 기쁨이 가득 차서 넘칠 것이다.

「満(み)ち溢(あふ)れる」는「満(み)ちる」의 연용형에「溢(あふ)れる」가 결합된 복합동사로「가득 차서 넘치다」의 뜻을 나타낸다. [요한복음 15:11] 설명을 참조할 것.

[例]その空間(くうかん)は外部(がいぶ)から入(はい)る陽光(ようこう)によって照(て)り映(うつ)るのではなく、光輝(こうき)が堂内(どうない)でつくりだされるのだといっても過言(かごん)ではあるまい。かくも豊(ゆた)かな光(ひかり)が、この会堂(かいどう)全体(ぜんたい)に満(み)ちあふれているのである。

(이 공간은 외부에서 들어오는 양광에 의해 빛나고 비치는 것이 아니라, 광휘가 당내에서 만들어지는 것이라고 해도 과언은 아닐 것이다. 이렇게도 풍부한 빛이 이 회당 전체에 가득 차서 넘치고 있는 것이다.)

いろいろな物質(ぶっしつ)が満(み)ちあふれたこの時代(じだい)でも、簡単(かんたん)に捨(す)て去(さ)ることができないほど、本(ほん)は精神(せいしん)としても物質(ぶっしつ)としても、普遍的(ふへんてき)、包括的(ほうかつてき)かつ原初的(げんしょてき)なイメージを私(わたし)たちの中(なか)に形(かたり)造(づく)っているのである。

(여러 가지 물질이 가득 차서 넘친 이 시대도 간단히 내다가 버릴 수 없을

정도로 책은 정신으로서도 물질로서도 보편적, 포괄적 또한 원초적인 이미지를 우리 속에 형성하고 있는 것이다.)

すべての聖(せい)なる者(もの)たちと共(とも)に、キリストの愛(あい)の広(ひろ)さ、長(なが)さ、高(たか)さ、深(ふか)さがどれほどであるかを理解(りかい)し、人(ひと)の知識(ちしき)をはるかに越(こ)えるこの愛(あい)を知(し)るようになり、そしてついには、神(かみ)の満(み)ちあふれる豊(ゆた)かさのすべてにあずかり、それによって満(み)たされるように。

(모든 성스러운 사람들과 함께 그리스도의 사랑의 넓이, 길이, 높이, 깊이가 얼마 정도인가를 이해하고, 사람의 지식을 훨씬 넘는 이 사랑을 알게 되고, 그리고 종국에는 하나님의 가득 차서 넘치는 풍부함의 모든 것을 받고 그것에 의해 가득 차기를 바랍니다.)

〖76〗[ヨハネによる福音書 16:25 - 16:33]

わたしはこれらのことを[1]比喩(ひゆ)で話(はな)したが、もはや比喩(ひゆ)では話(はな)さないで、[2]あからさまに、父(ちち)のことを[3]あなたがたに話(はな)して聞(き)かせる時(とき)が来(く)るであろう。[ヨハネによる福音書 16:25]
(나는 이런 것들을 비유로 이야기했지만, 더 이상 비유로는 이야기하지 않고, 숨기지 않고 사실대로 아버지에 관한 것을 너희에게 이야기해서 들려줄 때가 올 것이다.[16:25])

[1]比喩(ひゆ)で話(はな)したが、: 비유로 이야기했지만.「比喩(ひゆ)で話(はな)す ; 비유로 이야기하다」의「比喩(ひゆ)で」의「〜で」는 수단·방법의 용법으로 쓰이고 있다.

[例]はっきり大(おお)きな声(こえ)で話(はな)す人(ひと)は快活(かいかつ)で明(あか)るい感(かん)じで何(なに)より正直(しょうじき)そうです。

(확실히 큰 소리로 이야기하는 사람은 쾌활하고 밝은 느낌으로 무엇보다 정직하게 보입니다.)

どれだけ努力(どりょく)しても、人(ひと)は通常(つうじょう)のスピードより三倍(さんばい)以上(いじょう)の速(はや)さで話(はな)すことはできない。

(아무리 노력해도, 사람은 통상적인 스피드보다 3배 이상의 속도로 이야기할 수는 없다.)

マスコミが「なぜ日本語(にほんご)を使(つか)う。屈辱(くつじょく)外交(がいこう)だ」と非難(ひなん)したが、「自分(じぶん)とカウンターパートとに共通(きょうつう)の言語(げんご)があれば、通訳(つうやく)なしでそれで話(はな)すのが一番(いちばん)良(よ)い。英語(えいご)で通(つう)じる相手(あいて)なら英語(えいご)で話(はな)す」と一蹴(いっしゅう)した。

(매스컴이「왜 일본어를 사용하는가? 굴욕 외교이다.」라고 비난했지만,「자기와 상대 쪽에 공통의 언어가 있으면 통역 없이 그것으로 이야기하는 것이 가장 좋다. 영어로 통하는 상대라면 영어로 이야기한다.」고 일축했다.)

[2]あからさまに、: 숨기지 않고 사실대로. [요한복음 11:14] 설명을 참조할 것.

[3]あなたがたに話(はな)して聞(き)かせる時(とき)が来(く)る : 이야기해서 들려줄 때가 오다.「話(はな)して聞(き)かせる」의「話(はな)して」는 수단·방법의 용법으로 뒤에 오는「聞(き)かせる」에 연결되어 쓰이고 있다.

[例]今夜(こんや)のことをよく覚(おぼ)えておこう。そして、いつかべスとティムに話(はな)して聞(き)かせるんだ。

(오늘밤의 일을 잘 기억해 두겠다. 그리고 언젠가 베스와 팀에게 이야기해서 들려주겠다.)

もしも彼(かれ)が世間知(せけんし)らずでこういったことに全(まった)くの無知(む

ち)であるとしたら、なおさら話(はな)して聞(き)かせる必要(ひつよう)がある。

(만일 그가 세상 물정을 모르고 이런 일에 전혀 무지라고 한다면, 한층 더 이야기해서 들려줄 필요가 있다.)

叔父(おじ)は結局(けっきょく)、金(かね)がつづかなくて、半年(はんとし)足(た)らずで江戸(えど)へもどってきてしまったのだが、たまに会(あ)うといまでも、長崎(ながさき)で学(まな)んだことを嬉(うれ)しそうに語(かた)って聞(きか)かせる。

(삼촌은 결국 돈이 모자라서 반년도 채 지나지 않아 에도에 돌아와 버렸지만, 가끔 만나면 지금도 나가사키에서 배운 것을 기쁜듯이 이야기해서 들려준다.)

その日(ひ)には、あなたがたは、わたしの名(な)によって求(もと)めるであろう。わたしは、[1]あなたがたのために[2]父(ちち)に願(ねが)ってあげよう[3]とは言(い)うまい。[ヨハネによる福音書 16:26]

(그 날에는 너희는 내 이름으로 구할 것이다. 나는 너희를 위해 아버지께 부탁해 주겠다고는 말하지 않겠다.[16:26])

[1]あなたがたのために : 너희를 위해. 「あなたがたのために」의 「〜のために」는 동작의 목적의 용법으로 쓰이고 있다.

[例]そのような<u>あなたのために</u>、神(かみ)がしてくださったことがあります。

(그와 같은 당신을 위해, 하나님께서 해 주신 일이 있습니다.)

<u>一年後(いちねんご)の自分(じぶん)のために</u>、すっぱり諦(あきら)めてください。そんなに自分(じぶん)をいじめないで。

(1년 후의 자신을 위해, 깨끗이 포기하세요. 그렇게 자신을 괴롭히지 말고.)

ただ、他(た)の「日本(にほん)国民(こくみん)」の<u>生存(せいぞん)と幸福(こうふく)のために</u>、みずからの「生命(せいめい)」を放棄(ほうき)しろと要求(ようきゅう)することはできない。

(그냥, 다른「일본 국민」의 생존과 행복을 위해 자신의「생명」을 방기하라고 요구할 수는 없다.)

[2] 父(ちち)に願(ねが)ってあげよう : 아버지께 부탁해 주겠다.「願(ねが)ってあげよう」는「願(ねが)う」에 수수표현「~てあげる」가 접속된 것에 화자의 의지를 나타내는「~よう」가 후접한 것이다.

[例] 手伝(てつだ)うことについて子供(こども)が不満(ふまん)を持(も)っているなら、ちゃんと聞(き)いてあげよう。
(도와주는 것에 관해 아이가 불만을 가지고 있다면 똑바로 들어 주겠다.)
周囲(しゅうい)の人(ひと)が批判(ひはん)することがあっても私(わたし)だけはわかってあげよう。
(주위 사람들이 비판하는 일이 있어도 나만은 이해해 주겠다.)
そう判断(はんだん)するのは早(はや)すぎないかい。いいことを教(おし)えてあげよう。
(그렇게 판단하는 것은 너무 이르지 않나? 좋은 것을 가르쳐 주겠다.)

[3] とは言(い)うまい : 라고는 말하지 않겠다.「言(い)うまい」의「~まい」는「~しないつもりである」와 같은 부정 의지의 용법으로 쓰이고 있다.

[例] もちろん、まったく学校(がっこう)が変化(へんか)を受(う)け付(つ)けなかったとは言(い)うまい。教育(きょういく)はこれまで様々(さまざま)な工夫(くふう)がなされてきたはずである。
(물론 정말로 학교가 변화를 받아들이지 않았다고는 말하지 않겠다. 교육은 지금까지 다양한 방안이 이루어져 왔을 것이다.)
私(わたし)はすぐにはオランジェリーに行(い)くまいと決心(けっしん)した。まだ死(し)んだ両親(りょうしん)と兄(あに)を見(み)たくなかった。
(나는 금방은 오랑주리에 가지 않겠다고 결심했다. 아직 죽은 부모님과

형을 보고 싶지 않았다.)

「で、どうだった?」トパーズが聞(き)いてくれてよかった。私(わたし)は自分(じぶん)からは何(なに)も聞(き)くまいと思(おも)っていたのだ。

(「그런데 어땠어?」 토파스가 묻지 않아서 다행이었다. 나는 내 쪽에서는 아무 것도 묻지 않겠다고 생각하고 있었다.)

父(ちち)ご自身(じしん)が[1]あなたがたを愛(あい)しておいでになるからである。[2]それは、あなたがたがわたしを愛(あい)したため、また、わたしが神(かみ)のみもとから来(き)たことを信(しん)じたためである。[ヨハネによる福音書 16:27]

(아버지 자신이 너희를 사랑하고 계시기 때문이다. 그것은 너희가 나를 사랑했고, 또 내가 하나님에게서 온 것을 믿었기 때문이다.[16:27])

[1]あなたがたを愛(あい)しておいでになるからである : 너희를 사랑하고 계시기 때문이다. 「愛(あい)しておいでになる」는 「愛(あい)している」의 특정형 경어로 <父(ちち)>를 높이기 위해 사용되고 있는데, 레루형 경어인 「愛(あい)しておられる」보다 경의도가 높다.

「〜ている」의 특정형 경어인 「〜ておいでになる」의 예를 들면 다음과 같다.

[例]こうして、人々(ひとびと)が熱心(ねっしん)に追(お)い求(もと)めて捜(さが)しさえすれば、神(かみ)を見出(みいだ)せるようにして下(くだ)さった。事実(じじつ)、神(かみ)はわれわれひとりびとりから遠(とお)く離(はな)れておいでになるのではない。[口語訳 / 使徒行伝 17:27]

(이렇게 사람들이 열심히 추구하여 찾기만 하면, 하나님을 찾을 수 있도록 해 주셨다. 사실, 하나님께서는 우리 한 사람 한 사람으로부터 멀리 떨어져 계시는 것은 아니다.)[사도행전 17:27]

すると群衆(ぐんしゅう)はイエスに向(む)かって言(い)った、「わたしたちは律法(りっぽう)によって、キリストはいつまでも生(い)きておいでになるのだ、と聞(き)いていました。それだのに、どうして人(ひと)の子(こ)は上(あ)げられねばならないと、言(い)われるのですか。その人(ひと)の子(こ)とは、だれのことですか」。[口語訳 / ヨハネによる福音書 12:34]
(그러자, 군중은 예수를 향해 말했다. "우리는 율법에 의해, 그리스도는 언제까지나 살아 계신다고 들었습니다. 그런데 어찌하여 인자는 올라가야 한다고 말씀하십니까? 그 인자라는 것은 누구를 말합니까?")[요한복음 12:34]

しかし、彼(かれ)は聖霊(せいれい)に満(み)たされて、天(てん)を見(み)つめていると、神(かみ)の栄光(えいこう)が現(あらわ)れ、イエスが神(かみ)の右(みぎ)に立(た)っておられるのが見(み)えた。[口語訳 / 使徒行伝 7:55]
(그러나 그(스데반)가 성령에 가득 차서 하늘을 쳐다보니, 하나님의 영광이 나타나고 예수께서 하나님의 오른쪽에 서 계신 것이 보였다.)[사도행전 7:55]

そこで、彼(かれ)は「ああ、天(てん)が開(ひら)けて、人(ひと)の子(こ)が神(かみ)の右(みぎ)に立(た)っておいでになるのが見(み)える」と言(い)った。[口語訳 / 使徒行伝 7:56]
(그러자 그는 "아, 하늘이 열리고, 인자가 하나님의 오른쪽에 서 계신 것이 보인다."고 말했다.)[사도행전 7:56]

[2] それは、あなたがたがわたしを愛(あい)したため、また、わたしが神(かみ)のみもとから来(き)たことを信(しん)じたためである : 그것은 너희가 나를 사랑했고, 또 내가 하나님에게서 온 것을 믿었기 때문이다. 결과를 나타내는 「それは」에 대해 「～ため、～ためである」와 같이 2개의 원인을 나타내는 절이 등위 접속되어 쓰이고 있다.

원인을 나타내는 「～ため」의 예를 들면 다음과 같다.

[例]そこで、ユダヤ人(じん)たちが、前(まえ)に押(お)し出(だ)したアレキサンデルなる者(もの)を、群衆(ぐんしゅう)の中(なか)のある人(ひと)たちが促(うなが)したため、彼(かれ)は手(て)を振(ふ)って、人々(ひとびと)に弁明(べんめい)を試(こころ)みようとした。[口語訳 / 使徒行伝 19:33]

(그때 유대인들이, 앞으로 밀어낸 알렉산더라는 사람을, 군중 중에서 어떤 사람들이 촉구했기에, 그는 손을 흔들어, 사람들에게 변명을 시도하려고 했다.)[사도행전 19:33]

現代語(げんだいご)では、已然形(いぜんけい)がなくなり仮定形(かていけい)となったため、順接確定条件(じゅんせつかくていじょうけん)には特(とく)に注意(ちゅうい)する必要(ひつよう)がある。「雨(あめ)降(ふ)れば」は、「雨(あめ)が降(ふ)れば」ではなく、「雨(あめ)が降(ふ)るから」と訳(やく)す。

(현대어에서는 이연형(已然形)이 없어지고, 가정형이 되었기 때문에, 순접확정조건에는 특히 주의할 필요가 있다. 「雨(あめ)降(ふ)れば」는 「雨(あめ)が降(ふ)れば ; 비가 오면」이 아니라, 「雨(あめ)が降(ふ)るから ; 비가 오니까」라고 번역한다.)

わたしたちの祖先(そせん)は、古(ふる)くから中国(ちゅうごく)と交流(こうりゅう)してきたため、今(いま)も身(み)の回(まわ)りに、中国(ちゅうごく)の古(ふる)い詩(し)や文章(ぶんしょう)に由来(ゆらい)し、その読(よ)み方(かた)が残(のこ)っている知恵(ちえ)の言葉(ことば)がたくさんある。

(우리들 선조는 옛날부터 중국과 교류를 해왔기 때문에 지금도 주변에 중국의 옛날 시나 문장에 유래하고, 그 읽는 법이 남아 있는 지혜의 말이 많이 있다.)

わたしは父(ちち)から出(で)てこの世(よ)に来(き)たが、またこの世(よ)を去

(さ)って、父(ちち)のみもとに行(い)くのである」。[ヨハネによる福音書 16:28]
(나는 아버지에게서 나와 이 세상에 왔지만, 다시 이 세상을 떠나 아버지 곁으로 가는 것이다."[16:28])

 본 절의 서술에 대해 타 번역본에서는 어떻게 표현하고 있는지 살펴보면 다음과 같다.

[例](くりかえして言(い)う、)わたしは父上(ちちうえ)のところから出(で)てこの世(よ)に来(き)たが、またこの世(よ)を去(さ)って父上(ちちうえ)の所(ところ)にかえるのである。」[塚本訳1963]
((되풀이하여 말한다,)나는 아버지에게서 나와서 이 세상에 왔지만, 다시 이 세상을 떠나 아버지에게 돌아간다.)

わたしは父(ちち)から出(で)て、世(よ)に来(き)ました。もう一度(いちど)、わたしは世(よ)を去(さ)って父(ちち)のみもとに行(い)きます。」[新改訳1970]
(나는 아버지에게서 나와, 세상에 왔습니다. 다시 한 번, 나는 세상을 떠나 아버지 곁에 갑니다.)

わたしは父(ちち)から出(で)て世(よ)に来(き)た。また世(よ)を去(さ)って父(ちち)へと行(い)く」と。[前田訳1978]
(아버지는 아버지에게서 나와 세상에 왔다. 다시 세상을 떠나 아버지에게로 간다.」고.)

わたしは父(ちち)のもとから出(で)て、世(よ)に来(き)たが、今(いま)、世(よ)を去(さ)って、父(ちち)のもとに行(い)く。」[新共同訳1987]
(나는 아버지 곁에서 나와 세상에 왔지만, 지금, 세상을 떠나, 아버지 곁에 간다.」)

私(わたし)は父(ちち)のもとから出(で)て、世(よ)に来(き)ている。再(ふたた)び、世(よ)を後(あと)にして、父(ちち)のもとに行(い)こうとしている」。[岩波翻訳委員会訳1995]

(나는 아버지 곁에서 나와 세상에 나왔다. 다시 세상을 뒤로 하고 아버지 곁에 가려고 한다.)

弟子(でし)たちは言(い)った、「今(いま)は[1]あからさまにお話(はな)しになって、[2]少(すこ)しも比喩(ひゆ)ではお話(はな)しになりません。[ヨハネによる福音書 16:29]

(제자들이 말했다. "지금은 숨기지 않고 사실대로 이야기하시고, 조금도 비유로는 말씀하시지 않습니다.[16:29])

[1]あからさまにお話(はな)しになって、: 숨기지 않고 사실대로 이야기하시고. 「お話(はな)しになって」는 「話(はな)す」의 ナル형 경어 「お話(はな)しになる」의 テ형으로 <イエス>에 관해 쓰이고 있다.

[2]少(すこ)しも比喩(ひゆ)ではお話(はな)しになりません : 조금도 비유로는 말씀하시지 않습니다. 「お話(はな)しになりません」는 「話(はな)す」의 ナル형 경어 「お話(はな)しになる」의 정녕 부정체로 이것도 <イエス>를 높이기 위해 쓰이고 있는데, 본 절에서는 동일한 경어가 반복되어 사용되고 있다.

그러면 타 번역본에서는 어떤 식으로 묘사하고 있는지 살펴보자.

[예]「まあ、今(いま)あなたははっきりお話(はなし)になって、ちっとも謎(なぞ)を言(い)われません。[塚本訳1963]

(「그런데 지금 선생님께서는 확실히 이야기하시고, 조금도 수수께끼를 말씀하지 않으십니다.)

「ああ、今(いま)あなたははっきりとお話(はな)しになって、何(なに)一(ひと)つたとえ話(ばなし)はなさいません。[新改訳1970]

(「아, 지금 선생님께서는 확실히 이야기하시고, 무엇 하나 비유 말씀은 하시지 않습니다.)

「こんなに明(あき)らかにお話(はな)しで、何(なに)ごとも譬(たとえ)ではいわれません。[前田訳1978]

(「이렇게 분명히 이야기하시고 어느 것도 비유로는 말씀하시지 않습니다.)

「今(いま)は、はっきりとお話(はな)しになり、少(すこ)しもたとえを用(もち)いられません。[新共同訳1987]

(「지금은 확실히 이야기하시고, 조금도 비유를 사용하시지 않습니다.)

「ご覧(らん)下(くだ)さい。今(いま)ははっきりと語(かた)っておられ、なんの謎(なぞ)めいたことも話(はな)しておられません。[岩波翻訳委員会訳1995]

(「보십시오. 지금은 확실히 말씀하고 계시고 어떤 수수께끼 같은 것도 이야기하고 계시지 않습니다.)

[1]あなたはすべてのことをご存(ぞん)じであり、[2]だれもあなたにお尋(たず)ねする必要(ひつよう)のないことが、今(いま)わかりました。[3]このことによって、わたしたちは[4]あなたが神(かみ)から来(こ)られた方(かた)であると信(しん)じます」。[ヨハネによる福音書16:30]

(선생님께서는 모든 것을 알고 계시고, 아무도 선생님께 여쭤볼 필요가 없는 것을 지금 알았습니다. 이 일로 우리는 선생님께서 하나님으로부터 오신 분이라고 믿습니다."[16:30])

[1]あなたはすべてのことをご存(ぞん)じであり、: 선생님께서는 모든 것을 알고 계시고. 「ご存(ぞん)じであり、」는 「知(し)っている」의 특정형 경어 「ご存(ぞん)じだ」의 문장체적 표현인 「ご存(ぞん)じである」의 연용중지법으로 <イエス>에 관해 쓰이고 있다.

[例]そのとき、弟子(でし)たちが近寄(ちかよ)って来(き)てイエスに言(い)った、「パリサイ人(びと)たちが御言(みことば)を聞(き)いてつまずいたことを、ご存(ぞん)じですか」。[口語訳/マタイによる福音書15:12]

(그 때에 제자들이 가까이 다가와서 예수에게 말했다. "바리새파 사람들이 말씀을 듣고 걸려 넘어진 것을 아십니까?")[마태복음 15:12]

　これらのものは皆(みな)、この世(よ)の異邦人(いほうじん)が切(せつ)に求(もと)めているものである。あなたがたの父(ちち)は、これらのものがあなたがたに必要(ひつよう)であることを、ご存(ぞん)じである。[口語訳 / ルカによる福音書12:30]
(이 모든 것은 다 이 세상의 이방인이 절실히 구하고 있는 것이다. 너희 아버지께서는, 이런 것들이 너희에게 필요하다는 것을 아신다.)[누가복음 12:30]

「誘拐(ゆうかい)事件(じけん)のことは、何(なに)かご存(ぞん)じですか。」
(「유괴 사건에 관해 무엇인가 알고 계십니까?」)
授業(じゅぎょう)するための英会話(えいかいわ)、例文集(れいぶんしゅう)というものを私(わたくし)どもが作(つく)っていますが、ご存(ぞん)じですか。
(수업하기 위한 영어회화, 예문집이라는 것을 저희가 만들고 있는데 아십니까?)

[2]だれもあなたにお尋(たず)ねする必要(ひつよう)のないことが、: 아무도 선생님께 여쭤볼 필요가 없는 것을. 「お尋(たず)ねする」는 「尋(たず)ねる」의 일반형 겸양어I로 한국어의 「여쭤보다」에 상당하는 뜻을 나타내는데 특정형 경어로는 「伺(うかが)う・お伺(うかが)いする」가 있다.
[例]わたしがわざわざ上京(じょうきょう)して少佐(しょうさ)にお尋(たず)ねするのは、その点(てん)です。
(내가 일부러 상경해서 소좌께 여쭤보는 것은 그 점입니다.)
運営(うんえい)審議会(しんぎかい)というものを設(もう)けまして、外部(がいぶ)の方々(かたがた)の御意見(ごいけん)を伺(うかが)う機関(きかん)として運営

(うんえい)審議会(しんぎかい)という組織(そしき)を設(もう)けてあるわけでございます。

(운영위원회라고 하는 것을 설치해서 외부 분들의 의견을 여쭤보는 기관으로서 운영위원회라고 하는 조직이 설치되어 있는 것입니다.)

それをやるかやらぬかということを、いまあなたがそう言(い)うから私(わたし)は<u>お伺(うかが)い</u>するのです。

(그것을 할 것인가 하지 않을 것인가를 지금 당신이 말하기 때문에 내가 여쭤보는 것입니다.)

[3] このことによって、: 이 일로. 이 일로 인해. 「このことによって」는 「[この+こと] +によって」와 같은 연어로서 일종의 접속사 상당어구로 사용되고 있다.

[例] <u>このことによって</u>、その後(ご)のトレーニングがよりスムーズに行(おこ)なわれる。

(이것으로 그 후의 트레이닝이 보다 순조롭게 행해진다.)

しかし、<u>このことによって</u>、その後(ご)ほぼ三十年(さんじゅうねん)にわたって、国立大学(こくりつだいがく)という非常(ひじょう)に閉鎖的(へいさてき)な体質(たいしつ)の中(なか)で勉強(べんきょう)したり、活動(かつどう)したりする枠組(わくぐ)みから解(と)き放(はな)たれることになりました。

(그러나, 이 일로 인해, 그 후 거의 30년에 걸쳐 국립대학이라는 대단히 폐쇄적인 체질 속에서 공부하거나 활동하거나 하는 틀 속에서 해방되게 되었습니다.)

ソクラテスはただ何事(なにごと)かを知(し)っているだけではなく、彼(かれ)が本当(ほんとう)は何(なに)を知(し)っていて、何(なに)を知(し)らないのかをも知(し)ろうと試(こころ)みた。<u>このことによって</u>、ソクラテスは哲学者(てつがくしゃ)であるとされる。

(소크라테스는 다만 무슨 일인가 알고 있을 뿐만 아니라, 그는 사실은 무엇을 알고 있고, 무엇을 모르는가를 알려고 시도했다. 이 일로 인해 소크

라테스는 철학자라고 간주된다.)

[4]あなたが神(かみ)から来(こ)られた方(かた)である : 선생님께서 하나님으로부터 오신 분이다. 「来(こ)られた」는 「来(く)る」의 レル형 경어 「来(こ)られる」의 과거로 <イエス>를 높이기 위해 쓰이고 있는데, 특정형 경어 「おいでになる」보다는 경의도가 낮다.

[例]「ナザレのイエスよ、あなたはわたしたちと何(なん)の係(かか)わりがあるのですか。わたしたちを滅(ほろ)ぼしに来(こ)られたのですか。あなたがどなたであるか、わかっています。神(かみ)の聖者(せいじゃ)です」。[口語訳/マルコによる福音書 1:24]
("나사렛의 예수여, 당신은 저희들과 무슨 상관이 있습니까? 저희를 없애기 위해 오신 것입니까? 당신이 누구신지, 알고 있습니다. 하나님께서 보내신 성자입니다.")[마가복음 1:24][93]

それから、イエスはまたツロの地方(ちほう)を去(さ)り、シドンを経(へ)てデカポリス地方(ちほう)を通(とお)り抜(ぬ)け、ガリラヤの海(うみ)べに来(こ)られた。[口語訳/マルコによる福音書 7:31]
(그리고 나서 예수께서는 두로 지역을 떠나 시돈을 거쳐 데가볼리 지역을 통과하여 갈릴리의 바닷가에 오셨다.)[마가복음 7:31][94]

イエスは、その場所(ばしょ)に来(こ)られるとき、上(うえ)を見(み)あげて言(い)われた、「ザアカイよ、急(いそ)いで下(お)りて来(き)なさい。きょう、あなたの家(いえ)に泊(と)まることにしているから」。[口語訳/ルカによる福音書 19:5]
(예수께서 그 곳에 오셨을 때, 위를 쳐다보고 말씀하셨다. "삭개오야, 서둘러 내려오너라. 오늘, 네 집에 묵기로 했으니까.")[누가복음 19:5][95]

---

93) 李成圭(2018c) 『일본어 구어역 마가복음의 언어학적 분석 I』 시간의물레. p. 37에서 인용.
94) 李成圭(2019a) 『일본어 구어역 마가복음의 언어학적 분석 II』 시간의물레. p. 112에서 인용.
95) [마가복음 15:30] 설명에서 인용.

イエスは答(こた)えられた、「あなたがたは今(いま)信(しん)じているのか。[ヨハネによる福音書 16:31]

(예수께서 대답하셨다. "너희는 지금 믿고 있느냐?"[16:31])

　본 절의 내용에 대해 타 번역본에서는 어떻게 기술하고 있는지 들면 다음과 같다.

[例] イエスは(いとおしげに彼(かれ)らを見(み)やりながら)答(こた)えられた、「いま信(しん)ずるというのか。[塚本訳1963]

(예수께서 (사랑스러운 듯이 그들을 바라다보면서) 대답하셨다,「지금 믿는다는 것이냐?)

イエスは彼(かれ)らに答(こた)えられた。「あなたがたは今(いま)、信(しん)じているのですか。[新改訳1970]

(예수께서 그들에게 대답하셨다.「당신들은 지금 믿고 있습니까?)

イエスは答(こた)えられた、「今(いま)信(しん)ずるのか。[前田訳1978]

(예수께서 대답하셨다.「지금 믿느냐?)

イエスはお答(こた)えになった。「今(いま)ようやく、信(しん)じるようになったのか。[新共同訳1987]

(예수께서 대답하셨다.「지금 드디어 믿게 되었느냐?)

イエスが彼(かれ)らに答(こた)えた、「今(いま)、信(しん)じているのか。[岩波翻訳委員会訳1995]

(예수가 그들에게 대답했다.「지금 믿고 있느냐?)

見(み)よ、[1]あなたがたは散(ち)らされて、[2]それぞれ自分(じぶん)の家(いえ)に帰(かえ)り、[3]わたしをひとりだけ残(のこ)す時(とき)が来(く)るであろう。いや、[4]すでに来(き)ている。しかし、わたしはひとりでいるのではない。父(ちち)がわたしと一緒(いっしょ)におられるのである。[ヨハネによる福音書 16:32]

(보아라, 너희는 흩어져서 제각기 자기 집에 돌아가고 나를 혼자만 남겨둘 때가 올 것이다. 아니, 이미 와 있다. 그러나 나는 혼자 있는 것이 아니다. 아버지께서 나와 함께 계시기 때문이다.[16:32])

[1]あなたがたは散(ち)らされて、: 너희는 흩어져서. 「散(ち)らされる」는 「散(ち)らす」의 수동으로 구어역 신약성서에서는 다음과 같이 쓰인다.

  [例]そのとき、イエスは弟子(でし)たちに言(い)われた、「今夜(こんや)、あなたがたは皆(みな)わたしにつまずくであろう。『わたしは羊飼(ひつじかい)を打(う)つ。そして、羊(ひつじ)の群(む)れは散(ち)らされるであろう』と、書(か)いてあるからである。[口語訳 / マタイによる福音書 26:31][베드로가 부인할 것을 예고하시다]
(그 때에 예수께서 제자들에게 말씀하셨다. "오늘 밤 너희는 모두 내게 걸려 넘어질 것이다. '나는 양치기를 친다. 그리고 양 떼는 흩어질 것이다'라고 쓰여 있기 때문이다.)[마태복음 26:31]

  そのとき、イエスは弟子(でし)たちに言(い)われた、「あなたがたは皆(みな)、わたしにつまずくであろう。『わたしは羊飼(ひつじかい)を打(う)つ。そして、羊(ひつじ)は散(ち)らされるであろう』と書(か)いてあるからである。[口語訳 / マルコによる福音書 14:27]
(그 때, 예수께서 제자들에게 말씀하셨다. "너희는 모두 내게 걸려 넘어질 것이다. '나는 양치기를 친다. 그리고 양은 흩어질 것이다'라고 쓰여 있기 때문이다.)[마가복음 14:27][96]

[2]それぞれ : (제)각기. 각각. 각자. 유의어에는 「銘々(めいめい)」「各々(おのおの)」 등이 있다.

  [例]それはちょうど、旅(たび)に立(た)つ人(ひと)が家(いえ)を出(で)るに当(あた)り、

---

96) [口語訳 / マルコによる福音書 14:27]에서 인용.

その僕(しもべ)たちに、それぞれ仕事(しごと)を割(わ)り当(あ)てて責任(せきにん)をもたせ、門番(もんばん)には目(め)を覚(さま)しておれと、命(めい)じるようなものである。[口語訳 / マルコによる福音書 13:34]
(그것은 마치 길을 떠나는 사람이 집을 나올 때, 그 종들에게 각각 일을 할당해서 책임을 지우고 문지기에게는 깨어 있으라고 명하는 것과 같다.) [마가복음 13:34][97]

そこで、五時(ごじ)ごろに雇(やと)われた人々(ひとびと)が来(き)て、それぞれ一(いち)デナリずつもらった。[口語訳 / マタイによる福音書 20:9]
(그리고 오후 5시경에 고용된 사람들이 와서, 각기 1데나리온씩 받았다.) [마태복음 20:9]

[3] わたしをひとりだけ残(のこ)す : 나를 혼자만 남겨두다. 「残(のこ)す」는 「残(のこ)る」의 타동사로 「남겨두다」의 뜻을 나타낸다.
　[例] そこで、彼(かれ)らは群衆(ぐんしゅう)をあとに残(のこ)し、イエスが舟(ふね)に乗(の)っておられるまま、乗(の)り出(だ)した。ほかの舟(ふね)も一緒(いっしょ)に行(い)った。[口語訳 / マルコによる福音書 4:36]
(그래서 그들은 군중을 뒤에 남겨두고, 예수께서 배에 타신 채로 나아갔다. 다른 배도 함께 갔다.)[마가복음 4:36][98]

そして、イエスは彼(かれ)らをあとに残(のこ)し、また舟(ふね)に乗(の)って向(む)こう岸(ぎし)へ行(い)かれた。[口語訳 / マルコによる福音書 8:13]
(그리고 예수께서는 그들을 뒤에 남기고 다시 배를 타고 건너편 바닷가로 가셨다.)[마가복음 8:13][99]

---

97) [口語訳 / マルコによる福音書 13:34]에서 인용.
98) 李成圭(2018c)『일본어 구어역 마가복음의 언어학적 분석Ⅰ』시간의물레. p. 182에서 인용.
99) 李成圭(2019a)『일본어 구어역 마가복음의 언어학적 분석Ⅱ』시간의물레. p. 141에서 인용.

[4]すでに来(き)ている : 이미 와 있다. 「来(き)ている」는 「すでに」와 함께 쓰여 완료상을 나타낸다. [요한복음 5:25] 설명 참조.

[例]なお、あなたがたは時(とき)を知(し)っているのだから、特(とく)に、この事(こと)を励(はげ)まねばならない。すなわち、あなたがたの眠(ねむ)りから覚(さ)めるべき時(とき)が、すでに来(き)ている。なぜなら今(いま)は、わたしたちの救(すく)いが、初(はじ)め信(しん)じた時(とき)よりも、もっと近(ちか)づいているからである。
[口語訳/ローマ人への手紙 13:11]
(또한 너희는 때를 알고 있으니, 특히 이 일을 힘써야 한다. 즉 너희가 잠에서 깨어나야 할 때가 이미 와 있다. 왜냐하면, 지금은 우리의 구원이 처음 믿을 때보다도 더 가까워졌기 때문이다.)[로마서 13:11]

人(ひと)の意識(いしき)はどうあれ、社会(しゃかい)全体(ぜんたい)で介護(かいご)を考(かんが)えざるを得(え)ない時代(じだい)は、すでに来(き)ているのです。
(사람들의 의식은 어찌 되었든 사회 전체에서 개호를 생각하지 않을 수 없는 시대는 이미 와 있습니다.)

これらのことをあなたがたに話(はな)したのは、[1]わたしにあって平安(へいあん)を得(え)るためである。[2]あなたがたは、この世(よ)では悩(なや)みがある。しかし、勇気(ゆうき)を出(だ)しなさい。[3]わたしはすでに世(よ)に勝(か)っている」。[ヨハネによる福音書 16:33]
(이런 것들을 너희에게 이야기한 것은 내 안에서 평안을 얻기 위해서이다. 너희는 이 세상에서는 괴로움이 있다. 그러나 용기를 내어라. 나는 이미 세상에 이겼다.[16:33])

[1]わたしにあって平安(へいあん)を得(え)るためである : 내 안에서 평안을 얻기 위해서다. 「〜にあって」는 「〜に」에 「ある」의 テ형인 「あって」가 결합한 복합조사이다.

「〜にあって」는 동작이 이루어지는 상황·시간·장소를 나타내는데, 격조사 「で」나 복합조사 「〜において」로 치환할 수도 있다.[100]

[例]語(かた)る者(もの)は、あなたがたではなく、あなたがたの中(なか)にあって語(かた)る父(ちち)の霊(れい)である。[口語訳/マタイによる福音書 10:20]
(말하는 사람은 너희가 아니라, 너희 안에서 이야기하는 아버지의 영이다.)[마태복음 10:20]

このように、あなたがた自身(じしん)も、罪(つみ)に対(たい)して死(し)んだ者(もの)であり、キリスト・イエスにあって神(かみ)に生(い)きている者(もの)であることを、認(みと)むべきである。[口語訳/ローマ人への手紙 6:11]
(이와 같이 너희 자신도 죄에 대해 죽은 사람이고, 그리스도 예수 안에서 하나님에게 대해 살아 있는 사람이라는 것을 인정해야 한다.)[로마서 6:11]

[2] あなたがたは、この世(よ)では悩(なや)みがある : 너희는 이 세상에서는 괴로움이 있다. 「悩(なや)み」는 「悩(なや)む」의 연용형이 전성명사화한 것인데, 한국어로는 「괴로움 / 고민 / 번민 / 걱정」에 해당한다.

[例] ただでさえ悩(なや)み多(おお)き時期(じき)を問題(もんだい)だらけの世界(せかい)で過(す)ごすのは大変(たいへん)だ。
(그렇지 않아도 괴로움이 많은 시기를 문제투성이의 세계에서 보내는 것은 힘들다.)
人間(にんげん)だから人(ひと)に知(し)られない個人的(こじんてき)な悩(なや)みがあるのかもしれない。
(인간이기 때문에 남에게 알려지지 않은 개인적인 고민이 있을지도 모른다.)
真面目(まじめ)な人(ひと)は真面目(まじめ)な人(ひと)でまた別(べつ)の悩(なや)みがあるものだとも思(おも)う。

---

100) 李成圭(2019a) 『일본어 구어역 마가복음의 언어학적 분석 II』 시간의물레. pp. 171-172에서 인용.

(착실한 사람은 착실한 사람이기에 또 다른 걱정이 있는 법이라고도 생각한다.)

[3] わたしはすでに世(よ)に勝(か)っている : 나는 이미 세상에 이겼다. 「勝(か)っている」는 「すでに」라는 부사와 함께 쓰여 완료의 용법으로 쓰이고 있다. 「すでに〜ている」유형으로 완료를 나타내는 예를 들면 다음과 같다.

[例] 男(おとこ)はすでに二(ふた)つの世界(せかい)の行(ゆ)き来(き)を始(はじ)めている。
(남자는 이미 두 개의 세계의 왕래를 시작했다.)

すでに、酒(さけ)が回(まわ)っている。誰(だれ)もが頷(うなず)いた。
(이미 취기가 돌았다. 모두 끄덕였다.)

もとの家(いえ)を処分(しょぶん)して今(いま)の住(す)まいに越(こ)したときから、すでに独(ひと)り身(み)だと決(き)めている。
(원래의 집을 처분해서 지금의 거처로 이사했을 때부터 이미 독신이라고 정했다.)

でも、何(なに)かしたいと思(おも)った時点(じてん)で、すでに一歩(いっぽ)踏(ふ)み出(だ)している。
(하지만 무엇인가를 하고 싶다고 생각했을 시점에서 이미 한 걸음을 내디디었다.)

世界大戦後(せかいたいせんご)の混乱(こんらん)に乗(じょう)じてソ連(れん)が不当(ふとう)に占拠(せんきょ)し、それを現在(げんざい)のロシアが引(ひ)き継(つ)いだまま、すでに60年(ろくじゅうねん)近(ちか)い歳月(さいげつ)が経過(けいか)している。
(세계대전 후의 혼란에 편승해서 소련이 부당하게 점거하고 그것을 현재의 러시아가 이어받은 채, 이미 60년 가까운 세월이 경과했다.)

일본어 구어역 요한복음의 언어학적 분석 IV

A Linguistic Anlaysis of the Colloquial Japanese Version of the Gospel of John IV

색인

■ 한국어

ㄱ

가까이 (끌어)당기다 64
가능동사 173, 291
가능동사「わかる」121
가능의 주체 172, 173, 294
가득 차다 274, 305
가득 차서 넘치다 234, 309
가로 누워 있었다 143
가정의「～なら」47, 250
가정조건 122, 170, 185, 191, 224, 239, 244, 249
가정조건을 나타내는「～のなら」156
각각 324
각자 324
감당할 수 없다 282
강의(強意)의 조사「や」155
강조구문 96
개시상 119
거리끼다 / 꺼리다 87
거처 / 있을 곳 / 살 곳 168
걱정하다 298
걱정하다 / 근심하다 / 마음을 태우다 / 한탄하며 호소하다 298
걸치다 / 입다 128
겉옷을 벗다 116
격조사「～と」94
격조사「～に」21, 68, 215
결과를 나타내는 부분 289
결과의 상태 38
결코 / 절대로 122

겸양어Ⅱ 171
겸양어Ⅱ(정중어) 52
겸양어Ⅱ인「おる」172
계명 / 훈계 / 교훈 158
계조사「～は」88, 240
고전어 동사 284
고전어 조동사「～べし」의 연체형 99, 281
고쳐지지 않다 83
골라내다 / 가려내다 / 선출하다 248
공간적 이동 58, 264
공간적인 의미 146, 212
과거 210
과거 사실 268
과거 시점에 있어서의 동작의 진행 38
과거의 결과의 상태 28
과거의 경험 308
관리 / 공무원 87
괴로움 / 고민 / 번민 / 걱정 327
구어적인 표현 238
구하는 것이 좋다 → 구하라 228
{귀고리·배지·명찰·꽃}을 달다 128
「그대」43
그런 고로 / 그러하므로 / 그러니까 / 그 때문에 103
그렇게 하려고 해도 그렇게 할 수 없다 141
그리스인이 몇 명 42
그뿐만 아니라 186
그 위에 / 더욱 더 / 게다가 / 또한 265
긁어모으다 226
기간 전체 72
기대다 146
기뻐하다 211
기뻐해 주다 211
기점 262
기정조건 154
～까닭에 250
깨닫다 / 알아채다 / 눈치 채다 34

ㄴ

난이(難易)의 후항동사 141
남겨두다 325
내 이름에 의해 / 내 이름으로 306
내쫓다 264
눈으로 보지 못하고 83
능동 자동 79

ㄷ

다행 / 행복 133
당위성 130, 191
당위성을 나타내는「べき」281
대구법 132
대상격조사 181
대야에 넣다 118
대야에 담다 118
대추야자 29
던져 넣다 / 처넣다 227
도우시는 분 192
돈 지갑 / 돈주머니 153
동사를 부정화하는「～ことがない」83
동사의 명령 51, 228
동사의 부정 명령 166
동사의 부정「起(お)こらない」212
동사화 221
동사화 접사「～がる」295
동안 72
～동안 / ～사이 71
동작의 목적 74, 83, 216, 220
동작의 목적을 나타내는 구문 169
동작의 목적을 나타내는「～ためである」95
동작의 목적을 나타내는「～に」29
동작의 목적의 용법 312
동작의 진행 152, 210
동작이 이루어지는 장소 73

동작·작용의 근거 68
등위 접속 315
따라가다 40
～때문에 250
떨어져 나가다 26

ㄹ

～로 인하여[말미암아] 250

ㅁ

마음속에 담다 / 마음속에 간직하다 198
만나게 되다 291
말[이야기]을 걸다 58
「매장 / 장례」22
명령 245
명령의 의미 151
명사성과 형용동사성을 겸비한 말 133
명사화 접사「方(かた)」65
명사「初(はじ)め」262
명예 / 영예 / 자랑거리 89
몇 명의 그리스인 42
모든 / 일체의 284
{모범·본보기}를 보여주다 131
목숨을 버리다 164
목적을 나타내는「ため」25
목적을 나타내는「～ために」41
목적을 나타내는「～ように」72
목적의 용법 236
(몰랐던 것을) 알게 되다 277
몰려들다 / 밀어닥치다 24
무슨 일이든지 / 무엇이든지 189
무엇 하나 225
문장체적 표현 238
물이나 액체에 {잠그다 / 담그다·흠뻑 적시다} 148

ㅂ

바로 그 사람이다 149
발꿈치를 들다 135
발꿈치를 들었다 135
{발·손발}을 닦다 118
발을 씻다 130
변명하여 발뺌하다 254
변호해 주시는 분 192
보내려고 하고 있는→보내려고 하는 260
보내진 사람과 보낸 사람 132
〜보다 더 {뛰어나다 / 낫다} 132
보조동사「おく」 22
보조동사「〜ておく」 21
보존하다 49
보지 못하게 되다 279
보지 않게 되다 279
보혜사 192
복되다 133
복이 있다 133
복합동사 24, 26, 35, 36, 58, 64, 72, 107, 119, 130, 141, 146, 149, 159, 206, 219, 226, 227, 234, 235, 248, 254, 264, 269, 292, 296, 298, 305, 309
복합동사「追(お)い出(だ)す」의 수동 88
복합명사 116, 189, 221
복합조사 68, 94, 215, 326
복합조사「〜てから ; 〜하고 나서 / 〜한 다음」 74
복합조사「〜において」 327
복합조사「〜ばかりか[許りか]」 186
부사법 82, 229, 281
부정 명령 209
부정 명령(금지) 33
부정 의지의 용법 313
부정의「〜ず」 83
부조사 189
부조사「〜も」 81, 193, 194

부존재(不存在) 153
부탁하다 / 청하다 44
불가능을 나타내는「〜ことができない」 223
불러내다 36
불확실한 단정 303
불확실한 판단 208, 223, 255
비경칭 201, 219, 260
비유표현 135
비존재(非存在)의 가정조건 176
빼앗아 가다 306

ㅅ

사도 요한 144
사람의 존재 51
사랑하다 210
사랑한다면 210
사실 257
사역의「〜せる」 172
사용상의 구별 101
사이 72
상기하다 / 생각해 내다 35
상대(上代) 43
상대(上代)의 자발·가능의 조동사「ゆ」의 연체형 284
상대적인 대소 187
상태변화 121
상호 동작 130
상호동작 159, 235
상호동작을 나타내는「合(あ)う」 292
서로(같이) 〜하다 296
서로 논쟁하다 296
「선생님」 43
성취되다[자동사 용법·수동 용법] 77
성취하다[타동사 용법] 77
소극적 의미의 자연가능 173
소용이 없었다 39
소중히 간직[보관]해 두다 22

「속에 든 것 / 알맹이 / 실속 / 내용」 21
「속이다 / 거짓을 꾸미다」 21
수건 116
수단·방법 306, 310
수단·방법의 용법 311
수수동사 306
수수표현 179
수수표현「〜てあげる」189, 313
수수표현「〜て下(くだ)さる」52, 193, 243
수수표현「〜て下(くだ)さる」의 가정형 179
수수표현「〜てくれる」211, 285
순서 / 차례 119
순차동작 74, 127, 278
숨기지 않고 사실대로 311
시간적인 의미 212
시온[Zion] 32
시점을 나타내는「〜に」72
식사 시중을 들다 13
신호 / 몸짓 등으로 알리는 것 / 미리 정한 방법으로 알리는 것 144
심리적 종결 227, 301
심판받다 60

ㅇ

아이를 낳다 / 출산하다 300
앞으로 오는 / 다음에 오는 / 요 다음의 286
애스펙트에 관여하는 부사 178
애스펙트적 개념에 있어서의 미완료(미실현) 283
어떤 장소에서 떨어져 다른 방향으로 향하다 26
얼마 안 있으면 290
엄숙하다 140
없는 것 258
없애다 / 제거하다 219, 305
「〜없이」258
〜에 관한 것 147

〜에 대한 18
〜에 대해 215
〜에 이르다 27
여쭤보다 320
역접의 용법 83
역접의 접속사 271
역접의 접속조사 95
역접의「〜のに」180
연어(連語 : れんご) 176
연용중지법「であり、」175
연체법 166
연체사 286
연체사「この」76, 303
연체수식어 302
연체수식절 263
연체수식절 내의 주격 120
영광을 얻게 하다 287
예수가 사랑한 제자 144
올라가다 63
완료 178, 268
완료상 326
완료의 용법 328
완료의「〜た」170
완수를 나타내는 후항동사 107
용언의 종지형 129
우언적(迂言的) 가능 81
우언적 가능표현 163
우언적 가능표현의 부정 162
울면서 슬퍼하다 298
원인 221
원인·이유 251, 289
원인·이유를 나타내는「〜からである」85, 90
원하다 / 청하다 / 부탁하다 188
유의어 131, 153, 306, 324
유지하다 49
율법의 말씀이 성취되다(이루어지다) 259
의뢰표현 형식 55

의뢰표현「~て下(くだ)さい」179
의뢰표현「~てくれ」145
의무・필요 69, 136
의사 결정에 의한 결과 163
의지의「~う」26, 54
이동사「出(で)る」29
~(이라는) 것은 아니다 23
이런 {연유에 / 까닭에} 80
이 소리가 난 것은 59
이 소리가 있었던 것은 59
이와 같이 303
이유・계기의 용법 147
이제 곧 / 막 / 조금 있으면 155
이제(는) / 이미 155
인대명사 149, 193
인용문 형식 239
인용의「~と言(い)う」절 182
일본어 수량사 구문 42
일본어 애스펙트 형식 38
일본어의 가능의 기원적 의미 173
일종의 접속사 상당어구 321

ㅈ

자격이나 입장 94
자동사 73, 195, 259
자동사 용법 77
자발동사 291
자연스러운 상태변화 48
자타 양용 동사 135
자타 양용 동사 259
자타양용동사 77
장소(있을 곳)의 준비가 되다 → 있을 곳이 준비되다 170
적극적 의미의 능력가능 173
전건의「~からであって」85
전부 / 모두 / 죄다 206
전성명사화 16, 19, 22, 113, 123, 158, 168,

214, 233, 299, 302, 327
전체 기간 중의 어느 특정 시점 72
전화(転化) 30
절대적인 대소 187
접속사화 186
접속조사적 250
접속조사「~て」217
제3자의 희망 295
(제)각기 324
조금 있으면 290
조금 있으면 / 잠시 후 195
조동사「~よう」170, 189
존경의 의미 104
존경의 접두사 106
존경의 접두사「ご」156, 199
존경의 접두사「み」78, 184
존경의 조동사「~れる」104
존경 접두사「御(み)」30
존재문 형식 281
종과 그 주인 132
종려나무 29
종조사「~な」33, 209
주격조사「~が」255
주어지다 228
죽는 방식 / 죽는 방법 65
죽을 때의 상태나 태도 65
죽지 않으면 47
준비해 두다[놓다] 22
중고 이후 43
「지갑을 맡다」「회계를 맡다[책임지다]」 20
지금 이 기회에 136
「지금이야말로 / 당장 / 바야흐로」 155
지금 / 지금이 제일 좋다 136
지사 연체사「こういう」79
지시 연체사 267, 292
진술부사 122
질문 70

질문의「～か」54
쫓아가다 40

ㅊ

착용동사 128
참가[참여]하다 / 끼다 / 가담하다 / 한패가
　　되다 13
찾다 / 찾아내다 / 발견하다 31
최고위경어 104
추측 163
추측의「～だろう」52
추측 질문 78
축약형 23

ㅌ

태워 버리다 227
특정형 경어 320
특정형 경어 184, 320, 322

ㅍ

풍성하게 / 많이 229

ㅎ

～하는 것이 좋다 51
～하는 동안에 72
～하는 사이에 72
～{하는·한} 이상에는 / ～으니까 129
～하라 51
「～하지 않아도 되다」252
한 알의 밀 46
한어동사「告白(こくはく)する」88
한어 어기 88
～해 달라고 하다 182
～해야 한다 130

허둥대다 / 동요하다 / 설레다 139
현대어의「君(きみ)」43
현재나 미래라는 텐스로서의 용법 283
현재 진행 210
협력자 192
형식동사화 292
형식동사「する」221
형식명사「間(あいだ)」72
형식명사「～の」96
형식명사「～まま」21
형용동사 39, 140
형용동사「頑(かたく)なだ ; 완고하다 / 마음
　　이 비뚤어지고 고집이 세다」의 연
　　용형 82
형용동사「豊(ゆた)かだ ; 풍부하다 / 풍족
　　하다 / 풍성하다」의 연용형 229
화자의 의사 결정 199, 200, 259, 271
화자의 의지 66, 115, 151, 153, 170, 189, 193,
　　194, 313
화자의 희망 182
확보해 놓다 22
후항동사 296
후항동사「出(だ)す」264
희망 295
희망의「～たい」43

■ 숫자

①

①「견디다」282
①「내던지다」226
①「눈을 뜨다」277
①「들어 올리다 / 집어 들다」149
①「떠들다 / 소동 피우다」54
①「마땅히 그렇게 ～해야 한다 / ～해야 한

다」 99, 281
①「머물다」 233
①발에 걸려 넘어지다. 발이 무엇에 채이다. 263
①부정의지 214
①「사람이 사물을 세우다」 241
①「서로 마주 보다」 141
①「서로 말하다」 292
①손윗사람 곁에 있으면서 봉사하다. 265
①「어둡게 하다 / 보이지 않게 하다」 82
①「이어지다」 219
①「이익」 275
①「일이 완료되다 / 끝나다」 252
①「자연히 느끼다」 302
①「점점 / 더욱더」 137
①「〜하자마자 / 〜하기가 무섭게」 150
①「한 나라의 군주 / 천황 / 천자」 60
①「今(いま)や決断(けつだん)の時(とき) ; 지금이야 말로 결단의 시기」 155
①[憂(うれ)い]「근심 / 걱정 / 염려 / 우려」 273
①「仰(おお)せになる」 145

❷

②「감당하다」 282
②관청 등의 공적인 기관에 근무하다. 관직에 취임하다. 266
②「기억하다」 302
②「내버리다」 226
②「마침내 / 드디어 / 결국」 137
②「말다툼하다 / 언쟁하다」 292
②부정추량 214
②「비교해 보다 / 대조하다」 141
②「빼앗다」 149
②「사람을 어떤 역할을 지닌 위치·지위에 앉히다」 241
②「어떤 위치에 있다」 233

②「연결되다 / 붙어 있다」 219
②「〜인지 아닌지[어떤지]」 150
②일이 중도에 장애를 만나 잘 안 되게 되다. 중도에서 실패하다. 좌절하다. 263
②「자기가 모시고 있는 사람 / 주군 / 주인」 60
②「적절하다 / 바람직하다」 99, 281
②「(지식을 얻거나 진리를 깨닫거나 해서 새로운 경지를) 알게 되다 277
②「해결되다 / 잘 되다」 252
②「허둥대다 / 동요하다 / 설레다」 54
②「효과」 275
②「今(いま)や沈(しず)もうとしている ; 이제 곧 침몰하려고 한다.」 155
②[愁(うれ)い]「한탄 / 수심 / 슬픔」 273
②「仰(おお)せられる」 145
②「{姿(すがた)·行方(ゆくえ)}を暗(くら)ます ; {모습·행방}을 감추다」 82

❸

3항 결합가(結合価) 동사 240
③「받아들이다」 149
③「배우다」 302
③「사정 등을 고려하여 보류하다」 141
③「살다 / 거처로 하다」 233
③「세간의 주목을 받다」 54
③신불(神仏)에게 봉사하다. 266
③「연잇다 / 계속되다」 219
③「유익한 것」 275
③「(일 등을) 팽개치다 / 방치하다」 226
③「(일 등을) 팽개치다 / 방치하다」 226
③「〜할 만한 [＋명사]」 99, 281
③「확실히 / 정말」 137
③「今(いま)や一流(いちりゅう)の作家(さっか)だ ; 이제는 일류 작가이다」 155
③「おっしゃる」 145

❹

④「문제 삼다」149

❺

5단동사의 종지형 214
5단동사「愛(あい)す」의 부정 202

■ 일본어

あ

ああいう 293
ああも 81
「愛(あい)さない」202
愛(あい)さない 202
愛(あい)された 231
「愛(あい)される」의 과거 231
愛(あい)し合(あ)う 159
愛(あい)し合(あ)う ; 서로 사랑하다 235
愛(あい)し合(あ)うならば 159
愛(あい)している 210
「愛(あい)している」의 특정형 경어 314
「愛(あい)している」의 レル형 경어 143
愛(あい)しているなら 210
愛(あい)しておいでになる 314
愛(あい)しておられた 143
愛(あい)しておられる 69, 143, 314
愛(あい)し通(とお)された 107
「愛(あい)しない」202
「愛(あい)す」202
合図(あいず) 144
「愛(あい)す・愛(あい)する」의 レル형 경어 231
「愛(あい)する」190, 202, 210

「愛(あい)する」의 부정은? 202
「愛(あい)する」의 연용형 107, 159
愛(あい)するならば 190
〜間(あいだ) 71, 72
〜間(あいだ)に 72
「一合(あ)う」296
「会(あ)う」25
「〜合(あ)う」296
「合(あ)う」159
「会(あ)う」의 특정형 겸양어Ⅰ 43
会(あ)うためだけではなく 25
「会(あ)える」290
「会(あ)えるだろう」의 문장체적 표현 291
「会(あ)えるであろう」291
会(あ)えるであろう 290
証(あか)しをする 260
あからさまに 311
悪魔(あくま) 112
上(あ)げられねばならない 69
上(あ)げられる 63, 69
「上(あ)げる」149
「上(あ)げる」의 수동 63, 69
{足(あし)・手足(てあし)}を洗(あら)う 118
「足(あし)を洗(あら)う」127
足(あし)を洗(あら)う 130
足(あし)を洗(あら)ってから 127
与(あた)えて下(くだ)さる 242
与(あた)えられる 228
「与(あた)える」의 수동 228
「与(あた)える」의 ナル형 경어 114
「与(あた)える ; 주다」243
新(あたら)しい戒(いまし)め 158
「あった」의 부정 153
「あって」326
「集(あつ)める」226
あなたがたがわたしに問(と)うこと 306
あなたがたにわかっている 172
あなたがたのために 312

あなたの王(おう) 33
あのよう 267
あのような 267
あのように 303
「溢(あふ)れる」 234, 309
「洗(あら)い合(あ)う；서로 씻어 주다」 130
「洗(あら)う」 124
「洗(あら)う」의 부정 122
「洗(あら)う」의 ナル형 경어 119
洗(あら)う必要(ひつよう)がない 124
洗(あら)って下(くだ)さい 124
あらゆる 284
「現(あら)わす」의 미연형 199, 200
現(あら)わそうとされない 200
現(あら)わそうとして 199
洗(あら)わない 122
洗(あら)わないで下(くだ)さい 122
洗(あら)わないなら 122
「あり」의 미연형 「あら」 284
「ある」 281
「ある」동사의 가정형 51
「ある」의 명령형 30
「ある」의 テ형 326
歩(ある)き通(とお)す 110
歩(ある)く 73
あれ 30
「合(あ)わせる」 141
案(あん)じる 298

○

言(い)い合(あ)う 292
言(い)い通(とお)す 111
言(い)い逃(のが)れる 254
「いう」 292
「言(い)う」 281, 292
言(い)う 100, 168
「言(い)う」의 과거 부정 270

「言(い)う」의 미연형 54
「言(い)う」의 연용형 254
「言(い)う」의 존경어 104
「言(い)う」의 특정형 경어 145
「言(い)う」의 レル형 경어 70
[言(い)う・しゃべる・語(かた)る・話(はな)す・述(の)べる] 100
言(い)うべきこと 99, 281
言(い)うまい 313
<イエス> 10, 28, 31, 35, 43, 67, 75, 76, 102, 119, 127, 143, 157, 185, 318, 319, 322
<イエス>를 높이는 경우 102
<イエス=主(しゅ)> 173, 199
イエスの栄光(えいこう)を見(み)た 85
「イエスのことを語(かた)った」 85
言(い)おうか 54
行(い)かれる 10, 161
「行(い)き、」 278
「生(い)きている」의 특정형 경어 69
生(い)きておいでになる 69
生(い)きておられる 69
「生(い)きる」 196
生(い)きるからである 196
生(い)きるので 196
「行(い)く」 217, 271
「行(い)く」의 연용중지법 278
「行(い)く」의 특정형 경어 161, 173
「行(い)く」의 レル형 경어 10, 161
行(い)くべき自分(じぶん)の時(とき) 107
行(い)こうとしている 271
「いた」 203
一緒(いっしょ)にいるのに 180
「言(い)ったの」 210
言(い)っておいた 168
「言(い)っておく」의 과거 168
命(いのち)を愛(あい)する；목숨을 사랑하다 49
命(いのち)を捨(す)てる 164, 237

命(いのち)を憎(にく)む : 목숨을 미워하다 49
命(いのち)を[も]捨(す)てる 164
「いま」 155
今(いま) 271
今(いま)こそ 155
戒(いまし)め 158
「戒(いまし)める ; 훈계하다 / 주의를 주다 / 경고하다」의 연용형 158
今(いま)では · 今(いま)はもう 155
今(いま)にも 155
今(いま)のうちに 136
今(いま)まさに 155
今(いま)や 155
いやされる 83
「いやされることがない」 83
「いやす」의 수동 83
「{イヤリング・バッジ・名札(なふだ)・花(はな)}をつける 128
いよいよ 137
いる 180
「いる」의 겸양어II(정중어) 193
「いる」의 과거 203
「いる」의 레ル형 경어 183
いるのに 180
「入(い)れる」 227
「言(い)わなかった」 270
言(い)わなかったのは 270
言(い)われる 70, 145
言(い)われるのですか 70

う

「～う」 163
伺(うかが)う 320
「受(う)ける」의 ナル형 경어 155, 156
「受(う)けると」의「～と」 154
受(う)けるやいなや 150

腕(うで) 78
～うとされない 200
～うとしている 260
～うとしない 194
「～うとしない」의 レル형 경어 200
「～うとする」 16, 66, 115, 271
「～うとする」의 부정 194, 200
「～うとする」의 テ형 199
「～うとする」의「～ている」형 260
「裏切(うらぎ)る」 16
裏切(うらぎ)ろうとしていた 16
憂(うれ)い 273, 299
「うれい」의 어형 273
「うれえ」 273
「うれえ」의 음변화(音変化) 273
憂(うれ)える 298
上着(うわぎ)を脱(ぬ)ぐ 116

え

永遠(えいえん)の命(いのち) 50
永遠(えいえん)の命(いのち)に至(いた)る 50
栄光(えいこう)を受(う)けられる 35
栄光(えいこう)を受(う)ける 45
「栄光(えいこう)を受(う)ける」의 ナル형 경어 189
「栄光(えいこう)を受(う)ける」의 レル형 경어 35
栄光(えいこう)を得(え)させる 287
「栄光(えいこう)を得(え)る」의 사역 287
栄光(えいこう)をお受(う)けになった 155
栄光(えいこう)をお受(う)けになる 189
益(えき) 275
得(え)させる 287
選(えら)び出(だ)す 247
「選(えら)ぶ」의 연용형 247

お

お与(あた)えになった 114
お与(あた)えになる 114
お洗(あら)いになる 119
お洗(あら)いになるのですか 119
追(お)い出(だ)される 62, 88
追(お)い出(だ)す 264
「追(お)い出(だ)す」의 수동 62
「追(お)い出(だ)す」의 レル형 경어 62
追(お)い付(つ)かれない 72
追(お)い付(つ)かれないように 72
追(お)い付(つ)かれる 72
「追(お)い付(つ)く: 따라붙다 / 따라잡다」의 수동 72
おいでになる 33, 161, 173, 322
おいでになるのですか 161
「追(お)う」의 연용형 264
お伺(うかが)いする 320
お受(う)けになった 155, 156
お受(う)けになったのなら 156
お受(う)けになる 155, 156
「多(おお)い」의 연용형 214
「多(おお)い」의 연용형 「多(おお)く」 281
「大(おお)きい」 187
大(おお)きいわざ 187
「大(おお)きな」 187
「多(おお)く」 281
多(おお)く 214
多(おお)くの 76
多(おお)くを 214
「仰(おお)す」의 미연형 104
「仰(おお)す」의 연용형 104
仰(おお)せ 104
「仰(おお)せになる」 104
仰(おお)せになる 104
「仰(おお)せられる」 104
お隠(かく)しになった 75

お隠(かく)しになる 75
お〜下(くだ)さい 55
お・ご〜下(くだ)さい 55
「起(お)こす」 35, 206, 269
厳(おごそ)かだ 140
「行(おこな)う」 239
「行(おこな)う」의 レル형 경어 37
行(おこな)うならば 239
行(おこな)われた 37
行(おこな)われる 37
お授(さず)けになる 156
怖(お)じける; 겁이 나서 흠칫흠칫 놀라다 / 무서워서 뒤로 사리다 209
怖(お)じけるな 209
押(お)し通(とお)す 107
お示(しめ)しになった 67
お示(しめ)しになる 67
押(お)し寄(よ)せる 24
お救(すく)い下(くだ)さい 54
恐(おそ)れる 33
恐(おそ)れるな 33
お尋(たず)ねする 320
おっしゃる 145
追(お)って行(い)く 40
お願(ねが)いしよう 191
「お願(ねが)いする」 191
「各々(おのおの)」 324
お話(はな)しになって 318
お話(はな)しになりません 318
「お話(はな)しになる」의 정녕 부정체 318
「お話(はな)しになる」의 テ형 318
覚(おぼ)える 302
お命(めい)じになった 102, 216
お命(めい)じになる 102, 216
お目(め)にかかりたい 43
お目(め)にかかる 43
「思(おも)い」 113
思(おも)い起(おこ)させる 206, 269

思(おも)い起(お)こす 35
「思(おも)い起(お)こす ; 상기하다 / 생각해 내다」의 사역 206, 269
思(おも)いやり 19
「思(おも)いやる ; 동정하다」의 연용형 19
思(おも)いを入(い)れる ; 생각을 집어넣다 113
「思(おも)う」의 연용형 35, 113, 206, 269
「お持(も)ちになって」288
「お持(も)ちになっ{ていらっしゃる・ておられる}」288
お持(も)ちになっている 288
重(おも)んじて下(くだ)さる 52
「重(おも)んずる・重(おも)んじる ; 중히 여기다 / 존중하다」52
おらせて下(くだ)さる 193
おらせる 172, 193
おられて 183
おられる 183
「おる」52, 171
「おる」의 사역 193
おるであろう 52

か

「～が」181
かえって 247
「帰(かえ)る」115
帰(かえ)ろうとしている 115
香(かお)り 16
「香(かお)る ; 향기가 나다 / 좋은 냄새가 풍기다」의 연용형 16
踵(かかと)を上(あ)げた 135
踵(かかと)を上(あ)げる 135
「掛(か)かる」146
書(か)かれる 35
係(かか)わり 123
「係(かか)わる ; 관계되다 / 관계가 있다 / 상관하다」의 연용형 123
掻(か)き集(あつ)める 226
「書(か)く」의 수동 35
「掻(か)く」의 연용형 226
隠(かく)し通(とお)す 109
「隠(かく)す」의 ナル형 경어 75
駆(か)け通(とお)す 110
「かける」58
頑(かたく)なに 82
語(かた)る 100
語(かた)るべきこと 99
勝(か)っている 328
～かどうか 150
叶(かな)えてあげよう 189
「叶(かな)える ; 이루어 주다 / 뜻대로 하게 하다 / 들어주다」189
「悲(かな)しむ」298
「～が～に変(か)わる」299
～が～に～を知(し)らせる 240
金入(かねい)れ 153
「～かねる」141
～かねる 141
「がま口(ぐち) ; 물림쇠가 달린 돈지갑」153
<神(かみ)> 69, 102, 155, 156, 157
<神(かみ)>를 높이는 경우 102
<神(かみ)=主(しゅ)=父(ちち)><신적 예수=主(しゅ)> 104
「雷(かみなり)が鳴(な)った」57
雷(かみなり)が鳴(な)ったのだ 57
雷(かみなり)が鳴(な)る ; 천둥이 울리다 57
神(かみ)の誉(ほま)れ 89
「～がよい」51, 151, 166, 228, 245
「～から」129, 262
「～からである」196
～からには 129
彼(かれ)らの時(とき)が来(き)た 268
変(か)わる ; 바뀌다 299
頑張(がんば)り通(とお)す 111

341

き

「来(き)到(いた)る」 30
聞(き)いていた 38
「聞(き)いている」 210
「聞(き)く」 38, 306
「来(き)た」 268
「来(き)たる」 286
来(き)たる 30
来(き)たる 30
来(き)たるべき 286
来(き)ていた 28
来(き)ている 326
君(きみ) 60
君(きみ)よ 43
「給仕(きゅうじ)をする」 13
<キリスト=人(ひと)の子(こ)=イエス> 69
「きれいだ」의 연체형 125
きれいな 125
きれいなのだから 125
綺麗(きれい)になさる 221
「巾着(きんちゃく) ; 두루 주머니 / 염낭 / 돈주머니」 153

く

悔(く)い改(あらた)めて 83
下(くだ)さる 306
下(くだ)る 41, 260
くらます[暗ます・眩ます] 82
「来(く)る」 283
来(く)る 28
「来(く)る」의 특정형 경어 33
「来(く)る」의 レル형 경어 28, 322
苦(くる)しみ 302
「苦(くる)しむ」의 연용형 302
「くれる」의 특정형 경어 306
「加(くわ)わる」 13

け

決(けっ)して 122
「けれども」 271

こ

「こう」 81
こういう 292
こういうわけで 79
「高価(こうか)で純粋(じゅんすい)だ」의 연체형 14
高価(こうか)で純粋(じゅんすい)な 14
「こうも」 81
こうも言(い)った 81
告白(こくはく)はしなかった 88
「心(こころ)が騒(さわ)ぐ ; 마음이 설레다 / 동요하다」의 사역 166, 209
心(こころ)で悟(さと)らず 83
心(こころ)に抱(いだ)く 198
心(こころ)を騒(さわ)がせない 166
心(こころ)を騒(さわ)がせないがよい 166, 209
心(こころ)を騒(さわ)がせる 166, 209
「心(こころ)を騒(さわ)がせる」의 부정 166
心(こころ)を騒(さわ)がせるな 209
ご自身(じしん) 156, 199
孤児(こじ)としない 195
「孤児(こじ)とする」의 부정 195
孤児(こじ)とはしない 195
「孤児(こじ)にする」의 문장체적 195
腰(こし)に巻(ま)く 117
「ご存(ぞん)じだ」의 문장체적 표현 319
ご存(ぞん)じであり 319
「ご存(ぞん)じである」의 연용중지법 319
子(こ)たちよ 157
〜ことができない 163
「〜ことができる」의 부정 163
「〜ことができる」의 부정 과거 81

ことごとく 206
「〜ことになる」 163
「ことはできない」 162
言葉(ことば)によって 221
この声(こえ)があったのは 59
このことによって 321
{この・その・あの・どの}ように 76
「好(この)む；좋아하다 / 바라다」의 과거 90
このような 267
このように 76, 303
このように多(おお)くのしるし 76
この世(よ)の君(きみ) 60, 215, 280
好(この)んだ 90
好(この)んだからである 90
拒(こば)み通(とお)す 111
「ごまかす[誤魔化す] 21
来(こ)られた 322
来(こ)られる 28
「来(こ)られる」의 과거 322
「殺(ころ)す」의 미연형 26
殺(ころ)そうと相談(そうだん)した 26
子(こ)を産(う)む 300
「子(こ)を生(う)む」 301
「子(こ)を産(う)んでしまう」의 가정형 301
子(こ)を産(う)んでしまえば 301

さ

「財布(さいふ)」 153
「財布(さいふ)を預(あず)かる」 20
幸(さいわ)い 133
幸(さいわ)いである 133
「先(さき)」 212
「先(さき)に」 212
刺(さ)し通(とお)す 108
「授(さず)ける」의 ナル형 경어 156
察(さっ)しかねる 141

「察(さっ)する；헤아리다 / 살피다」의 연용형 141
「去(さ)って行(い)かない」의 가정형 276
去(さ)って行(い)かなければ 276
「去(さ)って行(い)く」의 부정 276
悟(さと)らず 83
「悟(さと)らなかった」 34
悟(さと)る 34
「悟(さと)る」의 미연형 83
裁(さば)かれる 60, 280
「裁(さば)く」의 수동 60, 280
さばくかた；심판한 분 98
さばく者(もの)；심판할 사람 98
さばくもの；심판할 자(사람) 98
更(さら)に 265
更(さら)にそれを現(あら)わすであろう 57
「去(さ)る」 26, 305
されている 221
騒(さわ)ぐ 54, 139

し

シオンの娘(むすめ) 32
「しかし」 271
事実(じじつ) 257
「自身(じしん)」 156, 199
従(したが)って来(く)るがよい 51
「〜したなら」 249
「したら」 195
知(し)っていたならば 177
「知(し)っている」의 특정형 경어 319
知(し)っておく 245
知(し)っておられた 126
知(し)っておられる 127
「知(し)ってしる」의 レル형 경어 126
〜して 94
「している」의 수동 221
「している」의「して」 184

343

して下(くだ)されば 179
「〜しないつもりである」 313
「しなかった」 255
しなかったような 255
しなったようなわざ 255
「死(し)なない」의 가정형 47
死(し)ななければ 47
死(し)に 65
死(し)に方(かた) 65
「死(し)ぬ」의 과거「死(し)んだ」 47
「死(し)ぬ」의 미연형 66
「死(し)ぬ」의 부정 47
「死(し)ぬ」의 연용형 65
死(し)のうとしていた 66
「しばらく」 195, 290
しばらくしたら 195
しばらくすれば 290
示(しめ)された 79
示(しめ)される 79
示(しめ)して下(くだ)さい 179
示(しめ)してほしい 182
「示(しめ)す」 179, 182
「示(しめ)す」의 수동 79
「示(しめ)す」의 ナル형 경어 67
僕(しもべ)と呼(よ)ばない 239
しゃべる 100
<主(しゅ)>의 소유자 경어 78
祝福(しゅくふく)あれ 30
主(しゅ)のみ腕(うで) 78
主(しゅ)の御名(みな) 30
主(しゅ)よ、どこへおいでになるのか 173
棕櫚(しゅろ)の枝(えだ) 29
成就(じょうじゅ)されなければならない 135
成就(じょうじゅ)される 136
「成就(じょうじゅ)する」 135
成就(じょうじゅ)する 77, 259
「成就(じょうじゅ)する」의 수동 135
成就(じょうじゅ)するためである 77

しようとしている 151
食事(しょくじ)の席(せき)に着(つ)いていた 143
知(し)らせてくれ 145
「知(し)らせる」 145
知(し)らせる 240
「知(し)る」 216
知(し)る 177, 245
「知(し)る」의 미연형 194
知(し)ろうともしない 194
信(しん)じた 78
信(しん)じたでしょうか 78
信(しん)じられない 185
信(しん)じられないならば 185
「信(しん)じられる」의 부정 185
「信(しん)じる」 81
信(しん)じる」의 과거 78
信(しん)じることができなかった 81
「信(しん)ずる・信(しん)じる」의 가능 185
死(し)んだなら 47
真理(しんり)の御霊(みたま)が来(く)る時(とき) 283

数人(すうにん)のギリシヤ人(じん) 42
救(すく)い給(たま)え 30
救(すく)う 55
「すでに」 326, 328
すでに 178
すでに〜ている 328
「捨(す)てる」 226
〜ずに済(す)む 253
「すべて」 206
住(す)まい 168
「住(す)まう」의 연용형 168
済(す)む 252
「する」 21, 88, 151, 179

「する;(시간의 경과를 나타내는 말을 같이
	쓰여) 지나다」 195
「する」의 가정형 「すれば」 290
「する」의 과거 부정 255
「する」의 미연형 151
「する」의 특정형 경어 76, 221
「する」의 テ형 94
するがよい 151
するままにさせておきなさい 21
「するままにさせておく」 21

せ

聖霊(せいれい) 204

そ

そういう 293
そういうわけで・ああいうわけで・どういうわけ
	で 80
そうも 81
「その」 267
そのことが起(お)らない先(さき)に; 그 일이
	일어나기 전에 212
その友(とも)のために 236
「その人(ひと)を愛(あい)し、」 201
その人(ひと)を裁(さば)くものがある 98
そのような 267
そのように 303
「それ」 186, 193
それ 149
それが来(き)たら 277
それぞれ 324
「(それ)だから」의 격식을 차리는 딱딱한 말
	씨 103
それである 149
「それは」 315
それは 260

そればかりか 186
それゆえに[それ故に] 103

た

「だ」 99
「～たい;～하고 싶다」 295
「～対(たい)して」 215
「～対(たい)する」의 テ형 215
堪(た)えられない 282
「堪(た)えられる」의 부정 282
「堪(た)える」의 가능 282
堪(た)える / 耐(た)える 282
「互(たが)いに」 296
「互(たが)いに; 서로」 130
互(たが)いに; 서로 235
「～たがる;～하고 싶어 하다」 295
「だけではなく; 뿐만 아니라」 25
確(たし)かに・本当(ほんとう)に 137
「出(だ)す」 36, 248
助(たす)け主(ぬし) 192
尋(たず)ねたがる 295
「尋(たず)ねる」 295, 306
「尋(たず)ねる」의 일반형 겸양어I 320
「尋(たず)ねると」의「～と」 147
「立(た)たせる」 242
「立(た)つ」의 문장체적 명령형 217
「立(た)つ」의 사역 242
「立(た)つ」의 타동사 241
立(た)っておられる 69
立(た)て 217
立(た)て通(とお)す 111
立(た)てる 241, 242
頼(たの)む 44
頼(たの)んだ 44
～ため 316
「～ため、～ためである」 315
「～ためである」 289

345

「〜ために」83, 220
〜ために 74
保(たも)つ 49
盥(たらい)に入(い)れる 117
だれでもわたしによらないでは 176
だれに示(しめ)されたでしょうか 78
だれのことですか 147
「〜だろう」의 문장체 197
「〜だろう」의 문장체적 표현 160

ち

<父(ちち)> 114, 184, 189, 203, 216, 219, 231, 306, 314
<父(ちち)>의 소유자 경어 106
<父(ちち)＝神(かみ)> 271
父(ちち)よ、み名(な)があがめられますように 55
父(ちち)をも 267
散(ち)らされる 324
「散(ち)らす」의 수동 324

つ

「ついて行(い)く」163
ついて行(い)くことができないのですか 163
「ついて来(く)る」162, 163
ついて来(く)ることになろう 162
ついて来(く)ることはできない 162
仕(つか)える 265
遣(つか)わされた 203
「遣(つか)わされる」의 과거 203
「遣(つか)わす」259
「遣(つか)わす」의 レル형 경어 203
遣(つか)わそうとしている 259
突(つ)き通(とお)す 109
着(つ)ける 128
伝(つた)える 45

つながっていよう 222
つながっておれば 224
「つながる」222, 224
つながる[繋がる] 219
つまずく[躓く] 263
つまずくことがない 263
つまずくことのない 263
「罪(つみ)について」278
罪(つみ)についてと言(い)う 278

て

「〜て」83
「手(て)」116
「〜で」310
「で」327
テ형 85, 87, 183
「〜であろう」52, 160
〜であろう 197
「〜ていた」28, 38, 66, 152, 177
「〜ていたなら」250
「〜{ていらっしゃる・ておられる}」288
「〜ている」115, 152, 210, 222
「〜ている」의 겸양어Ⅱ 224
「〜ている」의 특정형 경어 314
「〜ている」형 151, 271
手入(てい)れ 221
手入(てい)れして 221
「〜ておいでになる」314
「〜ておく」168, 205, 245
〜ておられる 69
「〜ておる」의 가정형 224
〜ておれば 224
出(で)かけて行(い)こう 217
「出(で)かける」217
「〜てから」127
〜て下(くだ)さい 55, 179
〜て下(くだ)されば 180

「〜てしまう」227, 301
「〜でしょう」174
「〜でしょうか」78
デナリ(denarius) 17
「手(て)ぬぐい」116
「〜ては」224
「〜てほしい; 〜해 주었으면 하다」182
手本(てほん)を示(しめ)す 131
「〜ても」95
「〜でも」189
手(て)も頭(あたま)も 124

と

「〜と言(い)う」278
「という」라는 인용구 302
〜(という)ことではない 23
「問(と)う」306
どういう 292, 293
「どうして」174
とうとう・ついに 137
通(とお)す : (끝까지 계속해서) 하다 107
「〜通(とお)す」의 복합동사 107
〜と同(おな)じである 232
〜とすぐに 150
「〜と相談(そうだん)する」26
〜と尋(たず)ねる者(もの)がない 272
「取(と)っておく」22
〜と同時(どうじ)に 150
とどまらない 94
とどまらないようになるためである 94
「とどまる」의 부정 94
「〜となる」230
どのような 267
どのように 304
共(とも)にしていた 152
「友(とも)にする」152
取(と)り上(あ)げる 149

取(と)り去(さ)る 305
取(と)り除(のぞ)く 219
「取(と)る」22
「取(と)る」의 연용형 149, 219, 305

な

「〜な」209
〜ないで済(す)む 252, 253
ないでは 176
「なかった」153
「中身(なかみ)・中味(なかみ)」21
泣(な)き悲(かな)しむ 297
泣(な)き通(とお)す 110
「泣(な)く」의 연용형 298
なくしては; 없어서는 176
投(な)げ入(い)れる 227
投(な)げ捨(す)てられる 226
投(な)げ捨(す)てる 226
「投(な)げ捨(す)てる」의 수동 226
「投(な)げる」의 연용형 226, 227
「〜なければならない」136
なさった 76
なさっている 184
「なさる」221
なさる 76
なし[無し] 258
「〜なしに」258
なしには; 없이는 176
棗椰子(ナツメヤシ)の枝(えだ) 29
「何事(なにごと); 어떤 일 / 무슨 일」189
何事(なにごと)でも 189
何(なに)一(ひと)つ 225
「悩(なや)み」327
「悩(なや)む」의 연용형 327
「〜なら」122, 249
「〜ならば」159, 170, 177, 185, 191, 239, 244
「〜なる」279

347

ナル형 경어 104, 114, 288
ナル형 경어「お乗(の)りになる」 31

に

「～に」 172, 173, 294, 326
～にあって 326
～に至(いた)る 27
「～に至(いた)る ; ～에 이르다」 50
「～に同(おな)じだ」의 문장체적 표현 232
「～に関(かん)して」 215
「憎(にく)む」 49, 244
憎(にく)むならば 244
「～に体(たい)して」 215
～に対(たい)する 18
「～について」 215
「～になる」 104
「～になる」의 문장체적 표현 230
「～にようになる」 121
「～によって」 306
～によって 68
～に～を伝(つた)える ; ～에게 ～을 전하다 45

ぬ

「ぬぐう」의 연용형「ぬぐい」 116
塗(ぬ)り 15
「塗(ぬ)る」의 연용 중지법 15

ね

「願(ねが)う」 313
願(ねが)う 44, 188
「願(ねが)う」의 겸양어I 191
願(ねが)ってあげよう 313
ねばならない 69

の

～の 120
農夫(のうふ) 218
「～のか」 17
「逃(のが)れる」 254
「残(のこ)す」 325
～のこと 147
「残(のこ)らず」 206
「残(のこ)る」 325
「除(のぞ)く」 219
「～のだから」 125
「～のだから」의 의미・용법 125
「～のために」 236, 312
「～ので」 196
～のであり 92
「～のである」 85, 93
「～のである」의 연용중지법 92
「～のである」의 テ형 91
「～のですか」 119, 161, 163
～のですか 70
～のではなく 91
「～のは」 270, 289
述(の)べる 101
上(のぼ)る 41
乗(の)られた 31
「乗(の)る」의 レル형 경어「乗(の)られる」 31

は

「～は」 195
「迫害(はくがい)した」 249
迫害(はくがい)したなら 249
～は事実(じじつ)だ ; ～은 사실이다 257
初(はじ)めから 262
「始(はじ)める」 119
場所(ばしょ)の用意(ようい)ができたならば 170

場所(ばしょ)の用意(ようい)ができる 170
場所(ばしょ)を用意(ようい)しに行(い)く 169
走(はし)り通(とお)す 110
話(はな)しかける 58
「話(はな)して」311
話(はな)しておいた 205
「話(はな)しておく」의 과거 205
話(はな)してから 74
話(はな)して聞(き)かせる 311
「話(はな)す」74, 205
話(はな)す 101
「話(はな)す」의 연용형 58
「話(はな)す」의 ナル형 경어 318
離(はな)れ去(さ)る 26
離(はな)れておられる 69
離(はな)れては 224
「離(はな)れる」224
「離(はな)れる」의 연용형 26
憚(はばか)る 87
張(は)り通(とお)す 109
番(ばん) 119

ひ

「光(ひかり)として」의「〜として」94
「光(ひかり)の子(こ)となる」74
光(ひかり)の子(こ)となるために 74
「光(ひかり)の子(こ)になる ; 빛의 자녀가 되다」의 문장체적 표현 74
引(ひ)き寄(よ)せる 64
「引(ひ)く」의 연용형 64
浸(ひた)す 148
「必要(ひつよう)がない」124
人(ひと)があっても 95
「人(ひと)がある」95
人(ひと)があれば 51
一切(ひとき)れの食物(しょくもつ) 148
一粒(ひとつぶ)の麦(むぎ) 46

<人(ひと)の子(こ)> 45
人(ひと)の誉(ほま)れ 89
「人(ひと)の目(め)を暗(くら)まして逃(に)げる ; 남의 눈을 속이고 도망치다」82
一人(ひとり)もなかった 153
「比喩(ひゆ)で」310
比喩(ひゆ)で話(はな)す 310

ふ

拭(ふ)き始(はじ)められた 119
拭(ふ)き始(はじ)められる 119
「拭(ふ)き始(はじ)める」의 レル형 경어 119
拭(ふ)く 15
「拭(ふ)く」의 연용형 119

へ

平安(へいあん) 207
「〜べき」281
「べき」286
〜べき 99, 107
〜べきだ 99
「〜べきだ」의 문장체적 표현 130
「〜べきである」130, 191

ほ

葬(ほうむ)り 22
「葬(ほうむ)る ; 매장하다」의 연용형 22
「ほかのだれも」255
ほかのだれもが 255
ホサナ[hosanna] 30
ホサナ 30
ホザンナ 30
施(ほどこ)させようとされた 153
施(ほどこ)させる 153
施(ほどこ)さなかった 17

「施(ほどこ)す」의 부정 과거 17
「施(ほどこ)す」의 사역 153
誉(ほま)れ 89

ま

「〜まい」 214, 313
〜前(まえ)に；〜전에 212
真(まこと)のぶどうの木(き) 218
勝(まさ)る 132
ますます・もっと 137
「〜ままに」 21
「守(まも)っていた」 250
守(まも)っていたなら 250
守(まも)り通(とお)す 108
「守(まも)る」 191
「守(まも)る」의「〜ていた」형 250
守(まも)るべきである 191

み

御(み)〜 106
見合(みあ)わせる 141
み腕(うで) 78
見(み)ず 83
「見(み)た」 178
「満(み)たされる」 304
満(み)たされる 274
「満(み)たす」의 수동 274, 305
「御霊(みたま)」 193
御霊(みたま) 260
満(み)ち溢(あふ)れる 234, 309
導(みちび)いてくれる 285
「導(みちび)く」 285
「満(み)ちる」의 연용형 234, 309
見(み)つける 31
見通(みとお)す 108
「認(みと)める」 160

認(みと)めるであろう 160
「みな」 206
御名(みな) 30
「見(み)ない」 279
見(み)なくなる 279
実(みの)らせる 220
実(みの)らせるために 220
「実(みの)る」의 사역 220
み胸(むね) 143
御許(みもと) 106
見(み)よ 33
見(み)ようともせず 193
「見(み)る」의 문장체적 명령형 33
「見(み)る」의 미연형 83, 193
「見(み)る」의 부정 279
「見(み)る」의 연용형 141
みわざ 184
「実(み)を結(むす)ぶ」 48, 223
実(み)を結(むす)ぶことができないように 223
実(み)を結(むす)ぶようになる 48

む

迎(むか)え 29
迎(むか)えに出(で)る 29
迎(むか)えよう 170
「迎(むか)える」 170
「迎(むか)える」의 연용형 29
無駄(むだ)だ：소용없다 / 보람이 없다 / 쓸 데없다 / 헛되다 39
無駄(むだ)だった 39

め

命(めい)じる 238
命(めい)ずる 238
「命(めい)ずる・命(めい)じる」의 ナル형 경어 102, 216

「銘々(めいめい)」 324
目(め)で見(み)ず 83
目(め)を開(ひら)く 277

も

もうしばらくの間(あいだ) 71
もし死(し)んだなら 47
「持(も)って」 288
「持(も)っている」의 전항 성분 288
「[求(もと)め]たことはない」의 과거 308
求(もと)めたことはなかった 308
求(もと)めるがよい 228
模範(もはん)を示(しめ)す 131

や

焼(や)いてしまう 227
〜やいなや 150
「焼(や)く」 227
役人(やくにん) 87
闇(やみ)の中(なか)を歩(ある)く 73
やり通(とお)す 110

ゆ

故(ゆえ) 250
「故(ゆえ)に」 250
豊(ゆた)かに 229
「ゆる」 284

よ

「〜よう」 192, 222
用意(ようい)をされる 12
「用意(ようい)をする」의 수동 12
「〜ようだ」의 연용형 76, 223, 303
「〜ようだ」의 연체형 255

「〜ようだ」의 연체형 208, 267
〜ようとされる 153
「ようとする」 151
「〜ようとする」의 부정 193
「〜ようとする」의 レル형 경어 153
〜ようとせず 193
「〜ような」 208
「ような」 267
〜ような 255
「〜ように」 303
「ように」 216
〜ように 76, 223
「〜ようになる」 48
〜ようになる 95
世(よ)が与(あた)えるような 208
世(よ)が知(し)るように 216
横(よこ)になっていた 143
「寄(よ)せる」 64
「よって」 68
呼(よ)び出(だ)す 36
「呼(よ)ぶ」의 연용형 36
蘇(よみがえ)らせる 11
「蘇(よみがえ)る」의 사역 11
読(よ)み通(とお)す 108
寄(よ)り掛(か)かる 146
「寄(よ)る」의 연용형 146
「よる」의 テ형 68
喜(よろこ)び 233, 299
喜(よろこ)びに満(み)たされる 304
「喜(よろこ)ぶ」 211
「喜(よろこ)ぶ ; 기뻐하다」의 연용형 299
「喜(よろこ)ぶ ; 기쁘다」의 연용형 233
喜(よろこ)んでくれる 211
世(よ)を擧(あ)げて 40

り

律法(りっぽう)によって 68

351

律法(りっぽう)の言葉(ことば)が成就(じょうじゅ)する 259

れ

「礼拝(れいはい)する」 41
礼拝(れいはい)するために 41
レル형 경어 314
レル형 경어「与(あた)えられる」 114
レル형 경어「される」 221

ろ

論(ろん)じ合(あ)う 296

わ

「わかっていない」의 대상 181
わからない 294
わかりません 173
「わかる」 172, 173, 197
「わかる」의 부정 294
わかるであろう 197
わかるでしょう 174
わかるようになる 121
〜わけじゃない 23
わけで 79
〜わけではない 23
「わざ」 184, 185
わざそのものによって信(しん)じなさい 185
「わたしが」 181
わたしがそれであることを 137
わたしが父(ちち)におり、父(ちち)がわたしにおられる 183
わたしがわかっていない 181
「わたしたちには」 173
わたしたちには 294
わたしに対(たい)して 215

わたしにつながっていなさい 222
わたしのおる 52, 171
わたしの父(ちち) 201
わたしの弟子(でし)となる 230
わたしの名(な)によって 188, 306
「わたしは命(いのち)である」 175
「わたしは真理(しんり)である」 175
わたしはすでに栄光(えいこう)を現(あら)わした 56
わたしはそのとおりである 129
わたしは道(みち)であり、真理(しんり)であり、命(いのち)である 175
「わたしは道(みち)である」 175
「わたしを信(しん)じる」 91
わたしを信(しん)じるのではなく 91
わたしを捨(す)てて 98
「わたしを遣(つか)わされた方(かた)を信(しん)じる」 92
わたしを遣(つか)わされた方(かた)を信(しん)じるのであり、92
「わたしを遣(つか)わされた方(かた)を見(み)る」 93
わたしを遣(つか)わされた方(かた)を見(み)るのである 93
わたしをも 267

を

「〜を」 73
「〜をも」 267

일본어 구어역 요한복음의 언어학적 분석 IV

A Linguistic Anlaysis of the Colloquial Japanese Version of the Gospel of John IV

참고문헌 일람

다국어 성경(Holy-Bible) : www.holybible.or.kr/B_SAE/
대한성서공회(2001) 『표준새번역 성경』 대한성서공회. www.basicchurch.or.kr/%EC%83%88%EB%B2%88%EC%97%AD-%EC%84%B1%EA%B2%BD/
대한성서공회(2002) 『한일대조 성경전서』(개역개정판/신공동역) 대한성서공회.
GOODTV 온라인성경 : goodtvbible.goodtv.co.kr/bible.asp
생명의말씀사 편집부(1982) 『현대인의성경』 생명의말씀사.
GODpia 성경 : bible.godpia.com/index.asp#popup
李成圭(1993~1996) 『東京日本語1, 2, 3, 4, 5』 時事日本語社.
_____ 等著(1995) 『現代日本語研究1, 2』 不二文化社.
_____ 等著(1996) 『홍익나가누마 일본어1, 2, 3』 홍익미디어.
_____ 等著(1996) 『홍익나가누마 일본어1, 2, 3 해설서』 홍익미디어.
_____ 等著(1997) 『홍익일본어독해1, 2』 홍익미디어.
_____(1998) 『東京現場日本語1』 不二文化社.
_____(2000) 『東京現場日本語2』 不二文化社.
_____(2003a) 『도쿄 비즈니스 일본어1』 不二文化.
_____(2003b) 『日本語受動文の研究』 不二文化.
_____(2003c) 『日本語 語彙Ⅰ- 日本語 実用文法의 展開 Ⅱ -』 不二文化.
_____(2006a) 「使役受動의 語形에 대한 일고찰」 『日本学報』 68輯 韓国日本学会. pp. 69-80.
_____(2006b) 「使役受動 語形의 移行에 대하여」 『日本学報』 69輯 韓国日本学会. pp. 67-82.
_____(2007a) 「日本語 依頼表現 研究의 課題」 『日本学報』 70輯 韓国日本学会. pp. 111-124.
_____(2007b) 「〈お/ご~くださる〉계열의 서열화 및 사용가능성에 대해」 『日本学報』 71輯 韓国日本学会. pp. 93-110.
_____(2007c) 「일본어 의뢰표현Ⅰ- 肯定의 依頼表現의 諸相 -」 시간의물레. pp. 16-117.
_____(2008a) 「일본어 의뢰표현의 유형화 및 서열화에 대해 -〈てくれる〉계열〈てもらえる〉계열을 대상으로 하여 -」 『日本学報』 74輯 韓国日本学会. pp. 17-34.
_____(2010a) 「「おっしゃる」와 「言われる」의 사용상의 기준 - 신약성서(신공동역)의 4복음

서를 대상으로 하여 -」『日本学報』82輯 韓国日本学会. pp. 99-110.

＿＿＿(2010b)「잉여적 선택성에 기초한「なさる」와「される」의 사용상의 기준 - 신약성서(신공동역)의 4복음서를 대상으로 하여 -」『日本学報』84輯 韓国日本学会. pp. 209-225.

＿＿＿(2011a)「ナル형 경어와 レル형 경어의 사용상의 기준 - 복수의 존경어 형식이 혼용되고 있는 예를 중심으로 -」『日本学報』86輯 韓国日本学会. pp. 121-141.

＿＿＿(2011b)「ナル형 경어와 レル형 경어의 사용실태 - 화체적 요인을 중심으로 하여 -」『日本学報』87輯 韓国日本学会. pp. 39-52.

＿＿＿(2011c)「사용상의 기준과 복음서 간의 이동 - ナル형 경어와 レル형 경어의 사용실태를 대상으로 하여 -」『日本語教育』56輯 韓国日本語教育学会. pp. 175-203.

＿＿＿(2012)「〈ないでもらえる〉계열의 의뢰표현 - 각 형식의 사용실태 및 표현가치(정중도)를 중심으로 하여 -」『日本学報』92輯 韓国日本学会. pp. 63-83.

＿＿＿(2013a)「의뢰표현 〈ないでくださいますか〉의 표현가치」『외국학연구』23 중앙대학교 외국학연구소. pp. 121-38.

＿＿＿(2013b)「〈ないでくださる?〉〈ないでくださらない?〉의 의뢰표현 - 사용실태 및 사용가능성, 그리고 표현가치 -」『日本学報』95輯 韓国日本学会. pp. 47-61.

＿＿＿(2014a)「의뢰표현 〈ないでくださいませんか〉의 운용 실태와 표현가치」『외국학연구』27 中央大学校 外国学研究所. pp. 237-257.

＿＿＿(2014b)「〈ないでくださるでしょうか〉의 의뢰표현 ― 사용 가능성 및 표현가치 ―」『日本学報』99 韓国日本学会. pp. 137-150.

＿＿＿(2016b)『일본어 의뢰표현 - 부정의 의뢰표현의 제상 -』시간의물레.

＿＿＿(2016c)「「お答えになる」・「答えられる」・「言われる」의 사용상의 기준에 있어서의 번역자의 표현의도 - 일본어 성서(新共同訳) 4복음서를 대상으로 하여 -」『일본언어문화』제36집, 한국일본언어문화학회. pp. 155-176.

＿＿＿(2017a)「日本語口語訳新約聖書における〈おる〉の使用実態」『日本言語文化』第38輯, 韓国日本言語文化学会. pp. 67-84

＿＿＿(2017b)「〈おる〉〈ておる〉의 의미·用法 - 리빙바이블旧約聖書(1984)을 대상として -」『日本言語文化』第40輯, 韓国日本言語文化学会. pp. 69-90

＿＿＿(2017c)『신판 생활일본어』시간의물레.

＿＿＿(2017d)『신판 비즈니스 일본어1』시간의물레.

＿＿＿(2017f)『신판 비즈니스 일본어2』시간의물레.

_____(2018a)「「なさる」에 의한 존경어 형식과 사역의 존경화 - 일본어 구어역 신약성서를 대상으로 하여 -」『日本研究』第48輯, 中央大学校 日本研究所. pp 7-29

_____(2018b)「発話動詞〈言う〉の尊敬語の使用実態 - 日本語口語訳新約聖書を対象として -『日本言語文化』第43輯, 韓国日本言語文化学会. pp. 105-120

_____(2018c)『일본어 구어역 마가복음의 언어학적 분석Ⅰ』, 시간의물레.

_____(2019a)『일본어 구어역 마가복음의 언어학적 분석Ⅱ』, 시간의물레.

_____(2019b)『일본어 구어역 마가복음의 언어학적 분석Ⅲ』, 시간의물레.

_____(2020b)『일본어 구어역 마가복음의 언어학적 분석Ⅳ』, 시간의물레.

_____(2021a)『일본어 구어역 요한복음의 언어학적 분석Ⅰ』, 시간의물레.

_____(2021b)『일본어 구어역 요한복음의 언어학적 분석Ⅱ』, 시간의물레.

_____(2021c)『일본어 구어역 요한복음의 언어학적 분석Ⅲ』, 시간의물레.

李成圭·権善和(2004a)『일본어 조동사 연구Ⅰ』不二文化.

_____(2004b)『일본어 조동사 연구Ⅱ』不二文化.

_____(2006a)『일본어 조동사 연구Ⅲ』不二文化.

_____(2006b)『현대일본어 문법연구Ⅰ』시간의물레.

_____(2006c)『현대일본어 문법연구Ⅱ』시간의물레.

_____(2006d)『현대일본어 문법연구Ⅲ』시간의물레.

_____(2006e)『현대일본어 문법연구Ⅳ』시간의물레.

_____(2019)『개정판 현대일본어 문법연구Ⅱ』, 시간의물레.

_____(2020)『개정판 현대일본어 문법연구Ⅰ』, 시간의물레.

李成圭·閔丙燦(1999)『現代日本語敬語の研究』不二文化社.

_____(2006)『일본어 경어의 제문제』不二文化.

荒木博之(1983)『敬語日本人論』PHP研究所.

尾山令仁(2001)『現代訳聖書』現代訳聖書刊行会. www.fbible.com/seisho/gendaiyaku.htm

オンライン聖書 回復訳編集部(2009)『オンライン聖書 回復訳』www.recoveryversion.jp/

菊地康人(1996)『敬語再入門』丸善ライブラリー 丸善株式会社.

_____(1997)『敬語』講談社学術文庫 講談社.

窪田冨男(1990)『日本語教育指導参考書17 敬語教育の基本問題(上)』国立国語研究所.

_____(1992)『日本語教育指導参考書18 敬語教育の基本問題(下)』国立国語研究所.

坂田幸子・倉持保男(1980)『教師用日本語教育ハンドブック④ 文法(ぶんぽう)Ⅱ』国

際交流基金 凡人社.

柴谷方良(1978)『日本語の分析』大修館書店. pp. 346-349

新改訳聖書刊行会(1970)『新改訳聖書』日本聖書刊行会

新約聖書翻訳委員会(1995)『岩波翻訳委員会訳』岩波書店.

聖書本文検索(口語訳) 日本聖書協会. www.bible.or.jp/read/vers_search.html

聖書本文検索(新共同訳) 日本聖書協会. www.bible.or.jp/read/vers_search.html

プロジェクト(2012)『現代日本語書き言葉均衡コーパス』(BCCWJ:Balanced Corpus of Contemporary Written Japanese) 大学共同利用機関法人人間文化研究機構国立国語研究所と文部科学省科学研究費特定領域研究「日本語コーパス」プロジェクト www.kotonoha.gr.jp/shonagon/

高橋照男・私家版(2003)『塚本虎二訳 新約聖書・電子版03版』www.ne.jp/asahi/ts/hp/index.html#Anchor94064

高橋照男編(2004)『BbB - BIBLE by Bible 聖書で聖書を読む』bbbible.com/

塚本虎二(1991)『新約聖書　福音書』岩波書店.

寺村秀夫(1982)『日本語のシンタクスと意味Ⅰ』くろしお出版. pp. 155-161

日本語聖書口語訳統合版(口語訳+文語訳)聖書 口語訳「聖書」(1954/1955年版) bible.salterrae.net/

日本語版リビングバイブル改訂委員会(1993)『リビングバイブル』erkenntnis.icu.ac.jp/jap/LivBibleJIF.htm#Instructions

日本聖書協会(1954)『聖書』(口語訳). pp. (新)1-(新)409. 日本聖書協会.

日本聖書協会(1987)『聖書』(新共同訳). pp. (新)1-(新)480. 日本聖書協会.

庭三郎(2004)『現代日本語文法概説』(net版).

フランシスコ会聖書研究所(1984)『新約聖書』サンパウロ.

文化審議会(2007)『敬語の指針』(答申) 文化審議会. pp.14-26

文化庁(2007)『敬語の指針』文化庁.

前田護郎(1983)『新約聖書』中央公論社.

松下大三朗(1930)『標準日本口語法』中文館書店. 復刊, (改正再版), 勉誠社. 1978.

柳生直行(1985)『新約聖書』新教出版社.

Martin, Samuel. 1975. *A Reference Grammar of Japanese*. Yali Univ. Press.

□ 이 성 규(李成圭)

전공 : 일본어학(일본어문법 · 일본어경어 · 일본어교육)

忠北 淸州 出生

(현) 인하대학교 교수

(현) 한국일본학회 고문

(전) KBS 일본어 강좌「やさしい日本語」진행

(전) 한국일본학회 회장(2007.3.~2009.2.)

한국외국어대학교 일본어과 졸업

일본 쓰쿠바(筑波)대학 대학원 문예 · 언어연구과(일본어학) 수학

언어학박사(言語学博士)

□ 저서

『도쿄일본어 1, 2, 3, 4, 5』, 시사일본어사. (1993~1997)

『現代日本語研究 1, 2』, 不二文化社. (1995)〈共著〉

『仁荷日本語 1, 2』, 不二文化社. (1996)〈共著〉

『홍익나가누마 일본어 1, 2, 3』, 홍익미디어. (1996)〈共著〉

『홍익일본어독해 1, 2』, 홍익미디어. (1997)〈共著〉

『도쿄겐바일본어 1, 2』, 不二文化社. (1998~2000)

『現代日本語敬語の研究』, 不二文化社. (1999)〈共著〉

『日本語表現文法研究 1』, 不二文化. (2000)

『클릭 일본어 속으로』, 가산출판사. (2000)〈共著〉

『実用日本語 1』, 가산출판사. (2000)〈共著〉

『日本語 受動文 研究의 展開 1』, 不二文化. (2001)

『도쿄실용일본어』, 不二文化. (2001)〈共著〉

『도쿄 비즈니스 일본어 1』, 不二文化. (2003)

『日本語受動文の研究』, 不二文化. (2003)

『日本語 語彙論 구축을 위하여』, 不二文化. (2003)

『일본어 어휘I』, 不二文化. (2003)

『日本語受動文 用例研究I』, 不二文化. (2003)〈共著〉

『日本語受動文 用例研究II』, 不二文化. (2003)

『일본어 조동사 연구I』, 不二文化. (2004)〈共著〉

『일본어 조동사 연구II』, 不二文化. (2004)〈共著〉

『일본어 문법연구 서설』, 不二文化. (2005)

『日本語受動文 用例研究III』, 不二文化. (2005)〈共著〉

『일본어 조동사 연구III』, 不二文化. (2006)〈共著〉

『현대일본어 경어의 제문제』, 不二文化. (2006)〈共著〉

『현대일본어 문법연구I』, 시간의물레. (2006)〈共著〉

『현대일본어 문법연구II』, 시간의물레. (2006)〈共著〉

『현대일본어 문법연구III』, 시간의물레. (2006)〈共著〉

『현대일본어 문법연구IV』, 시간의물레. (2006)〈共著〉

『일본어 의뢰표현I - 肯定의 依賴表現의 諸相 - 』, 시간의물레. (2007)

『일본어 의뢰표현 - 부정의 의뢰표현의 제상 - 』, 시간의물레. (2016)

『신판 생활일본어』, 시간의물레. (2017)

『신판 비즈니스일본어1』, 시간의물레. (2017)

『신판 비즈니스일본어2』, 시간의물레. (2017)

『일본어 구어역 마가복음의 언어학적 분석I』, 시간의물레. (2018)

『개정판 현대일본어 문법연구II』, 시간의물레. (2019) <共著>

『일본어 구어역 마가복음의 언어학적 분석II』, 시간의물레. (2019)

『일본어 구어역 마가복음의 언어학적 분석III』, 시간의물레. (2019)

『개정판 현대일본어 문법연구I』, 시간의물레. (2020) <共著>

『일본어 구어역 마가복음의 언어학적 분석IV』, 시간의물레. (2020)

『일본어 구어역 요한복음의 언어학적 분석I』, 시간의물레. (2021)

『일본어 구어역 요한복음의 언어학적 분석II』, 시간의물레. (2021)

『일본어 구어역 요한복음의 언어학적 분석III』, 시간의물레. (2021)

외, 논문 다수 있음.

일본어 구어역 요한복음의 언어학적 분석 IV

A Linguistic Anlaysis of the Colloquial Japanese Version of the Gospel of John IV

초판인쇄 2022년 04월 10일
초판발행 2022년 04월 15일
저　　자 이 성 규
발 행 인 권 호 순
발 행 처 시간의물레
등　　록 2004년 6월 5일
주　　소 경기도 파주시 숲속노을로 150, 708-701
전　　화 031-945-3867
팩　　스 031-945-3868
전자우편 timeofr@naver.com
블 로 그 http://blog.naver.com/mulretime
홈페이지 http://www.mulretime.com
정　　가 25,000원

ISBN 978-89-6511-381-2 (94730)
ISBN 978-89-6511-353-9 (세트)

*이 책의 저작권은 저자에게, 출판권은 시간의물레에 있습니다.
*잘못된 책은 바꿔드립니다.